GRANDES DECISÕES
SOBRE PESSOAS

GRANDES DECISÕES SOBRE PESSOAS

*Por que são tão importantes,
Por que são tão difíceis e
Como você pode dominá-las a fundo*

3ª Edição

CLAUDIO FERNÁNDEZ-ARÁOZ

Tradução: Beth Honorato

DVS EDITORA

www.dvseditora.com.br
São Paulo, 2012

GRANDES DECISÕES SOBRE PESSOAS

DVS Editora 2009 - Todos os direitos para a território brasileiro reservados pela editora.

GREAT PEOPLE DECISIONS

Copyright © 2007 by Claudio Fernández-Aráoz. All rights reserved. This translation published under license.

Nenhuma parte deste livro poderá ser reproduzida, armazenada em sistema de recuperação, ou transmitida por qualquer meio, seja na forma eletrônica, mecânica, fotocopiada, gravada ou qualquer outra, sem a autorização por escrito do autor.

Tradução: Beth Honorato
Diagramação: Konsept Design & Projetos

Dados Internacionais de Catalogação na Publicação (CIP)
(Câmara Brasileira do Livro, SP, Brasil)

Fernández-Aráoz, Claudio
  Grandes decisões sobre pessoas : por que são tão importantes, por que são tão difíceis e como você pode dominá-las a fundo / Claudio Fernández-Aráoz ; tradução Beth Honorato. -- São Paulo : DVS Editora, 2009.

  Título original: Great people decisions.
  Bibliografia.
  ISBN 978-85-88329-50-8

  1. Capacidade executiva - Avaliação 2. Eficiência organizacional 3. Executivos - Recrutamento 4. Pessoal - Permanência I. Título.

09-01533   CDD-658.4

Índices para catálogo sistemático:

1. Executivos : Administração de empresas
     658.4

À minha querida mulher, María, a melhor decisão sobre pessoas que já tomei na vida.

Aos nossos queridos filhos, Ignacio, Inés e Lucía, a melhor decisão sobre pessoas que Deus poderia tomar por nós dois.

Sumário

Agradecimentos   ix

Introdução: A escolha crucial   xiii

CAPÍTULO 1
Grandes decisões sobre pessoas: um recurso a *seu* favor   1

CAPÍTULO 2
Grandes decisões sobre pessoas: um recurso para a sua organização   27

CAPÍTULO 3
Por que as grandes decisões sobre pessoas são tão difíceis   57

CAPÍTULO 4
Reconhecendo quando uma mudança é necessária   91

CAPÍTULO 5
O que procurar   125

CAPÍTULO 6
Onde procurar: dentro e fora   165

CAPÍTULO 7
Como avaliar pessoas   203

CAPÍTULO 8
Como atrair e motivar as melhores pessoas　　　　　241

CAPÍTULO 9
Como integrar as pessoas mais competentes　　　　267

CAPÍTULO 10
Uma perspectiva mais abrangente　　　　　　　　　291

APÊNDICE A
A importância de investir nas decisões sobre pessoas　307

APÊNDICE B
Bibliografia selecionada sobre métodos de avaliação　311

Notas　　　　　　　　　　　　　　　　　　　　　　315

Índice　　　　　　　　　　　　　　　　　　　　　　331

Agradecimentos

Felizmente, a publicação original deste livro em inglês excedeu todas as minhas expectativas, como parece estar acontecendo com os lançamentos recentes das traduções em vários idiomas, incluindo chinês e vietnamita. Não tenho nenhuma dúvida sobre quem são os responsáveis por este resultado. Como sempre, se trata de pessoas. Neste sentido não poderia ter sido mais afortunado, da mesma forma que não poderia estar mais agradecido.

Os vários clientes com os quais já trabalhei durante mais de duas décadas confiaram-me problemas dentre os mais delicados e confidenciais com respeito a pessoas importantes. Sinto-me digno por essa confiança e igualmente grato pelas oportunidades e pelo que pude aprender com isso.

Os inúmeros candidatos que compartilharam comigo suas glórias, dramas e sonhos permitiram-me apreciar ambos os lados das decisões sobre pessoas e, ao mesmo tempo, fizeram-me curvar diante de muitas de suas inigualáveis lições de vida.

O presidente-fundador de nossa firma, Egon Zehnder, inspirou-me como ninguém. Com um grau de integridade e senso de propósito sem precedentes, mergulhou em uma profissão fascinante que ajudou a criar. Seu sucessor, Dan Meiland, hoje também aposentado, abriu-me as portas, tão logo fui contratado, para que começasse a trabalhar e a aprender com nossa firma em âmbito global. Nosso atual presidente, John Grumbar, concedeu-me excepcional apoio e estímulo para perseguir minha paixão e escrever este livro. Como eu, ele acredita que temos a responsabilidade social de ajudar a aprimorar as decisões sobre pessoas, com ou sem assessoria profissional.

Damien O'Brien, atual CEO de nossa firma, grande amigo já há duas décadas, foi um parceiro inestimável nas aventuras para aperfeiçoar nosso sistema de busca de executivos. E o mesmo posso dizer de Evelyne Sevin, David Kidd e Mark Byford, com os quais eu e Damien trabalhamos lado a lado ao longo dos anos para implementar em nossa firma as boas práticas que havíamos identificado tanto interna quanto externamente. Do mesmo modo, Steve Kelner compartilhou generosamente seus incomparáveis conhecimentos e percepções sobre as competências necessárias aos altos executivos e sobre as boas práticas empregadas na avaliação de competência e potencial.

Vários outros colegas na Egon Zehnder International (EZI) prestaram-me contribuições indiretas neste livro, em forma de idéias e exemplos inestimáveis. Nessa lista se incluem, dentre outras pessoas, Gabriel Sánchez Zinny, Jorge Steverlynck, Juan van Peborgh, Marcelo Grimoldi, Victor Loewenstein, Horst Bröcker, Philip Vivian, Rajeev Vasudeva, Mark Hönig, Ru Jordaan, Jan Stewart, Ashley Stephenson, Chris Figgis, Chris Thomas, Tom Long, Jane Allen, Robin Roberts, Nick Chia, George Davis, Brian Reinken, Fiona Packman, Martha Josephson, YL Huang, Carl Edenhammar, João Aquino, Luis Garreaud, Luis Cubillos, Antonio Purón, Joe Haim, Thomas Allgäuer, Germán Herrera, Edilson Camara, Dave Harris, Frank Heckner, Ignacio Gasset, Philipp Harmer, Russell Boyle, Celeste Rodgers, Angel Gallinal, Kim Van Der Zon, Justus O'Brien, Kai Lindholdst, Fritz Boyens, Peggy Cornwell, Ian Maurice, Raimund Steiner, Elaine Yew, David Majtlis, Hélène Reltgen, Stephen Benkö, Andreas Gräf, Juan Torras, Torgny Segerberg, Andre Le Comte, Isao Sakai, Alessandro Di Fusco, Andrew Gilchrist, Norbert Sack, Jill Ader, Fred Jacobsen, Henrik Aagaard, Sikko Onnes, Bill Henderson e Neil Waters.

Recebi uma colaboração extraordinária dos meus colegas de língua portuguesa da Egon Zehnder International Brasil para esta edição em português. Embora muitos colegas tenham sido envolvidos, as contribuições de Edilson Camara, André Abram (e sua esposa Isabela Abram), Maitée Camargo, João Aquino, Luís Giolo, Marco Giusti, Ângela Pêgas e Paula Andrade foram inestimáveis.

Com relação à Stanford, fui em grande medida influenciado pelo reitor de nossa Escola de Pós-Graduação em Negócios, Bob Joss, e estou agradecido particularmente pelo conhecimento passado por meus professores Jerry Porras e David Montgomery e meu colega de classe Henry Chesbrough.

Outro colega de classe, Jim Collins, merece menção especial por suas extraordinárias pesquisas e experiências — o que sem dúvida nenhuma confirmou o quanto as grandes decisões sobre pessoas são valiosas — e por até mesmo propor o título deste livro em uma de nossas reuniões em Boulder.

Vários professores da *Harvard Business School* contribuíram consideravelmente para que ampliássemos nossa compreensão sobre a importância e as condições essenciais das grandes decisões sobre pessoas e foram extremamente generosos por se reunirem comigo para discutir idéias e compartilhar conhecimentos. Dentre eles estão Jay Lorsch, Howard Stevenson, Jack Gabarro, Nitin Nohria, Ashish Nanda, Rakesh Khurana e Noam Wasserman.

Quando trabalhava na McKinsey & Company na Europa, já há vários anos, aprendi com diversos especialistas a ser um consultor profissional — diria até um sincero "insultador" quando necessário — e, ao mesmo tempo, a agir com total imparcialidade. Rolando Polli, Marcial Campos, Paco Moreno e Juan Hoyos sem dúvida integraram esse time.

Daniel Goleman serviu-me de inspiração por três motivos: primeiramente, por suas pesquisas sobre a importância das competências emocionais; segundo, por seu dom natural e singular de saber passar sua mensagem; e, terceiro, por sua extraordinária paixão por ajudar o mundo a se tornar um lugar melhor cultivando e aplicando essas competências.

Estou igualmente em dívida com inúmeros membros da Sociedade de Pesquisa sobre Inteligência Emocional nas Organizações (*Consortium for Research on Emotional Intelligence in Organizations*), incluindo seu co-presidente, Cary Cherniss, bem como Richard Boyatzis, Lyle Spencer, Robert Caplan, Kathy Kram, Ruth Jacobs, Rick Price, Fabio Sala e Marilyn Gowing, dentre outros.

Jim Kouzes foi um admirável parceiro de discussão sobre questões relativas à liderança.

John Alexander, quando presidente do Centro de Liderança Criativa, foi também um admirável parceiro de discussão e uma ampla fonte de pesquisas e descobertas sobre métodos de seleção, do modo como são empregados no mundo real.

Marshall W. Van Alstyne, professor na Universidade de Boston e pesquisador no MIT, foi extremamente generoso em compartilhar suas pesquisas sobre o poder dos incentivos coletivos para o compartilhamento de conhecimentos em firmas de busca de executivos.

Tenho em alta conta as inúmeras trocas que realizei nos últimos anos com Peter Lorange, então presidente da IMD, bem como com Herminia Ibarra, da INSEAD, e David, quando investigava o tema de decisões sobre pessoas em empresas de serviço de assistência profissional. Na Universidade de Michigan, Rick Camp foi um extraordinário instrutor quando comecei a praticar entrevistas comportamentais.

Jack Welch merece menção especial por sua incrível paixão por esse assunto, bem como pelo generoso tempo que compartilhou comigo discutindo suas inconfundíveis percepções e convicções.

Suzy Welch é uma das pessoas mais inteligentes que já conheci. Nunca estarei à altura para lhe agradecer pelas fascinantes interações que tivemos ao longo dos anos, desde 1998, momento em que trabalhamos juntos em meu artigo "Hiring Without Firing" [Contratar sem despedir], para a *Harvard Business Review*.

Minha agente, Helen Rees, apostou neste livro desde o primeiro instante e compartilhou comigo o desejo de vê-lo concretizado. No percurso, tornou-se uma parceira excepcional e uma amiga extremamente querida.

No Capítulo 1, você terá oportunidade de conhecer minha assistente, Joanna Eden. No processo de compilação das várias partes deste livro, ela superou até mesmo seus excepcionais padrões de excelência e comprometimento, tornando-o extremamente fácil e divertido.

Obviamente, deixei para mencionar por último o mais importante. María, minha querida esposa, é, como mencionei na dedicatória, a melhor decisão sobre pessoas que já tomei na vida. Ela prestou contribuições diretas para este livro, de diversas formas, com estímulo e apoio, percepções extraordinárias e infindável paciência. Mas, mais do que qualquer coisa, me deu vida e entusiasmo nesses últimos trinta anos, todo santo dia. Seu amor é um verdadeiro reflexo do amor incondicional de Deus. Nunca meus agradecimentos estarão suficientemente à altura dessa bênção.

INTRODUÇÃO

A escolha crucial

Grandes Decisões sobre Pessoas pode ajudá-lo a aprimorar sua competência pessoal para contratar e promover pessoas excelentes. Na verdade, *nada* é mais importante do que isso. Para quase todos os executivos, o sucesso pessoal deriva diretamente de sua capacidade de escolher a pessoa certa para a sua equipe. Mas é *difícil* fazer nomeações importantes. Poucas pessoas recebem treinamento formal nessa importantíssima atividade, e não existe nenhum instrumento abrangente para suprir essa falta de treinamento. Este livro preenche essa lacuna.

Como provavelmente já pôde constatar em sua própria carreira, as empresas dependem totalmente de *pessoas*. Independentemente do grau de modernização tecnológica, de subcontratação no exterior, de terceirização, de automatização, de descentralização ou da falta de recursos especiais de sua empresa (ou, o que é mais provável, independentemente do que sua empresa *pensa* ter ou ser), no frigir dos ovos, ela continua tendo tudo a ver com *pessoas*.

Inúmeros são os motivos que fazem executivos perderem o sono: fluxo de caixa deficiente, processos judiciais iminentes, estratégias malsucedidas, fusões e aquisições fracassadas, concorrentes que travam uma luta frontal contra uma linha de produtos lucrativa e assim por diante. Entretanto, o que *mais* faz diretores e gestores de sucesso perder o sono são as pessoas: "*Como aloco a pessoa mais competente à função correta?*".

As pessoas são ao mesmo tempo problema e solução. O que um executivo faz para solucionar um problema sério? Normalmente, procura *pessoas competentes*, tanto dentro quanto fora da empresa.

As organizações que têm habilidade para solucionar esse "quebra-cabeça de pessoas" — encontrar, recrutar, contratar, promover e manter as pessoas mais competentes para determinada função — tendem a prosperar. (Jack Welch disse-me certa vez que na época em que trabalhou na GE passava mais da metade de seu tempo procurando colocar pessoas certas em cargos certos.) Os profissionais que não têm competência para tanto tendem a fracassar a longo prazo.

Mas a verdade é que não são propriamente as empresas que solucionam esses quebra-cabeças. São as pessoas. Em todas as organizações, uma quantidade surpreendentemente grande de indivíduos — dentre os quais é provável que você esteja incluído — tem de tomar decisões fundamentais sobre pessoas.

Talvez você faça parte de um grupo de recursos humanos (RH), formalmente incumbido de tomar esse tipo de decisão todos os dias. Ou talvez faça parte do Conselho de Administração, caso em que — uma ou duas vezes em seu exercício — será solicitado a participar da escolha de um novo CEO ou de outro alto executivo. Entretanto, é mais provável que faça parte de um grupo "intermediário" bem mais amplo — isto é, de um grupo de gestores que ocasionalmente são convocados a tomar uma decisão relacionada a recursos humanos para sua divisão ou área funcional. Essas decisões são vitalmente importantes. E com *importante* eu quero dizer duas coisas.

São vitalmente importantes para *você*

Em primeiro lugar (e este é o principal motivo pelo qual escrevi este livro), as *decisões sobre pessoas são importantes para você, o tomador de decisão*. Se demonstrar que tem habilidade para resolver "quebra-cabeças de pessoas", suas perspectivas de carreira serão quase certamente mais brilhantes. Inversamente, se por repetidas vezes não conseguir colocar a pessoa certa no cargo, suas perspectivas de carreira sofrerão. Considere, por exemplo, as experiências das pessoas com as quais já trabalhou. Concorda que os bons identificadores de pessoas sobem na empresa, enquanto os outros saem da empresa?

O problema é que pouquíssimas pessoas são formalmente treinadas para descobrir e escolher pessoas adequadas. As escolas de negócios, especialmente de graduação, tendem a diminuir a importância das questões relacionadas à gestão de recursos humanos em geral ou, na melhor das hipóteses, enfatizam o RH simplesmente como uma área sem mérito dentre meia dúzia de outras áreas funcionais; raras vezes focam em *desenvolver o nível de competência* que é necessário.

Para sustentar essa idéia, algumas vezes costumo usar uma analogia com investimentos. Você gostaria de ser tão bem-sucedido quanto, digamos, o investidor Warren Buffett? Eu também gostaria! Gostaria de alcançar essa posição sem nenhuma habilidade ou experiência relevante para isso? Eu também — mas essa meta parece improvável. Para se tornar tão bom em identificar talentos quanto Warren Buffett é em investir, você precisa se tornar um *expert*. Você precisa das ferramentas adequadas.

Este livro põe estas ferramentas em suas mãos. Ele é um *kit* de ferramentas abrangente direcionado a todos os profissionais que desejam aprimorar sua competência pessoal para contratar e promover pessoas. Essa competência não é arte; é um ofício que *pode ser aprendido*. E é fundamental que você aprenda esse ofício.

São vitalmente importantes para a sua organização

Meu segundo argumento é que *tomar grandes decisões sobre pessoas é vitalmente importante para a sua organização*. Apontar o CEO certo, por exemplo, é primordial. Não obstante, cerca de um terço de todos os CEOs que se afastam do cargo ou são demitidos ou são forçados a se demitir. *Em que estamos errando?* E isso é válido também para outros níveis da organização. Em um estudo do qual participei, no qual examinamos milhares de executivos de empresas de ponta do mundo inteiro, aproximadamente um *terço* dos executivos avaliados encontrava-se na metade inferior da curva de competência em relação a seus pares em outras empresas do respectivo setor.

Em outras palavras, mesmo nas grandes empresas, pessoas erradas acabam ocupando cargos errados. *Será que não podemos melhorar?*

Minha formação

Antes de prosseguir, é melhor fazer uma pausa, pois é provável que esteja querendo saber quais são minhas qualificações. Quem sou eu para lhe dizer o que é importante?

Estou na profissão de identificar grandes pessoas — e desenvolver grandes pessoas — por duas décadas. Na Argentina, país em que nasci, cursei engenharia industrial na Universidade Católica da Argentina, onde me graduei como primeiro aluno da classe, e depois obtive o MBA em Stanford, também com distinção. Trabalhei na McKinsey & Co. em Madri e Milão e, em 1986, ingressei na Egon Zehnder International (EZI), firma global líder na busca de executivos. Hoje, sou sócio dessa firma e membro do respectivo comitê executivo. Embora viva com minha família em Buenos Aires, atuo em nível internacional e viajo constantemente a várias partes do mundo.

A esta altura, talvez seja bom explicar melhor o termo *busca de executivos*. A busca de executivos abrange o que algumas pessoas costumam chamar de caça-talentos ou *headhunting*, isto é, contratar candidatos externos para altos cargos em organizações com ou sem fins lucrativos. Conduzi pessoalmente em torno de trezentas buscas e participei ativamente de mais ou menos 1,5 mil. Essas buscas abrangiam principalmente os altos cargos (presidentes de Conselhos de Administração, diretores-presidentes e CEOs) até gerentes novatos. Trabalhei nessa função para empresas com receitas anuais de bilhões de dólares e também para empresas bem pequenas, inúmeras organizações não-governamentais (ONGs), fundações e organizações sem fins lucrativos. Meu índice de sucesso pessoal na contratação de candidatos externos sempre se manteve acima de 90%, uma porcentagem bastante alta em se considerando o fato de as contratações externas em geral serem feitas em momentos particularmente difíceis.

Entretanto, a busca de executivos, tomado em seu sentido mais amplo, abrange igualmente a atividade de *avaliação executiva*, isto é, avaliação de gestores dentro da organização de um cliente específico. Em determinadas circunstâncias, isso pode ser crítico. No contexto de uma fusão ou aquisição, por exemplo, a empresa tem de resolver de que modo alocará seus recursos gerenciais (e em alguns casos é obrigada a decidir até mesmo quem deve permanecer e quem deve sair). Ou então, em outra circunstância, quando um novo CEO é contratado e deseja uma avaliação rápida, profissional, precisa e independente de sua equipe, pessoas como eu normalmente são convocadas. As avaliações executivas podem ser úteis também para uma empresa que esteja enfrentando um novo cenário competitivo ou quando mudanças tecnológicas ou regulamentares repentinamente reescrevem as regras do jogo. Em todos esses casos, meus colegas e eu avaliamos não apenas a competência (a habilidade atual para o cargo atual), mas também o potencial de *crescimento*. Oferecemos aconselhamento sobre promoções, atribuição de novas funções, planos de desenvolvimento e assim por diante — funções essas direcionadas principalmente a candidatos *internos*.

Por algum tempo, liderei nossa prática de avaliação executiva no mundo inteiro. Recentemente, retomamos e comparamos nossas avaliações com o desempenho e a evolução real dos gestores que haviam sido avaliados. Uma vez mais, o índice de precisão com que prevemos o potencial de desempenho e desenvolvimento foi da ordem de 90%, internacionalmente; ao passo que, segundo análises por nós conduzidas, o índice de precisão das avaliações internas de alguns de nossos clientes estava num nível tão baixo quanto 30%.

Estou dizendo tudo isso não para me gabar, mas na verdade para enfatizar duas questões. Primeiro, tenho ampla experiência com relação a decisões sobre pessoas. Conheço esse terreno intimamente. Segundo, as prescrições presentes neste livro abrangem todas as possibilidades de contratação e promoção em uma empresa — seja externa, seja internamente. Devo acrescentar ainda que meu comprometimento intelectual com minha área de atuação é imenso. Em 1994, paralelamente ao meu trabalho de busca de executivos, atuei como responsável pelo desenvolvimento profissional dos consultores de nossa rede global. Atualmente, conduzo o desenvolvimento do capital intelectual da EZI, em nossa rede internacional de 63 escritórios. Na década de 1990, encabecei uma iniciativa da EZI de atualizar nossa metodologia de trabalho para busca de executivos e, recentemente, conduzi outra vez uma iniciativa semelhante para aperfeiçoar ainda mais nossa metodologia e ajudar nossos clientes a contratar e promover os profissionais mais competentes do mundo.

Cheguei a ler milhares de livros e artigos que cobriam alguns aspectos relativos à tomada de decisões sobre pessoas. Redigi artigos para a *Harvard Business Review* e a *MIT Sloan Management Review*. Contribuí também com um capítulo para a obra *The Emotionally Intelligent Workplace (A Inteligência Emocional no Ambiente de Trabalho)*, organizado por Daniel Goleman e Cary Cherniss, e colaborei com Jack Welch em seu livro *Paixão por Vencer (Winning)*, e com Jim Kouzes, na última edição de *O Desafio da Liderança (The Leadership Challenge)*.

E, em conclusão, tenho paixão por ajudar outras pessoas a tomar melhores decisões sobre contratação e promoção. Acredito sinceramente que o mundo seria bem melhor se essas decisões, em todos os seus níveis — do chão-de-fábrica à sala da diretoria —, pudessem ser aprimoradas substancialmente. Acredito que elas podem. E acredito ter as habilidades e, portanto, a *obrigação* de contribuir para isso.

O que você encontrará neste livro

Nos dois primeiros capítulos deste livro, examino a fundo por que as grandes decisões sobre pessoas são tão importantes — tanto para você quanto para a sua empresa.

Em seguida, no Capítulo 3, explico por que as grandes decisões sobre pessoas são tão difíceis. Sim, parte do problema reside no banco de talentos, mas uma parte maior reside na "percepção do examinador ou avaliador". Com demasiada frequência, as pessoas responsáveis por conduzir as buscas cometem um ou mais em uma seqüência de erros táticos, todos os quais se associam para transformar um resultado promissor em algo bem mais enganoso.

Os Capítulos 4, 5 e 6 abordam três fatores: *quando, o que* e *onde* — quando procurar, o que procurar e onde provavelmente podemos encontrar o que estamos procurando. Ao longo desses capítulos (e em outras partes deste livro), mostrarei como e quando devemos procurar assessoria externa e explicarei por que (ao menos na maioria das empresas) a decisão de procurar pessoas *apenas* internamente é uma opção ruim.

A maior parte deste livro cobre, naturalmente, o fator *como* das grandes decisões sobre pessoas: como avaliar, atrair, motivar e integrar as pessoas mais competentes. O Capítulo 7 dedica-se aos pormenores da avaliação de pessoas. Para inúmeras pessoas, isso é óbvio: convocamos, entrevistamos e confirmamos as referências do candidato. Contudo, tendo por base minha experiência, todas essas atribuições são mais difíceis do que a princípio possam parecer. Por exemplo, como você confirma as referências em um ambiente em que as pessoas têm medo de ser processadas se lhe disserem uma verdade negativa a respeito de um ex-funcionário? (A resposta: *cave mais fundo.* Eu lhe mostrarei como.) Será que poderíamos admitir que uma pessoa em um nível hierárquico inferior à vaga que está sendo pleiteada avalie um candidato? (A resposta: *em regra, não.*)

Como provavelmente pôde constatar por conta própria, não é suficiente encontrar pessoas competentes. É preciso conseguir recrutá-las, com o plano de incentivos adequado, e em seguida integrá-las ao novo contexto organizacional. A despeito da profusão de livros e artigos recentes sobre integração, muitas empresas ainda cometem o erro de deixar que o candidato "nade ou acabe se afogando".

No último capítulo, revejo o motivo *por que isso é importante*. Na minha opinião, as organizações de alto desempenho não oferecem apenas bons empregos e lucratividade para seus proprietários; elas também contribuem para a melhoria da sociedade. Uma grande empresa — cheia de pessoas competentes — eleva nosso padrão de vida, amplia nossa visão, alarga nossos horizontes e alimenta nossa esperança para o futuro.

Como utilizar este livro

Este livro pode ser lido de forma corrida ou utilizado como uma referência permanente para cada etapa do processo de decisão sobre pessoas.

Se você estiver no início de sua carreira, não deixe de ler os dois primeiros capítulos que mostram a importância de tomar grandes decisões sobre pessoas para o seu sucesso profissional e mérito de sua organização.

Se, ao contrário, você já avançou em sua carreira como executivo e tem plena consciência sobre a importância do tema, talvez você prefira começar pelo terceiro capítulo, para aperfeiçoar ainda mais a sua capacidade de tomar grandes decisões sobre pessoas.

CAPÍTULO 1

Grandes decisões sobre pessoas: um recurso a *seu* favor

Já estávamos em meados de 1986. Em breve participaria de uma reunião em Zurique. Nos quatro dias precedentes, passei por Londres, Paris, Copenhague e Bruxelas. Em cada uma dessas cidades, fui entrevistado por consultores da Egon Zehnder International (EZI), a firma global de busca de executivos. Até então, já havia participado de trinta encontros, incluindo as reuniões com diversos sócios da empresa e também com todo o comitê executivo.

Em Zurique, porém, estava programado para me encontrar com o próprio Egon Zehnder — fundador da firma e, naquela época, presidente. Eu estava, no mínimo, tenso. (Ainda hoje consigo me lembrar do nervosismo que senti naquele dia.) Estava bem ciente do prestígio e da envergadura do homem à minha frente, o qual — tendo se formado na *Harvard Business School* no ano em que nasci — criou em 1959 a profissão de consultor de busca de executivos na Europa e, em 1964, fundou sua própria firma, que de imediato começou a se expandir internacionalmente. Em poucas palavras, Egon Zehnder era uma lenda.

Fico constrangido em dizer que não me lembro de várias das perguntas que ele me fez naquele dia. Por algum motivo, contudo, lembro-me das perguntas que eu fiz a ele. *Recordo-me*, particularmente, de ter lhe perguntado algo do tipo: *"Tendo por base sua experiência na atividade de busca de executivos, que já passa de 25 anos, encontrando-se com clientes bem-sucedidos e candidatos a posições de alto nível, o que, em sua opinião, faz uma pessoa ser bem-sucedida?*".

Se bem me lembro, pensei que ele usaria uma elaborada teoria sobre sucesso para responder a essa pergunta. Afinal de contas, ele próprio era um homem extremamente bem-sucedido. Tão logo pude constatar que era um homem de sólidas convicções e grande integridade. Mas o que esse grande homem me respondeu? "Sorte!" Admito, mas fiquei um tanto quanto surpreso — *sorte?* E ele prosseguiu, nos seguintes termos:

É claro que as pessoas promissoras que conheci são todas extremamente inteligentes. E também muito dedicadas ao trabalho. Elas acreditam na preparação. Relacionam-se muito bem com as outras pessoas. Mas se você me pede para apontar o principal motivo do sucesso dessas pessoas, digo que é a sorte. Elas tiveram a sorte de nascer em determinadas famílias e de nascer em determinados países. Tiveram a sorte de ter alguns dons exclusivos. Tiveram a sorte de poder freqüentar boas escolas e obter boa educação. Tiveram a sorte de trabalhar para boas empresas. Tiveram a sorte de permanecer saudáveis. Tiveram a sorte de ter oportunidade de promoção. Portanto, respondendo à sua pergunta, o principal motivo do sucesso individual é a sorte.

Se eu tivesse sido um pouco mais ágil (e talvez um pouco mais intrépido), teria me recomposto e lhe perguntado qual era o segundo motivo mais importante. Mas o momento passou, e logo começamos a conversar sobre outros assuntos.

Desde esse distante encontro, tive incontáveis oportunidades de revisitar essa mesma pergunta e também a resposta de Zehnder. Muitas vezes, tive de concordar com a sabedoria de nosso fundador: a sorte sem dúvida teve parte na carreira de inúmeras pessoas, incluindo a minha. Mas tentei também encontrar algumas respostas mais sistemáticas que pudessem ajudar as pessoas a *agir*. (Dizer a alguém para "ter sorte" não é, obviamente, suficiente.) Por isso, quando entrevisto excelentes candidatos em um mandato de busca de executivo, me reúno com clientes extremamente importantes, converso com executivos que desejam seguir uma nova carreira, dou palestras aos alunos da *Harvard Business School*, contemplo meus próprios filhos, continuo a fazer essa mesma pergunta:

"*O que, exatamente, leva a uma convincente carreira de sucesso?*".

Hoje, já se passaram mais de vinte anos da minha primeira reunião com Egon. Ao longo dessas duas décadas, conduzi aproximadamente vinte mil entrevistas (em torno de mil ao ano ou quatro por dia útil, no decorrer de minha carreira como consultor na área de busca de executivos). Viajei pelo mundo inteiro, seja para trabalhar nos mandatos de nossos clientes, treinar nossos colegas, participar de reuniões com o comitê executivo ou nossos sócios ou dar palestras. Durante essas viagens, travei milhares de conversas pessoais intensas e comoventes com diretores e executivos, discutindo suas carreiras, suas vidas, suas glórias e seus dramas.

Testemunhei grandes sucessos, mas também amargos sofrimentos. Tive oportunidade de conhecer alguns notáveis exemplos de gestão de carreira e de vida. Infelizmente, também tive oportunidade de conhecer algumas pessoas de admirável talento que se mataram — literalmente.

Reconheço que essa questão até certo ponto tem se tornado uma obsessão para mim. *Por que determinadas pessoas são bem-sucedidas e outras malsucedidas?* Acho que tenho a resposta.

A fórmula do sucesso

Primeiro, como observado antes, não discordo de Zehnder quanto à sorte. A sorte pode exercer influência de todas as formas por ele enumeradas e também de muitas outras. Num grau extremo, a má sorte pode acabar com uma carreira, seja provocando a morte ou outras tragédias.

Acredito, contudo, que a fórmula do sucesso profissional compreende pelo menos quatro outros fatores. São eles:

1. Genética
2. Desenvolvimento
3. Decisões de carreira
4. Decisões sobre pessoas

Estou convencido de que esses fatores se reforçam e se complementam, criando um efeito multiplicador. Acredito também que a maioria deles tem diferentes pesos em diferentes estágios de nossa vida. A exceção, obviamente, é a herança genética, que, tal como a sorte, mantém sua relevância do nascimento à morte. O desenvolvimento é de igual modo importante por toda a vida, mas é particularmente decisivo nos estágios iniciais. As decisões de carreira tornam-se essenciais quando atingimos a casa dos vinte. E por último (mas não menos importante) vem o que costumo chamar de "decisões sobre pessoas".

Antes de prosseguir, deixe-me lhe apresentar logo de cara a moral da história: *tenho absoluta certeza de que, assim que você completa sua educação formal e inicia sua carreira profissional, as decisões sobre pessoas são o único e mais importante fator a contribuir para o seu sucesso profissional.*

Vejamos agora cada um dos fatores um pouco mais detalhadamente.

A **genética** desempenha um papel importante e contínuo. Nossa constituição genética explica (por exemplo) por que algumas coisas são fáceis de aprender, enquanto outras são extremamente difíceis. A genética estabelece limites da mesma forma que nos abre portas. Entretanto, não é totalmente estática. Embora até há pouco tempo a genética fosse considerada uma constante na fórmula do sucesso, pesquisas atuais mostram que mesmo a herança genética pode ser considerada dinâmica. Como demonstrou Matt Ridley em *Nature Via Nurture*, nossa experiência cotidiana determina, em parte, quais genes são ativados, o que, por sua vez, determina quais proteínas são fabricadas, o que, por sua vez, configura e reconfigura as sinapses entre nossas células cerebrais.[1] No debate sobre natureza *versus* criação (*nature versus nurture*), parece que ambos os lados têm razão.*

O **desenvolvimento**, que na verdade é uma forma abreviada que utilizo para me referir à aprendizagem formal e informal que se processa ao longo de toda a nossa vida, pode exercer grande influência em seu sucesso profissional. Sua capacidade de aprender também depende, em parte, das suas escolhas de carreira. Que oportunidades de aprendizagem são colo-

---

* Na obra Nature Via Nurture, já traduzida para o português com o título *O Que Nos Faz Humanos*, Matt Ridley contrapõe *nature versus nurture* e *nature via nurture*, defendendo que o antagonismo natureza *versus* criação não faz sentido. Segundo ele, embora os genes determinem nossos comportamentos, nossas características físicas e mentais e nossas aptidões, o ambiente também exerce influência sobre esses fatores e o modo como os genes são ativados. (N. da T.)

cadas à sua frente no ambiente de trabalho? Você continua se deparando com coisas novas?

Obviamente, investir com sabedoria tempo e esforço no desenvolvimento profissional pode aprimorar de maneira significativa seu nível de competência e, portanto, aumentar suas chances de sucesso. As melhores experiências de desenvolvimento podem ter enorme impacto.

Todavia, existem limites nítidos em relação ao potencial de desenvolvimento. Como observado antes, sua capacidade de aprender depende em parte de sua genética. Além disso, embora me doa dizer isso, a capacidade de aprender diminui com a idade.[2]

Sim, é possível ensinar a um cão idoso novos truques; só que demora mais tempo e talvez ele não consiga retê-los totalmente. Portanto, os custos e os benefícios do treinamento mudam sutilmente ao longo dos anos.

Eu vou deixar o meu amigo Lyle Spencer sintetizar o potencial do desenvolvimento, com seu estilo expressivo (ele é uma sumidade mundial tanto em seleção quanto em desenvolvimento): "É possível ensinar um peru a escalar uma árvore", afirma Spencer, "mas eu preferiria contratar um esquilo".

O impacto de escolhas ou **decisões de carreira** nunca deveria ser subestimado. Em grande parte de minha vida profissional, sempre me impressionaram as diferenças marcantes com relação ao êxito pessoal dos indivíduos que iniciam sua carreira com talentos praticamente semelhantes, mas que escolhem ambientes de trabalho em grande medida diversos. Entre meus colegas de classe na universidade, por exemplo, vários verdadeiramente brilhantes e talentosos cometeram o erro de aceitar emprego em empresas não profissionais e extremamente burocráticas; hoje, em termos profissionais, estão a quilômetros de distância atrás de nossos colegas de classe com talentos semelhantes que seguiram planos de carreira mais promissores e por acaso encontraram empregadores mais esclarecidos e inteligentes. Em resumo, as boas escolhas em relação à carreira multiplicam os frutos dos esforços pessoais de desenvolvimento e, por isso, são um dos principais fatores para se ter um extraordinário sucesso profissional.

Em seu livro *Career Imprints: Creating Leaders Across an Industry* (*Vestígios de uma Carreira: Criando Líderes em um Setor*), a professora Monica Higgins, de Harvard, conta como os "meninos de Baxter" construíram o setor de biotecnologia nos Estados Unidos.³ Fundamentada em seu estudo sobre 300 empresas de biotecnologia e 3.200 executivos de biotecnologia, Higgins conclui que uma única empresa — a Baxter Labs — foi o celeiro de uma quantidade surpreendente de cisões (*spinoffs*) e empresas recém-estabelecidas (*startups*). Esse fenômeno — de uma empresa que gera líderes para um setor inteiro — também foi testemunhado em outros setores, como foi o caso da Hewlett-Packard e Apple, na área de *hardware* de alta tecnologia, e da Fairchild, na área de semicondutores. Obviamente, com relação ao sucesso profissional de longo prazo, ser colocado em um viveiro de inovações é melhor do que ser colocado em um lugar atrasado, longe de tudo e de todos.

Para a maioria de nós, as **decisões sobre pessoas** acabam se tornando importantes quando entramos na casa dos vinte. Na vida pessoal, cultivamos amizades que duram a vida inteira — na faculdade, na pós-graduação, na igreja e no bairro em que vivemos. Conhecemos e nos casamos com pessoas que serão nossos parceiros de vida. E, no ambiente de trabalho, começamos então a tomar decisões sobre pessoas, colegas, clientes e fornecedores.

Assim que alcançamos o posto de gestor, começamos a trabalhar por meio de outras pessoas. Daí, portanto, nossas decisões sobre essas pessoas passam a ser essenciais para o desempenho da unidade sob nossa responsabilidade. À medida que nossas responsabilidades se ampliam, os riscos se ampliam, porque a única forma que temos de exercer controle é por meio da equipe que formamos. E quando você passa de gestor a alto executivo e, eventualmente, a CEO ou presidente do conselho, as decisões sobre pessoas tornam-se ao mesmo tempo seu maior desafio e sua maior oportunidade.

Agora, vou reformular a moral da história: depois de vinte anos de experiência, pesquisa e reflexão, estou piamente convencido de que a *capacidade de tomar grandes decisões sobre pessoas é o fator mais preponderante para o nosso sucesso profissional*, como ilustrado na Figura 1.1. Observe ainda que, quanto mais caminhamos na carreira e quanto mais escalamos a hierarquia organizacional, mais importante esse tipo de decisão tende a se tornar —, tanto em termos absolutos, quanto em relação a todos os outros fatores.

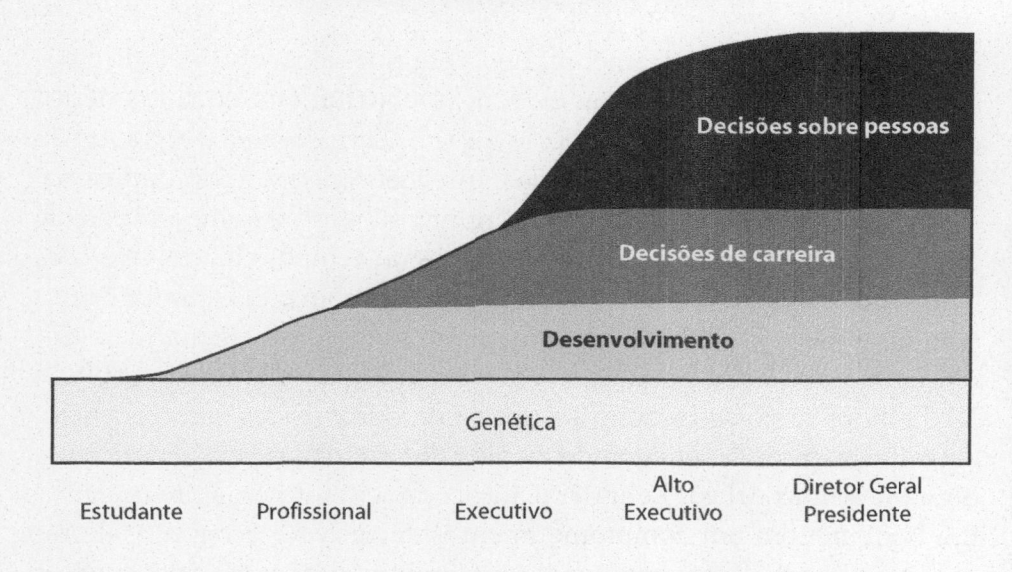

Figura 1.1 Impacto sobre o sucesso na carreira.

Chart labels: Decisões sobre pessoas; Decisões de carreira; Desenvolvimento; Genética. X-axis (ESTÁGIOS DA CARREIRA): Estudante, Profissional, Executivo, Alto Executivo, Diretor Geral Presidente.

Como obter distinção na *Harvard Business School*

Vejamos um exemplo dessa "fórmula de sucesso" na prática. Acho que Egon Zehnder não se importará se eu esmiuçar sua carreira à procura dessa fórmula — mesmo que eu acabe sugerindo que ele teve mais do que simples sorte envolvida.[4]

Em 2002, Zehnder recebeu o Prêmio de Mérito a Ex-Alunos (*Alumni Achievement Award*) da *Harvard Business School* — uma das distinções mais importantes dessa instituição. Criado em 1968, esse prêmio é concedido a um número bem pequeno de graduados famosos (um ou dois ao ano), os quais, no decorrer da carreira, "contribuíram significativamente para suas empresas e comunidades, preservando ao mesmo tempo os mais altos padrões e valores em tudo o que realizam". De acordo com o então reitor Kim Clark, os premiados "representam o que há de melhor no corpo de ex-alunos. Modelos exemplares em sua função, esses ex-alunos inspiram todos aqueles que almejam deixar sua marca tanto no âmbito empresarial quanto no social".[5]

De que maneira, exatamente, Egon Zehnder alcançou esse sucesso? Acho que se examinássemos as evidências concluiríamos que a genética desempenhou bem seu papel. Nesse quesito, Zehnder tem a boa sorte de ser alto, bem-apessoado, articulado e inteligente, no sentido tradicional do termo (QI). (Na loteria da vida, nunca subestime a importância de uma imponente presença física!) Ao mesmo tempo, pelo menos com base no que pude perceber em minha vivência com ele, Zehnder é também um especialista no que normalmente se costuma chamar de *inteligência emocional*. (Esse conceito será elucidado em detalhes no Capítulo 5.) Embora se possa discutir a respeito de quais dessas características, especificamente, são em grande medida determinadas pela genética (eu diria que várias delas), Zehnder é autoconsciente, totalmente íntegro e um homem com um comprometimento, iniciativa e otimismo surpreendentes. É um "líder nato", com todas as implicações genéticas conseqüentes. E como ressaltou Jim Kouzes, em *O Desafio da Liderança*, ele é também um mestre em acalentar o coração.[6] Não tenho dúvidas de que a constituição genética de Zehnder é privilegiada.

Para reforçar ainda mais seus talentos doados por Deus, Zehnder também trabalhou arduamente em seu desenvolvimento pessoal, durante toda a vida. Sua educação formal encerrou-se com um MBA em Harvard, mas Zehnder manteve-se como um eterno aprendiz. Leitor ávido, e capaz de ler as pessoas com extrema astúcia, aprende com todos os tipos de personalidade e situações.

O desenvolvimento tem a ver também com a descoberta de meios de colocar em prática o que aprendemos — em nosso próprio benefício e da organização.

Zehnder trabalhava com afinco — sempre seis longos dias por semana — e preparava-se com um impressionante esmero para todo e qualquer evento, reunião ou discurso em seu atarefado dia-a-dia. Talvez este seja um momento adequado para contar um caso curioso. Antes de dar um discurso, ele costumava se preparar durante horas a fio em frente ao espelho, gravando e cronometrando. Recordo-me de ter lhe perguntado uma vez quanto tempo ele *de fato* precisava para seu discurso em uma das sessões de orientação aos nossos novos consultores. A equipe havia lhe reservado uma hora, mas talvez quisesse um tempo um pouco maior ou menor. Ele me olhou surpreso. "Eu tenho uma hora", contestou, "então *será* de uma hora". E *foi* de uma hora: não foram nem 59 nem 61 minutos — foram exatamente 60 minutos.

Vamos admitir que a genética e o desenvolvimento pessoal tenham sido responsáveis por colocar Zehnder no jogo e o ajudado a se manter nele. Defenderia ainda que as escolhas que ele fez em sua carreira lhe permitiram saltar diretamente para o nível seguinte da curva de sucesso — primeiramente, quando decidiu mudar da área de direito para a de negócios e, novamente, quando mudou da propaganda para a área de busca de executivos. Na verdade, ele introduziu pessoalmente essa profissão na Europa, inaugurando sua firma com uma visão ímpar, que compreendia uma abordagem de consultoria original e níveis rigorosos de profissionalismo.

Poderíamos ainda defender a idéia de que algumas das decisões de negócios subsequentes de Zehnder também foram "escolhas de carreira", como a decisão de não abrir o capital de sua firma e a criação de um estilo inédito de parceria equitativa, colaboração e sistema de remuneração. Ele sintetizou essa abordagem, cobiçada por várias empresas de serviço de assistência profissional do mundo inteiro, em um artigo na *Harvard Business Review*, intitulado "A Simpler Way to Pay" [Uma forma mais simples de pagar].[7]

Sim, todas essas escolhas em relação à sua carreira foram sábias (diria que brilhantes). Contudo (e você pode até tentar adivinhar aonde quero chegar), o fator mais importante no sucesso pessoal de Zehnder foi sua capacidade de tomar excelentes decisões sobre pessoas. Em suma, *ele construiu uma grande firma participando pessoalmente da contratação de cada um dos consultores, no mundo inteiro, em seus 36 anos de trabalho em tempo integral na firma em que ele mesmo fundou.* Foi por esse motivo que eu estava em Zurique naquele exasperante dia de 1986. Ele estava tomando uma decisão sobre uma pessoa e, para ele, nada era mais importante do que isso.

Eu era a regra, não a exceção. Na verdade, Zehnder *não* admitia exceções às rodadas obrigatórias de entrevistas realizadas por diversas pessoas, em variados países. Ainda hoje, a firma exige que todos os candidatos a consultor sejam entrevistados por inúmeros colegas de vários países diferentes, além do presidente, para confirmar se atendem aos rigorosos padrões internacionais e se são capazes de se adequar bem à sua cultura.[8]

Recapitulando, sim, Zehnder é uma pessoa de sorte — mais sortudo do que a maioria. Sua sorte ampliou sua herança genética. Ele explorou sua sorte e seus genes desenvolvendo-se e trabalhando arduamente. Tomou excelentes decisões em sua carreira (e chegou mesmo a inventar sua própria carreira, que é um trabalho interessante quando conseguimos entendê-lo). O mais importante, todavia, é que ele se transformou em um especialista em tomar grandes decisões sobre pessoas.

Observe a voz ativa: transformou-se em um especialista. Como ele tomava grandes decisões sobre pessoas? Em parte, inventando uma estrutura que explorava a inteligência e as experiências de várias das pessoas mais brilhantes de sua organização. Sim, ele tinha dons inatos quando começou a lidar com pessoas, mas também dispunha de técnicas para potencializar esses dons.

Tomar grandes decisões sobre pessoas é uma habilidade ou um ofício que pode ser ensinado e aprendido.

Como são os gestores bem-sucedidos

Vamos explorar um pouco mais a maneira como o sucesso individual é definido.

No meu ponto de vista, uma das melhores análises sobre sucesso individual provém dos pesquisadores associados ao Centro de Liderança Criativa, com sede em Greensboro, Carolina do Norte.[9] Depois de analisar centenas de processos de seleção de executivos, eles concluíram que os executivos são considerados bem-sucedidos quando (1) apresentam sólido desempenho organizacional e (2) constroem bons relacionamentos, particularmente com os subordinados.

Com base nessa definição, no mínimo, sólido desempenho organizacional (tema do capítulo seguinte) é um componente necessário para o sucesso pessoal. Mas de onde vem esse sólido desempenho organizacional? Das pessoas da empresa que têm capacidade de tomar grandes decisões sobre pessoas, uma de cada vez. Sim, estratégia é extremamente importante, excelentes produtos e serviços são essenciais e dinheiro no banco é um excelente ativo. Contudo, por trás de todos esses ativos — por trás de sua criação e mobilização — encontram-se grandes pessoas.

O que mais podemos aprender com as publicações que falam sobre o que contribui para a formação de grandes líderes e para o sucesso pessoal na carreira? Um dos estudos mais significativos sobre gestores bem-sucedidos é sintetizado em *Primeiro, Quebre Todas as Regras (First, Break All the Rules)*, de Marcus Buckingham e Curt Coffman. Fundamentados em entrevistas minuciosas da Gallup com mais de oitenta mil gestores em mais de quatrocentas empresas, esse foi um dos mais abrangentes estudos já empreendidos até o momento nessa área. Uma das principais conclusões de *Primeiro, Quebre Todas as Regras* é que — contrariamente às nossas opiniões sobre nós mesmos — ninguém dispõe de um potencial ilimitado.[10]

Qual é a extensão lógica dessa constatação? Suponho que, se não podemos contar apenas com o desenvolvimento pessoal, então devemos contratar e promover pessoas que tenham já incorporadas a essência e as qualidades adequadas. Primeiro, temos de trazer a bordo as melhores pessoas, garantindo que ocupem cargos em que possam crescer e se desenvolver. Depois, precisamos ajudá-las a atingir essa meta.

Em seu livro subseqüente, *The One Thing You Need to Know... About Great Managing, Great Leading, and Sustained Individual Success (A Única Coisa Que Você Precisa Saber... sobre Uma Excelente Gestão, Uma Excelente Liderança e Um Prolongado Sucesso Individual)*, Marcus Buckingham discute as quatro habilidades que devemos dominar se quisermos ter sucesso como gestor. Para começar, ele enfatiza que os gestores precisam primeiro escolher pessoas boas.[11]

Depois de examinar as quatro habilidades para uma *boa* gestão, Buckingham passa a definir a "única coisa que precisamos saber sobre uma *excelente* gestão". E qual é o fator mais decisivo para uma excelente gestão? De acordo com Buckingham, é *descobrir o que é exclusivo de cada pessoa e alavancar isso*. Em outras palavras, primeiro contratamos pessoas competentes, depois designamos a pessoa certa ao cargo certo — duas decisões fundamentais sobre pessoas.

A derradeira recomendação de Buckingham nesse livro diz respeito à "única coisa que precisamos saber sobre um duradouro sucesso individual": *descobrir o que não gostamos de fazer e parar de fazê-lo*. Bom, para parar de fazer o que não gostamos de fazer, precisamos saber delegar, e isso significa que devemos ter pessoas competentes à nossa volta. Mas suponhamos que goste de fazer o que está fazendo, mas que, com o passar dos anos, fique entediado. Como poderia ser promovido? Repetindo, para ser promovido, precisa ter pessoas competentes na retaguarda para apoiá-lo. Desenvolver bons sucessores é, em muitos casos, um pré-requisito para ser promovido. Por esse motivo, é essencial dominar a habilidade de contratar e promover as melhores pessoas.

Superando o óbvio

As grandes decisões sobre pessoas, portanto, são extremamente importantes nas grandes hierarquias com mentalidade tradicional. Contudo, mesmo nas empresas em que os profissionais lidam com uma equipe bem pequena (como sempre ocorreu no meu caso), o impacto das grandes decisões sobre pessoas na eficácia e eficiência pessoal pode ser impressionante.

Mais ou menos um ano depois de entrar na EZI, comecei a procurar uma nova assistente. Como era consultor de busca de executivos, concluí que não fazia muito sentido contratar uma agência de empregos para encontrar uma assistente executiva. Eu mesmo faria isso.

Minha primeira atitude foi sentar e pensar com bastante cuidado sobre o que de fato precisava, em vez de simplesmente presumir que necessitava de alguém semelhante à pessoa que havia ocupado essa função previamente. Além disso, conversei com alguns colegas experientes sobre as características de uma assistente ideal e acabei mudando minha maneira de pensar com base nessas informações. Tinha na lembrança o exemplo de Egon Zehnder, que havia contratado 43 anos atrás sua formidável assistente, Brigitte Jentsch, justamente quando fundou sua firma — e ainda hoje trabalha com ela.

Portanto, comecei a procurar minha nova assistente como se fosse meu projeto mais importante. Não me restringi a pessoas que estavam procurando emprego. Ao invés disso, investiguei as melhores empresas e posições-alvo e acabei avaliando quarenta candidatos em potencial, mas nenhum deles estava pleiteando uma mudança. Eu os entrevistei pessoalmente e obtive referências dos candidatos com o melhor potencial de pessoas nas quais podia confiar. Refleti intensamente para tomar uma decisão final porque não queria cometer um erro de julgamento — não apenas em relação a mim mesmo, mas em consideração à pessoa cuja vida eu estaria tumultuando de uma maneira tão significativa.

Ao final desse processo, contratei Joanna Eden, uma assistente formidável no decorrer de dezenove anos que se tornou um verdadeiro ativo corporativo para nossa firma. Além de ela conseguir melhorar substancialmente minha produtividade e qualidade de vida, tornou-se uma parceira profissional valiosa e uma amiga formidável.

Por isso, literalmente todos os dias de trabalho de minha vida, graças à Joanna, sou lembrado de que preciso me concentrar com enorme disciplina nas grandes decisões sobre pessoas. E isso tem se aplicado não apenas à contratação de pessoas externas, mas também ao posicionamento estratégico interno dos recursos existentes. Por exemplo, sempre que cabia a mim escalar uma de nossas equipes internas, o que em vários casos são empreitadas de curto prazo feitas de acordo com os projetos, tentava refletir com bastante cuidado sobre as habilidades e complementaridades que o projeto preconizava, para examinar as opções de que dispunha e entrevistar e confirmar a fundo as referências.

O mesmo ocorria quando era necessário avaliar parceiros externos, como é o caso das empresas de treinamento. E o mesmo ocorria, para ser sincero, na escolha dos clientes para os quais deveríamos trabalhar.

E o mesmo se aplicava também em relação aos aspectos não profissionais de minha vida. Tentei escolher babás e jardineiros com a mesma sistemática. (Que outra decisão sobre pessoa pode ser mais importante do que a decisão sobre uma *babá?*) Quando me pedem, ajudo outras pessoas a aplicar esse mesmo tipo de disciplina em sua própria vida. Uma amiga padeceu desnecessariamente durante uma década por ter recebido cuidados médicos de baixa qualidade — diagnóstico impreciso e, portanto, tratamento inapropriado. Eu a ajudei a encontrar o médico *certo*, que tivesse as habilidades adequadas, e hoje ela está a caminho da recuperação.

Às vezes chego a pensar que nasci com esse dom, mas a verdade é que simplesmente aprendi o ofício ao longo dos anos. Você também pode aprendê-lo.

Esqueça o mito: você consegue *aprender* essas habilidades

"Está tudo aqui dentro." Ouvi essa frase demasiadas vezes ao longo de minha carreira. É provável que também já tenha ouvido essa mesma frase. Normalmente, vem de pessoas convencidas, que só apontam para o próprio umbigo quando falam a respeito das decisões que elas tomam sobre pessoas. Isso implica, obviamente, que essas decisões são tomadas com base no "instinto".

Muitas pessoas acreditam que a capacidade de determinar se um indivíduo é um bom candidato a um cargo é uma habilidade artística: produto do instinto, da intuição, de uma opinião puramente emocional; algo que não é possível explicar claramente; um talento que somente algumas pessoas têm; um assunto sobre o qual nós outros somos todos ignorantes. O curioso é que inúmeras pessoas que não têm nenhum motivo para acreditar em seu instinto ainda assim o fazem; ou seja, consideram-se especialistas intuitivos no que se refere a decisões sobre pessoas. Isso me faz lembrar de um levantamento, no qual 65% de todos os motoristas nos Estados Unidos afirmam ter habilidades acima da média.[12] O que é pior, pesquisas realizadas entre centenas de engenheiros em duas empresas de alta tecnologia constataram que 32% dos engenheiros de uma empresa e 42% da outra classificaram seu próprio desempenho entre os 5% melhores.[13] Isso é o que se conhece por "viés otimista".

Além de uma impossibilidade matemática (não é possível que quatro entre dez engenheiros estejam entre os 5% melhores), há três fatores errados nesse raciocínio. Primeiro, existe a percepção de que somos bons avaliadores. (Não somos. Por exemplo, a convicção que as pessoas têm sobre sua capacidade de detectar uma mentira dos outros apresenta uma correlação de apenas 0,04 com seu desempenho.[14]) Segundo, existe a percepção de que isso é *instintivo*. (Não é.) Terceiro, existe a percepção de que não precisamos nos esforçar para isso, pois ou nascemos ou não nascemos com essa habilidade. (Na verdade, você precisa se esforçar para isso.)

Vamos cavar mais fundo.

Especialistas incríveis!

Espera aí (é provável que esteja se perguntando), não existem pessoas de fato habilidosas para tomar decisões sobre pessoas? Será que não existem especialistas por aí?

Sim, alguns indivíduos são autênticos especialistas na avaliação de pessoas. Não surpreendentemente, alguns trabalham em firmas de busca de executivos. Nossa firma é um bom exemplo. (Outras firmas de busca apresentariam os mesmos dados, tenho certeza.) Em uma pesquisa recente sobre candidatos internos que são promovidos nas inúmeras empresas de nossos clientes, comparamos os resultados reais das pessoas com nossas previsões a respeito e também com as previsões da *própria* empresa, quando disponíveis. (Em outras palavras, pegamos nossa avaliação do candidato interno A, a avaliação do candidato interno A da empresa e os dados sobre o sucesso ou insucesso da pessoa A promovida após vários anos de trabalho e comparamos esses três conjuntos de dados.) Nesses estudos específicos constatou-se que o índice de precisão da empresa para avaliar seus próprios funcionários, com respeito à competência gerencial e potencial de aprimoramento, em determinados casos foi de apenas 30%, ao passo que, comparativamente, o nosso foi de mais ou menos 90%.

Em outras palavras, a probabilidade de acerto de nossas avaliações sobre seus funcionários era *três vezes* mais alta do que as da própria empresa, ainda que há anos ela os conhecesse e lidasse com eles cotidianamente.

Algumas pessoas são *bem melhores* do que outras na avaliação de candidatos. Embora haja uma quantidade significativa de pesquisas sobre o grau de precisão de diferentes técnicas de avaliação (da astrologia à grafologia a diferentes tipos de entrevista, confirmação de referências, centro de avaliação, teste, bem como outras técnicas que serão discutidas em capítulo posterior), ainda há poucas pesquisas sobre os diversos níveis de precisão dos diferentes indivíduos que aplicam a mesma técnica. A pequena quantidade de pesquisas acerca dessa questão, contudo, dá a entender que algumas pessoas são, na verdade, significativamente melhores do que outras ao aplicar a mesma técnica de avaliação — e, naturalmente, são bem melhores ao aplicar as melhores técnicas. A obra *Employment Interview Handbook (Manual de Entrevistas de Emprego)*, de Eder e Harris, investiga se alguns entrevistadores são melhores do que outros. Cinco ou seis estudos analisados confirmam essa hipótese. Em alguns desses estudos, a validade preditiva dos melhores entrevistadores era dez vezes melhor do que a dos piores entrevistadores.[15]

Na verdade, as avaliações realizadas por especialistas (com o objetivo de diagnosticar as condições atuais ou de prever o desempenho futuro) são indispensáveis em inúmeras dimensões da vida e do trabalho. Escolher investimentos, diagnosticar o estado clínico, avaliar os riscos legais, predizer o desempenho dos candidatos — esses são apenas alguns exemplos de pontos que os especialistas têm capacidade de avaliar e acerca dos quais devem ponderar. Em *Blink: The Power of Thinking Without Thinking (Blink: A Decisão num Piscar de Olhos)*, Malcolm Gladwell discorre a respeito de John Gottman, especialista em prever o sucesso e o insucesso de um casamento. Se Gottman analisar um casal de marido e mulher conversando durante uma hora, de acordo com Gladwell, consegue predizer com 95% de precisão se o casal permanecerá casado no prazo de quinze anos. Se Gottman observar um casal por 15 minutos, seu índice de sucesso continua sendo de mais ou menos 90%. A professora Sybil Carrère, que trabalha com Gottman, disse a Gladwell que se ela e Gottman observassem a interação de casais por *três minutos* apenas, ainda assim eles conseguiriam prever com razoável precisão qual se divorciaria e qual manteria o casamento![16]

Portanto, existem especialistas, sim; mas eles não agem meramente "com base no instinto". Eles são altamente treinados e profundamente experientes (mais sobre isso a seguir).

Não delegue

Provavelmente você deve estar pensando: *Se esses especialistas são tão bons, talvez a melhor estratégia seja simplesmente delegar e incumbi-los da avaliação de pessoas.* (Está precisando tomar alguma decisão difícil sobre alguém? Chame um especialista!)

Existem dois problemas com relação a essa estratégia. Primeiro, faz parte de nossa natureza julgar e classificar as pessoas, mesmo nos casos em que não temos preparo para tanto e em que corremos o risco de fazer "julgamentos precipitados" ou impensados. Isso nos faz lembrar do fato de mais da metade das pessoas se julgar um motorista acima da média: quando se trata de julgar pessoas, queremos participar. A maioria de nós hesitaria em tomar uma difícil decisão financeira ou em fazer um importante investimento tecnológico com base em dados inadequados e sem as recomendações adequadas; todavia, quando se trata de pessoas, somos menos humildes. Isso é uma realidade que precisa ser reconhecida e com a qual temos de lidar.

Segundo, embora várias empresas tenham pessoas mais bem preparadas do que outras e mais experientes na tomada de decisões sobre pessoas (incluindo inúmeros gestores de recursos humanos), os altos executivos em geral gostam de participar pessoalmente dessas decisões. E com razão: não devemos delegar essas importantes escolhas sobre pessoas, da mesma maneira e na mesma medida que não devemos delegar nossas escolhas com relação a casamento. De acordo com Larry Bossidy e Ram Charan, "Colocar a pessoa certa no lugar certo é uma tarefa que nenhum líder deve delegar".[17]

Em muitos casos, contudo, isso significa que aqueles que têm conhecimento para isso não têm poder para tomar decisões sobre pessoas e aqueles que têm poder talvez não tenham o conhecimento necessário. Essa não é uma boa fórmula!

Sabendo o que procurar

Por vários anos (bem antes de entrar nessa área), as decisões sobre recursos humanos foram consideradas um terreno subjetivo e instável. Isso está intimamente relacionado à idéia de "instinto" — ou temos ou não temos.

Isso está simplesmente errado. As decisões sobre pessoas, assim como inúmeras outras avaliações, podem ser sistematicamente analisadas e em grande medida aprimoradas. Para conseguir seu extraordinário nível de precisão, por exemplo, John Gottman, citado anteriormente (psicólogo formado, tendo também estudado matemática no MIT), durante três décadas analisou cuidadosa e profundamente os indicadores de sucesso ou insucesso do casamento.

O primeiro passo é nos concentrarmos no que merece ser observado, o que, no caso de Gottman, representa o que ele chama de "Quatro Cavaleiros": atitude defensiva, retraimento, crítica e desrespeito/desprezo. E desses quatro sentimentos, explica ele, o desprezo é o mais representativo: quanto maior o grau de desprezo expresso pelo homem e pela mulher, menor a probabilidade de o casamento ter sucesso.

Malcolm Gladwell conta também a história de Brendan Reilly, presidente em 1996 do Departamento de Medicina do Cook County Hospital, com sede em Chicago. Um dos grandes problemas com os quais Reilly teve de lidar foi melhorar a capacidade do hospital de diagnosticar se o paciente estava mesmo tendo um ataque cardíaco ou meramente exibindo (ou relatando) sintomas preocupantes. Isso, obviamente, pode ser uma questão de vida ou morte, e a equipe médica pode cometer erros numa ou noutra direção. Segundo Gladwell, nos hospitais americanos, entre 2% a 8% das vezes, o paciente que de fato está tendo um ataque cardíaco é liberado para voltar para casa.

Há também casos em que o paciente parece estar tendo um ataque cardíaco, mas na verdade não está — um problema menos fatal, mas ainda assim preocupante, visto que consome recursos fundamentais. Entretanto, de acordo com Gladwell, o perigo da imperícia ou negligência fez com que os médicos ficassem cada vez menos inclinados a se arriscar em relação a um paciente. Conseqüentemente, apenas 10% dos pacientes admitidos em um hospital com a suspeita de ataque cardíaco estão de fato *tendo* um ataque.

Diante dessa situação, Reilly empenhou-se para isolar alguns indicadores nos quais os médicos deveriam se concentrar. Isso significava na prática analisar menos informações — mas se concentrar mais intensamente nas informações mais úteis —, comparativamente à quantidade que até então costumavam analisar.

Conforme Gladwell, Reilly concluiu que os médicos deveriam associar a evidência do eletrocardiograma com apenas três fatores de risco urgentes (dor, líquido nos pulmões e pressão sistólica). Essa regra decisória mais simples diminuiu significativamente ambos os erros: liberar os pacientes que estão tendo ataque cardíaco ou admitir aqueles que não estão tendo um ataque.[18]

Quanto a isso, é essencial enfatizar: esses especialistas não estão consultando sua intuição; eles estão *identificando e verificando os principais indicadores*. Esse mesmo procedimento é válido nas decisões sobre pessoas.

Tornando-se proficiente

Ao que se constata, não basta simplesmente descobrir e verificar esses indicadores. Tendo tomado conhecimento acerca do *que* devemos focalizar, precisamos atribuir pesos apropriados a essas diferentes dimensões. E, depois disso, devemos ainda ter vocabulário adequado para discutir o diagnóstico e o prognóstico com outras pessoas, para que possamos tomar uma boa decisão coletivamente. E se Brendan Reilly não soubesse falar nada em inglês e a equipe do Cook Country Hospital *só* falasse esse idioma? A qualidade de seus indicadores não faria muita diferença, tampouco a eficácia com que fossem avaliados.

Passando para outra área menos séria de avaliação técnica — a degustação de alimentos —, Gladwell examina como a maioria de nós, quando diante de um teste extremamente simples como a degustação de três copos de refrigerante (dois deles de uma marca e o terceiro de uma segunda marca), não seria capaz de identificar o que é diferente. Um especialista em degustação de alimentos, naturalmente, sempre passaria nesse teste e em outros mais, sendo capaz de identificar diferenças bastante sutis de um produto a outro e mesmo de predizer até que ponto diferentes segmentos de consumidores poderiam ou não gostar de cada produto e por quê.

No percurso para galgar o *status* de especialistas, esses degustadores adquiriram uma enorme competência para perceber e classificar diferentes dimensões de sabor. Aprenderam um vocabulário bastante específico que lhes permite descrever com precisão as reações a determinados alimentos.

De acordo com Gladwell, a maionese, por exemplo, é avaliada em seis dimensões específicas de aparência, dez dimensões de textura e catorze dimensões de sabor. Cada um desses fatores específicos é, por sua vez, avaliado em uma escala de quinze pontos.[19]

A maionese não é exceção. Todo produto existente no mercado pode ser analisado nesses aspectos. Com o tempo, pensar e falar desse modo passa a ser instintivo para os especialistas em degustação de alimentos. Uma vez mais você pode até adivinhar aonde pretendo chegar com isso. Ao tomar decisões sobre pessoas, os especialistas seguem (a princípio de modo consciente e, depois, mais ou menos inconsciente) um processo em que analisam os desafios iminentes, identificam as principais competências necessárias no candidato, avaliam-no com precisão, predizem seu desempenho e são capazes de discutir e decidir apropriadamente sobre uma determinada contratação ou promoção.

Embora me arrisque a perguntar o óbvio, não seriam as decisões sobre pessoas mais importantes do que as decisões sobre maionese?

Um pouco de aprendizado pode levá-lo longe

O objetivo de toda essa discussão não é intimidá-lo com relação à complexidade da avaliação de pessoas. Na realidade, você não precisa ter um conhecimento profundamente técnico sobre competências e escalas de competência para *melhorar* suas decisões sobre pessoas.

Retomando o exemplo do casamento, Gladwell fala sobre a experiência de um grupo de psicólogos que mostrou a algumas pessoas leigas alguns vídeos de casais da experiência de Gottman. Não surpreendentemente, a capacidade dos leigos de predizer os resultados era bem limitada. Diante disso, os psicólogos pediram aos leigos que tentassem novamente, dessa vez lhes oferecendo uma pequena ajuda — uma lista dos principais sentimentos que deveriam observar. Eles editaram as fitas em segmentos de 30 segundos e pediram aos leigos para observar cada segmento duas vezes: na primeira, focalizando o homem e, na segunda, focalizando a mulher.

"E o que ocorreu?", pergunta Gladwell, retoricamente. "Dessa vez, os observadores conseguiram avaliar quais casamentos dariam certo com um índice de acerto superior a 80%."[20]

Por várias vezes pude testemunhar pessoalmente como o simples fato de discutir com os gestores e executivos alguns poucos conceitos básicos sobre avaliação de pessoas foi suficiente para que se tornassem *mais competentes* para isso. Mas você não precisa acreditar no que estou dizendo. Como há amplas evidências disponíveis nessa área, você pode aprendê-las e aplicar esse aprendizado com sucesso. Por exemplo, um conhecido meu, Oscar Maril, desfrutou de uma carreira extremamente compensadora como gestor sênior de recursos humanos no Citibank, trabalhando nos Estados Unidos, na Europa e na América Latina e, em seguida, desempenhou uma atividade interessante na Arábia Saudita. Maril acredita que sua longa e bem-sucedida carreira deveu-se em grande medida à sua habilidade de ajudar os CEOs a tomar decisões adequadas sobre pessoas.

Ele também enfatizou como seu treinamento inicial em RH, no Citibank, veio a se demonstrar favorável. Nessas sessões, ele entrevistava um ator profissional (que representava o papel de candidato) e seu instrutor (conversando com ele por meio de um diminuto fone de ouvido) lhe passava as técnicas de entrevista e sondagem comportamental.

Se você *pode* se tornar melhor avaliador de pessoas, por que não tentar?

Uma vida focada pode torná-lo uma estrela

Às vezes temos a tendência de desvalorizar o grande sucesso dos dons concedidos por Deus. Mas a verdade é que até mesmo o ótimo melhora muito com a prática. Em seu livro *Paixão por Vencer (Winning)*, Jack Welch conta que no início de sua carreira de gestor seu índice de acerto para selecionar as pessoas certas costumava ser de 50% apenas, embora, trinta anos mais tarde, tenha melhorado esse índice para cerca de 80%.[21]

Acho que Jack Welch foi provavelmente modesto ao estimar seu índice de acerto de 80% nessa fase de sua vida. Contudo, não tenho dúvida de que, além de conseguir um alto nível de precisão, teve força emocional para reconhecer quando cometeu um erro e, em seguida, agir assertivamente para lidar com as conseqüências.

Vejamos mais uma vez o exemplo de minha firma. A Egon Zehnder International é uma das maiores e mais respeitadas firmas de busca de executivos.²² Em linhas gerais, nosso trabalho está totalmente concentrado em um sem-número de desafios relacionados à avaliação de pessoas. Portanto, quem contratamos para realizar essas avaliações — muitas das quais nos mais altos níveis de uma organização? A resposta talvez o surpreenda. As pessoas que contratamos *nunca* têm formação em RH ou experiência em qualquer outra firma de busca de executivos. Nunca! Ao contrário, normalmente contratamos pessoas da área de consultoria de gestão ou cuja carreira em gerência tenha sido ativa, supondo que elas conseguem compreender os problemas estratégicos e os desafios gerenciais imediatos.²³

Sim, essas pessoas sempre têm uma pós-graduação ou uma certificação profissional e a vantagem de uma valiosa experiência internacional. Além disso, tendem a ser altamente competentes em inúmeras dimensões. Mas meu objetivo aqui é ressaltar *que contratamos pessoas que definitivamente não têm nenhuma experiência profissional em avaliação de pessoas*. Contratamos e treinamos esses indivíduos e — com base nesse modelo — criamos uma organização cujo êxito está calcado unicamente em sua capacidade de avaliar pessoas.

Portanto, essas habilidades *podem ser aprendidas*. Eu as aprendi e você pode e consegue aprendê-las. E se o fizer, suas perspectivas de carreira serão incomensuravelmente maiores e melhores.

O grande paradoxo

O que está por trás do sucesso individual e, em última análise, do sucesso organizacional (esse é o tema do capítulo seguinte) são as grandes decisões sobre pessoas. Contudo, não é estranho o fato de essa ser uma área em que pouquíssimas pessoas obtêm algum tipo de treinamento formal?

Como mencionado na introdução, as escolas de negócios, especialmente de pós-graduação, tendem a diminuir a importância dos problemas de gestão de recursos humanos em geral ou, na melhor das hipóteses, enfatizam o RH simplesmente como uma área sem mérito dentre meia dúzia de outras áreas funcionais; raras vezes focam em *desenvolver o nível de competência* que é necessário.

Não é de surpreender que existam casos tão malsucedidos de tomada de decisões sobre pessoas! *Como podemos esperar que as pessoas solucionem problemas organizacionais imensamente importantes — e às vezes extremamente difíceis —, se não existem recursos confiáveis aos quais possam recorrer?*

Na introdução, falei sobre o desejo de ser tão bem-sucedido quanto o investidor Warren Buffett sem na verdade precisar da vantagem de sua sabedoria e experiência. Isso é impossível! Pense na quantidade de treinamento que obtivemos para tomarmos decisões financeiras em nome de nossa empresa. A quantos cursos de contabilidade e finanças comparecemos? (Resposta: *provavelmente, demais.*) Quantas vezes praticamos com exercícios, situações e simulações, para que pudéssemos ter domínio nessas decisões? (Resposta: *provavelmente, demais.*)

Afora a ênfase secundária nas escolas de negócios, há pelo menos dois motivos para essa inusitada situação. Primeiro, ter habilidades relacionadas a pessoas torna-se fundamentalmente importante só muito depois de concluirmos a educação formal e nos tornarmos gestores. Enquanto estamos estudando, é provável que não tenhamos consciência da importância fundamental das decisões sobre pessoas. Por que estudar algo se não temos nenhuma necessidade imediata desse conhecimento? Mais tarde, infelizmente, nosso tempo para aprender será ainda menor e teremos menos disciplina com relação à aprendizagem. Vários dos hábitos ruins que adquirimos no percurso —incluindo provavelmente a tendência a fazermos julgamentos precipitados e a favorecer nossas predisposições psicológicas inconscientes — enraízam-se profundamente.

Segundo, como analisado antes, as pessoas acreditam que isso se trata de arte, uma área que ainda se mantém subjetiva e abstrata, e não uma área em que podemos nos aperfeiçoar significativamente aprendendo e seguindo as melhores práticas. Isso não é real, como podemos ver. Todavia, há uma dura verdade: *não há nenhuma outra área em que possamos obter um retorno maior em relação ao tempo e esforço que investimos em nosso desenvolvimento.* De acordo com a explicação da professora de Harvard, Linda Hill, em seu livro *Novos Gerentes* (*Becoming a Manager*), desenvolver o julgamento interpessoal é uma tarefa indispensável de autotransformação, se queremos ter êxito enquanto gestores.[24]

Eis outro desafio: não aprendemos necessariamente com nossas experiências na tomada de decisões sobre pessoas, ao menos no princípio. Em diversas circunstâncias, falta-nos um *feedback* imediato e claro sobre essas decisões. Quando nomeamos alguém a um cargo, o desempenho desse indivíduo pode ser afetado por vários fatores externos, incluindo acontecimentos macroeconômicos e tecnológicos, comportamento dos concorrentes e assim por diante. Além disso, normalmente precisamos de um bom tempo para avaliar o desempenho de uma pessoa que ocupe um alto cargo de grande complexidade, no qual mudanças não podem ser concebidas, implementadas e avaliadas do dia para a noite. Em vista desses motivos, a maioria dos gestores não aprende muito com a própria experiência na tomada de decisões sobre pessoas — a menos que também recebam algum treinamento e instrução formal para usar os instrumentos básicos desse ofício.

A despeito da possibilidade de não aprendermos com nossa experiência, continuamos acreditando em nossa excelência. Na verdade, *não somos tão bons assim* e tampouco temos consciência de nossas deficiências. Os melhores estudos sobre autopercepção mostram uma correlação mínima com a realidade. No âmbito das habilidades sociais complexas, em que o *feedback* tende a ser ocasional, retardado e ambíguo, essa correlação diminui ainda mais (por exemplo, 0,04 para competência gerencial e 0,17 para habilidades interpessoais).[25]

Em resumo, recebemos pouco treinamento formal para tomarmos decisões acertadas sobre pessoas, tanto porque inicialmente não percebemos sua importância quanto porque temos a falsa convicção de que essa habilidade não pode ser aprendida. Por esse motivo, quando ocupamos um cargo em que podemos aprender com a experiência, em geral *não conseguimos* aprender com ela. E para completar, imaginamos ter uma competência bem maior do que na realidade temos para escolher pessoas.

Do sucesso à felicidade

Até aqui, tentei persuadi-lo a refletir sobre seus próprios interesses. Tentei explicar por que o domínio da tomada de grandes decisões sobre pessoas é quase certo que terá um enorme impacto em suas chances de sucesso profissional. Espero que agora você esteja convencido de que uma carreira gerencial fora de série é construída não apenas com base na sorte, na constituição genética, em esforços contínuos de desenvolvimento e em boas decisões em relação à carreira, mas também (e diria *principalmente*) com base em grandes decisões sobre pessoas, iniciando sua primeira atribuição gerencial e crescendo em importância à medida que você aumenta de senioridade. Espero ainda que agora acredite que essas habilidades podem ser aprendidas. É sobre isso que a maior parte dos capítulos deste livro versa.

Porém, os poucos parágrafos que se seguem visam a uma parte diferente de seu cérebro — ou, talvez, de seu coração. Gostaria de examinar algo bem mais essencial do que o sucesso profissional puro e simples: a *felicidade pessoal*.

Filósofos de todas as culturas e de todas as eras de algum modo concluíram que a felicidade é a meta suprema da existência. Aristóteles chamou a felicidade de *summum bonum* — o bem supremo. Sim, desejamos outras coisas, como dinheiro, poder, saúde ou sucesso profissional. Todavia, não desejamos todas essas coisas por si sós, mas porque acreditamos que nos farão felizes (ou nos deixarão contentes ou satisfeitos).

Nos últimos anos, o tema da felicidade tem sido cada vez mais investigado por pessoas como Mihaly Csikszentmihalyi,[26] Dan Baker[27] e Martin E. P. Seligman. Seligman, ex-presidente da Associação Americana de Psicologia, é o principal proponente do movimento da psicologia positiva, que se centra na saúde mental, e não na doença mental. Em seu livro *Felicidade Autêntica* (*Authentic Happiness*), Seligman apresenta uma fórmula aparentemente simples de alcançar um nível duradouro de felicidade.[28] Segundo ele, embora os fatores genéticos possam restringir sua felicidade potencial, os demais estão em grande medida em suas mãos. O mais importante disso tudo, afirma ele, são suas relações pessoais e o nível de satisfação com seu trabalho.

E aqui apresento minha moral da história para encerrar este capítulo: *adquirir domínio na tomada de grandes decisões sobre pessoas dá conta de ambas as coisas*: intensifica e aprimora suas relações pessoais e aumenta sua satisfação profissional.

Tomar grandes decisões sobre pessoas é uma habilidade indispensável na vida. É a habilidade mais decisiva na determinação de seu sucesso profissional e também de sua felicidade pessoal.

■ ■ ■

As grandes decisões sobre pessoas são indispensáveis não apenas ao sucesso pessoal, mas igualmente a um duradouro sucesso organizacional — e esse é justamente o tema do capítulo seguinte.

CAPÍTULO 2

Grandes decisões sobre pessoas: um recurso para a sua organização

Deixe-me iniciar também este capítulo com um paralelo pessoal razoavelmente longo, o qual, acredito, acabará me levando ao lugar certo.

Logo depois de me formar, ainda na Argentina, meu país de origem, com um diploma de engenharia de produção nas mãos, comecei a trabalhar na capital, em Buenos Aires. Havia conseguido emprego em uma grande empresa do mercado atacadista, na área de logística e operações: a meu ver, uma escolha ideal que ajudou a desenvolver meus pontos fortes. Não apenas isso. Já estava alegremente casado com María, extraordinária parceira de vida. Em resumo, estava usufruindo de uma série de sucessos. Tudo o que precisava fazer era me matricular numa das melhores escolas de negócios do mundo, tirar meu MBA e começar minha ascensão aos escalões superiores do mundo corporativo.

Mas havia um problema: não tinha dinheiro sobrando e, embora tivesse me formado com alta distinção na universidade, tinha pouca esperança de obter uma bolsa de estudos de pós-graduação no exterior. Sem muita esperança, inscrevi-me nas principais escolas de negócios americanas e enviei também formulários de inscrição a alguns programas de bolsa de estudos que aceitavam inscrições de pessoas na minha situação. Parecia decididamente que havia topado com um obstáculo à minha ascensão, o qual não conseguia transpor. Numa determinada noite, em meados de 1980, quando María e eu retornávamos ao nosso apartamento, vindos de um jantar com amigos, encontramos à porta um grande envelope branco, cujo conteúdo mudaria minha vida para sempre. Havia dentro uma carta informando que haviam me concedido a *"ITT International Fellowship"* (Bolsa Internacional da IT&T) — um dos programas mais disputados nos quais havia me inscrito. Na Argentina, apenas uma bolsa ITT era concedida a cada dois anos. Ela me pagaria dois anos de pós-graduação em qualquer lugar dos Estados Unidos! Escolhi Stanford.

Empreender meus estudos na Escola de Pós-Graduação em Negócios de Stanford (*Graduate School of Business* — GSB) revelou-se um desafio e tanto. Eles costumavam dizer que os alunos do primeiro ano do program de MBA na GSB passavam com sucesso em três "As": da ansiedade à abominação e daí à apatia. Não sei se bom ou ruim, mas nunca passei do primeiro "A". Estava extremamente atento ao alto grau de ansiedade que estava sentindo. Mas não tão consciente, pelo menos a princípio, de outra coisa que estava se passando comigo. Todos os dias estava em contato com tantas mentes brilhantes, incluindo não apenas os excelentes professores, mas também colegas excepcionais, que não consegui fazer outra coisa senão alargar ainda mais meus horizontes. E à medida que minhas perspectivas alargavam-se, maior se tornava minha curiosidade em relação a assuntos abrangentes. Minha ansiedade diminuiu à proporção que minha curiosidade extraiu o melhor que havia em mim. E foi nesse momento que começou a despontar meu interesse por saber que motivos estariam por trás do sucesso *organizacional*. O que faz uma organização triunfar e outra fracassar?

Depois de passar as férias de verão, entre meu primeiro e segundo ano na GSB, trabalhando na McKinsey & Company da Espanha, voltei a trabalhar para a McKinsey por mais três anos, após a formatura, como gerente de projetos na Espanha e na Itália. Esse trabalho com consultoria de gestão estimulou ainda mais minha curiosidade com relação aos verdadeiros motivos do sucesso organizacional.

Como quis o destino, algumas das melhores respostas a esse questionamento que passou a me chamar a atenção viriam, alguns anos mais tarde, de um pequeno grupo de pessoas que por acaso estavam em Stanford, precisamente no mesmo momento em que eu estava (tanto professores quanto colegas de turma e departamento), bem como na McKinsey e Harvard.

O que está por trás do sucesso?

Nos anos que se seguiram, uma coisa que acabei percebendo com o passar do tempo, ao longo dessa busca de 25 anos por respostas a respeito do sucesso organizacional, foi que pouquíssimas pessoas haviam examinado seriamente esta questão — o que está por trás do sucesso?

A edição de julho–agosto de 2005 da *Harvard Business Review* (uma edição dupla especial cujo enfoque era o alto desempenho organizacional) trazia um ótimo artigo da editora-chefe Julia Kirby sobre o que significa ser uma empresa de alto desempenho.[1] Kirby fez uma afirmação um tanto surpreendente de que nos primeiros mil anos da história empresarial, pelo menos da prática empresarial mais ou menos como a conhecemos hoje, ninguém parece ter feito a mais óbvia das perguntas: *o que contribui para o sucesso?* De acordo com Kirby, um exame do conteúdo da *Harvard Business Review* no espaço de 83 anos indicou que essa pergunta começou a ser levantada, pela primeira vez, no início da década de 1980, aproximadamente na época em que Tom Peters e Bob Waterman produziram *Em Busca da Excelência* (*In Search of Excellence*).

Por que esse atraso de mil anos? Para Kirby, isso se deve a dificuldades inerentes na definição de unidade de análise, de quem é chamado de "vencedor", do que constitui um padrão, se as respostas são universais e se o alto desempenho é oportuno ou atemporal. Ela concluiu, entretanto, que essa busca não parecia impossível e que aparentemente havia perspectivas para um avanço num futuro próximo. A fim de fundamentar essa afirmação, ela mencionou dois excelentes livros que haviam sido recém-publicados, o primeiro de Jim Collins e Jerry Porras e o segundo de William Joyce, Nitin Nohria e Bruce Roberson.

Bem, conhecia diversas dessas personalidades, pessoalmente ou por nome. No tempo em que me esforçava com ansiedade em Stanford, por exemplo, um de meus colegas de classe era o próprio Jim Collins. Collins na época me impressionou profundamente, por dois motivos específicos e desvinculados. Primeiro, ele questionava nossos professores de maneira sensata, incisiva e corajosa, o que nem sempre ocorria com os demais. Segundo, ele era um ávido alpinista. Com freqüência podíamos vê-lo escalando as paredes externas dos prédios da GSB.

A essa mesma época, um de meus professores era Jerry Porras. Anos mais tarde, co-escreveu com Collins o livro *Empresas Feitas para Vencer (Built to Last)* e foi citado por Kirby como uma das fontes mais importantes de seu artigo. Em sua função acadêmica, Porras foi uma das primeiras pessoas que me ajudaram a começar a refletir profundamente sobre as questões relacionadas ao desempenho organizacional. Nós — digo, seus alunos — tivemos de redigir um "diário de reações" ao longo do curso, o qual Porras examinava regularmente. Com os cutucões de Porras, comecei a me dar conta do quanto esses fatores "abstratos" — os quais eu sempre havia ridicularizado por conta de minha formação nas matérias exatas de engenharia e ciências — tinham um impacto direto e pungente sobre o sucesso ou insucesso de uma organização.

Alguns anos depois de se formar em Stanford, impulsionado por sua implacável curiosidade, Jim Collins voltou para a GSB e começou sua pesquisa e sua carreira de professor e em pouco tempo recebeu o Prêmio de Excelência em Ensino *(Distinguished Teaching Award)*. Após sete anos em Palo Alto, retornou à sua cidade natal — Boulder, Colorado —, onde montou um laboratório de pesquisa na sala de aula em que havia cursado o primeiro ano primário. Tornou-se então pesquisador autônomo e escritor. Contrariamente ao que para outras pessoas seria quase impossível, ele escreveu dois *best-sellers* seguidos: *Empresas Feitas para Vencer*,[2] em co-autoria com Jerry Porras, e *Good to Great (De Bom a Excelente)*.[3]

Empresas Feitas para Vencer aborda principalmente as variáveis que distinguem os líderes dos retardatários. Em *Good to Great*, Collins e sua equipe de pesquisa aprofundaram essa idéia, descrevendo um quadro de empresas de elite que conseguiram dar o salto e obter excelentes resultados e, subseqüentemente, mantiveram esses resultados durante pelo menos quinze anos. Como observou Collins recentemente:

> Empregamos um rigoroso método de pesquisa por pareamento, comparando empresas que se tornaram excelentes com um grupo

de controle de empresas que não conseguiram e extraímos deduções empíricas diretamente dos dados. Em *Good to Great*, examinamos as empresas que conseguiram saltar de um bom desempenho para um desempenho excepcional, mantendo-o por no mínimo quinze anos, comparativamente às empresas que não conseguiram um salto de desempenho semelhante, e levantamos uma pergunta básica: que princípios explicam essa diferença?

Por exemplo, quando comparamos o banco Wells Fargo com uma empresa equivalente durante a era da desregulamentação, descobrimos que Dick Cooley, no Wells Fargo, [centrava-se principalmente nas pessoas] e que líderes semelhantes não. Em vez de primeiramente desenvolver uma estratégia sobre como lidar com a turbulência da desregulamentação, ele criou a melhor e mais adaptável equipe no setor. "É assim que criamos o futuro", afirmou Cooley. "Se eu não for esperto o suficiente para ver as mudanças que estão a caminho, eles serão. E serão flexíveis o bastante para lidar com elas." Dick Cooley deu-se conta de que, em um mundo volátil, a proteção decisiva contra a incerteza é ter pessoas certas que consigam se adaptar a tudo quanto o mundo possa lançar contra nós — é como ter os parceiros de escalada corretos a seu lado na face de uma grande, perigosa e imprevisível montanha.

O poder de nossa pesquisa é o método de pareamento: comparamos as empresas que se tornaram excelentes com aquelas que não conseguiram se tornar excelentes em ambientes idênticos. Podemos encontrar bolsões de excelência em praticamente todos os ambientes difíceis — seja no setor aéreo, na atividade bancária desregulamentada, na fabricação de aço, na biotecnologia, no sistema de saúde ou mesmo em organizações sem fins lucrativos. Toda empresa tem um conjunto exclusivo de complexas restrições. Apesar disso, algumas conseguem dar o salto, ao passo que outras que enfrentam o mesmo contexto não conseguem. Essa talvez seja a questão mais importante em tudo o que *Good to Great* aborda. A excelência não depende das circunstâncias. Excelência, ao que tudo indica, é em grande medida uma questão de escolha consciente e de disciplina.[4]

Collins e sua equipe encontraram uma prova irrefutável de que a *excelência na liderança e a capacidade de formar equipes executivas superiores* eram dois pré-requisitos essenciais e fundamentais para um notável desempenho corporativo. Como Collins sintetizou na discussão a seguir, quando um líder deseja construir uma grande empresa,

> ...as primeiras decisões mais importantes são as decisões sobre pessoas. Os líderes corporativos que analisamos e estiveram à frente de mudanças do bom ao excelente praticaram o exercício do "Primeiro Quem": primeiro embarque no ônibus as pessoas certas, desembarque as pessoas erradas e coloque as pessoas certas nas poltronas certas; em seguida, decida para onde deve conduzir o ônibus. A título de esclarecimento, o princípio Primeiro Quem não é o único requisito para construirmos uma grande empresa — ele é um dos oito conceitos que descobrimos em nossa pesquisa —, mas é o primeiro da seqüência. Enquanto 90% a 100% de nossos principais assentos não estiverem ocupados por pessoas certas, não haverá outra prioridade mais importante.[5]

Em outras palavras, o segredo são as *grandes decisões sobre pessoas*. Elas são a fundação de praticamente todos os grandes desempenhos organizacionais.

E quanto ao segundo livro ressaltado por Kirby em seu artigo? Em *What Really Works*[6] (*O que de fato funciona*) (um pioneiro estudo de cinco anos sobre as melhores empresas do mundo), William Joyce, Nitin Nohria e Bruce Roberson fizeram uma afirmação até certo ponto curiosa (e, a meu ver, provaram) de que *a escolha do CEO de uma empresa exerce um impacto sobre a lucratividade tão grande quanto a decisão sobre se a empresa permanecerá em seu atual setor ou mudará para outro*. Em conseqüência de alguns dos recentes escândalos corporativos, hoje algumas pessoas são propensas a desvalorizar ou a diminuir a importância da liderança corporativa; mas não Joyce, Nohria e Roberson.

Diversos outros estudos, como aquele relatado por três consultores da McKinsey em *The War for Talent* (*A Guerra pelo Talento*), em que afirmam que as "melhores" empresas, assim definidas por sua lucratividade e reputação, demonstram ter uma disciplina e habilidade significativamente maiores para tomar decisões acertadas sobre pessoas.[7]

Só para dar uma idéia, é cada vez maior o número de pesquisas de alta qualidade que defendem com veemência que as decisões acertadas sobre pessoas são o principal propulsor do desempenho organizacional e, provavelmente, o fator isolado mais importante do desempenho *superior*.

São as *grandes decisões sobre pessoas* que fazem a diferença.

As poucas coisas que importam

Suponhamos que você esteja disposto a admitir, ou pelo menos nutrir, a hipótese de que as grandes decisões sobre pessoas faz a diferença nas organizações. Entretanto, você ainda deve estar se perguntando se existiriam outras alavancas organizacionais ou práticas gerenciais que juntas ou separadamente exerçam um impacto ainda maior sobre o desempenho da empresa. Será que isso de fato tem "tudo a ver com pessoas" ou sobretudo com pessoas?

Quando comecei a trabalhar na McKinsey, na Europa, minha primeira missão foi em uma grande cadeia varejista, cujo desempenho estava bem aquém ao de seu concorrente direto. Como era de costume, fizemos todos os tipos de análise de lucratividade em diferentes lojas. Descobrimos, para nossa surpresa, que algumas lojas dessa cadeia haviam perdido dinheiro todos os anos, desde o momento em que abriram suas portas. Além disso, ao que tudo indicava, não havia chance de essas atividades perdidas tornarem-se lucrativas em algum momento, em parte por que estavam localizadas em cidades muito pequenas para suportá-las.

Outras lojas, contudo, apresentavam um quadro mais complexo. Por exemplo, uma das lojas que examinamos estava localizada praticamente em frente à de um concorrente. Enquanto a loja de nosso cliente vegetava, a do concorrente ia de vento em popa. Na opinião desse cliente, era necessário fazer mais propaganda para aumentar o movimento de clientes. "Espera aí", dissemos. "Vocês têm certeza de que têm a combinação correta de produtos e serviços?"

Resolvemos fazer uma análise bastante simples: contamos o número de pessoas que saíam de cada uma das lojas e também quantas saíam com uma sacola de compras. Ao que se revelou, o tráfego de pedestres não era diferente, mas a "contagem de sacolas" era *consideravelmente* distinta. Quase todas as pessoas que entravam na loja do concorrente compravam alguma coisa; ao passo que entre as pessoas que visitavam a loja do nosso cliente quase ninguém comprava nada.

Nessa situação, obviamente, investir mais em propaganda teria apenas aumentado a quantidade de visitantes frustrados, caso em que a maioria provavelmente não retornaria. A primeira prioridade, parecia claro, era corrigir os problemas de *layout*, de combinação de produtos e de nível de serviço. Mas para fazer *isso* era necessário mudar a alta administração. Por quê? Porque havia deficiências óbvias no nível corporativo (nível dos diretores-executivos), particularmente na área comercial (responsável pelo *layout* e pela combinação de produtos) e na área de operações (responsável pelo serviço).

Por esse motivo, não se tratava de um problema de estratégia, tampouco um problema de localização, muito menos de um problema macroeconômico. Tratava-se de pessoas! As pessoas na alta administração não eram capazes sequer de realizar um diagnóstico simples e básico para descobrir por que a empresa estava indo mal, quem dirá de ter um desempenho adequado. Os que estavam na linha de frente, atendendo aos clientes, não podiam contar de forma alguma com uma liderança eficaz.

Infelizmente, essa primeira experiência na McKinsey foi típica dos anos em que trabalhei como consultor de gestão, do começo ao fim. Quase sempre, a origem dos problemas eram as pessoas. Meu último projeto foi para uma empresa que produzia uma imensa linha de produtos de plástico laminado: de papel de parede e infláveis a disquetes. Ela estava perdendo ao todo 20% de suas vendas e — em virtude de problemas com o sindicato, em um momento bastante delicado — não conseguia interromper suas atividades nem demitir uma quantidade significativa de pessoas. Visto que fazia parte de um conglomerado bem maior, ficariam felizes apenas se conseguissem reduzir o prejuízo, mas sem nenhuma demissão.

Uma vez mais, realizamos nossas análises básicas de lucratividade por produto, cliente e canal. Os resultados foram chocantes. Alguns produtos tinham margens negativas de 200%. Ou seja, eram gastos trezentos dólares para fabricar um produto vendido por apenas cem dólares! Cerca de um terço de sua produção era distribuído no mercado por uma empresa própria tão ineficiente que, se pudessem parar de utilizá-la, ficariam numa situação melhor — mesmo que supostamente tivessem de (1) continuar pagando o salário dos funcionários da distribuição para não fazerem absolutamente nada e (2) perdessem um terço do volume de vendas. Particularmente nesse caso, em nossas recomendações incluía-se a mudança de CEO, que foi implementada com sucesso.

Em quase todas as principais atribuições das quais me ocupei nos tempos na McKinsey, havia um padrão recorrente: o diagnóstico e o desempenho deficientes eram o principal problema porque *as pessoas erradas estavam ocupando os cargos mais altos.*

É provável que na sua opinião esse tipo de prova casuística não equivale a uma teoria — que minha experiência pessoal é conseqüência de uma lista de clientes de péssima qualidade. Haveria alguma pesquisa acadêmica convincente que defenda uma tese irrefutável de que isso de fato tem "tudo a ver com pessoas" ou sobretudo com pessoas?

What Really Works, o segundo livro ressaltado por Kirby, toca precisamente nessa questão, analisando dez anos de dados relevantes sobre 160 empresas e mais de 200 práticas gerenciais. Os três autores desse livro concluem que somente uma *diminuta fração* dessas 200 práticas gera alguma diferença mensurável no desempenho corporativo.

Eles sintetizam suas constatações na fórmula "4 + 2", defendendo que devem ser seguidas quatro práticas primordiais, nas áreas de estratégia, desempenho, cultura e organização, e que também devem ser seguidas duas dentre as quatro práticas secundárias, que compreendem talento dos funcionários, liderança e governança, inovação e fusões e parcerias.

Ao examinar essa obra, cheguei a outra conclusão: de que direta ou indiretamente a maioria dessas práticas (tanto primordiais quanto secundárias) tem a ver sobretudo com pessoas. Pelo menos de acordo com minha maneira de pensar, desempenho, cultura, talento e liderança têm a ver *unicamente* com decisões sobre pessoas. E o que dizer das demais — da estratégia, por exemplo? Ora, é interessante observar que as melhores empresas de consultoria em estratégia hoje reconhecem a *liderança* como principal fator na implementação de estratégias e mesmo como o ponto de partida da estratégia.[8]

São as *grandes decisões sobre pessoas* que contam.

Consultando uma lenda

Acho que podemos concluir com segurança que os teóricos organizacionais mais importantes acreditam na predominante importância das decisões sobre pessoas. Entretanto, o que dizer das pessoas que estão na linha de frente da empresa? Será que consideram as decisões sobre pessoas sua primeira prioridade e o principal fator determinante de seu sucesso ou insucesso?

Tomemos apenas um caso como exemplo. Se fizesse uma pesquisa de opinião entre os profissionais de negócios contemporâneos para identificar o líder empresarial mais bem-sucedido na segunda metade do século XX, tenho total convicção de que a primeira posição seria facilmente atribuída a Jack Welch, ex-CEO da General Electric (GE).[9]

Há alguns anos, tive oportunidade de colaborar com Jack e sua mulher, Suzy, no capítulo sobre equilíbrio entre trabalho e vida pessoal em seu *best-seller Paixão por Vencer*. Em duas reuniões de acompanhamento em sua casa em Boston, conversamos sobre meus planos para este livro e pedi a opinião de Welch a respeito de meu tema principal. Pelo que conheço de sua carreira, imaginava que fosse um implacável defensor da crucial importância das decisões sobre pessoas. O que eu *não* imaginava era a tamanha afeição que ele nutria por esse tema. Welch falou demoradamente e com grande paixão sobre a importância de colocar as pessoas certas nos cargos certos. "Você pode ter as melhores estratégias do mundo", disse-me ele, "mas elas não têm tanto valor sem as pessoas certas."

Tendo por base minha experiência, trabalhando com literalmente milhares de executivos, os pontos de vista de Welch são a regra, e não a exceção. *As grandes decisões sobre pessoas fazem a diferença.*

Portanto, ao que parece, tanto os principais teóricos organizacionais quanto as pessoas na linha de frente concordam que as grandes decisões sobre pessoas são a prioridade número um do sucesso corporativo. No entanto, é provável que ainda esteja se perguntando até que ponto essa observação é de fato importante. Será que o método atual é realmente ruim? Será que realmente há tanto assim a ganhar?

A rota do fracasso corporativo

Na última década ou algo em torno disso, a imprensa internacional nos inundou com uma seqüência quase infindável de matérias sobre inépcia, fracassos e até escândalos nos escritórios mais luxuosos do mundo. No verão de 1999, por exemplo, a *Fortune* publicou uma instigante (e deprimente) matéria de capa sobre o insucesso dos CEOs. O artigo retratava literalmente dezenas de casos de péssimo desempenho no mais alto escalão hierárquico. Afirmava que uma das principais causas do insucesso dos CEOs era a profunda dificuldade que esses profissionais malsucedidos sentiam quando era necessário nomear alguém para os altos cargos.

"Mas como os CEOS falham?", perguntaram retoricamente os autores da *Fortune*. "Mais do que tudo, por não conseguirem colocar as pessoas certas nos cargos certos — e pela incapacidade correspondente de solucionar os problemas das pessoas na hora certa."[10]

A *Fortune* acertou em cheio. Com base nas inúmeras buscas de executivos e avaliações gerenciais dos quais participei, bem como das dezenas de milhares de gestores e executivos que conheci e com os quais trabalhei, não tenho *dúvida alguma* a respeito da principal causa do fracasso de algumas grandes empresas: decisões ruins sobre pessoas no alto escalão. Colocar pessoas erradas em cargos fundamentais desencadeia o insucesso corporativo, o que, por sua vez, provoca mais insucessos individuais. Uma decisão ruim (ou duas ou três) desencadeia muitas outras, provocando uma sucessão de fracassos.

É provável que o ponto de vista mais abrangente sobre a rota do fracasso esteja no livro de Sydney Finkelstein, publicado em 2003, *Why Smart Executives Fail (Por Que os Executivos Inteligentes Fracassam)*.[11] Ao analisar as circunstâncias que estão vinculadas ao fracasso corporativo, Finkelstein indica quatro grandes ritos de passagem: criar novos empreendimentos, lidar com inovações e mudanças, gerenciar fusões e aquisições e enfrentar novas pressões competitivas. À primeira vista, todas essas transições podem parecer extremamente diferentes. Contudo, se as examinarmos com um olhar um pouco mais atento, é possível ver que todas são situações que *exigem novas habilidades*. Isso, por sua vez, significa que alguém tem de prestar cuidadosa atenção à equipe em vigor. Em outras palavras, a maioria dos fracassos corporativos deriva diretamente da incapacidade da organização de *pôr a pessoa certa no lugar certo*.

Em sua análise sobre as causas do fracasso dos executivos, a lista de Finkelstein engloba quatro componentes: mentalidade executiva incorreta (o que inclui uma percepção distorcida da realidade), atitudes ilusórias (o que ajuda a manter a percepção distorcida da realidade), um colapso nos sistemas de comunicação necessários para transmitir informações urgentes e atributos pessoais (incluindo deficiências na liderança) que impedem que os executivos errôneos corrijam sua rota.

Qual é o ponto em comum? Novamente, as *pessoas*. Pelo menos três dessas quatro causas contribuintes estão relacionadas a pessoas, ao passo que a quarta (um colapso nos sistemas de comunicação) quase sempre consegue ser evitada se as pessoas certas estiverem no lugar certo.

Por que fazer essa breve digressão ao âmbito do insucesso? Unicamente porque é outra maneira de levantar e responder à pergunta sobre os princípios do desempenho organizacional. O que provoca o fracasso organizacional? Decisões ruins sobre pessoas. O que está por trás de um desempenho organizacional excepcional? *Grandes* decisões sobre pessoas.

Médias de acertos sobre pessoas

No parágrafo de abertura de seu maravilhoso artigo na *Harvard Business Review*, "How to Make People Decisions" [Como tomar decisões sobre pessoas], publicado em 1985, o falecido Peter Drucker enfatizou a importância das grandes decisões sobre pessoas. "Os executivos", afirmou Drucker, "gastam mais tempo gerenciando pessoas e tomando decisões sobre pessoas do que em qualquer outra coisa — e estão certos. Nenhuma outra decisão tem conseqüências tão duradouras ou é tão difícil de ser desfeita. Porém, mesmo assim", continuou ele, "de modo geral os executivos tomam decisões ruins com respeito a promoções e alocação de pessoal. Segundo a opinião geral, a média de acertos desses executivos não ultrapassa 0,333. Quando muito, 33% dessas decisões revelam-se corretas; 33% são minimamente eficazes; e 33% são um completo fracasso." Em nenhuma outra área da administração, acrescentou ele, toleraríamos um "desempenho tão desprezível".[12]

Nas duas décadas após a publicação desse influente artigo, tanto o sórdido registro de escândalos públicos quanto a maior parte das pesquisas relacionadas a esse assunto só vieram confirmar a visão de Drucker sobre o insatisfatório histórico das decisões sobre pessoas, particularmente no alto escalão. Em seu artigo publicado em 2002 na *Harvard Business Review*, "Holes at the Top: Why CEO Firings Backfire" [Falhas no alto escalão: por que o afastamento dos CEOs sai pela culatra], Margarethe Wiersema assinalou que a tendência estava piorando naqueles últimos anos.

Na década de 1980, informou ela, os afastamentos involuntários de CEOs ficaram entre 13% a 36%, ao passo que entre 1997 e 1998 esse número chegou a atingir 71%.[13]

Nos últimos anos, a empresa de consultoria Booz Allen & Hamilton publicou excelentes pesquisas sobre a rotatividade de CEOs, documentando tanto um nível extremamente alto de "entradas e saídas" quanto uma grande porcentagem de afastamentos involuntários.[14] Curiosamente, os números da Booz Allen estão em grande medida de acordo com a conjectura de Drucker, de vinte anos atrás, acerca da "média de acertos". Ele fez uma estimativa aproximada de que um terço de todas as nomeações de CEO era um completo fracasso, o que está devidamente em sincronia com a avaliação da Booz Allen sobre afastamento forçado de CEOs.

Pior ainda, embora haja uma grande quantidade de notícias que afirmam que a rotatividade de CEOs fugiu ao controle, a maioria dos fatos dá a entender que os CEOs que permanecem por muito tempo na empresa podem acabar provocando piora nos resultados. Uma das constatações mais consistentes nos estudos da Booz Allen é que o desempenho dos CEOs na segunda metade de seu mandato é significativamente inferior ao da primeira metade (e, em diversos casos, provoca piora nos resultados).[15]

No decorrer dos últimos anos, eu e meus colegas na Egon Zehnder International avaliamos dezenas de milhares de altos executivos, dentre eles CEOs, todos os outros cargos de nível corporativo, vice-presidentes e diretores, de todas as partes do mundo e de todos os principais setores. Os resultados são sistematicamente deprimentes. Mesmo em empresas com desempenho e reputação acima da média, indivíduos errados permanecem em cargos de alta direção. Aproximadamente um terço dos executivos que avaliamos nessas excelentes organizações encontra-se na realidade na *metade inferior* da curva de competências, em comparação com seus pares em outras empresas do mesmo setor.

Quando analisamos os CEOs em relação a determinadas competências consideradas essenciais a seu cargo, o CEO característico estava ligeiramente abaixo do nível pretendido. Em geral, a disparidade entre um alto executivo médio e um excepcional é tão grande que, mesmo com a mais alta motivação por parte do indivíduo e as mais genuínas iniciativas de desenvolvimento por parte da empresa, a obtenção do nível necessário de competência seria altamente improvável. E mesmo se essa disparidade *pudesse* ser sanada, esse processo levaria diversos anos, tempo esse do qual a maioria das organizações não dispõe.

Em conclusão, a despeito da urgente necessidade de melhorar nosso desempenho na tomada de decisões sobre pessoas, várias organizações não possuem programas de sucessão eficazes ou, verdade seja dita, não possuem nenhum programa de sucessão. Essa triste história é relatada por Ram Charan em seu recente artigo "Ending the CEO Succession Crisis" [Pondo fim à crise de sucessão dos CEOs].[16] Se sua empresa não está disposta ou é incapaz de "crescer por conta própria", ao menos *em parte* do tempo, essa crise possivelmente não terá fim.

Mais perto do topo: maiores riscos, maiores retornos

Mas não é só isso. Quanto mais as pessoas erradas persistem em trajetórias profissionais erradas, maior a possibilidade de causarem danos reais à organização. Isso ocorre porque, quanto mais complexo o cargo, maior a diferença entre um profissional de desempenho superior e um profissional de desempenho médio. Por exemplo, embora um trabalhador de produção que apresenta um desvio-padrão acima da média possa ser 20% mais produtivo do que um trabalhador médio, *essa diferença aumenta ex-*

ponencialmente em relação à complexidade do cargo. Lançando mão de um exemplo radical, um desvio-padrão poderia representar um aumento da ordem de 600% em relação à média em uma função de alta complexidade como a de um gerente de contas de uma empresa de consultoria.

As Figuras 2.1 a 2.3, adaptadas de meu artigo publicado na *MIT Sloan Management Review*, "Getting the Right People at the Top" [Colocando as pessoas certas no alto escalão], apresentam duas idéias complementares: (1) As organizações que contratam ou promovem executivos de qualidade média ou inferior tendem a sofrer consideravelmente e, de modo oposto, (2) as organizações capazes de identificar e nomear pessoas competentes tendem a desenvolver uma vantagem competitiva inigualável.[17]

Diversos estudos mostraram que, quanto mais complexa a função, maior a diferença entre o desempenho superior e desempenho médio. Por exemplo, na Figura 2.1, um trabalhador de produção que apresenta um desvio-padrão acima da média poderia ser 20% mais produtivo do que o trabalhador médio. Isso mostra a distribuição normal em forma de sino do desempenho de funções simples.

Um trabalhador em uma função mais complexa (por exemplo, um corretor de seguro de vida) que apresenta um desvio-padrão acima da média teria um nível de desempenho 120% superior à média. Em funções ainda mais complexas (por exemplo, gerente de contas de uma empresa de consultoria), um desvio-padrão poderia representar um aumento da ordem de 600% em relação à média. A Figura 2.2 ilustra como essa dispersão de desempenho aumenta exponencialmente em relação à complexidade da função.

A dispersão de desempenho apresenta possibilidades de recompensa substanciais. Como mostrado na Figura 2.3, as empresas capazes de identificar e nomear profissionais de excepcional desempenho a altos cargos conseguirão um nível de desempenho várias vezes superior ao das empresas que promovem apenas executivos médios a esses cargos. Em outras palavras, as organizações que contratam ou promovem executivos de qualidade média ou inferior sofrerão consideravelmente com a incompetência relativa desses indivíduos. Entretanto, aquelas capazes de tomar grandes decisões sobre pessoas conseguirão estabelecer uma sólida fonte de vantagem competitiva, como mostrado na figura.

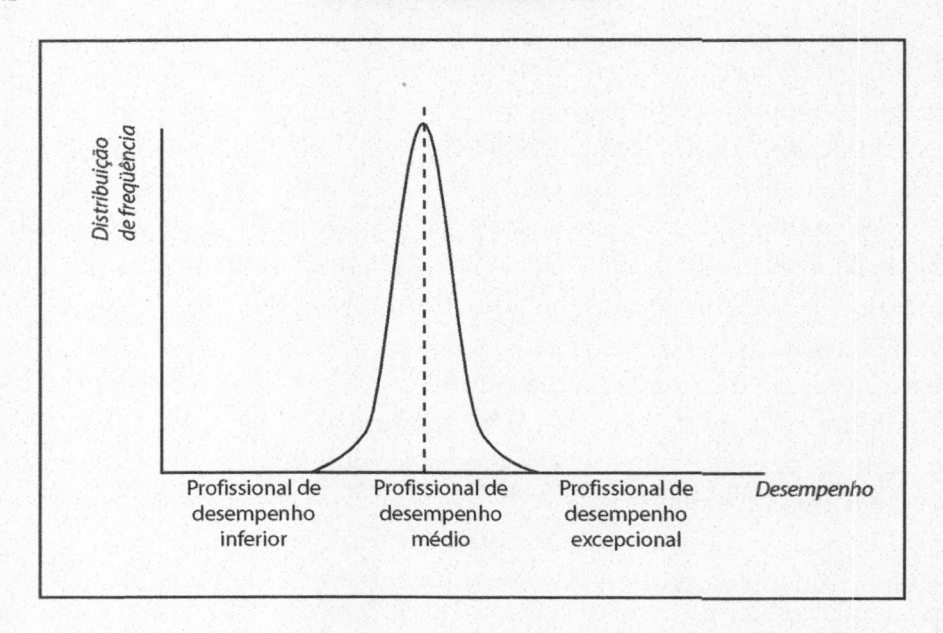

Figura 2.1 Distribuição de desempenho — função simples.

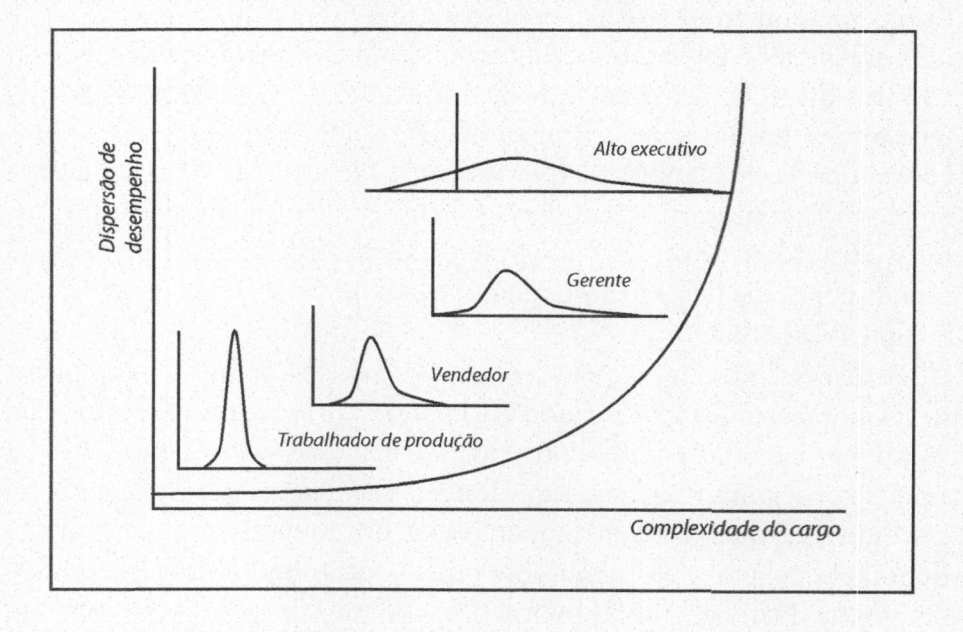

Figura 2.2 Dispersão de desempenho em relação à complexidade do cargo.

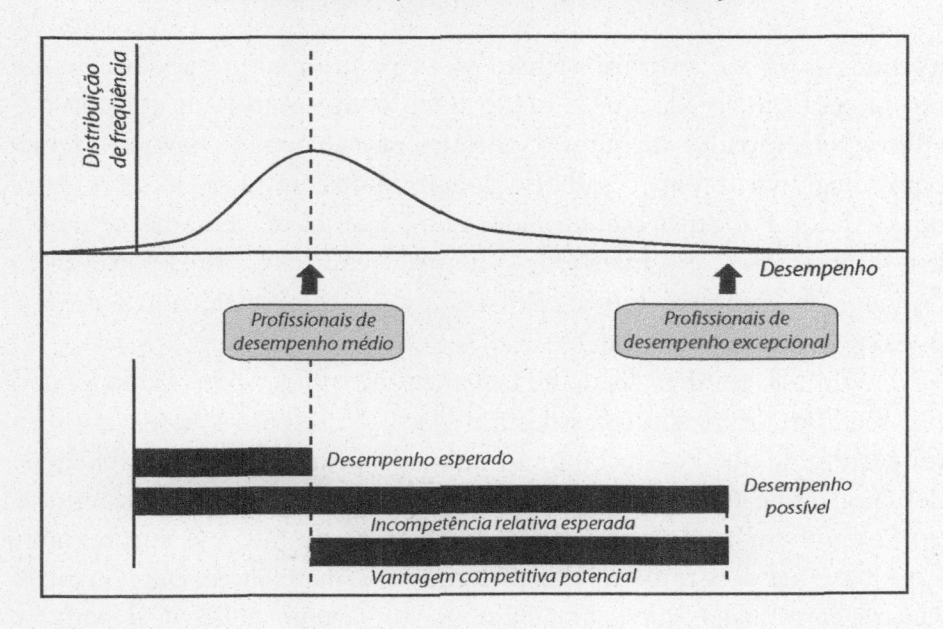

Figura 2.3 Possíveis recompensas das grandes decisões sobre pessoas.

Quantificando o retorno esperado em relação a pessoas competentes

Sintetizando o que dissemos até aqui, o histórico das organizações com respeito à tomada de decisões acertadas sobre pessoas é extremamente pobre, a despeito do imenso valor que se pode obter quando se enfrenta esse desafio com êxito. Contudo, que tamanho tem esse valor? Haveria alguma maneira de quantificar o retorno esperado sobre o investimento em grandes decisões sobre pessoas?

Um estudo publicado por Wasserman, Nohria e Anand oferece a melhor resposta que já encontrei para essa pergunta, defendendo persuasivamente que a escolha dos líderes adequados exerce um impacto expressivo sobre o desempenho da empresa.[18] Em algumas situações, sustentam esses três estudiosos, o "efeito líder" é responsável por até 40% da diferença no desempenho ou no valor. Deixe-me enfatizar essa idéia formulando-a ao contrário: existem outros fatores que podem exercer um impacto maior do que o efeito líder, como o ano em questão e os efeitos relacionados do setor. Contudo, não podemos viajar no tempo para selecionar um ano melhor e a maioria das empresas não pode mudar de setor. Portanto, o efeito líder não é apenas extremamente amplo. Em muitos casos, é o mais amplo dentre quaisquer fontes perseguíveis de valor da empresa. Talvez não seja a maior alavanca, mas é a maior que é possível impulsionar.

Em uma de minhas visitas à Harvard como orador convidado, encontrei-me com um dos autores dessa dissertação, Noam Wasserman, para ter certeza de que havia compreendido apropriadamente as implicações desse estudo e tentar imaginar um valor monetário correspondente ao que eles chamam de efeito líder. A resposta de fato me surpreendeu. Com base nas constatações desses estudiosos, *mesmo uma empresa americana de porte médio poderia aumentar seu valor em um bilhão de dólares com a melhoria do processo de tomada de decisões no alto escalão.*

Mas será que existe uma maneira de tirar vantagem dessa oportunidade, admitindo-se a dificuldade de avaliar os gestores? Para responder a essa pergunta, precisamos nos transpor da Costa Leste para a Costa Oeste e de lá para a Austrália, em 1972.

Voltando à época em que era estudante de MBA, um dos cursos eletivos que escolhi foi Modelos de Marketing, ministrado por David Montgomery, hoje professor emérito em Stanford e ex-diretor executivo do Instituto de Ciência do Marketing. O curso era freqüentado apenas por alguns candidatos a PhD e um número ainda menor de estudantes de MBA, em parte porque era conhecido como um dos cursos quantitativos mais rigorosos daquela escola. Ao longo de minha carreira profissional, sempre meus pensamentos voltavam a um estudo que li durante esse curso: um influente artigo de Irwin Gross, publicado pela *Sloan Management Review* em 1972, intitulado "The Creative Aspects of Advertising" [Os aspectos criativos da propaganda].[19] Se não me falha a memória, esse artigo tentava quantificar de uma maneira um tanto refinada algo extremamente difícil de mensurar: o valor esperado de investimentos específicos em propaganda.

Há alguns anos, quando finalmente voltei ao meu resumo de estudos para encontrar esse artigo, não me decepcionei. O artigo ressaltava como as empresas de bens de consumo haviam constatado que investimentos mais inteligentes em propaganda haviam incrementado sua lucratividade, o que lhes permitiu desenvolver modelos estatísticos para quantificar o valor esperado de um investimento apropriado na criação e avaliação de apelos publicitários. Cavando um pouco mais fundo, descobri que alguns anos após a publicação desse artigo de Gross, outro artigo foi publicado no mesmo periódico, "Sales Force Management: Optimizing the Recruiting Process" [Gestão da equipe de venda: otimizando o processo de recrutamento],[20] de R. Y. Darmon, que tentava aplicar os mesmos modelos de um modo que pudesse otimizar o investimento da empresa em seus vendedores.

Isso me fez parar para pensar. Embora vá poupá-lo dos detalhes desses complexos modelos e avaliações, devo dizer que os utilizei para calcular o valor esperado dos investimentos na busca, avaliação e recrutamento dos melhores candidatos potenciais a cargos diretivos. Na minha opinião, os resultados são expressivos: mesmo tendo suposições um tanto conservadoras sobre a validade e confiabilidade das avaliações dos candidatos, o retorno sobre esses investimentos sem dúvida pode ser de 1.000% ou mais.[21] Esse é o valor monetário que obtemos quando temos competência para tomar grandes decisões sobre pessoas.
Entretanto, seria possível afirmar isso categoricamente? Para responder a essa pergunta, vamos examinar uma série de níveis de decisões sobre pessoas, começando com o geográfico.

As decisões sobre pessoas em nível global

No Capítulo 1, falei sobre minha entrevista de emprego com Egon Zehnder, no verão de 1986. Ao que parece, essa reunião (e talvez algumas das várias outras das quais participei) transcorreu suficientemente bem, porque afinal fui contratado. Pouco tempo depois de entrar na firma, me mudei novamente para a Argentina, onde a profissão de busca de executivos estava apenas começando.

Um dos primeiros clientes com os quais trabalhei e depois acompanhei de perto durante vinte anos foi Norberto Morita. Filho de japoneses, mas nascido na Argentina, Morita formou-se em engenharia química com a melhor nota da turma e depois obteve o MBA com distinção na Universidade de Colúmbia.

A esse notável desempenho acadêmico se seguiu uma carreira executiva ainda mais impressionante. Em 1975, ele entrou na Corning Glass, onde trabalhou promissoramente e ganhou responsabilidades administrativas cada vez maiores, nas áreas de finanças, planejamento e controle (primeiro nos Estados Unidos e posteriormente no Reino Unido). Seis anos depois de entrar na Corning, foi nomeado diretor financeiro da divisão européia dessa empresa e dois anos após se tornou CEO da Corning Glass na França, sua maior subsidiária fora dos Estados Unidos.

Em 1985, Morita voltou para a Argentina e tornou-se CEO da Quinsa, importante empresa de bebidas na região. A Quinsa era uma empresa interessante, controlada por uma única família, mas em conseqüência de diversas iniciativas fracassadas dos acionistas para forçar a profissionalização da administração da empresa acabou se degenerando. Contra esse cenário de frustração, Morita conduziu uma bem-sucedida iniciativa de transformação, o que tornou a Quinsa não somente um dos melhores exemplos de profissionalização de uma empresa familiar na América Latina, mas também um dos casos mais notáveis de criação sistemática de valor por indução da administração.

Morita saiu da Quinsa em 1997 para estabelecer o Southern Cross Group, uma sociedade de *Private Equity* na América Latina. Porém, deixou na Quinsa uma equipe tão excepcional que o grupo continuou atuando com resultados extraordinários ao longo da década seguinte, conseguindo os mais altos recordes de lucratividade da história do grupo, a despeito da grande crise na América Latina (e particularmente na Argentina) durante esse período. Por enquanto, Morita tem conseguido prosperar de forma inacreditável em seu grupo de *Private Equity*, uma vez mais a despeito dos tempos difíceis na América Latina.

Citei o exemplo de Norberto Morita para sustentar que a capacidade de tomar decisões acertadas sobre pessoas é a principal condição para o sucesso — em qualquer empresa, em qualquer época e também em todas as regiões geográficas. Conversei muitas vezes com Morita a respeito dos motivos de seu sucesso e o observei diretamente durante vinte anos. Ele não tem nenhuma dúvida, e eu tampouco, de que o segredo de seu notável sucesso tem sido sua capacidade de selecionar as pessoas certas para todo e qualquer cargo importante.

Novamente, minha própria experiência me serve de prova. No meu trabalho de desenvolvimento profissional interno na EZI, lidando com consultores de 63 escritórios espalhados pelo mundo, pude constatar, de modo sistemático, que dominar a tomada de grandes decisões sobre pessoas é uma condição absolutamente indispensável para um desempenho promissor, em todos os lugares do mundo.

Das empresas *start-ups* às aquisições

O *fator humano* é decisivo apenas para organizações já estabelecidas, hierárquicas e dominadas pela tradição? De forma alguma. A tomada de grandes decisões sobre pessoas é fundamental ao desempenho organizacional em todos os estágios da vida de uma empresa, do plano de negócios em diante. Como afirma o professor da Harvard William Sahlman (máxima autoridade acadêmica no campo de novos empreendimentos empresariais), "Quando recebo um plano de negócios, sempre leio primeiro a seção de currículos. Não porque a parte humana do empreendimento seja a mais importante, mas porque sem a equipe correta nenhuma das demais partes na verdade importa".[22]

De modo semelhante, tomar decisões acertadas sobre pessoas é a principal fonte de valor nas aquisições. Um recente artigo do *Financial Times*, redigido com base em constatações obtidas pela McKinsey & Co., concluiu que *de longe* o que mais contribuía para a lucratividade dos negócios de *Private Equity* bem-sucedidos era a gestão ativa, tanto pela mudança da equipe gestora ou pela complementação de pessoas do banco de talentos do próprio fundo de *Private Equity*. A contribuição de um preço de compra baixo, de retornos setoriais ou mesmo do investimento inicial revelou-se modesta ou até insignificante quando comparada ao valor das decisões sobre pessoas nas aquisições.[23]

Da sala da diretoria ao chão-de-fábrica

Por isso, ao que parece, as decisões sobre pessoas são fundamentais independentemente da geografia, do setor ou do estágio de existência corporativa. Mas e quanto à hierarquia corporativa? Será que as decisões sobre pessoas são importantes somente em alguns níveis ou em todos os níveis?

Comecemos no Conselho de Administração, que está (ou deveria estar!) no nível mais alto da hierarquia corporativa. Veja alguns comentários sobre a importância de ter as pessoas certas envolvidas na governança corporativa, em nível de conselho:

- O influente *Cadbury Report* de 1992, que abordou principalmente as responsabilidades dos Conselhos de Administração no Reino Unido, no âmbito de relatórios financeiros e prestação de contas, enfatizou a importância decisiva dos membros de alto calibre do Conselho em relação a todos os aspectos da boa governança.[24]
- Em seu artigo na *Harvard Business Review*, "What Makes Great Boards Great" [O que torna os grandes Conselhos de Administração excelentes], Jeffrey Sonnenfeld afirmou que "não são as regras e regulamentos, mas sem dúvida a forma como as pessoas trabalham juntas" que contribui para a excelência do conselho de administração.[25]
- No recente livro *Inside the Boardroom (Na Sala do Conselho)*, Richard Leblanc e James Gillies sustentam que *o processo e o quadro de membros* do conselho de administração são mais importantes para a eficácia da diretoria do que sua própria estrutura.[26]
- Ram Charan, conselheiro de uma série de conselhos de administração, diz que, na sua opinião, "60% do desempenho corporativo depende do CEO certo e do sucessor certo", o que obviamente é uma das principais atribuições do Conselho.[27]
- Colin Carter e Jay Lorsch acreditam que, "embora a estrutura da diretoria seja importante e o melhor lugar para começar a pensar sobre seu modelo, a nosso ver o calibre e as capacidades dos diretores são determinantes ainda mais fundamentais para a eficácia da diretoria. Pessoas competentes — e pessoas ade-

quadas ao cargo disponível — terão bom desempenho mesmo que a estrutura seja inferior à ideal, mas o oposto certamente não é verdadeiro."[28]

Contudo, não deduza, com base nessa lista, que as decisões sobre pessoas são significativas somente nos níveis superiores da organização. Conquanto as pessoas no alto escalão obviamente controlem mais recursos e tenham maior autoridade, mesmo o trabalhador no mais baixo degrau hierárquico pode exercer grande influência sobre uma organização — tanto para o bem quanto para o mal. A importância de escolher as pessoas certas em *todos* os níveis é um tema fundamental nas obras *The Human Equation (Equação Humana)*[29] e *Competitive Advantage through People (Vantagem Competitiva através de Pessoas)*,[30] de Jeffrey Pfeffer, professor de Stanford.

Grande ou pequena?

E o que dizer dos diferentes portes de empresa? Nos últimos vinte anos, trabalhei para empresas com receitas anuais ligeiramente superiores a um milhão a vários bilhões de dólares. Com base em minha experiência, as decisões sobre pessoas são essenciais de um lado a outro desse espectro.

Na verdade, podemos defender a idéia de que embora os riscos absolutos sejam maiores nas empresas maiores, os riscos *relativos* são provavelmente maiores nas pequenas empresas. A GE certamente poderia sobreviver a uma ou duas nomeações erradas no alto escalão, mas um novo empreendimento poderia ser aniquilado por uma única decisão errada em um cargo importante — e de igual modo não necessariamente em um alto cargo.

Quando estava em Stanford, entre 1981 e 1983, no Vale do Silício já irrompiam inúmeros novos empreendimentos. Em conseqüência disso, um dos cursos eletivos favoritos na época abordava os novos empreendimentos e a gestão de pequenas empresas. A bíblia desse curso era um pequeno livro altamente prático de Steven Brandt, de Stanford. Imitando a Bíblia verdadeira, essa obra incluía os "Dez Mandamentos" para a sobrevivência das pequenas empresas. O Primeiro Mandamento é: "Restrinja o número de participantes principais a pessoas que possam concordar conscientemente e contribuir diretamente para o que a empresa pretende realizar, para quem e quando". O Quinto Mandamento diz: "Empregue pessoas essenciais, com um histórico comprovado de sucessos no que tange a fazer o que é necessário de uma maneira coerente com o sistema de valores desejado da empresa".[31]

Encontre pessoas que consigam trabalhar eficazmente em conjunto. Encontre vencedores que consigam cumprir atribuições essenciais de um modo coerente com o sistema de valores. Em outras palavras, *tome grandes decisões sobre pessoas*.

Isso sempre foi assim

Vamos admitir que os profissionais e igualmente os pesquisadores cheguem a um consenso acerca da importância global das decisões sobre pessoas em organizações grandes e pequenas, novas e antigas, no cume e no sopé da hierarquia. Talvez isso não passe de um modismo passageiro. Quem sabe daqui a vários anos alguma outra teoria surja e torne a presente obsoleta? Evidências indicam que não. Para começar, voltemos ao passado.

Se tivéssemos de pedir a historiadores de empresas para indicar o melhor dirigente da primeira metade do século XX, provavelmente a maioria responderia Alfred P. Sloan, que dirigiu a General Motors promissoramente por cerca de quarenta anos, a despeito das pressões da Grande Depressão e da Segunda Guerra Mundial. Peter Drucker, tanto conselheiro quanto observador de Sloan durante esse período, mencionou que o principal motivo do sucesso de Sloan foi o fato de "escolher cada um dos executivos da General Motors — descendo até os gerentes de manufatura, *controllers*, gerentes de engenharia e mecânicos-chefe, mesmo na menor divisão de acessórios".

"Segundo os padrões atuais", admite Drucker, "a visão e os valores de Sloan podem parecer tacanhos. E eram. Ele estava preocupado apenas com o desempenho na e para a GM. Todavia, seu desempenho a longo prazo com respeito a designar pessoas aos cargos corretos era impecável."

Bill Gates uma vez comentou que *Meus Anos com a General Motors* (*My Year with General Motors*), de Sloan, era o melhor livro a ser lido, se alguém pretendesse ler apenas um livro sobre negócios.[32] Essa obra de Sloan, que da noite para o dia se tornou um *best-seller* quando publicado em 1963, foi utilizado desde então como um manual para diretores, oferecendo conjecturas pessoais a respeito da prática do "exercício de gestão" pelo homem que a aperfeiçoou.

Em um novo prefácio escrito para a edição atual de *Meus Anos com a General Motors*, o falecido Peter Drucker ressaltou as principais lições sobre o que ele igualmente considera o melhor livro de gestão de todos os tempos. Embora tenha enfatizado a abordagem profissional da gestão, Drucker evidenciou que a função de um gestor profissional não é gostar das pessoas. Não é mudar as pessoas. É saber usar e empregar seus pontos fortes. E independentemente de alguém aprovar as pessoas ou a maneira como elas trabalham, seu desempenho é a única coisa que importa e na verdade a única coisa que o gestor profissional está autorizado a prestar atenção.

Desempenho, segundo Drucker, é mais do que os resultados financeiros finais: "É também dar exemplo. E isso exige integridade."

E integridade, obviamente, repousa em decisões acertadas sobre pessoas.

A empresa mais admirada do mundo

Todos os anos, a *Fortune* publica a classificação das empresas mais admiradas do mundo. A General Electric foi a número um da lista no relatório de 2006... e no ano subseqüente... e pela sexta vez na década passada. E se você acha que a *Fortune* é a única a escolher a GE, reconsidere. A GE foi também classificada como número um pelo levantamento "mais respeitado" do *Financial Times* por sete vezes nos últimos oito anos e ficou em primeiro lugar em uma recente classificação da *Barron* das empresas mais admiradas.

Por que a GE é tão admirada? Há várias respostas, naturalmente, mas uma das mais importantes, sobre a qual a maioria dos observadores concorda, é o fato de a GE ser um extraordinário celeiro de grandes líderes. Não apenas a GE, mas diversas outras empresas colheram os benefícios dos respeitáveis resultados obtidos pela liderança da empresa.

Já escrevi sobre Jack Welch e o respeito quase universal que ele inspira entre seus pares na área empresarial. O que muitas pessoas não se deram conta ainda é de que Welch é apenas a expressão recente de uma tradição há muito existente na GE — uma tradição que se originou da escolha intencional por parte dos líderes da empresa, há mais de um século, de investir nas pessoas certas. Hoje, poucas pessoas lembram-se do nome de Charles Coffin, ex-executivo do setor de calçados antes de se tornar o presidente da GE em 1892. Eis o que a *Fortune* escreveu sobre ele:

> Com Charles Coffin, que dirigiu a empresa de 1892 a 1912, a GE estabeleceu os princípios de estrutura organizacional que norteariam as grandes empresas — sobretudo a idéia de que o produto mais importante da empresa não eram as lâmpadas elétricas nem os transformadores, mas o talento gerencial.[33]

Para a maioria das pessoas na área de busca e seleção de executivos, uma empresa é afortunada quando encontra um grande CEO, e consideramos uma empresa genuinamente abençoada quando consegue dois grandes CEOs um após o outro. Esse ponto de vista parece ser compartilhado igualmente por estudiosos da liderança e eficácia organizacional. "Ter um CEO do calibre de Welch é extraordinário", escreveu Collins e Porras em *Empresas Feitas para Vencer*. "Ter CEOs do calibre de Welch durante um século, todos formados internamente — bem, esse é um dos principais motivos por que a GE é uma empresa visionária."[34]

Olhando para a frente: os recursos humanos no futuro

Analisamos as decisões sobre pessoas em uma variedade de ambientes e concluímos que nos dias de hoje é difícil encontrar um ambiente no qual elas não sejam fundamentais. O que veremos se tentarmos examinar o futuro?

Não tenho dúvida de que nos anos que estão por vir a tomada de grandes decisões sobre pessoas será bem *mais* importante para o desempenho organizacional. Leve em conta o seguinte:

- Atualmente, as empresas de crescimento acelerado, nas áreas de biotecnologia, ciências naturais, software, serviços profissionais, mídia e entretenimento, são *altamente dependentes do ativo humano*. Em outras palavras, o sucesso nessas empresas (e nesses setores) depende menos dos ativos físicos e mais do talento das pessoas, especialmente de sua capacidade de trabalharem juntas.
- Estamos vivendo em uma época de mudanças sem precedentes, impulsionadas pela explosão da inovação e do desenvolvimento tecnológico e pelos impactos sucessivos da revolução genética, digital e do conhecimento. Além disso, estamos enfrentando problemas políticos e culturais extremamente delicados, em uma aldeia global cada vez mais complexa (e muitas vezes perigosa). Quando é necessário empregar novas habilidades — rapidamente e eficazmente —, tomar decisões corretas sobre pessoas é uma condição *sine qua non* não apenas para o sucesso, mas para a sobrevivência.
- Como observou Peter Drucker em um de seus artigos na *Harvard Business Review*, hoje vários executivos estão se aventurando em uma segunda carreira.[35] Suponhamos que você seja um desses indivíduos que se re-inventa. Seja qual for o seu motivo — se estiver procurando maior flexibilidade, maior recompensa financeira ou simplesmente independência —, é quase certo que a mudança para uma segunda carreira também apresentará novas exigências para que tome decisões corretas sobre pessoas.
- Mesmo para aqueles que permanecem nas raias confortáveis do mundo corporativo, hoje há uma clara (e saudável) tendência a iniciativas interfuncionais, tanto para o desenvolvimento de novos produtos quanto para o replanejamento de processos. Essas iniciativas exigem a formação constante de diferentes equipes. Como convincentemente defendido por Katzenbach e Smith, em *The Wisdom of Teams (A Sabedoria das Equipes)*,[36] as grandes

equipes superam o desempenho dos indivíduos talentosos. Mas conseguir uma excelente equipe, assim como conseguir um excelente CEO, não é uma tarefa fácil. De acordo com *The Wisdom of Teams*, alguns "princípios de equipe", incluindo a seleção das pessoas que a integrarão, com freqüência são negligenciados.

- Nas grandes corporações, muitos processos tradicionais estão sucumbindo e a confiança em parceiros externos, por meio da terceirização e do suprimento interno *(insourcing)*, é cada vez maior. Isso é particularmente visível nos processos de inovação de empresas baseadas em tecnologia, como a IBM e a Merck, para citar apenas duas. Atualmente, as empresas sabem que elas têm de ganhar acesso às idéias de pessoas externas. Ao mesmo tempo, sabem que os seus trabalhadores do conhecimento estão cada vez mais móveis. Uma estrutura de capital fluida, incluindo maior participação ativa de parceiros de capital de risco, também impulsiona a mudança. Em conseqüência disso, muitas empresas estão mudando do paradigma da "inovação fechada" para o paradigma da "inovação aberta", como explicado por Henry Chesbrough em seu influente livro sobre esse tema.[37] E, naturalmente, você tem de tomar decisões adequadas sobre pessoas ao escolher seus parceiros externos.

- Chesbrough (coincidentemente, outro colega de turma em Stanford) hoje é um proeminente pesquisador e professor no campo relativamente novo da "ciência de serviços". Ele defende persuasivamente que a inovação ainda não se introduziu no setor de serviços, não obstante o fato de esse setor responder por 80% da atividade econômica em todas as economias avançadas. Considere as implicações da inovação significativamente crescente no setor de serviços, do ponto de vista do impacto latente e da crucialidade dos melhores trabalhadores do conhecimento. Uma vez mais, o segredo será selecionar os vencedores.

- Finalmente, uma saudável tendência que observei pessoalmente é a *descentralização das decisões sobre pessoas*. No futuro, os gestores (como você) serão cada vez mais formalmente convocados a formar equipes excelentes. A expectativa é de que sejam habilidosos para encontrar e contratar grandes talentos. Há muito tempo, a estratégia era formulada pelo grupo de planejamento estratégico no alto escalão da matriz. Depois, foi empurrada para baixo, para os "soldados rasos", e a partir daí passou a se esperar que todos os gestores fossem "gestores estratégicos". A função de RH está seguindo gradativamente a mesma rota. Se deseja realizar e ter êxito em sua vida profissional, simplesmente *tem* de se tornar competente nessa tarefa.

O que eu aprendi

Depois de mais de vinte anos de contato com alguns dos indivíduos e organizações mais bem-sucedidos, bem como com alguns dos melhores teóricos organizacionais, finalmente me sinto à vontade para responder à pergunta que a princípio começou a me perturbar lá trás, quando ainda estudava na Escola de Pós-Graduação em Negócios de Stanford e fazia malabarismos para me manter.

O que abre o caminho para o sucesso? As *grandes decisões sobre pessoas* abrem caminho para o sucesso.

E as grandes decisões sobre pessoas necessitam de uma gestão ativa. Elas se parecem menos com uma infra-estrutura física e se parecem mais com o dinheiro: alcançam seu verdadeiro potencial apenas se descobrirmos como implementá-las eficazmente. Saber tomar grandes decisões sobre pessoas — formar sua equipe, mantê-la e reformulá-la se necessário — não é apenas a única e mais decisiva habilidade que pode determinar seu sucesso profissional. É também o segredo por trás do excelente desempenho organizacional. E esse é o segundo motivo por que as *grandes decisões sobre pessoas* são importantes para *você*.

■■■

Embora as grandes decisões sobre pessoas sejam essenciais para o sucesso pessoal e organizacional, dominá-las é extremamente difícil — e existem motivos convincentes para isso, os quais serão abordados no nosso próximo capítulo.

CAPÍTULO 3

Por que as grandes decisões sobre pessoas são tão difíceis

Eis minha melhor recordação do pior momento em uma reunião de que participei em Cambridge, Massachusetts, mais ou menos no outono de 1998: "Consigo ver por que as decisões sobre pessoas do alto escalão são extremamente importantes e exercem imensa influência sobre o desempenho, o valor e o moral de uma empresa", afirmou a editora-chefe da *Harvard Business Review*, tentando gentilmente me desapontar. "Eu concordo com tudo isso. Mas acho que hoje em dia a maioria das empresas sabe muito bem tomar essas decisões. Portanto, sinto muito, mas não vejo como podemos prosseguir com sua proposta."

Eu dependia muito daquela reunião. Minha proposta de escrever um artigo para essa revista, a respeito de decisões sobre pessoas, seria aceita ou rejeitada naquele exato momento. Não havia como recorrer. Eu não teria uma segunda chance. A essa altura da reunião, o que estava ouvindo não era nada bom.

Por volta de 1998, já havia acumulado um saldo de doze anos de experiência como consultor de busca e seleção de executivos. Comandei a Equipe de Desenvolvimento Profissional global de nossa firma por algum tempo, o que me ajudou a ver como as *grandes decisões sobre pessoas* eram de fato um desafio universal.

Ao mesmo tempo, meu interesse pelas causas subjacentes à eficácia organizacional gradualmente ganhara corpo, tornando-se progressivamente específico. Havia lido centenas de livros, estudos e relatórios de pesquisa a respeito da tomada de decisões sobre pessoas. Estava genuinamente convencido de que havia enormes oportunidades de aprimoramento dessas decisões, e estava inclinado a ajudar os outros a aproveitar essas oportunidades — com ou sem a assessoria profissional de nossa firma. Escrever sobre esse tema parecia ser o caminho óbvio a seguir. Por isso, escolhi como primeira prioridade conseguir publicar um artigo na *Harvard Business Review* (HBR), geralmente considerada o periódico de negócios mais influente nos Estados Unidos.

Naturalmente, sabia que isso seria um trabalho árduo. O índice de aceitação da *HBR* de propostas não solicitadas pela revista chegava a 2%, uma porcentagem muito pequena. Até aquele momento, nunca havia publicado nada, em nenhum lugar. Um grande amigo (coincidentemente um dos autores de negócios mais vendidos do mundo) havia recentemente me contado sobre as barreiras que transpusera naqueles últimos dezoito meses, trabalhando com os editores da *HBR* para preparar e refinar seu artigo, que por fim fora publicado.

Voltando àquela reunião, a editora-chefe que me desestimulara começou a procurar uma forma educada de pôr fim à conversa. Lutando por minha sobrevivência como autor, argumentei com veemência. Com convicção, disse que decididamente não concordava, que minha experiência em âmbito global me dizia que mesmo as *melhores organizações do mundo* haviam cometido erros de todos os tipos ao tomar decisões sobre pessoas.

Ela não se impressionou nem um pouco. Comecei a mencionar exemplos tanto de minha experiência pessoal quanto do setor público. Nenhuma dessas artimanhas funcionou. Ficou extremamente evidente que eu estava apenas patinando. Não conseguia persuadir a editora a aceitar meu ponto de vista. Diante disso, mudei de tática, perguntando-lhe: "O que me diz de sua experiência *pessoal*? O que me diz *daqui*, da HBR?"

Foi como um daqueles momentos em um filme hollywoodiano, muito tempo atrás, quando as nuvens se desfaziam e um raio de sol se irrompia, fazendo todos ficarem com os olhos lacrimejados. Eu havia tocado em um ponto nevrálgico!

Ela era uma pessoa brilhante. Havia se formado com alta distinção em um dos melhores programas de MBA e acumulado grande experiência em uma empresa de consultoria de alta administração antes de começar a trabalhar na HBR. Aceitando minha contestação, começou a examinar sua própria experiência com clientes em seu emprego anterior, em seu próprio trabalho na HBR, ao examinar as histórias cruas e nuas de algumas empresas, e mesmo as próprias decisões da HBR com relação a pessoas. Era praticamente possível vê-la virando as páginas, em sua mente, e a mudança de expressão em seu rosto dava a entender que estava se lembrando de vários problemas perturbadores em todos esses contextos. Ela se deu conta de que, se esses lugares excelentes, que ao menos em teoria tinham acesso às melhores idéias *do mundo* sobre gestão, haviam tido tanto espaço para melhorias em relação às suas próprias decisões sobre pessoas, então, afinal de contas, talvez a idéia de um artigo sobre esse tópico não fosse tão ruim.

Mas em seguida se apresentou um segundo entrave, que uma vez mais quase me deixou sem fôlego. "Preciso lhe fazer uma pergunta", disse ela. "Você é um bom escritor?"

Essa pergunta mais parecia uma adaga apontada para o meu coração de autor. Novamente, concluí que uma resposta sincera fosse o melhor caminho. "Não, não sou um bom escritor", devo confessar. "Na verdade, não sou escritor em sentido algum. Efetivamente, nunca escrevi um livro nem mesmo um artigo. E como você pode constatar pelo meu sotaque, o inglês nem é minha língua materna. Portanto, sem dúvida os destacados editores da HBR teriam de me ajudar na redação. Entretanto, o que *de fato* tenho a oferecer é uma combinação inigualável de experiência, conhecimento e reflexão sobre como melhorar substancialmente nossas decisões sobre pessoas. E, obviamente, minha paixão por ajudar as empresas a se aprimorarem."

A sinceridade acabou se revelando a melhor postura. Ela disse que não apenas havia gostado de minha proposta, depois de reconsiderá-la, mas que a HBR preferia trabalhar com autores com abertura para receber as contribuições de um editor. Fui aceito!

Saí, portanto, da reunião, extasiado com a afirmação de vencer um páreo duro cuja probabilidade de êxito era de 2% apenas! Mas naquele momento, havia um novo problema: não fazia a menor idéia do que escreveria naquele artigo até então improvável. Não que não tivesse nenhuma *idéia* (na verdade, tinha inúmeras), mas essas idéias não estavam estruturadas.

Com o tempo, consegui equacionar a estrutura que faltava. O artigo, intitulado "Hiring Without Firing" [Contratação sem demissão], foi publicado na edição da *HBR* de julho–agosto de 1999,[1] obtendo sucesso instantâneo. Essa edição de grande vendagem foi reimpressa nos seis anos subseqüentes à publicação e o artigo foi adotado como leitura obrigatória em várias universidades e empresas.

Seis anos após a publicação desse primeiro artigo na *HBR*, publiquei "Getting the Right People at the Top" [Colocando as pessoas certas no alto escalão], na *MIT Sloan Management Review*.[2] Esse artigo também foi um sucesso imediato (supondo que não conte os meses que levei para escrevê-lo, claro) e se tornou do dia para a noite uma das dez reedições mais populares desse periódico.

Gostaria de dizer que esse sucesso foi conseqüência de meu excelente talento como escritor, mas isso não seria verdade. O principal motivo do êxito desses dois artigos foi porque o tema era *imensamente* importante para as pessoas nas organizações de todos os tipos e portes e não havia muitas informações a respeito. (E ainda não há, infelizmente.) Outro motivo, menos importante, é que encontrei por acaso uma boa estrutura para apresentar minhas idéias. Depois de várias saídas em falso, me dei conta de que tinha de começar com o que chamei de "armadilhas" — motivo pelo qual encontrar as melhores pessoas era e continua sendo tão *difícil*.

É sobre isso que este capítulo versa. Se você deseja escolher pessoas bem-sucedidas, deve tentar se manter longe de determinadas armadilhas. Examinaremos quatro dentre as mais importantes:

1. As probabilidades não estão a seu favor.
2. Avaliar pessoas para cargos complexos é por natureza difícil.
3. Algumas predisposições psicológicas influentes prejudicam a qualidade do processo de tomada de decisões.

4. Incentivos ruins e conflitos de interesses sem dúvida podem sabotar essas decisões.

Uma advertência: recentemente encontrei por acaso um livro que prometia me tornar tão bom quanto um investidor do naipe de Warren Buffett sem que precisássemos para isso estudar ou ter alguma experiência significativa. A julgar pela aparência, isso é um absurdo. Para ser tão bom quanto Buffett, precisamos ter a habilidade de Buffett e provavelmente um pouco de sua sorte. Entretanto, certamente podemos aprender alguns princípios gerais, como *"Não carregue todos os seus ovos numa mesma cesta"*, *"Não adquira o que você não entende"* e *"Não tente ser mais esperto do que o mercado"*.

Este capítulo oferece princípios gerais semelhantes e, além disso, indicações sobre onde buscar informações se desejar se aprofundar. Espero que ao tomar ciência das armadilhas mais comuns, não apenas evite reveses — insucessos gritantes, constrangimentos e escândalos —, mas também comece a registrar inúmeras pequenas vitórias.

As probabilidades não estão a seu favor

Como discutido no capítulo anterior e exposto na Figura 2.3, a distribuição de talentos apresenta uma dispersão bastante ampla. Em muitos casos, existe somente um pequeno número de profissionais excepcionais. Por esse motivo, é *bem mais provável* que contratemos um profissional médio do que um profissional excepcional. Em resumo, no que tange a encontrar um vencedor, as probabilidades estão contra nós.

Porém, como observado antes, a diferença em relação ao desempenho esperado entre uma pessoa comum e uma excepcional pode ser sem dúvida enorme. Normalmente, a empresa que contrata executivos medianos tem um péssimo desempenho, em especial quando comparada com empresas que são capazes de identificar, atrair e integrar profissionais excepcionais. Obviamente, portanto, precisamos contrariar as probabilidades e fazê-las se voltar mais a nosso favor.

A dificuldade das avaliações

Um segundo problema é que avaliar pessoas para cargos complexos é difícil por natureza. Isso é verdadeiro por vários motivos, como as significativas implicações dos erros de avaliação, as características exclusivas e mutáveis de inúmeras funções, a dificuldade de avaliar traços intangíveis e a acessibilidade restrita de diversos candidatos. Vejamos cada um deles seqüencialmente.

As implicações dos erros de avaliação

Um dos motivos que dificultam tanto a avaliação é a complexidade que os erros acabam ganhando. Essa é uma conseqüência probabilística natural. Contudo, pelo fato de várias pessoas considerarem essa questão confusa, vamos nos estender um pouco mais sobre ela. Como podemos ter um índice de erro alto quando na realidade somos muito ou mesmo extremamente competentes para avaliar pessoas? A resposta é que *é consideravelmente difícil conseguir uma alta seletividade.*

Para compreender esse pormenor, faça-se a seguinte pergunta. Supondo que deseje contratar apenas 10% dos melhores candidatos a um cargo e que suas avaliações tenham 90% de precisão, qual seria seu índice de sucesso? Muitas pessoas provavelmente responderiam 90%, mas a verdadeira resposta é 50%, apenas. Veja por quê. Se avaliamos cem candidatos, então dez deles estarão entre os 10% melhores (embora você não saiba quais são os dez). Desses dez, você avaliará corretamente nove como os "melhores", por causa dos 90% de precisão. Até aqui, tudo bem. Entretanto, o problema são os outros noventa candidatos. Seu erro de avaliação de 10% o fará classificar incorretamente como "melhores" outros nove candidatos que não pertencem a essa categoria. (Consulte a Figura 3.1.) Portanto, dentre os cem candidatos, você terá classificado dezoito na categoria de "melhores", quando na realidade 50% deles não o são. Contratar todos os dezoito significa contratar nove pessoas incompetentes.

Exemplo
- Intenção de contratar apenas os "10% Melhores"
- 90% de precisão nas avaliações
- Entre os "10 Melhores", que porcentagem será de fato contratada?

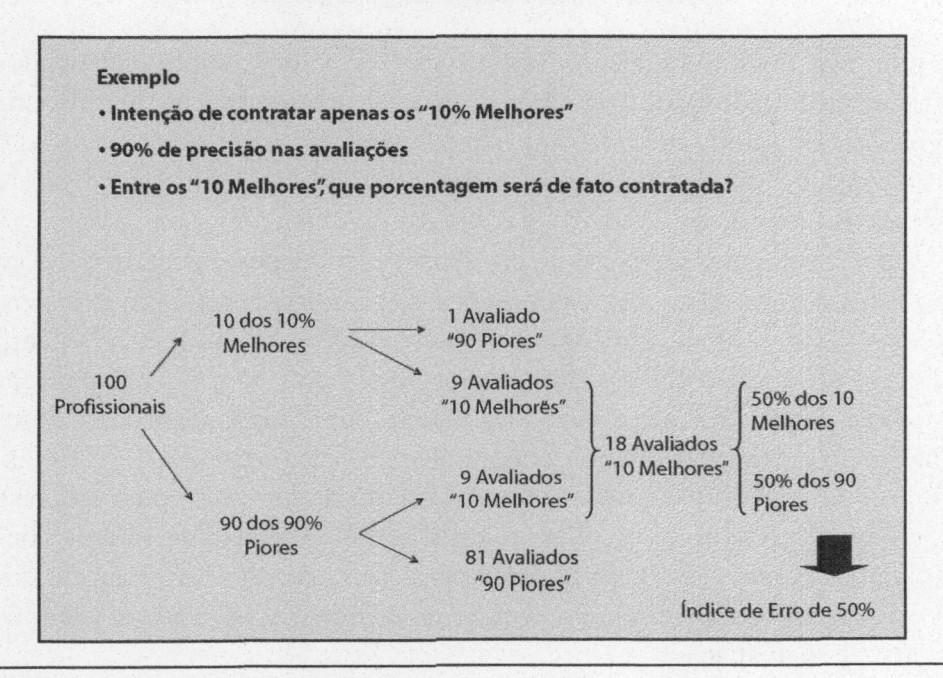

```
                          10 dos 10%        → 1 Avaliado
                           Melhores            "90 Piores"
                        ↗
                                            9 Avaliados
    100                                     "10 Melhores"      50% dos 10
 Profissionais                                             ⎱ 18 Avaliados   Melhores
                                            9 Avaliados    ⎰ "10 Melhores"  50% dos 90
                        ↘                   "10 Melhores"                    Piores
                          90 dos 90%      ↗
                           Piores         → 81 Avaliados
                                            "90 Piores"
                                                            Índice de Erro de 50%
```

Figura 3.1 É muito difícil ser seletivo.

Funções exclusivas

Ao avaliar candidatos para qualquer cargo, as empresas precisam prever duas coisas mais ou menos simultâneas.

1. Quais habilidades e atributos são de fato necessários?
2. O que cada pessoa realmente cumprirá?

Com certeza existem alguns cargos para os quais o conjunto de habilidades é extremamente bem definido e a empresa tem significativa experiência com relação às características de formação e competência necessárias ao sucesso. Isso abrange alguns tipos de trabalho manual, como várias funções em determinadas linhas de montagem (mas não em *todas* as linhas de montagem). Isso pode abranger também determinadas funções gerenciais. Mesmo no caso de vários grupos sofisticados de pós-graduados que trabalham nas melhores empresas, alguns cargos são em grande medida muito bem definidos e análises profundas e constantes demonstraram que existe uma correlação entre atributos e desempenho eficaz.

Um exemplo clássico, hoje em dia, seriam as pessoas criativas com QI alto contratadas por organizações como a Microsoft. Em seu livro *Como Mover o Monte Fuji? (How Would You Move Mount Fuji?)*, William Poundstone fala sobre a utilização de entrevistas com quebra-cabeças como forma de filtrar os mais criativos e preparados, o que parece ser um traço bastante desejado para inúmeras de suas contratações.[3] E existem inúmeros outros cargos, como o gerente de marca de uma empresa de bens de consumo, os quais normalmente exigem uma série de habilidades gerais que foram identificadas com precisão pela maioria das corporações multinacionais e nortearam de maneira apropriada suas iniciativas de avaliação.

Contudo, várias funções desempenhadas por profissionais especializados são genuinamente exclusivas. Além disso, quanto mais subimos na pirâmide organizacional, mais exclusivos esses cargos se tornam. Como Nathan Bennett e Stephen A. Miles defenderam há pouco, a função do diretor de operações é definida principalmente em relação ao CEO — relação para a qual não há dois possíveis diretores de operações igualmente qualificados.[4] O cargo de diretor de operações (que estou usando apenas como um bom exemplo) parece ser concreto, específico e facilmente definido. Na vida real, é altamente situacional; o diretor de operações pode servir como implementador, executor de tarefas indesejáveis, agente de mudanças, o policial malvado (em relação ao papel de policial bonzinho do CEO),* herdeiro legítimo e assim por diante.

---

* Aqui, o autor faz referência à tática psicológica de intimidação *good cop/bad cop* geralmente usada nos filmes americanos em que um suposto réu é interrogado por um policial "malvado" e por um policial "bonzinho". O bonzinho consegue empatia emocional e o malvado consegue concessões. (N. da T.)

Funções mutáveis

Para complicar a situação, as funções no alto escalão têm pouca estabilidade. Suas exigências e prioridades podem mudar rapidamente em conseqüência de mudanças macroeconômicas, políticas, competitivas ou tecnológicas. Em resumo, o que é necessário hoje pode ser bem diferente do que será necessário amanhã.

Em "Hiring Without Firing", mencionei um exemplo que na época era manchete internacional: o caso de Franco Bernabè, que havia sido recém-contratado para dirigir a Telecom Italia, um grande conglomerado que não fazia muito tempo havia sido privatizado com um preço de ação extremamente baixo e uma história de problemas gerenciais. Na época, Bernabè parecia ser a escolha perfeita para a função: entre 1992 e 1998, havia conduzido a transformação de uma das maiores empresas de fornecimento de energia do mundo, a ENI, em uma atividade comercial altamente respeitada e lucrativa, que também havia passado por uma radical reviravolta no alto escalão. As habilidades de Bernabè eram consideradas tão apropriadas para seu novo cargo que a ação da Telecom Itália subiu 5% no dia em que foi anunciada sua nomeação — um aumento de vários bilhões de dólares no valor de mercado amparado apenas na reputação de Bernabè.

Apenas dois meses depois, contudo, a função de Bernabè mudou drasticamente. A Telecom Itália tornou-se alvo de uma tentativa hostil de tomada de controle acionário pela Olivetti Corporation. A essa altura, o fato de Bernabè ter se sobressaído (por exemplo) em uma proeminente mudança cultural tornou-se irrelevante. Para se defender da Olivetti, ele precisou melhorar prontamente os resultados financeiros de curto prazo, avaliar rapidamente o valor e a sinergia das combinações de negócios essenciais e não essenciais e quase que instantaneamente arquitetar um investimento complexo e obstáculos comerciais que pudessem frustrar a tomada de controle.

Por fim, isso não foi suficiente — ou então Bernabè não foi suficientemente versátil. A Olivetti conseguiu adquirir o controle acionário e Bernabè demitiu-se quando então cumpria apenas seis meses de seu mandato antes tão promissor.

Traços intangíveis

Mesmo quando as empresas sabem ao certo o que estão procurando, determinar se um candidato específico é capaz de preencher os requisitos do cargo é uma questão totalmente diferente. As competências diferenciadoras dos melhores líderes em geral se encontram em áreas "abstratas", o que é mais difícil avaliar do que qualidades como QI geral ou conhecimento de um determinado setor.

Uma das primeiras vezes em que constatei que ter uma promissora experiência em um determinado setor não é suficiente foi também no contexto de uma empresa de telecomunicações, com sede nos Estados Unidos. Estava procurando um CEO para sua nova divisão na América Latina. Essa divisão não era um novo empreendimento *per se*, mas uma *joint venture* entre duas empresas locais de renome que haviam sido compradas pela empresa americana. Como sempre ocorre, os CEOs anteriores das duas empresas adquiridas foram nomeados para a diretoria da *joint venture* e permaneceram como grandes acionistas. A diretoria chegou ao consenso de que o novo CEO certamente precisaria ter experiência em formulação de estratégias. O mercado estava ficando saturado; aqueles que entravam estavam diante da última oportunidade de estabelecer sua posição. E pelo fato de o novo empreendimento não ter um plano de marketing sobre o qual fosse possível falar, o novo CEO também precisaria ter experiência em vendas e distribuição de alta tecnologia. Iniciou-se então um processo de busca e recrutamento internacional.

Três meses depois, a diretoria contratou um veterano do setor que parecia feito sob medida para dirigir a nova divisão. Ele havia obtido imenso sucesso ao dirigir uma empresa de telecomunicações no mesmo setor, embora isso tenha se dado em uma região diferente do mundo. Era um estrategista competente (alguns diziam brilhante) e um verdadeiro conhecedor de marketing. Ele conseguiu compreender a tecnologia, os produtos e os clientes da empresa bem melhor do que qualquer outro dos nove candidatos.

Mas essa jornada durou menos de um ano e não foi nada menos que um desastre. Ao que se revelou, faltavam-lhe as duas habilidades que o cargo de fato exigia: experiência em negociação e sensibilidade transcultural — esse novo CEO teve de responder a três patrões com diferentes planos. A empresa controladora americana queria usar essa nova entidade para promover seus próprios produtos e serviços em uma nova região. Um ex-CEO–acionista estava mais interessado nos resultados finais; ele queria maximizar os lucros aumentando os preços. E o outro ex-CEO–acionista queria cortar os preços; segundo ele, a quantidade era o segredo do sucesso. O novo CEO estava ansioso por agradar a todos e isso acabou por transformá-lo em inimigo de todo mundo.

A disputa foi exacerbada pelas diferenças culturais com relação ao estilo de comunicação. Os americanos eram dados ao confronto. Os latino-americanos eram respeitadores, mas só em público. Nos bastidores, sua raiva e frustração provocaram uma paralisação na empresa. Os altos executivos, imprensados no fogo cruzado dos patrões beligerantes, começaram a sair da empresa em massa. Os principais distribuidores rapidamente perceberam o atrito e abandonaram a *joint venture*, obtendo seus produtos em outro lugar. No momento em que o CEO foi demitido — havia transcorrido apenas seis meses —, a empresa já estava praticamente falida.

Todavia, há um final feliz. No prazo de seis meses, um novo CEO colocou a empresa novamente nos trilhos, em condição de grande expansão. Embora não tivesse nenhuma experiência no setor de telecomunicações, esse novo CEO era do país latino-americano em que estava a sede da *joint venture* e era conhecido e respeitado por seus dirigentes. Havia também trabalhado durante dez anos nos Estados Unidos, o que lhe deu uma notável percepção para compreender e lidar com os executivos da empresa controladora. No entanto, o segredo de seu sucesso era seu talento verdadeiramente excepcional para estabelecer pontes, o que rapidamente unificou o novo empreendimento em uma única estratégia.

Algumas das competências mais comuns que as empresas buscam para os altos cargos abrangem não apenas a orientação para os resultados, mas também a capacidade de colaborar, desenvolver pessoas, comandar equipes e gerenciar mudanças. Porém, apenas examinando essa lista, não é possível imaginar que haja vários obstáculos para conseguir avaliar esses traços intangíveis, essas "habilidades pessoais e interpessoais",* de uma forma significativa.

Uma maneira de examinar essa questão é começar pela *auto*-avaliação. (Se conseguimos avaliar o desempenho de toda e qualquer pessoa, então deveríamos conseguir avaliar o nosso, certo?) Acontece que nós, seres humanos, não somos tão bons nisso. Mesmo nas áreas em que existe um *feedback* constante, imediato e objetivo (como na de esportes, por exemplo), o coeficiente de correlação é de mais ou menos 0,5 entre nossas auto-avaliações e nossa verdadeira capacidade. (Se nossas avaliações fossem totalmente precisas, esse coeficiente seria de 1,0.) Tecnicamente, a maneira de mensurar o poder explanatório de uma avaliação é elevar esse coeficiente de correlação ao quadrado. Nesse caso, elevar 0,5 ao quadrado daria 0,25, o que significa que apenas 25% da variação no desempenho é explicada por nossas auto-avaliações. Isso, por sua vez, implica uma sensível falta de autoconsciência.

Vejamos agora o âmbito das habilidades sociais complexas, que se caracterizam por um *feedback* ocasional, demorado e ambíguo. Aqui, o coeficiente de correlação diminui expressivamente, chegando a atingir valores tão baixos quanto 0,17 para habilidades interpessoais e 0,04 (basicamente zero) para competência gerencial.[5]

Agora, imagine se estivéssemos tentando avaliar as habilidades pessoais e interpessoais de *outras* pessoas. Consegue ver por que esse terreno é tão ardiloso?

Candidatos inacessíveis

Para complicar ainda mais a situação, muitos candidatos não toleram de forma alguma nenhum tipo de avaliação criteriosa. Eles têm pouco tempo disponível e tendem a se preocupar demais com a confidencialidade

---

* Essas habilidades estão relacionadas a traços da personalidade, a comportamentos sociais, à facilidade com a linguagem, a hábitos pessoais, à afabilidade e ao otimismo. As habilidades pessoais e interpessoais *(soft skills)* são abstratas e complementam as habilidades técnicas *(hard skills)*, que são concretas. (N. da T.)

do processo como um todo. Em conseqüência disso, sua participação em qualquer processo de avaliação pode ser bastante restrita.

O problema de disponibilidade dos candidatos torna-se ainda mais sério em relação àqueles que não estão *procurando* um novo emprego. Visto que em determinado momento a maioria das pessoas não está de fato procurando um novo emprego, o problema de acessibilidade dos candidatos é predominante e pode restringir severamente o valor de um recrutamento externo de candidatos.

Ainda pior é o fato de o problema de disponibilidade de candidatos crescer exponencialmente em relação ao tempo de serviço. Normalmente, os estudantes que estão para se formar e estão procurando um emprego não apresentam nenhum problema com relação à confidencialidade. Eles se colocam à disposição de qualquer tipo de teste e se submetem a cansativas entrevistas e a uma minuciosa confirmação de referências. Do outro lado do espectro, entretanto, os altos executivos apresentam pouca tolerância a qualquer tipo semelhante de avaliação criteriosa — seja por causa de sua agenda complexa, por sua satisfação com o emprego atual ou por sua legítima preocupação com a confidencialidade do processo como um todo, o qual poderia prejudicar seriamente sua própria carreira e talvez até a reputação de seu atual empregador.

Predisposições psicológicas e armadilhas emocionais

Um terceiro fator importante que torna as decisões sobre pessoas ainda mais complexas é o fato de a tarefa de recrutar uma pessoa certa para um determinado cargo ser prejudicada por diversos viéses psicológicos e outras influências que atuam tanto na equipe de contratação quanto na empresa como um todo.

Motivos fundamentais estão por trás dessas influências. Nossa mente e corpo foram moldados por centenas de milhares de anos de evolução e não são tão diferentes daqueles que tínhamos quando vivíamos há aproximadamente dez mil anos como clãs seminômades e caçadores–coletores nas savanas. Para os psicólogos evolucionistas, a evolução não sustentou seu ritmo tal como nossa sociedade e nossa vida — incluindo o trabalho e as organizações — mudaram no decorrer dos últimos milhares de anos, especialmente levando em conta o ritmo acelerado das mudanças ocorridas no século passado e na década atual. Nosso cérebro fisicamente estruturado e programado nos ajudou a sobreviver e a reproduzir no passado: uma forma de viver extinta. O cérebro não se integra bem com nossos atuais desafios.

Não podemos mudar nossa natureza humana fundamental ou nossa estrutura fisiológica e neurológica automatizada a curto prazo. Porém, *podemos* tentar compreender essa natureza, a fim de controlarmos nossos instintos e não cairmos em armadilhas.[6]

As implicações das predisposições emocionais em decisões aparentemente racionais foram bem documentadas em vários campos, incluindo o de economia e finanças. Por exemplo, Daniel Kahneman ganhou o prêmio Nobel de economia em 2002 por ter "integrado constatações da pesquisa psicológica na ciência econômica, especialmente com respeito ao julgamento humano e à tomada de decisões em situações de incerteza".

Ao mesmo tempo, o rápido desenvolvimento do campo das finanças comportamentais, brilhantemente sintetizado por Peter Bernstein em seu *best-seller Desafio aos Deuses (Against the Gods)*, nos muniu de ferramentas para reconhecermos e lidarmos com as predisposições que tendem a influir em nossas decisões financeiras.[7]

De modo semelhante, inúmeras predisposições emocionais trabalham contra as decisões que tomamos sobre pessoas. A maioria delas atua no âmbito chamado por um pesquisador de "inconsciente adaptativo". Por definição, elas são inacessíveis à nossa mente consciente, e a despeito disso continuam influenciando significativamente nossos julgamentos, sentimentos e comportamentos.[8] Quanto maiores os riscos, isto é, quanto mais alto o cargo, mais profundas essas influências tendem a ser.

Em meu rol de predisposições comuns incluem-se:

- Procrastinação
- Superestimação da própria capacidade
- Julgamentos precipitados ou impensados
- Rotulação

- Avaliação de pessoas em termos absolutos
- Recorrência a informações confirmatórias
- Tentativas de salvar as aparências
- Apego ao familiar
- Ancoragem emocional
- Gregarismo

Dedicarei uma seção a cada uma dessas diferentes predisposições. Primeiramente, vejamos um exemplo extraído da vida real que ilustra algumas delas.

Uma empresa de tecnologia internacional precisava contratar uma equipe para liderar uma nova e importante linha de serviços. O processo foi conduzido por um CEO, ex-sócio de uma grande consultoria de gestão que havia sido recém-contratado pela empresa. Ele recrutou diretamente cada um dos principais membros da equipe, lançando mão de relações pessoais e também da recomendação de conhecidos.

Apegado ao familiar, o CEO contratou vários consultores de gestão. E essas decisões de contratação se fundamentaram em julgamentos precipitados. Na verdade, a empresa nunca conduziu nenhuma análise criteriosa das competências necessárias. Os candidatos foram considerados "bons" apenas por sua impecável formação educacional, seu notável histórico profissional, sua impressionante aparência e sua soberba habilidade de expressão oral. Não houve nenhuma iniciativa para buscar alguma evidência desconfirmatória, tanto por meio de entrevistas para confirmar seus verdadeiros comportamentos e realizações em situações relevantes quanto por meio da confirmação minuciosa de referências, complementarmente às formalidades. O CEO também usou uma estrutura de referências errada: comparou os candidatos com outros consultores de gestão, e não com gestores que tivessem capacidades relativas à tarefa em questão, que exigia tanto um excelente nível de conhecimento tecnológico quanto notáveis habilidades de liderança, operacionais e colaborativas.

No momento em que chegaram às mãos dos membros do conselho de administração informações suficientes para deixá-los preocupados com as nomeações, já era tarde demais, pois o CEO já as havia feito. Em conseqüência disso, rapidamente entraram em jogo tentativas para salvar as aparências. Voltar atrás nas decisões exigiria um confronto com o CEO, que a própria diretoria havia contratado. Portanto, não apenas o CEO teria de admitir seu erro, como a diretoria teria de reconhecer também que provavelmente cometera um erro ao contratá-lo. O "gregarismo" (o genuíno instinto humano de "esconder-se no rebanho" e não erguer a cabeça para se destacar) atrasou ainda mais a decisão de interromper as nomeações, o que a princípio poderia ter sido feito a um custo relativamente baixo. Porém, a equipe foi contratada e o resultado foi um desastre. Erros técnicos grosseiros aliados a investimentos exagerados e pressões inaceitáveis no restante da organização finalmente forçaram a empresa a cancelar o projeto, desmembrar a equipe e demitir o CEO, tudo ao custo de centenas de milhões de dólares.

Examinemos agora algumas dessas predisposições em maior profundidade.

Procrastinação

Você está dedicando tempo suficiente ao gerenciamento de seus investimentos financeiros? Está planejando apropriadamente sua aposentadoria? Se for como a maioria das pessoas, provavelmente não. Pesquisas demonstram que tendemos a adiar quando nos confrontamos com esse tipo de decisão.

De modo semelhante, tendemos a deixar para depois as decisões que precisamos tomar sobre as pessoas. Especialmente quando as coisas parecem estar indo razoavelmente bem, a tendência é enfatizar em demasia os riscos da mudança e desprezar os custos de oportunidade do *status quo*. Desse modo, a maioria das diretorias reage tardiamente, despedindo um alto executivo apenas quando ele já se encontra profundamente mergulhado em um problema. Análises de dados sobre rotatividade e desempenho de CEOs mostraram sistematicamente que os altos executivos têm um desempenho bem melhor durante a primeira metade de seu mandato, em comparação à segunda metade.[9] A conclusão lógica disso é que várias empresas esperam muito tempo para despedir um CEO cujo desempenho tem sido ruim.

Permita-me enfatizar essa questão. Os mandatos cada vez mais curtos dos CEOs levaram certos observadores a concluir que a rotatividade de CEOs "fugiu ao controle". Tenho um ponto de vista inverso. A maioria das evidências mostra que os CEOs tendem a permanecer por demasiado tempo no cargo e vários acabam provocando depreciações na empresa em que trabalham. Os retornos dos acionistas (ajustados por setores e regiões) são bem inferiores na segunda metade do mandato de um CEO, independentemente de ele ter sido forçado a sair ou de ter ocorrido uma transição mais ordenada. (Consulte a Figura 3.2.)

Ao segmentar o mandado do CEO com base na duração, a mensagem se torna ainda mais clara. Parece que os CEOs que apresentam *sistematicamente* um desempenho ruim são apropriadamente impedidos de permanecer por muito tempo. Contudo, é também verdade que, para os CEOs que permanecem por longos períodos (mais de dez anos), a diferença no desempenho entre a primeira e a segunda metade de seu mandato tende a ser expressiva, no sentido negativo.[10] (Consulte a Figura 3.3.) Sim, provavelmente o CEO sofre uma perda de energia quando fica mais dez anos no cargo. (O cargo de CEO é inacreditavelmente exigente!) Todavia, esse é o maior motivo para reconhecer e pôr fim à procrastinação dos membros do conselho.

Superestimação da capacidade

Outra predisposição comum é acreditar que aqueles que contratamos ou promovemos a um alto cargo são mais capazes do que de fato o são. A principal causa dessa predisposição é que as auto-avaliações individuais normalmente são, como mencionado, muito imprecisas. São também bastante otimistas. Mais de duas décadas atrás, dois diplomados da Universidade da Pensilvânia (Lauren Alloy e Lyn Abramson) conduziram um experimento pioneiro que mostrou que, embora os indivíduos deprimidos tenham um julgamento preciso do quanto são habilidosos, os não deprimidos acreditam ser bem mais habilidosos comparativamente ao que outras pessoas pensam que eles são.

GRANDES DECISÕES SOBRE PESSOAS

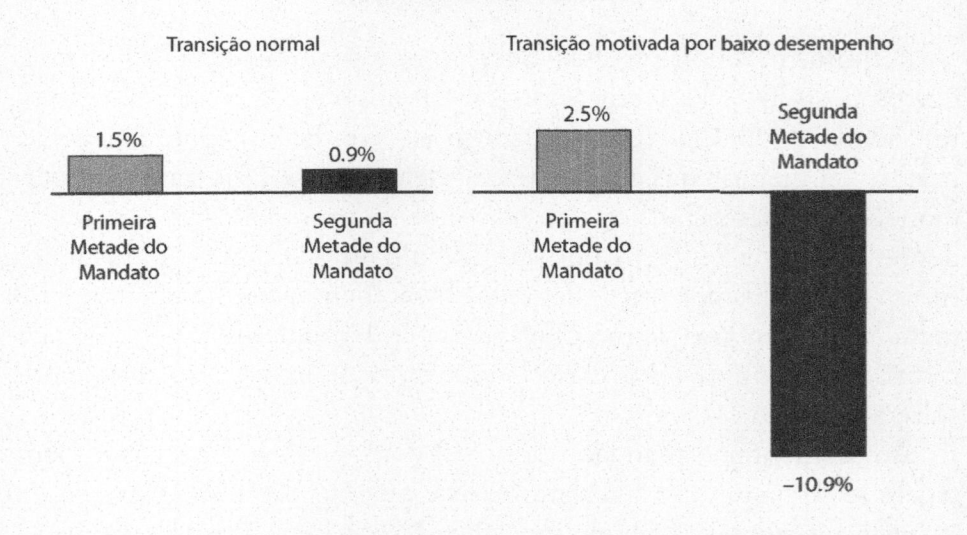

Transição normal

- Primeira Metade do Mandato: 1.5%
- Segunda Metade do Mandato: 0.9%

Transição motivada por baixo desempenho

- Primeira Metade do Mandato: 2.5%
- Segunda Metade do Mandato: −10.9%

Figura 3.2 Desempenho decrescente dos CEOs — retorno anual mediano normalizado aos acionistas.
Fonte: Booz Allen Hamilton, Dados Globais, Mandatos finalizados em 1995, 1998, 2000, 2001, 2002 e 20003.

Mandato (anos)

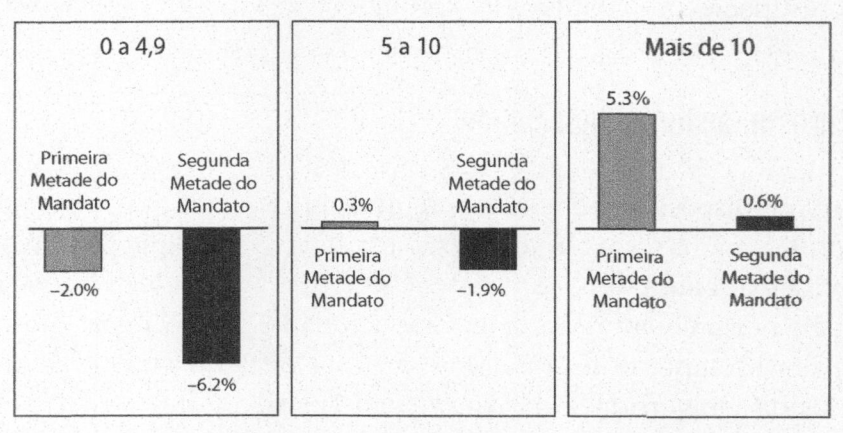

0 a 4,9
- Primeira Metade do Mandato: −2.0%
- Segunda Metade do Mandato: −6.2%

5 a 10
- Primeira Metade do Mandato: −1.9%
- Segunda Metade do Mandato: 0.3%

Mais de 10
- Primeira Metade do Mandato: 5.3%
- Segunda Metade do Mandato: 0.6%

Figura 3.3 Desempenho decrescente dos CEOs — retorno anual mediano aos acionistas.
Fonte: Booz Allen Hamilton, Dados Globais, Mandatos finalizados em 1995, 1998, 2000, 2001, 2002 e 20003.

Estudos subseqüentes confirmam claramente essas constatações. Um dos melhores, publicado em dezembro de 2004 por David Dunning, Chip Heath e Jerry M. Suls,[11] incorpora décadas de pesquisas para mostrar como superestimamos nosso desempenho de uma maneira bastante pretensiosa. A grande maioria das pessoas tende a se autoclassificar "acima da média" — obviamente, uma impossibilidade matemática! Em um levantamento entre quase um milhão de alunos no último ano do segundo grau, por exemplo, 70% afirmaram ter habilidades de liderança "acima da média", ao passo que apenas 2% acreditavam que sua habilidade de liderança estivesse "abaixo da média".

Esse tipo de tendência a se autocongratular não cessa quando se atinge um nível de instrução superior; na verdade, piora! Por exemplo, 94% dos professores universitários afirmam que seu trabalho está acima da média. O efeito "acima da média" também ocorre no mundo empresarial. Como mencionado, estudos entre centenas de engenheiros em duas empresas de alto tecnologia constataram que 32% dos engenheiros em uma das empresas e 42% em outra — 4 entre 10 — incluíram o próprio desempenho na categoria dos 5% melhores engenheiros.
Portanto, utilizamos essa percepção inflada sobre nossas habilidades de liderança para enfrentar o desafio de preencher os requisitos do cargo. E ouvimos ou lemos autodescrições de pessoas com ilusões semelhantes. Não é de admirar que as coisas quase sempre saiam errado no processo de busca!

A predisposição a superestimar a capacidade em geral está fundamentada em duas pressuposições incorretas. A primeira é de que as pessoas conseguem mudar rapidamente, e com maior intensidade, do que de fato conseguem (e, é claro, de que a empresa pode se dar ao luxo, e tem meios e recursos, para esperar esses indivíduos aprenderem seu trabalho). A segunda pressuposição incorreta é de que existe uma alta correlação entre a *motivação* a ter bom desempenho e a *capacidade* real de tê-lo. A verdade elementar é que mesmo os indivíduos altamente motivados são capazes de completo fracasso se não tiverem a experiência, as habilidades ou os atributos necessários. Todavia, é extremamente comum entre nós promover um indivíduo a um cargo em virtude de seu grande interesse por ele, sem realizar a investigação prévia necessária com respeito à sua competência.

Julgamentos precipitados

Além disso, com freqüência fazemos julgamentos precipitados. Normalmente não calculamos as probabilidades e, quando o fazemos, não temos tanta habilidade para isso. Estamos acostumados a categorizar as coisas, bem como outras pessoas, imediatamente. Ao avaliar outras pessoas, as primeiras impressões desempenham um papel preponderante, assim como a fofoca e outras informações de fonte indireta sobre os candidatos. Às vezes, uma informação ruim elimina um indivíduo que, no cômputo geral, poderia ser o melhor candidato.

Para agravar as coisas, como proposto antes, gestores e executivos acreditam ser, na maioria dos casos, *muito competentes* para avaliar a capacidade e escolher pessoas, a despeito de sua falta de preparo e experiência e (em vários casos) não obstante um histórico profissional repleto de erros. Com demasiada freqüência, confiamos sobremaneira em indicadores duvidosos, como o carisma de um candidato, para prever seu desempenho futuro. Em outras palavras, nossos julgamentos precipitados tendem a se prolongar no impensado e a se abreviar no julgamento.

Rotulação

Certa vez conversei com Jack Welch a respeito das situações em que a GE (a começar de suas tradições autóctones) saiu à caça de grandes talentos fora da própria empresa. Ele me explicou que ao iniciar um novo negócio em um setor em que a empresa não tinha nenhuma experiência anterior, incluindo o segmento de plásticos e alguns outros exemplos, os diretores da GE decidiram buscar talentos externos. Entretanto, salientou que essa postura envolvia inúmeros riscos. Para exemplificar, mencionou uma situação em que a GE contratou várias pessoas da DuPont apenas porque *eram* da DuPont, sem as avaliar criteriosamente. "Tenho certeza de que em pelo menos alguns desses casos a DuPont estava muito satisfeita por estarmos levando aquelas pessoas dali", recordou-se Welch com tristeza. "Estávamos cometendo o erro da rotulação".[12] Em outras palavras, a GE estava adquirindo uma reputação, e não um indivíduo que *incorporava* essa reputação.

Avaliação de pessoas em termos absolutos

Outra predisposição freqüente é avaliar as pessoas em termos absolutos. Particularmente nos negócios, é bastante comum fazer elogios ou críticas de uma maneira exagerada e mesmo radical. Tendemos a nos referir a nossos colegas em termos absolutos, sem levar em consideração as circunstâncias nas quais eles trabalham. Assim sendo, fulano é um "excelente gestor", ao passo que sicrano é um "perdedor".

Essas avaliações absolutas são particularmente perigosas na tomada de decisões sobre pessoas. Como podemos avaliar o desempenho de um candidato sem compreender totalmente as circunstâncias nas quais ele foi relatado? Os excelentes desempenhos (e também os ruins) em geral não podem ser apartados do contexto. Embora a GE seja uma "fábrica de CEOs" fora de série, nem todos que saem da GE para se tornar um CEO em outra empresa têm um ótimo desempenho. Muitos deles têm um desempenho excessivamente bom quando há uma boa compatibilização, ao passo que com outros ocorre o contrário, quando sua capacidade de adaptação é ruim. Alguns dos "ex-graduados" da GE que não tiveram um bom desempenho em seu primeiro cargo de liderança, depois de saírem da GE, posteriormente demonstraram um desempenho *extremamente* bom. O que mudou? Eles retornaram a circunstâncias semelhantes àquelas nas quais haviam florescido na GE — circunstâncias intimamente compatíveis com suas habilidades e experiências naturais.[13]

Parece patente que, até certo ponto, é necessário avaliar um candidato com base em suas próprias condições, considerando seu contexto. Apesar disso, com freqüência pude observar entrevistadores com um conjunto prescrito de perguntas a fazer, independentemente dos fatos e detalhes da situação. São aquelas perguntas que detestamos que nos façam quando estamos nos candidatando a um emprego — perguntas como "Quais são seus pontos fortes e seus pontos fracos?" ou "Onde você deseja estar daqui a cinco anos?".

Essas perguntas são inadequadas porque tendem a transformar uma experiência em uma abstração ao apartá-la de suas raízes. As respostas devolvidas emergem de um vácuo empírico. E além de sempre fazerem as mesmas perguntas, os entrevistadores ruins não costumam investigar mais a fundo. Tome como exemplo uma versão ligeiramente adaptada da primeira pergunta que ilustramos no parágrafo anterior:

Dê-me um exemplo em que você tenha feito valer seus pontos fortes em seu atual emprego. Qual era sua função específica? Quais eram as circunstâncias? O que exatamente você fez e por quê? Quais foram as conseqüências?

Terei muito mais a falar sobre perguntas de entrevista e métodos de entrevista nos capítulos subseqüentes. Por enquanto, quero apenas assinalar que, com respeito às decisões sobre pessoas, muito pouco é absoluto; quase tudo é relativo. Sua função como contratante é entender qual foi a atuação da pessoa *em um contexto específico* — e descobrir se essa experiência pode ser empregada em seu próprio contexto.

Recorrência a informações confirmatórias

Várias das predisposições descritas antes mais do que rapidamente nos farão formar uma impressão inicial acerca do indivíduo que estamos avaliando: nesse arriscado estágio, o problema se torna mais complexo quando começamos a recorrer a informações confirmatórias do que acreditamos ser verdadeiro e, ao mesmo tempo, desviamos o olhar de toda e qualquer evidência que possa contradizer as conclusões que acabamos de abraçar.

Em seu livro *Judgment in Managerial Decision Making* (*Julgamento na Tomada de Decisões Gerenciais*), Max Bazerman examina a relação de predisposições pessoais que influenciam nosso julgamento, conseqüentemente sabotando nossas decisões, investimentos e negociações.[14] Ao discorrer sobre a armadilha da confirmação, ele pede ao leitor para fazer o seguinte exercício (o qual emprega um estudo anterior realizado pelo legendário investigador psicológico Peter C. Wason):

Imagine que a seqüência de três números abaixo siga uma regra. Sua tarefa é identificar essa regra (Wason, 1960). Quando anotar outras seqüências de três números, um instrutor lhe dirá se sua seqüência segue ou não essa regra.

2-4-6

Quais seqüências você escreveria? Como poderia saber o momento certo em que teria evidências suficientes para adivinhar a regra? A tendência dos participantes do estudo de Wason foi oferecer relativamente poucas seqüências, e as seqüências tenderam a ser consistentes com a regra que por fim propuseram. Dentre as regras comuns se incluíam: "números que progridem a uma razão de dois" ou "a diferença entre os primeiros dois números é igual à diferença entre os últimos dois números". Na realidade, a regra de Wason era mais abrangente: "quaisquer três números crescentes". Essa solução exige que os participantes acumulem evidências desconfirmatórias, e não evidências comprobatórias. Por exemplo, se para você a regra fosse "números que progridem a uma razão de dois", deveria experimentar seqüências que não obedecessem a essa regra para encontrar a regra real. Experimentar as seqüências 1–3–5, 10–12–14, 122–124–126 e assim por diante não fará mais do que conduzi-lo à armadilha da confirmação.

A fim de combater a armadilha da confirmação, você deve fazer um esforço especial para *falsificar sua hipótese inicial*. Tem de estar preparado para testar essas intuições que parecem tão duvidosas.

A armadilha da confirmação é um dos motivos por que fracassam tantos projetos que parecem bons no papel: as pessoas ignoram os sinais de alerta. É também o motivo por que tantas contratações malogram. É necessária uma enorme disciplina para avaliar criteriosamente os candidatos e peneirar impressões e dados tanto positivos quanto negativos para abarcar as *verdadeiras* qualificações de cada pessoa para um emprego. Parece artificial falsificar nossa hipótese inicial sobre um candidato a um emprego, especialmente quando demora tanto tempo para encontrar um candidato promissor. Todavia, é um excelente hábito a desenvolver e adotar.

Tentativas de salvar as aparências

Somos todos humanos; detestamos fracassar. E quando *de fato* fracassamos, fazemos das tripas coração para salvar as aparências. Como bem salientou o especialista em comportamento organizacional Chris Argyris, as pessoas mais inteligentes se tornam completamente estúpidas quando se sentem constrangidas ou ameaçadas.[15] O impulso de encobrir nossos erros, embora irracional, se torna perigosamente intenso. Obviamente, esse impulso compreende as péssimas decisões que tomamos sobre as pessoas.

Paul Ekman, da Universidade da Califórnia, é uma autoridade no tema de pesquisas relacionadas a emoções e comunicações não-verbais e famoso por suas pioneiras pesquisas sobre a mentira. Em *Telling Lies (Contando Mentiras)*, baseado em dados e entrevistas com crianças e adultos, ele sintetiza nove diferentes razões para mentir:

1. Para escapar de um castigo.
2. Para obter uma recompensa que de outra forma não poderia ser obtida de imediato.
3. Para proteger outra pessoa de ser castigada.
4. Para se proteger da ameaça de agressão física.
5. Para conquistar a admiração alheia.
6. Para escapar de uma situação social embaraçosa.
7. Para evitar constrangimentos.
8. Para manter a privacidade.
9. Para exercer poder sobre outras pessoas.[16]

Agora, releia essa lista tendo em mente a necessidade de *salvar as aparências* depois de tomar uma péssima decisão sobre uma pessoa. Com a plausível exceção de querer evitar agressão física, todos os outros estímulos podem entrar em jogo quando começamos a tentar encobrir nossos erros. E embora isso possa parecer retroativo (afinal de contas, "encobrir" está relacionado a erros passados), suas implicações são bastante prospectivas. Como no caso da empresa de tecnologia internacional no começo desta seção, não gostamos de ser os primeiros a informar os outros sobre nossas péssimas decisões a respeito de pessoas se eles não as tiverem percebido. Pior ainda, podemos tentar justificar uma péssima decisão sobre pessoa que tenhamos tomado para salvar as aparências, quando reconhecer o erro e tomar alguma providência em relação a isso poderia evitar outros danos e imediatamente começar a reverter a situação antes que fosse tarde demais.

Apego ao familiar

Normalmente, nós, seres humanos, gostamos de nos agarrar ao familiar. Quando contratamos pessoas para trabalhar conosco, falamos sobre encontrar uma "boa adequação" entre a empresa e o indivíduo. Em muitos casos, esse é o código para contratar uma pessoa que representa o cômodo e o familiar, em contraposição a buscar a melhor combinação entre competência e complementaridade. Se pensar de modo lógico sobre isso, complementaridade implica necessariamente diversidade, o que pode se *contrapor* a uma "boa adequação".

O apego ao familiar explica em parte por que a maioria das organizações promove pessoas internas à maior parte dos cargos diretivos. E quando procuram talentos externos, a maioria das organizações continua buscando a familiaridade. Portanto, ex-consultores freqüentemente contratam outros consultores, em geral da mesma escola e empresa. Com certeza, a familiaridade pode trazer estabilidade a qualquer comunidade. Porém, dá lugar também a uma miopia e introspecção, o que pode ser particularmente perigoso quando a mudança necessária exige competências completamente diferentes.

Ancoragem emocional

Todos estamos propensos a ser vítima de um fenômeno denominado *ancoragem emocional* — isto é, julgar os candidatos em relação a alguém familiar (ou um em relação ao outro), e não com base nos méritos de cada um. O exemplo mais radical poderia ser do(a) namorado(a) rejeitado(a) que insiste em impedir qualquer novo relacionamento diante do ideal impossível do namorado/namorada que desistiu e não encontra ninguém à altura. O indivíduo emocionalmente ancorado não consegue ver pessoas e circunstâncias *de acordo com as condições dessas pessoas*.

Um problema relacionado é o efeito ou erro de seqüência, em que tendemos a nos lembrar mais claramente das primeiras experiências e das experiências mais recentes em uma seqüência. Em conseqüência disso, em uma série de entrevistas, é mais provável que o primeiro e o último candidato recebam maior atenção. Aqueles que ficam no meio do grupo acabam sendo concebidos como "medianos" por nossa mente.

As decisões sobre pessoas não devem ser mantidas como reféns de ideais impossíveis ou acidentes de seqüência. Devemos nos prevenir contra a arbitrariedade quando temos de tomar grandes decisões sobre pessoas.

Gregarismo

Para finalizar, em geral caímos nas armadilhas psicológicas do "gregarismo". Imagine um rebanho de veados ou antílopes. A posição mais segura para um membro desse rebanho é *o centro*. É mais provável que o veado que se posiciona em uma das extremidades, na dianteira, traseira ou lateral do rebanho, seja alvejado por predadores.

Quando nos arrebanhamos, *imitamos*. Seguimos a maioria, em vez de agirmos independentemente. Isso pode resultar do medo, como mencionado anteriormente, ou do desejo de trabalhar em equipe ou mesmo da preguiça. Seja qual for o motivo, esse fenômeno é surpreendentemente comum. Mesmo os executivos influentes e dinâmicos (que têm pouco a temer, que são pagos para liderar e para serem enérgicos) às vezes hesitam em expressar um ponto de vista sobre um candidato que difira da visão de seus colegas.

Imagine nossa ambivalência em relação aos informantes ou "delatores", que, por definição, fogem do rebanho. E pense nos recentes casos de comunidades corporativas inteiras que seguiram o caminho errado. Não há dúvida de que o gregarismo representou um papel do chão-de-fábrica à sala do Conselho.

Descartando as predisposições

Examinamos as dez predisposições psicológicas e armadilhas emocionais que tendem a prejudicar o processo de tomada de decisões e a sabotar nossas decisões sobre pessoas. Não podemos dizer que combater essas predisposições seja uma questão simples, mas duas estratégias podem ajudar:

1. Conscientizar.
2. Ter os conselheiros certos, tanto dentro quanto fora da organização.

Tome como exemplo o caso real de um grande varejista que (na época em que assinamos um contrato com eles) possuía várias marcas em diversos canais, de supermercados a lojas de departamentos. A empresa, que enfrentava uma confusão generalizada em relação às marcas e, conseqüentemente, estava perdendo participação de mercado, decidiu promover o chefe da divisão de supermercados a CEO, acreditando que um varejista seria ideal para resolver os respectivos problemas. Principalmente pelo fato da experiência desse indivíduo estar limitada a um único canal de varejo (supermercados), seu desempenho foi surpreendentemente desastroso, o que o persuadiu a se aposentar antes da hora.

Tardiamente, a empresa conduziu uma análise criteriosa para identificar desafios estratégicos, prioridades gerenciais e as principais competências necessárias. Com base nessas especificações, um processo de busca de executivos subseqüente indicou que a melhor pessoa para o cargo seria o Candidato X — um indivíduo que, ao que se revelou mais tarde, não tinha experiência alguma no setor varejista.

Essa conclusão opôs várias forças de peso. Os adeptos do familiar argumentaram a favor da promoção de uma pessoa interna ou pelo menos de alguém totalmente familiarizado com o setor, como havia sido a tradição em toda a história da empresa. Além disso, o presidente do conselho, que apoiava a indicação do candidato, enfrentou grande oposição de diversos membros do conselho e executivos internos. A predisposição desses indivíduos ao gregarismo foi ampliada com o apoio de uma ampla cobertura da mídia, que repetidamente questionou o bom senso de uma nomeação tão ortodoxa.

Para encurtar a história e evitar delongas, essa escolha extremamente controversa foi em algum momento confirmada. O indivíduo foi contratado e provou-se bastante competente para dirigir uma empresa de multinegócios complexa e de grande porte, graças em grande medida a seu método de administração focalizado e despretensioso. Para ele, sua função era administrar um conjunto de atividades varejistas. E hoje ele conta com varejistas da mais alta qualidade para conduzir cada uma dessas atividades. Após uma década de retrocesso, a empresa finalmente voltou a florescer.

Ao cumprir seu dever e usar recursos externos com sabedoria, o presidente do conselho conseguiu sobrepujar inúmeras predisposições e armadilhas e ampliou enormemente a variedade de opções de sua empresa. Disso resultou a contratação de um competente generalista, que se vestiu de sua nova função como uma luva que se ajusta sob medida à mão.

Incentivos ruins e conflitos de interesses

Até aqui, examinamos três fatores que tendem a trabalhar contra nossas decisões sobre pessoas: as probabilidades estatísticas, as avaliações complexas e as predisposições psicológicas. Agora nos concentraremos no último fator que mina essas decisões, qual seja, a existência de incentivos ruins e de conflitos de interesses. Essas grandes influências podem se originar das circunstâncias dos candidatos ou mesmo de fortes pressões políticas dentro da organização.

Circunstâncias do candidato

O primeiro tipo de incentivo mal-intencionado que pode sabotar as decisões sobre pessoas é todo o conjunto a que chamo de "circunstâncias do candidato".

Por ter tido uma educação católica até certo ponto rígida, aprendi a acreditar que nosso comportamento é uma conseqüência de nossos valores e de nossa capacidade de nos apegarmos a eles. Tanto na minha vida pessoal quanto em minhas investigações profissionais, comecei a me dar conta do quanto nossas circunstâncias pessoais influem em nosso comportamento. Nós, seres humanos, tentamos nos apegar ao absoluto. Contudo, na verdade, somos relativistas e situacionistas. A posição em que nos encontramos depende do lugar em que nos assentamos.

Sempre que estou diante da missão de realizar uma busca de executivo, de fato tento compreender as circunstâncias individuais em questão, a fim de tentar corrigir e filtrar os incentivos errados. Em geral, a pessoa que está desempregada e precisa trabalhar tende a concluir *muito rapidamente* que um determinado empregador ou cargo é perfeito para ela — e, claro, que é exclusivamente qualificada para aquele emprego.

De modo oposto, os indivíduos que estão felizes com seu emprego são bem mais críticos (e objetivos) com respeito a qualquer nova alternativa proposta. São também mais céticos acerca de suas próprias qualificações para a nova função proposta.

Em outras palavras, as circunstâncias dos candidatos podem impulsioná-los tanto a uma desonestidade oportunista quanto a uma honestidade autocrítica injusta. Essa última, obviamente, é um problema maior. O alto risco da procura de emprego torna a mentira alarmantemente freqüente. Um dos maiores estudos, divulgado por David Callahan, indica que em alguns casos 95% dos entrevistados em idade universitária eram propensos a mentir para conseguir emprego — e que na verdade 41% dos estudantes já haviam feito isso! (Admito que fiquei chocado.) Outro estudo, que examinou 2,6 milhões de solicitações de emprego em 2002 de uma empresa americana que faz a verificação de antecedentes, revelou que 44% delas continham ao menos algumas mentiras. Em outro grande levantamento, uma empresa virtual dedicada à verificação de antecedentes constatou que 80% de todos os currículos exageravam.[17]

Circunstâncias pessoais desafiadoras induzem indivíduos que de outra maneira se comportariam de uma forma extremamente franca e honesta a ter comportamentos inadequados. Como Malcolm Gladwell descreve em *Ponto de Desequilíbrio (The Tipping Point)*, nosso comportamento depende em grande medida do contexto social.[18] Essa constatação sociológica foi fundamentada por inúmeros experimentos no decorrer de várias décadas. Por exemplo, na década de 1920, dois pesquisadores estabelecidos em Nova York (Hugh Hartshorne e M. A. Hay) conduziram uma série de experimentos proeminentes com onze mil alunos entre 8 e 16 anos de idade, aplicando-lhes inúmeros testes no prazo de vários meses, todos concebidos para avaliar a honestidade. O que eles descobriram, em poucas palavras, foi que (1) ocorrem muitas mentiras, (2) as crianças mais velhas mentem mais e (3) do mesmo modo os menos inteligentes. Sendo assim, podemos esperar uma quantidade significativa de mentiras dos candidatos e provavelmente mais daqueles mais experientes e dos menos qualificados.

Outro experimento bastante preocupante foi conduzido por dois psicólogos da Universidade de Princeton (John Darley e Daniel Batson) usando um grupo de seminaristas como cobaias. Esses pesquisadores tramaram uma situação em que esses seminaristas se depararim com um homem "curvado em uma rua estreita, com a cabeça para baixo, os olhos fechados, tossindo e gemendo". A pergunta era a seguinte: quem pararia e o ajudaria? Apenas um entre dez seminaristas que se encaminhavam apressados para o compromisso seguinte parou, ao passo que, entre os dez que não estavam particularmente com pressa, pararam mais de seis. O mesmo grupo, com formação e motivações gerais semelhantes, escapou da situação de uma forma bem diferente, tendo por base um único diferenciador: *estou atrasado?*

O que esses (e muitos outros) estudos e experimentos parecem indicar é que questões como honestidade e compaixão não são traços humanos essenciais, absolutos e confiáveis. Quando estamos sob intensa pressão, podemos ter comportamentos não apenas inaceitáveis do ponto de vista social e moral, mas que se opõem a nossos valores mais enraizados. Será que essa desagradável verdade influencia a procura de emprego e as decisões sobre pessoas? Na verdade, as circunstâncias dos candidatos podem sabotar o processo de decisões sobre pessoas de diversas maneiras. A mais básica, que com freqüência surpreende as pessoas com as quais converso, é a limitada compreensão que temos de nós mesmos como indivíduos. Como elucidado no fascinante *Strangers to Ourselves (Estranhos a Nós Mesmos)*, de Timothy Wilson, nós, humanos, não temos muito conhecimento sobre quem somos ou o que sentimos ou o que poderíamos sentir em novas circunstâncias.[19]

Por acaso já lhe ocorreu pensar que finalmente poderia comprar o que sempre almejara (aquele carro, casa, barco ou fazenda), para logo depois perder certo senso de propósito na vida e sentir-se bem menos feliz? Extrapolando para o contexto da procura de emprego, em geral não somos muito bons para aguardar com interesse e imaginar como provavelmente seria nossa vida em um novo emprego. É possível que superenfatizemos os aspectos positivos ou negativos, mas é pouco provável que tenhamos uma percepção real.

Um segundo problema relacionado às circunstâncias dos candidatos, de acordo com pesquisas importantes, é que, embora sejamos avessos ao risco quando estamos nos saindo bem, assumimos altos riscos quando estamos com algum problema. Quando estamos enfrentando circunstâncias econômicas, emocionais e sociais irremediáveis ou desesperadoras, não nos importamos em aceitar um emprego acima de nossa capacidade, não apenas porque não temos "nada a perder" (o que quase nunca é verdade), mas porque arriscar a sorte parece ser a única saída.

Por todos esses motivos, temos de fazer um esforço especial por compreender as circunstâncias de um candidato. Temos de usar essa compreensão para extirpar pela raiz relatos exagerados sobre competências — e, de igual modo, desconfiar ostensivamente das avaliações autocríticas. Precisamos identificar e deter os apostadores inveterados, os que apostam muito alto e os que estão dispostos a correr riscos e acreditam que não têm nada a perder. Eles *sempre* têm mais a perder, e nisso inclui sua reputação. Portanto, deter a sabotagem é uma atitude correta tanto do empregador pretendente quanto do candidato aspirante.

Pressões políticas

Diferentemente de nosso problema de incentivo anterior, o segundo tipo repousa totalmente dentro da organização e nas respectivas partes interessadas (*stakeholders*). Essa última armadilha da contratação — as ações políticas — também acaba sendo a mais predominante e intimidante de todas. As ações políticas são tão perniciosas que merecem ser excluídas da categoria de "armadilha" simples e comparadas a um poço de areia movediça. Na medida em que já me encontro com o pé na terceira década de experiência na busca de executivos, posso dizer com sinceridade que os erros de contratação mais impressionantes que já vi foram cometidos por pessoas bem-intencionadas que por acaso tinham planos particulares.

As pessoas gostam de contratar amigos. Tome como exemplo o presidente de Conselho contundente e dominador que propôs que seu companheiro de quarto da faculdade sucedesse o CEO demitido da empresa. Intimidados, os demais membros do Conselho concordaram e fugiram do processo normal de recrutamento e avaliação. Em menos de um ano, o novo CEO demonstrou convincentemente que não tinha flexibilidade e visão estratégica, o que fez com que fosse demitido.

Alguns planos são mais maquiavélicos. Quando as *joint ventures* indicam altos executivos, os sócios se envolvem em todos os tipos de maquinação nos bastidores para que seus candidatos se elejam, na esperança de ter um aliado no comando, independentemente de seu conjunto de habilidades particulares. Já vi pessoas defenderem candidatos fracos para evitarem o risco de se tornarem redundantes ou mesmo para melhorar sua própria chance de progredir e serem promovidas na empresa a longo prazo. (*Essa pessoa com certeza vai se estatelar e se queimar, e eu serei a alternativa seguinte.*) E em outros casos, ainda, os candidatos conseguem empregos em troca de favores. Por exemplo, um candidato poderia ser contratado na expectativa de que contratará amigos de seus "defensores" ou usará os serviços de suas empresas. Essas nomeações, embora comuns, podem ter um efeito devastador não apenas no desempenho da empresa, mas também em seu moral. Ninguém gosta de trabalhar em uma organização em que predomina o nepotismo e outros tipos de política interna.

Em resumo, examinamos os quatro fatores que dificultam o processo de tomada de grandes decisões sobre pessoas no alto escalão das empresas. A Figura 3.4 relaciona esses fatores.

É uma lista extensa. Em conjunto, esses fatores ajudam a explicar por que a tomada de decisões sobre pessoas é terrivelmente difícil.

Probabilidades Estatísticas

Avaliações Difíceis
- As implicações dos erros de avaliação
- Funções exclusivas
- Funções mutáveis
- Traços intangíveis
- Candidatos inacessíveis

Predisposições Psicológicas
- Procrastinação
- Superestimação da própria capacidade
- Julgamentos precipitados ou impensados

- Rotulação
- Avaliação de pessoas em termos absolutos
- Recorrência a informações confirmatórias
- Tentativas de salvar as aparências
- Apego ao familiar
- Ancoragem emocional
- Gregarismo

Incentivos Ruins
- Circunstâncias do candidato
- Pressões políticas

Figura 3.4 Por que contratar as pessoas mais competentes é tão difícil.

Observe que esses fatores são em grande medida ignorados pela imprensa, quando tenta noticiar casos impressionantes de fracasso de diretores executivos. Isso não é justo. Por ter caído várias vezes em todas essas armadilhas, não posso ter outra atitude senão respeitar os executivos e membros de Conselho que põem a cabeça a prêmio, aceitando o processo de tomada de decisões sobre pessoas como parte de seu mandato na liderança e lidam promissoramente com todos esses problemas difíceis e desafiadores. Isso quase nunca é fácil. Uma vez mais, Jack Welch acertou: "Contratar pessoas competentes é brutalmente difícil".[20]

A boa notícia é que se prevenir é se armar de antemão. A melhor proteção contra todos os tipos de armadilha é a *conscientização*. Nesse sentido, tendo lido este capítulo, você já se encontra em uma posição vantajosa. Fuja das armadilhas que descrevi e certamente evitará graves fracassos.

Porém, gostaria de concluir este capítulo com uma observação mais otimista. Quando perguntei a Jim Collins sobre o erro mais importante que ele havia notado nas decisões de líderes da mais alta categoria, ele refletiu por um momento e, em seguida, respondeu o seguinte:

Buscar a decisão mais excepcional que lance a empresa à excelência em uma só tacada; a excelência simplesmente não se constrói dessa maneira. Quando investigamos o longo percurso das grandes empresas, examinando sua evolução ao longo de anos, observamos que nenhuma decisão — não importa sua magnitude — é responsável por mais do que uma pequena fração da dinâmica global da empresa. A excelência é erguida por uma série de boas decisões implementadas da melhor forma possível e agregadas uma após a outra no decorrer de um longo período.

Com certeza, algumas decisões são mais importantes do que outras — as decisões de Amgen de investir na droga eritropoietina (EPO) desenvolvida pela bioengenharia, a decisão da Southwest Airlines de usar apenas aeronaves 737, a decisão da Intel de lançar o microprocessador, a aposta da IBM no 360 e assim por diante —, mas até mesmo essas decisões respondem por uma pequena fração dos resultados globais. Na extensa curva de uma grande empresa, uma decisão, por si só, não chega a responder nem mesmo por 10% da excelência máxima da instituição.[21]

■ ■ ■

Desenvolver a verdadeira excelência em uma empresa, de modo permanente, requer gestores com disciplina para analisar e implementar cuidadosamente toda e qualquer decisão importante, dentre as quais as decisões sobre pessoas. Sim, evitar as armadilhas descritas neste capítulo é um passo fundamental, mas é a apenas o primeiro passo. Para sermos capazes de escolher vencedores de maneira sistemática, precisamos também dominar cada uma das etapas do processo de tomada de decisões sobre pessoas — desde saber quando uma mudança é necessária a ajudar a integrar as pessoas competentes por nós contratadas. E esse é o tema de nossos seis capítulos subseqüentes.

CAPÍTULO 4

Reconhecendo quando uma mudança é necessária

Comecemos por abordar esse complexo tópico — descobrir quando uma mudança importante de pessoas é necessária — com duas situações do mundo real. Como poderá constatar, essas situações têm resultados bastante diferentes.

Cenário 1: O homem sentado à mesa à minha frente parecia verdadeiramente perdido, quase perplexo. Felizmente, contudo, ainda mantinha a presença de espírito para agir. Em meio a um drama pessoal devastador, em vez de aceitar fatalisticamente que havia perdido seus bens, a empresa de sua família, e até mesmo o significado da própria vida, decidiu buscar ajuda. E por esse motivo estava em meu escritório especificamente naquela tarde.

Era filho do fundador de uma empresa de alimentos extremamente próspera e havia sucedido o pai, ocupando o cargo de CEO. Por ter se especializado nos aspectos técnicos dessa atividade, sua atuação foi providencial em decisões fundamentais sobre investimentos de capital e novos produtos. No conjunto, essas decisões foram responsáveis por um esplêndido crescimento e lucros recordes, que ajudaram a criar a plataforma que transformaria a empresa na terceira maior concorrente em seu setor.

Entretanto, naqueles últimos anos, o mundo havia mudado. A concentração maciça no setor, por meio de processos de fusões e aquisições, o repentino surgimento de novos concorrentes internacionais e as mudanças nos canais de distribuição enfraqueceram a posição competitiva da empresa em um prazo surpreendentemente curto. Enquanto isso, o crescimento da empresa foi financiado com empréstimos de curto prazo nos mercados financeiros locais — empréstimos cujas taxas de juros se elevaram às alturas, inesperadamente. A empresa ficou entre a cruz e a espada: por um lado, perdas operacionais cada vez maiores; por outro, pagamentos de juros crescentes. Isso, combinado, impossibilitou que a empresa tomasse empréstimos de financiadores internacionais, acabando por de fato colocar a empresa à beira da falência.

Não conseguindo encontrar nenhuma saída, ele dividira seu dilema com um inteligente e atencioso advogado corporativo, que por fim o encaminhou a nós. "Portanto, a pergunta é", disse-me ele, obviamente aflitivo com a pergunta que estava para me fazer, "será que um novo CEO pode salvar minha empresa?".

Essa era a pergunta certa a fazer e a resposta em última análise acabou sendo "sim". Num gesto louvável, nosso cliente agiu rápida e decisivamente. Tão logo conseguimos um candidato aceitável, ele transferiu suas responsabilidades executivas para essa pessoa e retirou-se. E a despeito das terríveis circunstâncias em que se via a empresa, esse novo CEO conseguiu conduzi-la para águas calmas. E ela tem crescido e prosperado por quase uma década, desde essa época.

Cenário 2: Praticamente à mesma época, os acionistas de uma bemsucedida exportadora agroindustrial — dois irmãos — me procuraram. Eram não apenas os dois principais proprietários da empresa, mas também os dois principais executivos. Embora a empresa ainda estivesse razoavelmente saudável, começava a enfrentar dificuldades financeiras por ter uma estrutura de capital superalavancada e uma administração financeira instável.

Do nosso ponto de vista, não havia dúvida de que a empresa precisava encarecidamente de uma administração mais forte, e foi exatamente isso que lhes dissemos. (Para respeitar nossa linha de trabalho, tínhamos de ser francos.) Os dois irmãos agradeceram nossa opinião, mas decidiram continuar conduzindo a empresa por conta própria. No prazo de dois anos, a empresa entrou em uma espiral descendente em virtude de empréstimos cada vez mais altos, o que a levou à falência e liquidação.

Tomadas em conjunto, essas duas situações ilustram as principais idéias deste capítulo. Primeiramente, nunca é fácil tomar a decisão de promover uma mudança de pessoal, em especial no alto escalão. Às vezes, é até mesmo difícil *constatar* a necessidade. O protagonista de nossa primeira história, a despeito de sua dedicação pessoal ao drama empresarial que se desdobrou, era capaz de compreender que esses novos desafios exigiam um talento diferenciado e que uma busca mais ampla devia ser considerada para encontrá-lo. Na segunda situação, os dois irmãos não enxergaram (ou não se permitiram enxergar) a necessidade de mudança. Por isso, avançaram juntos para um triste fim, a falência da empresa.

Em segundo lugar, é difícil implementar essa mudança, mesmo depois que se bate o martelo. Sentimentos podem ser feridos e reputações prejudicadas.

Porém, o fato de ser "difícil" não é desculpa. Esta é a nossa terceira lição: quando não há dúvida de que a mudança é necessária, alguém tem de fazer das tripas coração. A essa altura, a meta dever ser *fazer do jeito certo*.

Este capítulo descreve algumas formas de determinar se um executivo, um profissional ou um alto diretor deve ser substituído. Examinarei brevemente quando e por que a mudança tende a ocorrer na vida real, mas me concentrarei mais na discussão sobre quando a mudança *deve* ocorrer. Este capítulo, portanto, não tem tanto a ver com a resolução de problemas, mas em maior medida com *a identificação e busca* do problema. Nos capítulos subseqüentes, delinearei as estratégias para implementar mudanças apropriada e razoavelmente.

Quando normalmente ocorre a mudança

Desde 1992, o Centro de Liderança Criativa (*Center for Creative Leadership* — CCL), com sede na Carolina do Norte, patrocina pesquisas significativas na área de seleção de executivos, conduzindo entrevistas criteriosas com centenas de executivos nos três níveis mais altos das organizações que foram objeto de estudo. A esse crescente depósito de dados, o CCL acrescentou constatações provenientes da observação direta de altos executivos enquanto participavam de uma extraordinária simulação multimídia de um processo de seleção de executivos. Decorre daí uma valiosa fonte de dados que nos ajuda a compreender como a seleção *de fato ocorre* nas organizações, contrariamente ao que as diretrizes organizacionais dizem que *deveria* estar ocorrendo.[1]

O banco de dados do CCL mostra que, como era de esperar, a seleção de executivos em geral ocorre no contexto de algum tipo de descontinuidade organizacional, como crescimento excepcional, mudança de posição ou recuperação, mudança cultural ou estratégica de grande vulto ou reestruturação. E com maior freqüência ainda, uma mudança no escalão de altos executivos reflete uma decisão sobre qualificação, como criar oportunidade para que um executivo desenvolva um conjunto mais amplo de habilidades por meio do rodízio de cargos. Contudo, a situação mais freqüente com respeito à mudança de executivos *decididamente* não envolve nem a descontinuidade organizacional nem o fortalecimento das qualificações, mas de preferência a determinação de manter a organização. Na realidade, em mais de 60% dos casos relatados pelo CCL, a mudança executiva pretendia primordialmente manter o *status quo*.

Os dados do CCL também mencionam (1) a influência que pode exercer a circunstância específica da contratação e (2) os índices relativos de sucesso das pessoas internas *versus* externas à organização. Por exemplo, segundo o CCL, nas situações de fusão ou aquisição, somente 31% dos executivos indicados eram bem-sucedidos. De modo semelhante, observaram-se apenas oportunidades restritas de sucesso (em termos gerais, uma probabilidade de 50/50) quando a meta organizacional era promover mudanças estratégicas ou culturais ou lançar um novo empreendimento. Em ambas as circunstâncias que acabamos de mencionar, as contratações externas na amostra do CCL foram menos bem-sucedidas do que as internas.

Outra confirmação do levantamento do CCL com respeito a mudanças no alto escalão foi que sem dúvida os decisores mais freqüentes eram aqueles que estavam em um nível hierárquico diretamente acima em relação ao cargo que estava sendo preenchido (em 67% dos casos) e/ou o CEO/presidente/proprietário (66%). O departamento de RH estava entre os principais decisores em uma porcentagem dos casos significativamente inferior (36%), seguido de perto por colegas do superior (33%) e por pessoas numa relação de igual com o encarregado do cargo.[2]

Uma constatação final do CCL, bastante preocupante, é que os *planos de sucessão desempenham um papel extremamente restrito na seleção de executivos*, a despeito da crucial importância das decisões sobre pessoas nesse nível. Ao analisar as diferentes técnicas de seleção usadas na prática, os planos de sucessão foram a fonte de informações sobre candidatos *menos* usada — eles foram empregados em apenas 18% dos casos! Em contrapartida, os métodos mais comuns usados para coletar informações sobre candidatos foram entrevistas (87%), currículos (73%) e referências (69%).[3]

O que mais sabemos sobre as mudanças nos cargos executivos? Como foi destacada tão assiduamente pela imprensa nos últimos anos, a rotatividade de executivos em geral é desencadeada pelo mau desempenho. Um estudo recente sobre a relação entre desempenho corporativo e demissão de altos executivos confirmou que eles de fato são demitidos por esse motivo. De acordo com esse mesmo estudo, entretanto, apenas os desempenhos verdadeiramente desprezíveis desencadearam a demissão de altos executivos. Em outras palavras, o desempenho corporativo tem de despencar *expressivamente* para desencadear o afastamento de um alto executivo.[4]

Em conclusão, sabemos que quando ocorrem mudanças na ou próximo da alta administração normalmente elas deflagram uma sucessão de mudanças nos vários degraus abaixo na hierarquia. Mais especificamente, o afastamento de um CEO cujo mandato tenha sido longo aumenta a probabilidade de ocorrência de uma mudança gerencial nos níveis organizacionais seguintes.[5]

Quando e por que uma *mudança* deve ocorrer

Nossa firma conduziu diversos estudos de ponta sobre gestão de carreira de executivos. A empresa de consultoria McKinsey & Company realizou estudos semelhantes em uma trilha paralela. Ambas as fontes de pesquisas confirmam que a maioria das empresas está bem aquém das expectativas das melhores práticas com respeito à tomada de decisões sobre pessoas. Para mim, os resultados são estarrecedores. Mais de *três quartos* dos executivos pesquisados acreditam que a organização em que trabalham

- não recruta pessoas altamente talentosas;
- não identifica profissionais com alto e baixo desempenho;
- não mantém as pessoas mais talentosas e não escala as melhores para os cargos cuja rota para o sucesso é a mais rápida e competitiva;
- não confia aos gerentes de linha a responsabilidade por zelar pela qualidade das pessoas;
- não desenvolve talentos eficazmente.

Vale a pena frisar o seguinte: três entre quatro entrevistados responderam que a empresa em que trabalham é um fracasso nessas áreas essenciais! Pior ainda, mais de 90% dos executivos relataram que sua empresa não é competente para remover rapidamente os profissionais de baixo desempenho.[6]

Como salientei no Capítulo 3, nossa natureza humana nos inclina a postergar nossas decisões sobre pessoas. Mesmo quando as coisas estão indo mal, nos movemos a passos lentos. E, de maneira perversa, tornamo-nos especialmente avessos ao risco quando as coisas estão indo bem *(em time que está ganhando não se mexe)*. O resultado de tudo isso é que em tempos bons e igualmente em tempos ruins tendemos a postergar importantes decisões sobre pessoas e a tomá-las quando já é tarde demais.

Mas isso simplesmente não é o bastante. Dado que o mundo ao nosso redor caminha a passos cada vez mais largos, não podemos continuar a passos lentos ou deixarmos de nos mover por completo. Temos de ser *proativos*. "Os líderes aprimoram inexoravelmente sua equipe", observa Jack Welch, "usando todo confronto como oportunidade de avaliar, orientar e construir a autoconfiança".[7]

Os dirigentes ineptos não apenas desempenham mal o seu próprio trabalho; do mesmo modo, destroem o desempenho (e o potencial) das pessoas ao seu redor. Em seu recente livro sobre o que os próprios autores chamam de "gestão baseada em evidências", Jeffrey Pfeffer e Robert Sutton examinaram os resultados de pesquisas sobre o clima organizacional nos últimos cinqüenta anos. Segundo eles, "de 60% a 75% dos funcionários, em qualquer organização — independentemente de quando ou onde o estudo foi concluído e independentemente do grupo ocupacional envolvido —, relataram que o pior e mais fatigante fator de seu trabalho é seu supervisor imediato".

"A gestão ofensiva e incompetente", continuam Pfeffer e Sutton, "a cada ano ocasiona uma perda de produtividade de bilhões de dólares". E estudos após estudos, concluem eles, "demonstram que os líderes ruins destroem a saúde, a felicidade, a lealdade e a produtividade de seus subordinados".[8]

Repetindo, o enfoque deste capítulo é a *identificação e busca* do problema. Dada a nossa tendência em tudo humana de postergar, como adquirimos uma predisposição a agir — a arrancar da raiz nossos problemas e a agir em relação a eles? Acredito que o primeiro passo seja ter consciência das e estar continuamente vigilante e atento às situações que tendem a preconizar mudanças de maneira mais persistente ou mais intensa.

Atos de Deus, atos humanos

Às vezes, a necessidade de "barganhar cavalos"* é desencadeada por um evento drástico ou mesmo horrível.

Sempre me lembrarei do dia em que o jato particular de José Estenssoro estraçalhou nos Andes, em maio de 1995. À época de sua morte, Estenssoro era altamente respeitado na comunidade empresarial internacional, sobretudo pela notável reestruturação e privatização da YPF, a maior companhia argentina de petróleo e gás. Com seu estilo

---

* Essa expressão provém da frase "Don't change horses in midstream", popularizada por Abraham Lincoln em seu discurso de 1863 ("Não mude de cavalo em meio à correnteza"), que significa: não altere métodos ou escolha novos líderes em um momento crítico, não tente barganhar, regatear, trocar favores no meio de um projeto ou atividade ou mudar de líder ou posição no meio do caminho. (N. da T.)

singular de liderança, havia conseguido realizar uma extraordinária virada inicial (que incluía o corte de 90% do quadro de pessoal), à qual se seguiu uma bem-sucedida expansão internacional. A notabilidade dessa história na verdade foi tal que a *Harvard Business School* produziu uma série de cinco casos de transformação da YPF — de sua revitalização na Argentina à aquisição e transformação radical e bem-sucedida de uma problemática companhia de petróleo americana —, na trilha da empresa para se tornar internacional.[9]

Justamente no auge de todo esse sucesso, o avião de Estenssoro caiu. A companhia jamais conseguiu retomar o ímpeto e no final de tudo a Repsol, maior companhia de petróleo da Espanha, tomou seu controle acionário. O estrago não se restringiu apenas à YPF: a maioria dos analistas acredita que essa falta de liderança na YPF após a morte de Estenssoro provocou uma queda significativa na exploração de petróleo e uma conseqüente incapacidade de sondar outras reservas de petróleo e gás na Argentina.

Por definição, não podemos deter, ou mesmo prever, os "atos de Deus" ou casos fortuitos. O melhor que é possível fazer é compreender que esses acontecimentos, se e quando nos atingem, podem provocar um impacto devastador em nossa organização. Será que nossa empresa tem um sólido plano de sucessão em vigor? Será que no mínimo temos um candidato consensual para intervir e assumir as rédeas em caso de grandes atropelos? Retornarei a esses assuntos em capítulos posteriores.

Porém, os casos fortuitos ou atos de Deus são uma rara exceção. No mundo dos negócios, assim como em grande parte da vida, o que devemos temer são os atos das *pessoas*. Portanto, quais são as situações geradas pelo homem propensas a preconizar mudanças de pessoas e quais podemos antecipar com sucesso e combater promissoramente?

Algumas situações, em especial aquelas que se originam fora da empresa, são bastante óbvias. Para reagir a *macroinfluências*, como a globalização e a rápida evolução tecnológica, a freqüência com que é necessário mudar pessoas é crescente. Em seu artigo publicado em 2006, "The Thoughest Jobs in Business" [Os trabalhos mais difíceis no mundo dos negócios], a *Fortune* ressaltou que, embora as dores de cabeça administrativas do passado fossem na maioria das vezes provocadas por desafios como adquirir produtos ou serviços de fornecedores externos, fabricar e comercializar mercadorias em uma economia baseada na produção, as dores de cabeça atuais são provocadas por modelos de negócios que se modificam continuamente em uma economia baseada na informação. No passado, precisávamos de um gigantesco poder de mercado em empresas de mercadorias primárias; hoje, temos de lutar com um poder significativamente maior de clientes e investidores em todas as empresas. No passado, ressaltou a *Fortune*, tínhamos de saber como negociar com os sindicatos; hoje, a questão primordial é atrair e reter os melhores talentos.[10]

Em que lugar a liderança de sua empresa — incluindo a diretoria — se encaixa nesse cenário? Será que são proativas e estão se preparando para o futuro ou será que são retroativas e estão olhando para trás?

Além disso, as mudanças de pessoas em geral têm de ser realizadas em reação a *influências setoriais*. Algumas dessas influências estão subentendidas nas macromudanças descritas antes. Por exemplo, mudanças tecnológicas dentro de seu setor. Contudo, elas podem também ser vistas do ponto de vista de oportunidade contábil do setor. Um estudo de Wasserman, Nohria e Anand que tentou avaliar o impacto da liderança sobre a o valor da empresa concentrou-se igualmente nas circunstâncias sob as quais a liderança é mais significativa.[11] Eles concluíram que o impacto da alta liderança sobre o valor da empresa é bem superior quando (1) a organização tem recursos em abundância (incluindo baixa alavancagem financeira e alta deficiência organizacional) e (2) as oportunidades setoriais são escassas. Se sua empresa se encaixa nessas duas situações, a vantagem latente de tomar decisões adequadas sobre pessoas, incluindo mudança de pessoas, provavelmente será bem grande.

Em conclusão, as mudanças de pessoas devem ser feitas em resposta a *descontinuidades*. Nessa categoria incluo fatores como o lançamento de novos negócios, a realização de fusões e aquisições, o desenvolvimento e implementação de novas estratégias e a forma de lidar com problemas de desempenho e com o crescimento e sucesso.

Vejamos cada uma dessas cinco situações de descontinuidade, voltando parte de nossa atenção à necessidade de mudança de pessoas que elas podem apresentar.

Abertura de novas empresas

Em regra, as empresas ou crescem ou morrem, e um dos caminhos mais críticos do crescimento para a maioria das empresas é a criação de novas empresas. Porém, como indicam claramente as pesquisas do CCL, o índice de insucesso dos executivos em situações de novos empreendimentos é muito alto tanto no caso de promoções internas quanto no de contratações externas.

Mesmo as organizações com as melhores habilidades de liderança e desenvolvimento tendem a optar por contratar pessoas externas ao criar novas empresas. Quando a GE Medical Systems passou a atuar na área de ultra-som, por exemplo, a empresa optou por contratar um candidato vice-líder de um concorrente importante no mercado. Por quê? Porque, como Jack Welch veio a me explicar mais tarde, esse indivíduo "criou um empreendimento de um bilhão de dólares do nada no prazo de dez anos, embora ao menos três vezes tivéssemos fracassado nessa área".[12]

Conhecer o setor é extremamente importante. Uma análise sobre os "diplomados" da GE que foram contratados como CEO em outras empresas confirma o fato de que esses indivíduos eram bem mais competentes quando já haviam dirigido uma empresa em um setor semelhante. Portanto, o conhecimento técnico, normativo, sobre clientes ou sobre fornecedores exclusivamente de um setor é um ativo inestimável para o desempenho e um ativo especialmente valioso quando da criação de novas empresas.[13] Se não tiver esse talento dentro da empresa, terá de buscar fora.

Entretanto, nem *sempre* é uma excelente idéia recrutar profissionais de fora ao criar uma nova empresa, mesmo quando não existir dentro de suas empresas já estabelecidas todo o conhecimento desejado sobre o setor. Por quê? Porque, para criar promissoramente uma nova empresa, a equipe executiva precisa ter capacidade para lidar de modo eficaz com questões políticas, sociais e culturais dentro da empresa controladora, e essa é uma tarefa na qual (apenas) os candidatos internos tendem a se sobressair. Em resumo, quando a criação de um novo empreendimento preconiza uma mudança de pessoas, ambos os tipos de candidato — interno e externo — devem ser levados em conta apropriadamente.

Um erro freqüente cometido pelas empresas com respeito a decisões sobre pessoas, no contexto de novos empreendimentos, é colocar no comando alguém com pouca competência ou tempo de serviço. Isso, consciente ou inconscientemente, é um indício do pequeno porte inicial do empreendimento, mas pode ser uma profecia auto-realizável. A questão, como indicou Jack Welch na mesma conversa mencionada anteriormente, deve ser *colocar as pessoas mais competentes onde se encontram as maiores possibilidades*.

Tomar decisões acertadas sobre pessoas ao criar novas empresas é essencialmente importante, não apenas por causa dos significativos desafios e do baixo índice de sucesso das empresas iniciantes, mas também por causa da falta de familiaridade com o novo setor da empresa que está à frente. Dentre outros desafios, monitorar o desempenho normalmente é mais difícil em um contexto desconhecido, e as luzes de advertência talvez só comecem a piscar quando já é tarde demais.

Realizando fusões e aquisições

Cinco anos depois de entrar na Egon Zehnder International, me vi diante de um mercado que estava praticamente *explodindo* com uma demanda sem precedentes por habilidades administrativas.

O cenário era a Argentina no início da década de 1990, quando um novo governo incitava uma onda de privatizações de empresas estatais em setores majoritários, como o das telecomunicações, geração e abastecimento de eletricidade, abastecimento de água, petróleo e gás, companhias aéreas e diversos outros. Em conjunto, esses setores abrangiam grande porcentagem do produto nacional bruto e do emprego doméstico do país.

Os líderes dessas empresas nesses setores estavam enfrentando o enorme desafio de se ajustarem ao mesmo tempo às novas demandas de um mercado desregulamentado, a uma concorrência crescente e a objetivos fundamentalmente diferentes entre os acionistas. Desde o princípio, estava claro que alcançar um nível bem mais alto de produtividade e eficácia nesses setores seria decisivamente importante.

Contudo, não seria fácil. Algumas das empresas estavam inacreditavelmente infestadas de ineficácia, a começar (mas não acaba aí!)

pelos funcionários-fantasmas. (Em mais de um caso, 10% da folha de pagamentos simplesmente desaparecia quando se realizava a verificação de identidade.) A maioria dessas empresas não dispunha da infraestrutura de telecomunicações necessária e tampouco dos dados que seriam essenciais para alimentar a empresa assim que todos os cabos de fibra óptica, roteadores e servidores finalmente estivessem funcionando. Já mencionei o caso da YPF, a companhia de petróleo e gás que José Estenssoro ajudou a transformar. Em conseqüência das iniciativas de Estenssoro e de outros, que inclui uma reestruturação de peso, desmembramentos *(spinoffs)* e algumas aquisições, a produtividade na YPF *decuplicou*.

Um passo fundamental para associar e transformar essas empresas foi determinar as habilidades essenciais ao sucesso do novo empreendimento, identificando os diretores existentes em relação aos quais era possível supor, com certa razoabilidade, que fossem aperfeiçoá-las e, outrossim, determinando em comum acordo quais cargos poderiam ser preenchidos apenas por recrutamento externo.

Igualmente importante, e talvez até mais problemático, foi o desafio inerente às fusões de lidar com o fato de haver "duas pessoas para a mesma posição hierárquica". (Por exemplo, quando duas empresas se fundem, a entidade decorrente precisa de um único diretor financeiro.) Felizmente, os acionistas dessas empresas mais do que depressa reconheceram a vantagem de uma avaliação especializada e independente para decidir quem deveria ser mantido, aperfeiçoado e substituído.

Isso me deu oportunidade de participar de inúmeros projetos de avaliação de gestão no contexto de fusões e aquisições. Com base nessas e experiências subseqüentes, aprendi que as fusões e aquisições quase sempre desencadeiam um grande número de decisões sobre pessoas — e com demasiada freqüência deflagram a malversação corporativa. Um estudo de caso publicado pela *Harvard Business Review* captou a essência desses desafios,[14] falando sobre uma fusão hipotética entre duas empresas farmacêuticas, que provocou uma previsível ansiedade entre ambos os grupos de funcionários, até e inclusive no alto escalão. O CEO da empresa incorporada teve de decidir quem permaneceria e quem seria afastado — tendo como pano de fundo um preço de ação declinante e a emigração de seus executivos mais talentosos.

Em casos como esse, é particularmente importante evitar politicagens e favoritismos. Porém, é igualmente importante evitar o fenômeno da "barganha de cavalos": *"Vou escolher um candidato menos qualificado desse grupo porque já escolhi um ótimo candidato daquele grupo"*. Todos eles são caminhos fadados a péssimas decisões sobre pessoas.

Ainda que correndo o risco de dar a entender que estou promovendo os interesses de meu próprio setor, eis uma situação em que uma avaliação objetiva, especializada e independente dos principais diretores pode se provar inestimável, em especial quando é necessário decidir quem permanece e quem sai.

Um dos primeiros casos desse tipo, do qual participei, foi a privatização de uma grande empresa de serviços de utilidade pública. Cumprir as metas de investimento e atendimento em um curtíssimo espaço de tempo era um desafio extremamente difícil. Ao mesmo tempo, a organização, além de não estar nem um pouco direcionada aos resultados financeiros, estava completamente dividida do ponto de vista interno por ter uma equipe diretiva poliglota, que representava os diferentes sócios da *joint venture* premiada com a privatização: os diretores locais da empresa estatal, outros diretores de um novo acionista local e diretores estrangeiros de duas nacionalidades distintas.

O desafio da direção foi substancialmente ampliado pelo jogo político dos diversos acionistas, que defendiam seus próprios representantes e, ao mesmo tempo, barganhavam os principais cargos diretivos. Por causa de todas essas dificuldades, os proprietários da empresa decidiram conduzir uma avaliação objetiva e independente da equipe da alta direção com o objetivo de asseverar as principais decisões concernentes às pessoas. Apresento na Figura 4.1 uma síntese dos resultados dessa avaliação.

O CEO decidiu agir sobre essas avaliações em um momento crítico, quando cerca de 50% dos cargos mais cruciais já haviam sido ocupados por diretores altamente suspeitos — tanto com relação à competência geral quanto em relação à experiência que poderia ser relevante ao cargo. Obviamente, essa reestruturação corporativa não foi nada fácil. Contudo, em virtude da predisposição desse CEO a fazer das tripas coração e resolver as dificuldades a curto prazo, a empresa conseguiu rapidamente níveis notáveis de crescimento e lucratividade. Na verdade, por vários anos superou em desempenho sua grande rival no mesmo mercado, que não enfrentava nenhuma das complexidades de uma *joint venture* com dois empresários técnicos e diversos sócios representando três diferentes nacionalidades.

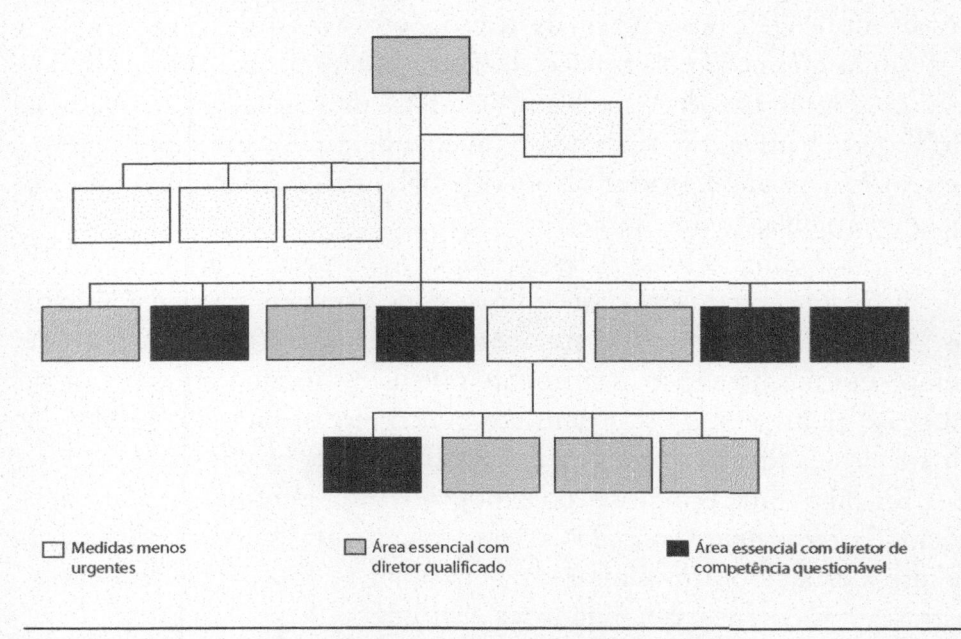

☐ Medidas menos urgentes   ▨ Área essencial com diretor qualificado   ■ Área essencial com diretor de competência questionável

Figura 4.1 Medidas de curto prazo em relação a altos cargos.

Desenvolvendo e implementando novas estratégias

De acordo com toda e qualquer avaliação significativa, o ritmo e o escopo das mudanças nas organizações têm aumentado enormemente ao longo de várias décadas. Já falei sobre o impacto das poderosas influências econômicas globais e tecnológicas que impelem as empresas a reduzir custos, mudar processos empresariais, melhorar a qualidade dos produtos e serviços, identificar novas oportunidades de crescimento e aumentar a produtividade. Com muita freqüência, o escopo da mudança estende-se até mesmo à estratégia corporativa essencial.

Um livro recém-publicado, *Breaking the Code of Change (Quebrando o Código da Mudança)*, apresenta uma avaliação crítica bastante abrangente da mudança nas organizações humanas, que engloba questões como finalidade, liderança, enfoque e implementação. Esse livro conta com um capítulo redigido por Jay A. Conger, que defende convincentemente que — dependendo da magnitude da mudança e dos riscos e investimentos envolvidos — os altos executivos são os indivíduos mais bem posicionados para conduzir promissoras iniciativas de mudança organizacional.[15]

Isso pode parecer um tanto óbvio. Porém, pouco tempo depois de ter iniciado minha experiência na busca de executivos, comecei a me concentrar na extensão lógica da seguinte premissa: *estratégias diferentes exigem diretores diferentes*. O mito prevalecente do "dirigente universal" que pode dirigir qualquer coisa, sob quaisquer circunstâncias, justamente não passava disto: de um mito. Quando mudamos estratégias, na maioria das vezes temos de "barganhar cavalos".

Um dos primeiros clientes com os quais trabalhei foi um importante conglomerado que tinha em sua pasta todos os tipos de empresa. No escalão médio-alto desse empreendimento vasto e disperso havia um jovem diretor, extraordinário, que havia acabado de realizar uma transformação radical, em uma circunstância em que o sucesso parecia quase impossível — a ponto de vários executivos qualificados e preparados terem se recusado a assumir o cargo.

Os detalhes são relevantes para nossa história. Esse destacado diretor havia assumido o controle de uma empresa que registrava perdas acima de 30% de suas vendas, encontrava-se em uma posição financeira altamente alavancada e na qual — em virtude da influência de um sindicato extremamente poderoso — as demissões pareciam impossíveis. A despeito desses obstáculos um tanto quanto reais, nosso jovem astro foi capaz de cortar drasticamente as despesas e ainda assim manter um índice crescente de vendas e restaurar a lucratividade da empresa. No final, contrariamente a todas as expectativas, foi capaz de vender a empresa com lucro, ainda que modesto.

Até aí, tudo bem; entretanto, tendo em vista o sucesso por ele alcançado, foi indicado para dirigir umas das estrelas do conglomerado: uma empresa de bens de consumo altamente competitiva em um mercado de rápido crescimento. Um ano após essa gloriosa nomeação, ele foi demitido; seu desempenho estava tão ruim que de herói caiu para o posto de bode expiatório. O que ocorreu? É provável que você saiba a resposta. Seu estilo de liderança implacável e de punho de ferro — excelente para cortar custos e obter produtividade em um mercado demasiadamente restrito — não se encaixou no novo contexto, que exigia habilidades para análise competitiva e capacidade de prestar atenção e reagir rapidamente a seu novo mercado. Em outras palavras, esse novo contexto exigia um estilo de liderança em tudo diferente.

Em 1983, a *Sloan Management Review*, do MIT, publicou um artigo interessante de Marc Gerstein e Heather Reisman, intitulado "Strategic Selection: Matching Executives to Business Conditions" [Seleção estratégica: compatibilizando os executivos às condições empresariais].[16] Os autores sintetizaram sete situações estratégicas comuns (empresas recém-estabelecidas, recuperação, crescimento dinâmico em empresas existentes, novas aquisições etc.), descreveram os requisitos de liderança para as sete e esboçaram um perfil de "candidato ideal" para cada uma delas.

Eles defenderam (por exemplo) que uma empresa recém-estabelecida requer um líder com uma nítida visão da empresa, conhecimentos técnicos e de marketing primordiais e capacidade para formar uma equipe diretiva. Em contraposição, a liquidação ou venda/alienação de uma empresa que apresenta péssimo desempenho requer habilidades completamente diferentes, como cortar custos, fazer redimensionamentos (*retrenchments*) sem desmoralizar o pessoal remanescente e assim por diante. Do mesmo modo, cada uma dessas situações exige um perfil de liderança diferente.

Mas não é só isso: para implementar promissoramente uma estratégia, não é apenas necessário escolher os líderes certos. Eles precisam estar alinhados nos diferentes níveis hierárquicos da organização. Um grupo de pesquisadores na Califórnia conduziu um estudo bastante abrangente acerca da implementação de uma iniciativa estratégica em um grande sistema de saúde americano e concluiu que *alinhar os líderes em todos os níveis* era essencialmente importante. O que isso significa exatamente? Esses pesquisadores concluíram que o desempenho do departamento médico, por exemplo, na verdade não era primordialmente impulsionado pela eficácia do CEO, do diretor do centro médico ou dos chefes departamentais. Ao contrário, ele decorria de uma *liderança eficaz em vários níveis*. Quando a liderança foi aprimorada individualmente em todos esses níveis, o desempenho global da organização melhorou de modo significativo.[17]

Tendo em vista as finalidades desse debate, a lição é que, em uma organização complexa, uma mudança de estratégia deve se propagar em diversos níveis. Devemos não apenas contemplar mudanças nos mais altos níveis de liderança, mas também voltar nosso olhar para mudanças em outros pontos da organização.

Uma segunda lição, até certo ponto paradoxal, é que *todas as situações são únicas*. Embora eu seja a favor de tomar decisões sobre pessoas com base na situação estratégica, *não* endosso a aplicação rígida de um modelo de combinação ou de compatibilização genérico entre estratégia e dirigente. O que talvez pareça uma combinação sensata pode ser, na realidade, contraproducente ou, do ponto de vista financeiro, não tão vantajoso quanto se espera. Por exemplo, embora a princípio faça sentido correlacionar um dirigente na fase "interina" de sua carreira com um produto que esteja na fase final de seu ciclo de vida útil, na verdade talvez seja mais lógico colocar um diretor jovem, agressivo e ambicioso nessa vaga — um tipo de líder que possa dar novo ânimo a esse produto em decadência. A estratégia é decisivamente importante, mas sem estratégia o que faz sentido é o *contexto*.

Há outra maneira interessante de cruzar estratégia e alocação de pessoal. Neal Schmitt, Walter C. Borman e diversos co-autores examinaram um modelo de contratação no qual as decisões de contratação não estão mais confinadas à implementação da estratégia, mas se estendem ao *desenvolvimento* da estratégia.[18] Em outras palavras, algumas organizações selecionam indivíduos proeminentes, com conjuntos de habilidades fundamentais e uma visão abrangente, a fim de definir uma nova direção para a empresa e até mesmo e inclusive uma estratégia corporativa inteiramente diferente. Isso me faz lembrar do livro *Good to Great*, de Jim Collins, no qual ele enunciou seu princípio "Primeiro quem... Depois, o quê": "*Primeiro* eles embarcam no ônibus as pessoas certas, desembarcam as pessoas erradas e dispõem as pessoas certas nas poltronas certas — e *em seguida* calculam para onde devem conduzir o ônibus".[19]

Nos capítulos subseqüentes, retornaremos aos desafios com respeito a quem deve ganhar um lugar no ônibus e quem deve desembarcar. Por enquanto, minha intenção é simplesmente assinalar que as mudanças de estratégia, e nisso se incluem as mudanças prospectivas, normalmente desencadeiam mudanças de pessoal.

Lidando com problemas de desempenho

Em pelo menos quatro dentre cinco situações nas quais os clientes me pediram para ajudá-los a encontrar um novo gestor, o argumento persuasivo a favor de uma mudança foi algum tipo de problema de desempenho ou de relacionamento. Naturalmente, os problemas de relacionamento estão sempre conosco. (As pessoas sempre enfrentam desafios interpessoais.) Entretanto, minha experiência me diz que os problemas de desempenho estão se tornando um motivo bem mais freqüente para as mudanças de pessoal — particularmente em empresas públicas, onde os altos executivos defrontam-se com pressões cada vez maiores (como descrito antes) e o escrutínio crescente de analistas e da mídia.

Pesquisas recentes analisaram em detalhe como o desempenho dos CEOs afeta sua rotatividade. Uma primeira constatação é que o Conselho, ao tomar decisões sobre substituição de CEOs, geralmente se concentra no desvio do desempenho *esperado*, mais do que no desempenho em si. Portanto, se falhar em "fazer seus números", é mais provável que seja demitido do que se produzir resultados limitados que estejam em linha com as expectativas (limitadas) do Conselho. Isso é particularmente verdadeiro quando existe um bando de analistas acompanhando sua empresa.

Por isso, o método atual é promover uma mudança quando o desempenho está baixo em comparação com as expectativas. Em circunstâncias desse tipo, há também uma grande tendência a contratar uma pessoa de fora, em vez de promover uma pessoa interna. Um estudo propõe que as diretorias são mais propensas a nomear uma pessoa de fora quando (1) o crescimento previsto do lucro por ação para o período de cinco anos é baixo e (2) existe uma incerteza maior entre os analistas a respeito da previsão de longo prazo da empresa.[20] Porém, será que essa prática comum é de fato um *bom* método?

A melhor resposta imediata é que essa é uma reação inteligente ao desempenho ruim *em média*, e com isso pretendo enfatizar a constatação de que, em diversos casos, essa estratégia pode dar muito errado. A melhor análise desse tópico foi conduzida por Rakesh Khurana e Nitin Nohria, ambos de Harvard.[21] O estudo desses autores confirma que, em casos em que o predecessor tenha sido demitido, normalmente em decorrência do fraco desempenho da empresa, contratar uma pessoa de fora tende a elevar o desempenho da empresa de uma maneira bastante significativa. (Em todas essas situações, naturalmente, a mensuração de desempenho aplicável é o desempenho ajustado para o setor.) No entanto, o caso de uma sucessão "natural" (quando o CEO que está de partida não foi demitido e o desempenho da empresa é sólido), a melhor estratégia tende a ser escolher uma pessoa interna.

A conclusão é que você precisa estar aberto à mudança administrativa quando a empresa estiver enfrentando problemas de desempenho. Deve estar aberto à possibilidade de contratar uma pessoa de fora. Contudo, deve também se lembrar de que essas conclusões são empíricas, são regras práticas, e de que aquilo que pode funcionar *como regra* talvez seja o pior remédio para a sua situação específica.

Fique de olho no desafio *real* e na solução real. O que de fato conta para os problemas de desempenho de curto prazo de sua empresa? Você está à deriva e precisa de uma mão mais forte no leme? Ou será que os dirigentes de sua empresa administraram um remédio que, embora aflitivo a curto prazo, é exatamente o que é necessário em um prazo mais extenso? Será que as coisas precisam piorar temporariamente para só então conseguirem melhorar? Tenha em mente a armadilha a que os psicólogos chamam de "erro fundamental de atribuição": quando os indivíduos percebem uma conseqüência, são mais propensos a atribuí-la à pessoa envolvida, e não a circunstâncias externas. No mesmo sentido, pesquisas recentes mostram, em muitos casos, que os acionistas e analistas atribuem erroneamente o fraco desempenho aos CEOs, e não ao culpado real: circunstâncias externas que fugiam ao controle de qualquer indivíduo.

Por acaso está sentindo seu carro sacolejar? Bem, será que o problema é o carro? Se sim, compre um novo. Seria a estrada? Se sim, não se desfaça do carro. Considere um leque maior de opções.

Lidando com o crescimento e o sucesso

Às vezes, as pessoas ficam surpresas ao ver essa situação relacionada em minha lista de motivos que justificam a necessidade de mudanças de pessoal. Todavia, nem todo mundo consegue lidar bem com o sucesso.

Recentemente fui convidado a fazer uma palestra em um encontro de empresas de capital de risco sobre como desenvolver uma empresa de sucesso. Na época, esse grupo estava investindo principalmente em empresas de biotecnologia na Europa e nos Estados Unidos. Eu lhes dei uma interpretação que não necessariamente queriam ouvir. Nesse setor, disse-lhes, em geral acreditamos que as empresas prósperas mais dia menos dia têm de se livrar de seu (brilhante) fundador — não apenas para manter o sucesso delas, mas também para sobreviver! Por que isso ocorre? Porque os cientistas, em regra, depositam demasiada fé na magia da ciência e pouquíssima fé na arte da gerência. O veículo responsável pelo sucesso dessas empresas até esta data — a brilhante ciência — não consegue conduzi-las mais além disso. É chegado o momento de uma mudança.

Em linhas mais gerais, esse fato diz respeito não somente a empresas de biotecnologia, mas a qualquer situação em que uma pessoa técnica tenha desempenhado um importante papel no desenvolvimento inicial de uma empresa. Com o tempo, o nível de complexidade aumenta tanto que simplesmente é necessário mudar de forma significativa as habilidades gerenciais essenciais. Noam Wasserman, de Harvard, que investigou a história de mais de duzentas empresas na Internet, descreveu um fato bastante comum: persuadir um fundador a afastar-se da comitiva executiva exatamente no momento em que está no auge do sucesso.[22] O desenvolvimento do produto está concluído? Talvez seja o momento de uma mudança. Será que asseguramos um significativo financiamento de investidores externos? Talvez seja o momento de uma mudança.

Se o consenso for de que a mudança é essencial, cuide para que seja um corte radical, rápido e definitivo. As sucessões involuntárias que envolvem muitos compromissos cujo objetivo é salvar as aparências (por exemplo, conceder ao fundador controle efetivo sobre a diretoria) não deixam muito espaço para o CEO que está entrando dirigir a empresa. É por isso que, quando os capitalistas de risco se envolvem em graves eventos de financiamento, normalmente vemos pressões por mudanças substanciais na gerência, incluindo não apenas responsabilidade, mas *autoridade*. Se estiver contratando um samurai, não tire sua espada!

Prevendo desafios futuros

Todos os exemplos mencionados anteriormente envolvem descontinuidades significativas. Estas tendem a ser mais ou menos óbvias a observadores astutos. (A questão não é saber se precisamos agir — conseguimos ver o *desafio!* — , mas, ao contrário, é saber *como* agir.) Uma situação bem mais desafiadora é aquela em que nenhuma descontinuidade é evidente, mas provavelmente ainda existe a necessidade de mudança. Talvez a empresa necessite prever e lidar com um desafio totalmente novo — uma ameaça ou oportunidade avultante.

Os líderes de uma empresa (ou qualquer organização humana, por sinal) de fato têm duas funções. Por um lado, precisam administrar o presente. Por outro, precisam prever o futuro. Conduzir uma próspera empresa no presente exige uma estratégia clara e a habilidosa implementação dessa estratégia. Todavia, investigar o futuro e mudar uma empresa exige diferentes recursos e habilidades. Um livro recente de George Day e Paul Schoemaker aborda esse desafio.[23] Eles defendem que a maioria dos executivos de alto nível nos Estados Unidos e na Europa tem apenas um limitado potencial de "visão periférica", o que eles definem como a habilidade de reconhecer e agir a sinais fracos* na periferia antes que seja tarde demais. Porém, quanto mais complexo e inconstante o contexto empresarial, defendem eles, maior a necessidade desse tipo de visão. Eles ressaltam que nos olhos humanos 95% das células retinais dedicam-se à visão periférica, ao passo que apenas 5% dedicam-se à visão focal (convencional, para a frente).

---

* O termo *weak signals* (sinais fracos) é proposto por Igor Ansof, que defende que a empresa deve prestar atenção ao ambiente competitivo para prever oportunidades e ameaças. A empresa deve realizar uma vigília estratégica. (N. da T.)

Pense na proporção em relação à natureza e, em seguida, em sua própria organização. Que porcentagem de "sua capacidade de visão" está focalizada no amanhã, comparativamente ao presente? Se a resposta for "uma porcentagem não satisfatória", talvez seja o momento de uma mudança de pessoal.

Poucos anos atrás, um fundo de *Private Equity* que havia investido em uma importante cadeia varejista, em um mercado emergente, nos procurou para discutir sua situação. Quando foi realizado o investimento original, essa empresa estava à beira da falência, em virtude de um colapso econômico no país (fator externo) e uma dose quase letal de gestão incompetente (fator interno). Um novo CEO foi contratado nesse momento crítico e uma recuperação dos gastos com consumo no país inteiro trouxe a empresa de volta a seu ponto de equilíbrio em menos de um ano. Todos os objetivos operacionais foram alcançados e a empresa foi então capaz de reestruturar sua dívida eficazmente.

Mas o fundo de *Private Equity* não estava nada contente em deitar sobre os louros da vitória. Em vez disso, decidiu avaliar a liderança da empresa em comparação com os desafios *futuros*. Ao fazer isso, descobriu mais que depressa que, ao tentar erguer a empresa para um patamar além da mera sobrevivência, foi necessário um nível mais alto de direcionamento estratégico no alto escalão, não apenas para desenvolver novas categorias de produtos e segmentos de mercado, mas também para implementar novas alianças. Em outras palavras, terminada a difícil e bem-sucedida virada inicial, detectou-se a necessidade de um perfil de liderança completamente distinto. Um bombeiro não é necessariamente um construtor.

Felizmente, a imagem pública amplamente aprimorada da empresa lhe permitiu atrair um candidato de maior calibre para essa função redefinida de liderança e fortaleceu de modo significativo sua equipe executiva. Desde essa época, a empresa tem conseguido um nível de crescimento e lucratividade bem superior às suas metas iniciais de sobrevivência.

Confrontar e abraçar novos desafios, mesmo quando as coisas estão indo relativamente bem e a organização está prosperando, exige coragem e presciência. Embora seja a circunstância mais difícil para iniciar uma mudança de pessoal, é capaz de produzir os melhores benefícios quando se toma a decisão apropriada.

O fator preponderante é que, em um mundo de rápidas mudanças, as organizações devem investigar o futuro periodicamente, identificar que cara esse futuro parece ter e decidir se os recursos humanos adequados estão disponíveis e no lugar correto para lidar com esse futuro.

De que modo identificar a posição em que se encontra?

Imaginemos que sua organização esteja enfrentando uma mudança contextual disruptiva (ambiental ou específica do setor), experimentando uma ou mais das descontinuidades mencionadas antes ou confrontando um novo desafio empresarial. O que você faz nessa situação?

A primeira prioridade é *descobrir em que posição você se encontra*. Os capítulos posteriores deste livro analisarão mais detalhadamente *o que* procurar ao tomar decisões sobre pessoas, *onde* procurar candidatos e *como* avaliar essas pessoas. Entretanto, para que possa tomar essas medidas, deve antes ter certeza de que investiu tempo e esforço suficientes para avaliar de maneira objetiva a direção executiva.

Em circunstâncias de mudança e descontinuidade, recomendações externas podem ser particularmente valiosas. (Sua organização talvez ainda não tenha se deparado com essa circunstância, mas é provável que haja pessoas lá fora — por exemplo, nas áreas de estratégia e recrutamento de executivos — que tenham visto algo semelhante.) Independentemente de escolher usar assessoria externa, precisará identificar as principais competências essenciais ao sucesso — levando em conta sua interpretação do presente e do futuro — e avaliar do modo mais objetivo possível a direção executiva, comparativamente às competências necessárias.

A primeira grande avaliação de gestão que já conduzi foi para uma empresa petroquímica. Embora até aquele momento tivesse tido grande sucesso, percebia que seu monopólio há muito existente estava sendo desafiado por um novo protagonista. Em outras palavras, macromudanças impunham uma nova situação e uma nova estratégia se fazia essencial. A Figura 4.2 mostra um diagrama de dispersão básico da alta direção dessa empresa petroquímica. Os pontos representam a posição relativa de cada alto diretor com respeito à contribuição diretiva esperada e ao potencial de crescimento.

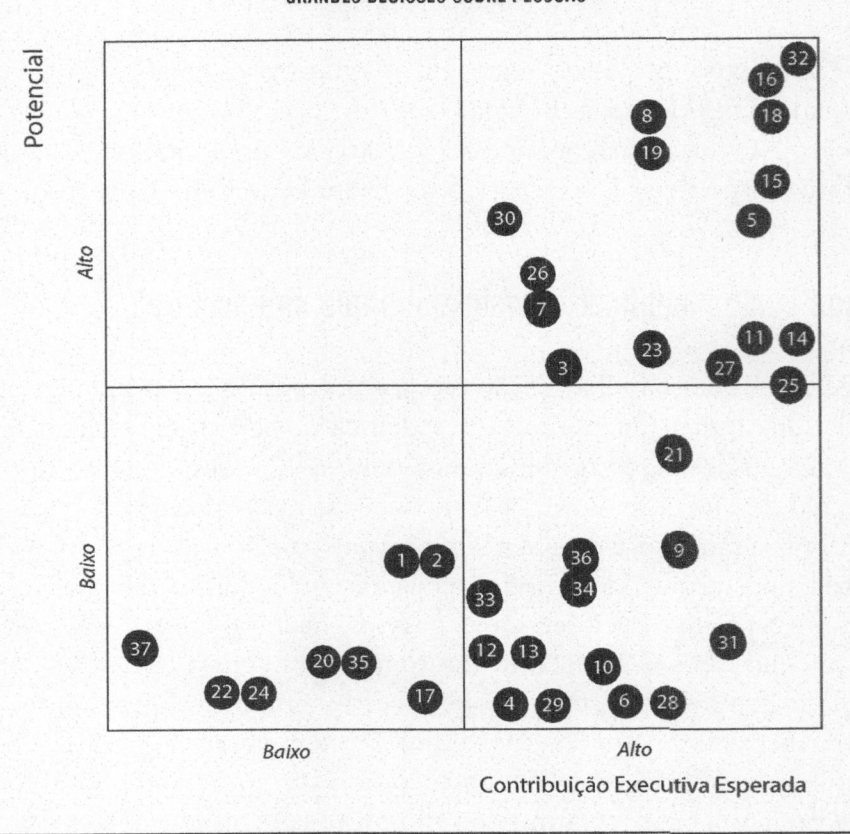

Figura 4.2 Classificação estratégica — distribuição individual.

Como você pode chegar a um panorama instantâneo desse tipo? Embora os detalhes sobre o que procurar sejam examinados no capítulo seguinte, o primeiro passo é chegar a um entendimento dentro da organização sobre os principais determinantes da contribuição executiva esperada e igualmente sobre como o "potencial" será mensurado. Só o fato de promover essa discussão dentro da organização já é saudável; isso estimula as pessoas a desenvolver uma estrutura para avaliar os executivos, o que acaba sendo algo diferente de uma avaliação puramente subjetiva. E observe como a divisão explícita das avaliações ao longo de duas dimensões distintas — contribuição executiva esperada imediata e potencial de crescimento futuro — abre um horizonte tanto no presente quanto no futuro. Somente *depois* de concluídas essas discussões é que você deve encarregar-se da fase de avaliação individual.

Nesse exemplo específico, há uma dispersão significativa tanto da competência executiva quanto do potencial de crescimento. Agrupamos os executivos classificados em quatro categorias: *recursos estratégicos, operadores sólidos, pontos de interrogação e sucessores*. Havia diversos recursos estratégicos (isto é, pessoas que se sobressaíram em ambas as dimensões), uma quantidade significativa de operadores sólidos em relação aos quais se podia contar com uma contribuição significativa nos anos subseqüentes, alguns pontos de interrogação e nenhum sucessor. A lição mais urgente que veio à tona nesse estudo foi de que a empresa tinha de batalhar com afinco para contratar e desenvolver sucessores se quisesse concretizar seus ambiciosos planos de crescimento.

Há inúmeras outras maneiras de descascar essa mesma cebola, algumas das quais podem e devem ser conduzidas simultaneamente com a análise específica de dirigentes. Examine a Figura 4.3, por exemplo, que dispõe a unidade funcional e a unidade corporativa da empresa petroquímica no mesmo crivo. Quando os líderes da empresa analisaram esse

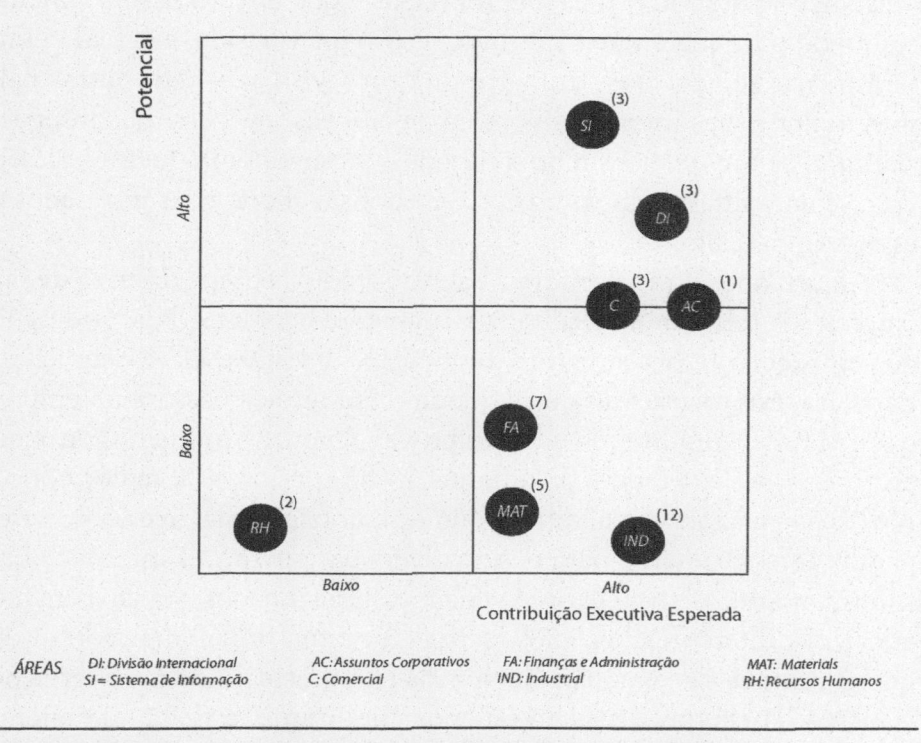

Figura 4.3 Classificação estratégica — média por área funcional.

diagrama (e os dados que ele contém), mais do que depressa concluíram que a área de recursos humanos não estava preparada para o desafio futuro. O futuro demandaria um nível de competência para contratar e desenvolver profissionais e administradores que superasse em grande medida o dos executivos. Uma mudança de pessoal se fazia necessária.

O que você deve fazer depois que identificar?

Encaremos os fatos: mesmo quando as mudanças de pessoal são justificadas, normalmente é muito difícil implementá-las. Isso é especialmente verdadeiro quando é necessário mudar pessoas que nós mesmos contratamos ou com as quais trabalhamos por longos períodos.

Repetindo, sua meta deve ser definir com antecedência seu processo de tomada de decisão, para que seja, tanto quanto possível, disciplinado e objetivo. Estou supondo, obviamente, que você não está sendo impulsionado por motivações inapropriadas e que de fato deseja o melhor resultado para sua empresa. Então, se isso for verdade, seu real desafio será tornar seu processo transparente e previsível — em outras palavras, refletir suas intenções boas e respeitáveis. As pessoas conseguem aceitar e se envolver com os resultados, mesmo com aqueles indesejáveis, se acreditarem que o processo responsável por esses resultados foi justo e imparcial.

Alguns anos atrás, participei da avaliação da equipe diretiva de uma empresa de telecomunicações extremamente bem-sucedida. A despeito de seu excelente desempenho, reputação, lucratividade e condição financeira, estava mais do que evidente para muitas pessoas na empresa que um novo conjunto de desafios provavelmente surgiria nos próximos anos. Isso incluía a desregulamentação de serviços e a maior concorrência no mercado local, ainda que esse concorrente tivesse de se expandir agressivamente para desenvolver suas operações internacionais. Internamente, a estratégia de avançar exigiria uma integração bem mais eficaz dos diferentes negócios, bem como uma transformação cultural que permitisse que a equipe de vendas enfatizasse ainda mais serviços e soluções. Por último, mas não menos importante, a gestão de talentos se tornaria essencial, tendo em vista a necessidade tanto de desenvolver novas habilidades quanto de reter seus recursos mais estratégicos em um ambiente cada vez mais desregulamentado e competitivo, em que diversos novos participantes quase que certamente tentariam atacar de surpresa o responsável pela gestão de talentos.

Prevendo uma grande resistência à mudança, decidimos com nosso cliente esboçar uma árvore de decisão retratando os possíveis resultados de um exercício de avaliação gerencial, cobrindo tudo: desde a confirmação, retenção e qualificação de novos recursos estratégicos que foram apropriadamente alocados a seu cargo atual à substituição imediata de diretores questionáveis em cargos cruciais em que havia candidatos alternativos bem-definidos e baixo custo de troca. Apenas depois de entrar em acordo sobre o processo lógico a ser seguido e de avaliar cada um dos diretores é que começaríamos a discutir os casos individuais.

A Figura 4.4 mostra a árvore de decisão que surgiu dessa análise. Para encurtar a história, esse documento (ou mais precisamente o trabalho que está por trás dele!) evidenciou onde a empresa tinha de apostar. Conseqüentemente, diversas mudanças foram implementadas e a empresa melhorou de forma significativa seu desempenho (a despeito dos novos desafios) no decorrer de alguns poucos anos subseqüentes.

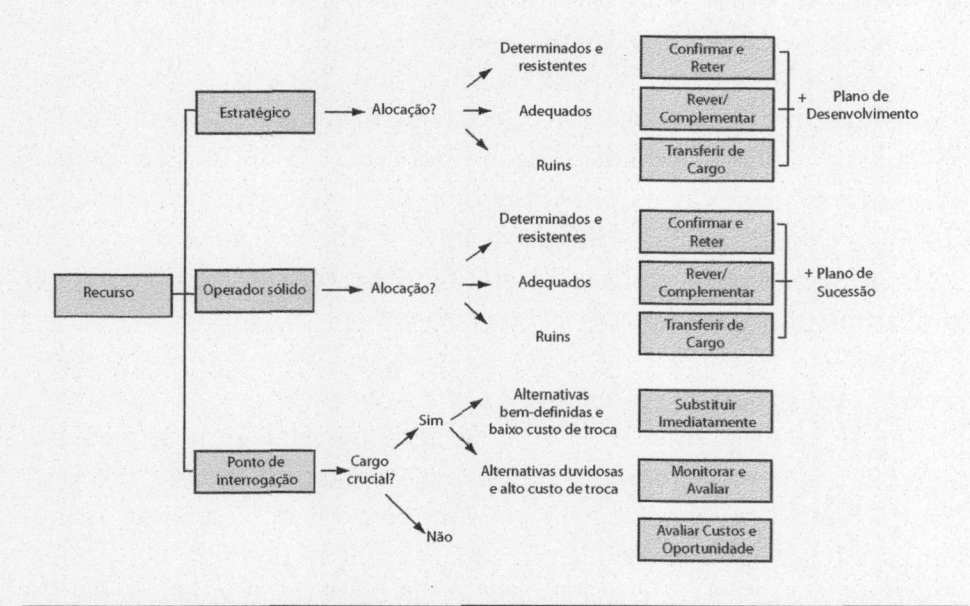

Figura 4.4 Resultados e medidas da avaliação da direção executiva.

Agentes que combatem a mudança

Suponhamos que você saiba exatamente em que posição se encontra (com base nessa percepção) e o que precisa fazer com respeito às mudanças de pessoal necessárias para fazer sua empresa avançar.

Infelizmente, isso ainda não é o bastante. Uma coisa é saber, outra totalmente diferente é *agir* com relação ao que se conhece. Já mencionei a dificuldade de implementar mudanças quando subordinados próximos ou colegas de longa data estão envolvidos na reorganização proposta. Agora, examinemos mais a fundo as forças influentes que tendem a atuar contra as mudanças. Mencionarei três delas.

A primeira é o impulso humano universal de preferir um bem-estar de curto prazo a um futuro possivelmente melhor, ainda que incerto. No próprio setor em que atuo, de serviço de assistência profissional, nosso real problema não é propor a estratégia correta. Na verdade, nosso desafio é implementar com disciplina a estratégia escolhida. Como David Maister (especialista em gestão de empresas de serviços profissionais) uma vez observou, o principal motivo pelo qual nós, seres humanos, não trabalhamos em áreas em que sabemos que precisamos nos aprimorar é que as recompensas estão no futuro, ao passo que os contratempos, o desconforto e a disciplina essenciais para chegar lá são imediatos.[24]

Com as mudanças de pessoal ocorre a mesma coisa. Você e os agentes de mudança à sua volta talvez concordem totalmente com a possibilidade de ganhos a médio e longo prazo. Porém, o curto prazo permanece incerto. É provável que o custo de procurar e contratar candidatos alternativos seja alto, sem falar dos custos emocionais praticamente certos de frustrar alguns titulares, afastar outros com sofreguidão e romper antigas relações de afeto com outras pessoas.

Nesse contexto, um refrão bastante previsível tende a entrar em cena: *A necessidade de mudança não é tão urgente. Por que agir agora?*

Um segundo problema comum diz respeito às diferenças culturais e de valores. Tendo por base minha experiência, um diretor típico de tradição anglo-saxônica é bem mais propenso a implementar as mudanças de pessoal requeridas por uma avaliação objetiva do que um diretor típico de outra tradição em que as relações pessoais tendem a sobrepujar "as regras".

Finalmente, mesmo as pessoas mais altruístas acham extremamente difícil aperfeiçoar ao máximo suas decisões em circunstâncias que pareçam rotina do dia-a-dia. Elas abrandam suas reações quando as coisas estão aparentemente tranqüilas e reagem de modo exagerado quando surge uma situação difícil. Esse fato já foi bem documentado no mundo das organizações não-governamentais e filantrópicas, em que as emergências repentinas atraem uma quantidade significativamente maior de recursos financeiros do que os males crônicos, mesmo que isso em geral gere partilhas em grande medida ineficazes dessa contribuição caritativa em dinheiro.[25]

Preservando sua honestidade

Tendo em vista essas forças influentes que atuam contra a mudança (às vezes, todas ao mesmo tempo!), é necessário fazer um esforço especial para "manter-se honesto". Em outras palavras, devemos agir de acordo com o que acreditamos ser a verdade, mesmo quando isso signifique tomar um rumo não popular.

Manter-se honesto é mais difícil em momentos de mudanças de pessoal. "Às vezes, as decisões instintivas mais difíceis", afirma Jack Welch, "consistem em escolher pessoas".[26] (Concordo, mas acrescentaria a isso "escolher as pessoas que devem permanecer" e "escolher as pessoas que devem partir".) Welch prossegue e assegura que a sinceridade, outro aspecto relacionado à honestidade, é muito difícil obter e até se choca com a natureza humana. A sinceridade é difícil? Com certeza, afirma Welch:

> Igualmente é acordar às cinco da manhã para pegar o trem das 6h10 todos os dias. Igualmente é almoçar na mesa de trabalho para não perder uma importante reunião à uma da tarde. Mas em consideração à nossa equipe e à nossa organização, fazemos muitas coisas que não são fáceis. O que é positivo em relação à sinceridade é que é um ato anormal que vale mais do que a pena.[27]

Exatamente hoje, acabo de me encontrar com Howard Stevenson, uma sumidade na área de empreendedorismo em Harvard. Em nossa reunião, pedi a ele que recorresse às suas experiências (no meio acadêmico, nas atividades profissionais e em inúmeras organizações públicas e privadas) para descrever os erros mais comuns com os quais ele já havia se deparado ao tomar decisões sobre pessoas. Ele não hesitou: "Nunca despedimos as pessoas com suficiente antecedência". Em outras palavras, em vez de agir honestamente, protelamos, dissimulamos e tergiversamos.

Despedir as pessoas o quanto antes?, provavelmente você deve estar perguntando. O que me diz do tão comentado valor da lealdade? Não seria importante reter as pessoas, oferecer-lhe estabilidade e segurança e ganhar *sua* lealdade e produtividade?

O pesquisador Frederick Reichheld apresenta uma solução para esse aparente dilema. Seu estudo de uma grande amostra de funcionários americanos propõe que os funcionários são propensos a ser mais leais apenas aos líderes e às organizações que demonstram ser altamente íntegras.[28] Em outras palavras, se você, enquanto chefe, é "leal" a um funcionário incompetente, isso o faz parecer menos honesto e, portanto, lhe causa mais perdas do que ganhos.

O próprio Howard Stevenson escreveu sobre o que ele chama de "poder da previsibilidade" em relação a ganhar a lealdade de um funcionário.[29] Ele assegura que a responsabilidade primordial de um dirigente é garantir que a organização faça o que está especificado da maneira mais eficaz possível. *Seja previsível*, recomenda ele. Seja honesto com respeito às suas promessas e cumpra-as.

O que isso significa na atividade diária relacionada à qualificação de pessoas? Significa ter regras claras e manter-se fiel a elas. Algumas empresas de serviços profissionais são excelentes nisso. Na McKinsey & Company, por exemplo, um rigoroso sistema de promoção ou demissão *(up or out)* é seguido religiosamente. Os consultores que ingressam na empresa sabem, *com certeza*, que a probabilidade de conseguirem promoções e chegar a diretor é bem pequena — seguramente inferior a 10%. À primeira vista, isso pode parecer um remédio intragável para pessoas agressivas e de alto calibre que estão acostumadas a se dar bem em praticamente tudo na vida. Por que ser contratado por uma empresa em que o índice de fracasso é de 90%? Mas na verdade a objetividade e consistência das regras da McKinsey, paralelamente à sua brilhante gestão do relacionamento que mantém com seus "ex-alunos", combinam-se para *facilitar* o recrutamento de pessoas competentes. Com respeito a pessoas, podemos ser rigorosos o bastante desde que sejamos também justos e imparciais.

Por mais de duas décadas, Jim Kouzes e Barry Posner conduziram uma pesquisa sobre os valores que as pessoas admiram em seus líderes.[30] Kouzes e Posner aplicaram seu questionário a mais de 75 mil pessoas ao redor do mundo e atualizam suas constatações continuamente. Quando pedem aos entrevistados para selecionar as qualidades que eles "mais procuram e admiram em um líder, alguém cuja orientação eles estariam dispostos a seguir", quatro características são apontadas, sistematicamente:

1. Honesto
2. Prospectivo
3. Competente
4. Inspirador

Desde 1987, a primeira vez em que os resultados desse levantamento foram publicados, essas quatro características foram as que conseguiram a melhor posição, nessa ordem. As pessoas de fato desejam que seus líderes sejam honestos. Você machucaria um ego e prejudicaria uma amizade ao tomar decisões sobre pessoas? Quase certamente. Portanto, agir com sabedoria e prontamente ao tomar decisões difíceis sobre pessoas é uma precondição tanto para o desempenho organizacional quanto para o seu sucesso pessoal.

Implementando mudanças

Para implementar mudanças apropriadamente, primeiro é necessário confirmar a decisão de que realmente substituirá um determinado executivo. Como observado antes, isso quase nunca é fácil, não somente por causa da dimensão humana e dos laços sociais, mas também por causa de nossa inclinação a negar o fracasso, o que tende a agravar nossos comprometimentos.

Esse fato já foi bem comentado em outros tipos de decisão sobre saída, como quando as empresas precisam abandonar um projeto, um negócio ou mesmo um setor inteiro. Em todos esses casos, vários executivos tentam *persistir*, a despeito dos claros sinais de que é o momento de cair fora. O periódico *McKinsey Quartely* publicou recentemente um artigo que examina maneiras de melhorar as decisões sobre saída tomadas pelas empresas.[31] O primeiro passo, de acordo com a McKinsey, é designar alguém novo para avaliar o projeto, o que sustento que é o equivalente a conduzir uma avaliação de gestão independente.

O segundo passo é usar *roteiros contingentes* que apresentem indicações para orientar os decisores com respeito às suas opções em pontos de verificação predeterminados ao longo da vida de um projeto ou negócio, o que para mim é equivalente à árvore de decisão discutida antes, uma vez que a avaliação tenha sido conduzida.

Todavia, no final, a derradeira decisão precisa ser implementada. Quando perguntaram a Jim Collins como as empresas "de boas a excelentes" decidem quem deve desembarcar do ônibus e como elas implementam essas difíceis decisões, esta foi sua resposta:

> Elas são rigorosas, e não implacáveis. Ser implacável significa abater e cortar, especialmente em tempos difíceis, ou demitir as pessoas de forma arbitrária, sem nenhuma ponderação. Ser rigoroso significa aplicar de modo sistemático critérios severos, em todos os momentos e em todos os níveis, especialmente na alta administração. Ser rigoroso, e não implacável, implica que as pessoas mais competentes não precisam se preocupar com seus cargos e podem se concentrar totalmente em seu trabalho.[32]

Rigor sem crueldade; honestidade sem brutalidade: quando nos damos conta de que é chegado o momento de uma mudança, esses lemas são excelentes. A Figura 4.5 sintetiza as principais idéias discutidas neste capítulo.

As mudanças normalmente são necessárias no caso de
- Novas empresas
- Fusões e aquisições

- Novas estratégias
- Problemas de desempenho
- Crescimento e sucesso
- Previsão de desafios futuros

Para diagnosticar a necessidade de mudança, você deve
- Avaliar a competência e o potencial das pessoas-chave.
- Delinear claramente o processo de decisão que adotará.

Assim que diagnosticar a necessidade, você deve
- Ter consciência das forças opostas à mudança.
- Preservar sua honestidade.

Figura 4.5 Quando a mudança é necessária.

■ ■ ■

O que vem a seguir? Assim que decidir mudar um executivo, você deve fazer seu dever de casa e seguir um processo sistemático para determinar exatamente *o que* deve procurar em seu novo dirigente. Esse é o tema de nosso capítulo seguinte.

CAPÍTULO 5

O que procurar

Uma vez confirmada a necessidade de uma "mudança de pessoas", um novo caminho se abre à sua frente. Seu primeiro passo nesse trajeto é descobrir *o que procurar*.

Obviamente, decidir o que se deve procurar é um passo crítico, visto que tudo o que decorre a partir daí estará fundamentalmente delimitado por essa visão inicial. Eu mesmo já participei de alguns milhares de entrevistas conduzidas por clientes da EZI e também já conversei durante horas com nossos clientes sobre o tipo de informação que levam em conta ao definir uma necessidade. Para resumir, uma das principais lições tiradas dessas várias horas de conversas é a seguinte: *Este primeiro passo tem imenso potencial, mas também está repleto de desafios prementes.*

O primeiro desafio requer que se estabeleçam os melhores indicadores de alto desempenho em um determinado trabalho — tema central deste capítulo. Para alguns possíveis empregadores, incluindo vários europeus, uma sólida formação educacional, bem como um currículo repleto de nomes de distintos ex-empregadores, são fatores extremamente importantes. Para vários norte-americanos, o *desempenho no trabalho*, no sentido de conquistas e resultados concretos, é bem mais crítico.

Algumas pessoas atribuem um peso demasiado alto às pontuações de QI, enquanto outras atentam primordialmente para a experiência. E outras mais se voltam para a "personalidade" (recorrendo a uma ou mais teorias da personalidade dentro de um vasto repertório). Alguns empregadores em potencial levam em conta as competências baseadas em inteligência emocional; outros privilegiam os valores. Alguns tentam determinar e atribuir um peso adicional ao *potencial* de um candidato, avaliando-o por meio de um ou mais testes.

Como mencionado, já observei uma enorme variedade de teorias e comportamentos. Lembro-me de um executivo que sempre perguntava aos candidatos a altos cargos executivos que tipo de animal eles gostariam de ser. (Não me lembro quais eram as respostas certas e erradas.) Um instrutor com o qual discuti certa vez sobre técnicas de entrevista compartilhou comigo sua lista de perguntas favoritas, e uma delas era "Se fosse uma verdura, qual delas seria?". (A resposta correta era "brócolis".) Um de meus colegas apresentou mais de uma dúzia de candidatos altamente qualificados a um cliente, que rejeitou todos quase de imediato, sem nenhuma explicação. Por fim, sua assessora revelou que ele *nunca* contrataria alguém que não fosse virginiano. E de fato um virginiano foi contratado para esse cargo.

Descobrir exatamente o que estamos procurando é extremamente importante, por pelo menos três motivos. Primeiro, embora cada situação seja diferente, *algumas* generalizações são possíveis sobre os melhores indicadores de desempenho em um cargo. Todavia, para tirar proveito desse conhecimento com sucesso, precisamos saber o que estamos procurando.

Segundo, enfrentamos todos os tipos de desafios quando estamos procurando candidatos, e incluindo-se o fato de não termos tempo suficiente para investigar a fundo cada um deles. De uma forma ou de outra, é necessário *priorizar* e *focar*. Quando nos focamos nos indicadores que melhor predizem o desempenho em um cargo em questão, nossas avaliações tornam-se mais precisas enquanto investimos menos tempo, tornando nosso trabalho mais eficaz e eficiente.

Terceiro, quando nos focamos nos indicadores que melhor predizem o desempenho de um candidato à vaga, evitamos todo e qualquer tipo de discriminação.

Por último, saber exatamente o que estamos procurando tem extrema importância porque, muito provavelmente, *o candidato ideal não existe*. No mundo real, teremos que optar por uma coisa em detrimento de outra. E para fazer isso com sucesso, é essencial entender quais pontos positivos são críticos e quais pontos negativos não são fatais.

As difíceis escolhas

Há alguns anos, estava trabalhando com um cliente que havia decidido mudar todos os gestores de uma grande instituição financeira. Um novo cenário, esboçado com a ajuda de uma empresa de consultoria em estratégia, havia persuadido esse cliente a mudar totalmente a estratégia financeira da instituição.

No primeiro ano, a empresa mudou todos os seis principais subordinados ao CEO. Dois anos depois, esse CEO (ao qual os seis novos indivíduos estavam subordinados) foi transferido para um cargo não executivo dentro do mesmo grupo. O plano era promover um dos seis subordinados para que sucedesse o CEO que estava se afastando. Porém, todos os seis eram executivos talentosos e ambiciosos. Como a empresa deveria escolher? *O que ela estava procurando?*

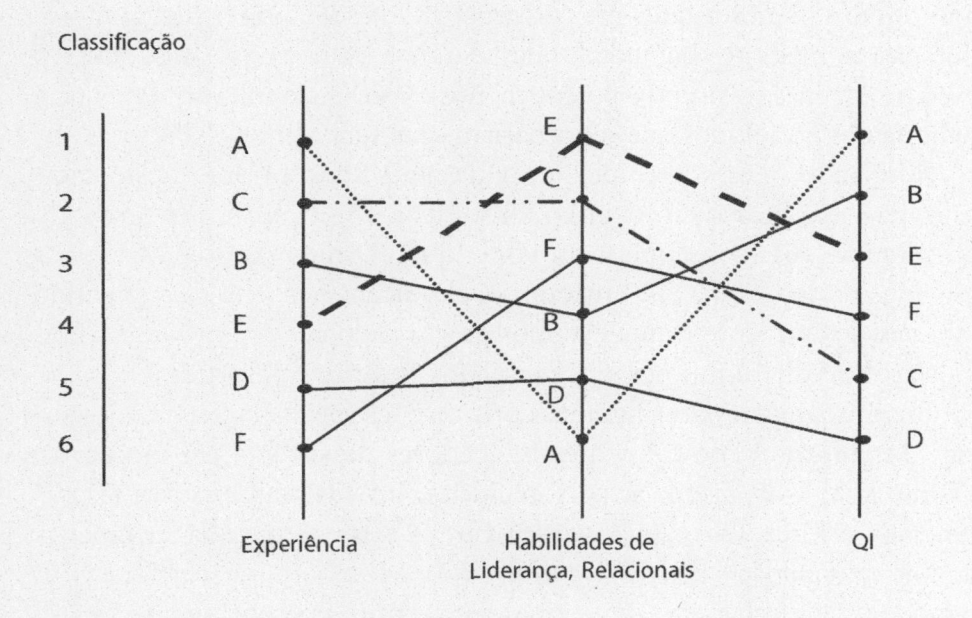

Figura 5.1 Escolhendo o sucessor do CEO, Parte I — perfil dos seis candidatos internos

A Figura 5.1 traça os perfis dos seis candidatos interno. Nela sintetiza-se a classificação atribuída pelos decisores de cada um dos candidatos em três diferentes dimensões agregadas. A primeira dimensão era *experiência relevante*, incluindo-se experiência mercadológica, de negócio, funcional e situacional. Por exemplo, o candidato A teve de longe a maior exposição a diferentes tipos de situações relevantes, ao passo que o Candidato F tinha experiência prévia bastante limitada. A segunda dimensão era *habilidades de liderança e relacionais*. Curiosamente, o Candidato A (aquele com a experiência mais relevante) obteve a mais baixa classificação nessa segunda dimensão. A terceira dimensão analisada foi QI, uma aproximação da inteligência verbal e analítica.

A Figura 5.1 revela a necessidade de se fazer escolhas extremamente difíceis. Você escolheria o Candidato A, o mais inteligente e de longe o mais experiente no grupo, mas cujas habilidades de liderança e relacionais são bastante limitadas? Ou escolheria o Candidato C, o segundo melhor tanto em relação à experiência quanto às habilidades interpessoais, mas um dos menos inteligentes do grupo? Ou escolheria o Candidato E, que tem as melhores habilidades de liderança e relacionais, mas não é o mais inteligente do grupo e possui menos experiência relevante do que a maioria dos indivíduos que se tornariam seus subordinados diretos?

Retornarei a esse exemplo (da vida real) mais à frente neste capítulo, para explicar qual decisão foi tomada e o motivo, apresentando brevemente suas conseqüências. Por enquanto, meu ponto é que esssas escolhas nunca são fáceis. Entretanto, elas ficam *bem mais fáceis* quando sabemos exatamente o que estamos procurando e, portanto, conseguimos atribuir diferentes pesos aos variados critérios relevantes.

Primeiro, examinarei algumas constatações gerais acerca da relevância e significância de diferentes indicadores de sucesso em um cargo, incluindo QI, experiência, personalidade, inteligência emocional, potencial e valores. Em seguida, descreverei a evolução de sua ferramenta denominada *modelo de competências* e sobre como ela se relaciona com o modelo de inteligência emocional. Abordarei o potencial e explicarei como este deve ser visto e examinarei competência individual *versus* competência da equipe. Por fim, darei algumas dicas práticas para que possa tomar decisões sobre pessoas de maneira eficaz e efetiva.

O QI é importante?

Comecemos nossa análise dos possíveis indicadores de desempenho no trabalho com o venerável *quociente de inteligência* (QI). Grosso modo, os testes de QI (do qual existem vários) tentam determinar a inteligência geral de um indivíduo. Esses testes são *normalizados* para que a classificação média sempre fique em 100, o que significa que metade da população tem pontuação abaixo de 100 e metade acima. Eles são amplamente utilizados para prever o desempenho acadêmico, o desempenho no trabalho e até mesmo o sucesso socioeconômico. Mas será que funcionam? Será que têm o que os cientistas chamam de "validade preditiva"?

Durante muitos anos, os psicólogos Frank L. Schmidt e John E. Hunter examinaram a validade de diferentes métodos de seleção. Eles sintetizaram as conclusões de uma quantidade considerável de estudos usando dezenove procedimentos distintos de seleção para prever o desempenho no trabalho e também analisaram alguns desses procedimentos empregados em conjunto.

O trabalho de Schmidt e Hunter confirma que o QI é de fato muito importante. Na verdade, dizem eles, quando contratamos funcionários que não têm experiência prévia na função, o mais válido indicador de desempenho futuro e aprendizagem é a *habilidade mental geral* (HMG), que pode ser medida através de testes de QI comercialmente disponíveis. Schmidt e Hunter dizem ainda que, quando examinamos combinações entre a habilidade mental geral e cada um dos outros dezoito procedimentos de seleção, as três combinações com a maior validade para o desempenho no trabalho são:

1. HMG mais teste de amostra de trabalho
2. HMG mais teste de integridade
3. HMG mais entrevista estruturada[1]

A resposta, portanto, é sim, o QI é importante.

A experiência é importante?

Não faz muito tempo, conversei com Jack Welch sobre os "graduados da GE" que haviam se tornado CEOs de sucesso em outras empresas. Perguntei a ele se poderíamos generalizar os motivos do sucesso desses executivos a despeito dos desafios específicos por eles enfrentados no momento em que entraram em uma empresa, pois, por definição, sendo eles externos, não teriam nenhuma experiência específica em relação à empresa.

Em resposta, Welch deu exemplos que confirmavam a importância da experiência prévia. Um deles foi o de Jim McNerney, a quem descreveu como uma "mão de ferro em luva de veludo". Na 3M, cuja cultura privilegiava o trabalho em equipe, exigia mudanças evolucionárias e não revolucionárias, Sendo que desta forma, McNerney tinha o perfil adequado para obter o apoio interno necessário e ter sucesso.

Experiência prévia, o novo contexto e a personalidade do indivíduo interagem de maneiras sutis, mas influentes. A *Harvard Business Review* publicou recentemente um artigo que examinou os casos de vinte ex-executivos da GE que haviam saído para ocupar altos cargos em outros lugares.[2] Os autores concluíram que, embora todos os vinte tivessem tido sucesso na GE e todos fossem altamente qualificados com respeito a suas habilidades de gestão, seus conhecimentos prévios situacional, funcional e específico ao setor eram decisivos na determinação do grau de sucesso no novo cargo. Por exemplo, quando eles analisaram os vinte graduados da GE com relação à sua adaptação situacional (o que os autores chamam de "capital humano estratégico", que se refere à *expertise* ganha com a experiência em situações que requerem habilidades estratégicas específicas, como corte de custos, promoção de crescimento ou capacidade de manobra em mercados cíclicos), constataram que nove dentre os vinte executivos apresentaram boa compatibilidade, enquanto os onze restantes foram incompatíveis. Nos casos em que a necessidade estratégica era compatível com a experiência estratégica do executivo da GE, as empresas desfrutaram de retornos anuais superiores em mais de 14% em média. Entretanto, os incompatíveis geraram retornos negativos de quase 40%.

Novamente, a resposta é sim, a experiência importa e muito.

E o que dizer da "personalidade"?

O QI e a experiência são fatores "concretos", no sentido de que podem ser mais facilmente verificados e de que de certo modo é mais fácil chegar a um acordo acerca dos termos e das interpretações. Personalidade é uma área mais abstrata e abrangente. Porém, todos sabemos que é (ou supomos que seja) um fator fundamental. Uma das primeiras coisas que ouvi de meus colegas quando me tornei consultor de busca de executivos há cerca de vinte anos foi que *somos contratados por nossa experiência e somos despedidos por nossa personalidade*.

O que é personalidade e quanto e quando ela é importante? Personalidade refere-se a uma organização única de características que definem um indivíduo e determinam seu padrão de interação com o ambiente. Essas características abrangem pensamentos, sentimentos e comportamentos. É claro que essas características são razoavelmente estáveis, o que significa que o indivíduo tende a ser consistente em uma variedade de situações.

Até aqui, tudo bem; mas aprofundar na desconstrução do conceito de personalidade e empregá-lo na seleção de pessoas não é uma tarefa fácil. No idioma inglês, por exemplo, existe algo em torno de dezoito mil vocábulos para designar traços — um número demasiadamente grande para ser posto em uma matriz e analisá-los! Desse modo, precisamos de um modelo que capture e simplifique os principais elementos da personalidade.

Inúmeras ferramentas foram desenvolvidas para analisar a personalidade, e elas podem ser agrupadas em duas categorias básicas. A primeira inclui os questionários de auto-relato, como os Cinco Grandes (Big Five), Inventário Psicológico da Califórnia (California Psychological Inventory — CPI) e o Indicador de Tipos de Myers-Briggs (Myers-Briggs Type Indicator — MBTI). (O modelo Cinco Grandes, por exemplo, sintetiza a personalidade em cinco dimensões: extroversão, amabilidade, conscienciosidade, neuroticismo ou estabilidade/instabilidade emocional e abertura à experiência.) A segunda categoria abrange técnicas projetivas. Duas dentre as mais famosas são o Teste de Apercepção Temática (Thematic Apperception Test — TAT) e a Escala de Completamento de Sentenças de Miner (Miner Sentence Completion Scale — MSCS).

As empresas usam testes de personalidade com muita freqüência ao tomar decisões sobre pessoas, em particular no caso de candidatos juniores que não têm muita experiência relevante.³ (Suponho que atualmente alguns destes testes são usados em cerca de metade dos processos de contratação.) Entretanto, embora bastante difundidos, não são particularmente válidos. Se examinarmos o modelo Cinco Grandes, por exemplo, a "conscienciosidade" é importante em todas as ocupações, mas o teste simplesmente não é tão bom em capturar esse traço de uma forma útil.⁴

Uma das razões centrais do porque os testes de personalidade não são particularmente úteis na tomada de decisões sobre pessoas é que não são específicos à função. A "extroversão", uma das dimensões do modelo Cinco Grandes, obviamente é mais importante em algumas ocupações do que em outras. A extrapolação dos resultados do Cinco Grandes (interpretá-los em uma circunstância de contratação específica) ainda é um desafio para o potencial empregador. Se alguém se comprova na prática ser um tipo obsessivo-compulsivo, isso é bom ou ruim? Bem, se estivermos contratando um contador de alto nível, isso provavelmente é bom (diria até excelente!). Se estivermos contratando um gestor, é quase praticamente certo que isso seja ruim.

Estou convicto de que as teorias da personalidade e as técnicas de teste relacionadas só serão aprimoradas com o decorrer do tempo, à medida que os pesquisadores continuarem a fazer grandes avanços nas neurociências. Por enquanto, contudo, os testes de personalidade devem ser empregados e interpretados com certo ceticismo.⁵ Precisamos ir muito além deles se quisermos fazer escolhas acertadas sobre pessoas.

O poder da inteligência emocional

Nos primeiros anos de minha carreira de busca de executivos, passei muito tempo tentando compreender a fundação do sucesso pessoal e do alto desempenho organizacional. Li tudo o que pude obter e que parecia estar relacionado com esse tema. Fiquei muito surpreso ao descobrir a imensa quantidade de livros e artigos que faziam afirmações sobre o desempenho, mas não continham uma teoria abrangente e as devidas pesquisas para fundamentar essa teoria.

Em 1995, dois de meus colegas me sugeriram a leitura do livro *Inteligência Emocional (Emotional Intelligence)*, do pesquisador Daniel Goleman.⁶

Goleman (como estava para descobrir em breve) tinha uma mente arguta e bem treinada. Havia recebido seu PhD em psicologia clínica e desenvolvimento da personalidade na Universidade de Harvard e, posteriormente, iniciou uma notável carreira jornalística, que lhe valeu duas indicações ao Prêmio Pulitzer e ao *Career Achievement Award* de jornalismo da Associação Americana de Psicologia. Foi eleito Membro da Associação Americana para o Avanço da Ciência em reconhecimento aos seus esforços de divulgar as ciências comportamentais ao público. Como co-fundador da Cooperativa para a Aprendizagem Acadêmica, Social e Emocional (Collaborative for Academic, Social, and Emotional Learning — CASEL), que ajuda as escolas a introduzir cursos de alfabetização emocional, Goleman teve grande influência em milhares de escolas ao redor do mundo.

Li *Inteligência Emocional* e fiquei muito impressionado. Goleman definiu inteligência emocional como o uso inteligente de nossas emoções ou (alternativamente) a habilidade de nos autocontrolarmos e administrarmos nossos relacionamentos. Falarei mais detalhadamente sobre a teoria de Goleman em seções subseqüentes. Mas de especial interesse para mim, de volta a 1995, foi a argumentação de Goleman de que essa qualidade a que chamou de "inteligência emocional" ou competência emocional poderia ser mais importante ao sucesso pessoal do que o QI. *Não* porque o QI fosse irrelevante. De certa forma, em especial nas posições mais altas das organizações, a maioria das pessoas tem nível de QI alto e semelhante por terem passado por crivos e seleções na época de estudante. (A nata teve tempo suficiente para alcançar o topo.) Contudo, as pessoas são significativamente diferentes em suas competências emocionais, mesmo no topo, e Goleman defende que esse fenômeno ainda não recebeu merecida atenção.

Era um livro "concreto" que abordava de forma brilhante um assunto "abstrato", embora se concentrasse mais no âmbito pessoal, e não no organizacional. Decidi que gostaria de encontrar com Goleman para discutir as implicações de suas constatações para as organizações.

Em outubro de 1996, finalmente consegui encontrar Goleman. (Ele gentilmente me convidou para visitá-lo em sua casa no Maine.) Falou por várias horas sobre o que as organizações fazem para ter sucesso assim como os executivos e sobre a importância das competências derivadas da inteligência emocional nos negócios. Achei aquilo fascinante, diria até emocionante. O profundo conhecimento acumulado por Goleman, somado à sua notável objetividade e honestidade intelectual, me convenceram pela primeira vez de que de fato havia um impressionante acervo de pesquisas sérias demonstrando o valor das habilidades pessoais e interpessoais para o sucesso na vida, na sociedade e no trabalho — bem como uma poderosa estrutura para avaliar e desenvolver essas habilidades cruciais.

Concordamos em dar continuidade àquela conversa. No trajeto de volta a casa (em um pequeno avião até Nova York e, depois, durante o vôo noturno a Buenos Aires), fiquei pensando sobre as profundas implicações do trabalho de Goleman para as pessoas e suas organizações. Na realidade, em vez de dormir um merecido sono, redigi uma lista de questões que gostaria de discutir com Goleman em encontros futuros.

No decorrer do ano seguinte, continuamos nossa conversa. Discutimos questões como dispersão do desempenho executivo, indicadores de desempenho de sucesso, pesquisas sobre métodos de avaliação, a relevância da inteligência emocional em nível global, diferenças transculturais na inteligência emocional, equipes de gestão e fatores organizacionais e de liderança que estimulam e aprimoram a inteligência emocional em uma empresa.

Como veremos, passei a acreditar fervorosamente e cada vez mais no poder da inteligência emocional.

Fundação: as competências

Enquanto isso, tentei também me aprofundar e alcançar as raízes do eficiente modelo de Goleman para compreender melhor tanto suas origens quanto suas possíveis aplicações. Sem dúvida alguma, o indivíduo que exerceu a influência mais significativa sobre o ardiloso campo da previsão de desempenho no trabalho, em especial para os gestores em altos cargos, foi o já falecido David McClelland.

Um dos maiores psicólogos do século XX, McClelland publicou em 1973 um memorável artigo intitulado "Testing for Competence Rather than for 'Intelligence'" [Teste a competência e não a inteligência],[7] no qual chamou a atenção para a ubiqüidade dos testes de inteligência e aptidão nos Estados Unidos. Esses testes eram empregados por todos os tipos de instituição e com evidente sucesso. McClelland, entretanto, alegou que esse sucesso era muito limitado, argumentando que o teste de inteligência por si só não conseguia explicar o desempenho de sucesso, especialmente nos altos cargos executivos.

Nesse influente artigo, McClelland sugeriu o termo *competência* para descrever qualquer característica que diferencie o desempenho "típico" do "excepcional" em um cargo específico. Essa característica poderia incluir motivação, traços de personalidade, auto-imagem, conhecimento, habilidades e, sim, o QI. Partindo de algumas premissas bastante simples — tal como a que o comportamento passado é o melhor indicador do comportamento futuro. McClelland defendeu a idéia de que os comportamentos de fato relacionados ao trabalho eram os melhores indicadores da probabilidade de sucesso.

"Se quisermos testar quem será um bom policial", escreveu McClelland, "devemos tentar descobrir o que um policial faz. Siga-o, faça uma lista de suas atividades e, ao fazer a triagem dos candidatos, use essa lista como base." Mas não confie no julgamento dos supervisores sobre quais são os melhores policiais, porque "isso não se trata, a rigor, de análise de função, mas de uma análise sobre o que as pessoas acreditam estar relacionado com o melhor desempenho".

Em sua pesquisa, McClelland comparou dois grupos distintos: 5% a 10% dos indivíduos com melhor desempenho, identificados por medidas de resultado bem definidas, e aqueles com desempenho "típico". Por meio de um complexo processo iterativo, as "competências" foram identificadas (isto é, os comportamentos que os indivíduos com desempenho notável usavam com maior freqüência e mais consistentemente do que os indivíduos com desempenho típico).

A partir de 1973, o trabalho de McClelland desencadeou uma verdadeira revolução no ambiente de trabalho. As decisões sobre pessoas fundamentadas na competência reduziram a rotatividade, melhoraram o desempenho no trabalho e ampliaram os bancos de funcionários com potencial de promoção. As competências foram também usadas para respaldar outras instalações organizacionais significativos, incluindo treinamento, produzindo efeitos positivos importantes e duradouros.

O pioneiro trabalho de McClelland sobre competência foi retomado por diversos de seus alunos. Em 1980, por exemplo, Richard Boyatzis (ao qual retornaremos em breve) publicou *The Competent Manager* (*O Gestor Competente*), recuperando as primeiras constatações nessa área e acrescentando novas interpretações.[8] Valendo-se de uma amostra de duas mil pessoas em doze empresas, Boyatzis identificou um conjunto fundamental de competências essenciais a uma gestão de sucesso. Em 1993, Lyle e Signe Spencer publicaram *Competence at Work* (*Competência em Ação*), que atiçou esse movimento sobre a competência.[9]

Princípios básicos para gestores e executivos

Nesse momento, antes de retornar à minha odisséia pessoal, deixe-me fazer algumas observações com respeito às competências. Primeiro, cada par "função-organização" exige um conjunto diferenciado de competências para que se obtenha um desempenho excepcional. Segundo, a lista das principais competências típicas para gestores e altos executivos tende a ser breve. Terceiro, para cada cargo específico, a importância de cada competência e o nível necessário para se obter um desempenho de sucesso tendem a ser únicos.

Na Egon Zehnder International, já há vários anos temos conduzido uma abrangente análise de nossa experiência global de busca de executivos e avaliação executiva em nossos 63 escritórios espalhados pelo mundo. Com base nessa análise, identificamos as principais competências executivas. Primeiro, os gestores bem-sucedidos precisam estar intensamente "orientados a resultados" (isto é, determinados a melhorar os resultados da empresa). Uma orientação a resultados fraca, significa simplesmente que existe o desejo de se fazer as coisas bem ou melhor; uma orientação moderada significa alcançar e superar as metas; acima disso vem a introdução de melhorias; e, finalmente, no topo, vem a determinação de *transformar* o negócio.

A segunda principal competência é a "liderança de equipes", que permite aos líderes se focar, alinhar e formar grupos eficazes. As pessoas com um nível baixo nessa competência se focam em estabelecer metas para a equipe; aquelas com um nível moderado têm intenção de formar equipes produtivas; e aquelas com um alto nível buscam formar uma equipe de alto desempenho.

A terceira principal competência refere-se ao que chamamos de "colaboração e influência". As pessoas que demonstram essa competência são eficazes em trabalhar com colegas do mesmo nível, sócios e outros que não estejam na linha direta de seu comando, com o objetivo de influenciar positivamente o desempenho da empresa.

E, finalmente, a "orientação estratégica" possibilita que os líderes pensem além dos problemas prementes do dia-a-dia de sua esfera de responsabilidade. Isso lhes permite pensar de forma *abrangente*.

Além dessas quatro competências principais e fundamentais, existe um segundo grupo com cinco competências de segunda ordem, as quais podem também contribuir para o sucesso em alto nível. Nele se incluem a "orientação comercial", demonstrado pela iniciativa de se gerar lucro para a empresa; "capacidade para liderar mudanças", que significa liderar pessoas em um esforço de transformar e realinhar a organização; "desenvolvimento de capacitação organizacional", o que implica desenvolver as habilidades duradouras de pessoas na organização"; "impacto nos clientes"; e "conhecimento de mercado".

A Figura 5.2 sintetiza as competências freqüentes dos líderes eficazes.

Figura 5.2 Competências freqüentes dos líderes eficazes.
Fonte: Egon Zehnder International.

Existem, é claro, outras competências que podem ser particularmente importantes em situações específicas. Contudo, essas nove (as quatro fundamentais mais as cinco secundárias) cobrem a maioria dos casos.

Fixando as metas

Além de identificar as competências relevantes a cada função, é essencial determinar o *grau* de cada competência para cada cargo. Embora o tema sobre escalonamento de competências ultrapasse o escopo deste livro, o ideal seria tentar identificar um nível-alvo para cada competência aplicável para um desempenho de sucesso ou excepcional para cada função.

Por exemplo, as Figuras 5.3 e a 5.4 retratam as circunstâncias de uma empresa do setor de ciências biológicas que estava enfrentado dificuldades para encontrar gestores adequados para a importante função de gerente de projetos, em seus cargos de nível técnico. Como se pode ver pela síntese da Figura 5.3, poucos chefes de laboratório conseguiriam ter sucesso como gerentes de projetos, muito menos se tornar um alto executivo de P&D. Uma análise das exigências de cada uma dessas funções confirmou que o perfil do gerente de projetos diferia de uma maneira altamente significati-

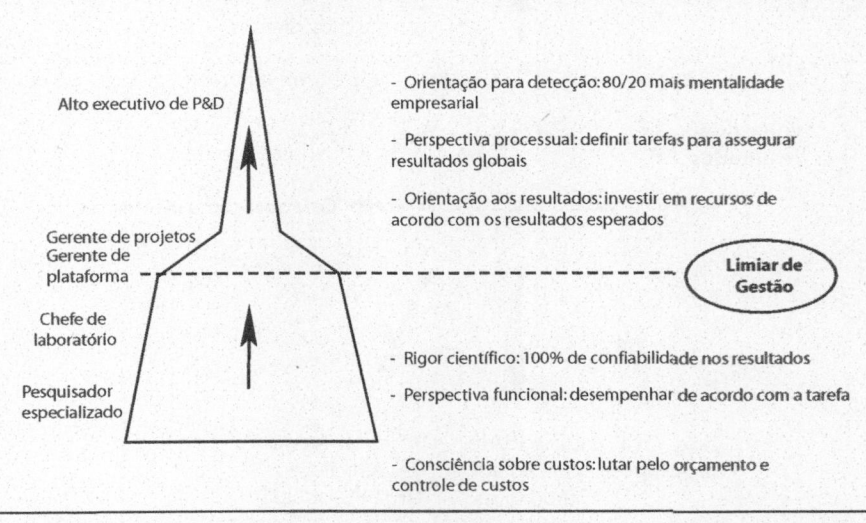

Figura 5.3 Compreender o que é necessário, Parte I – exemplo: do cientista ao gestor.

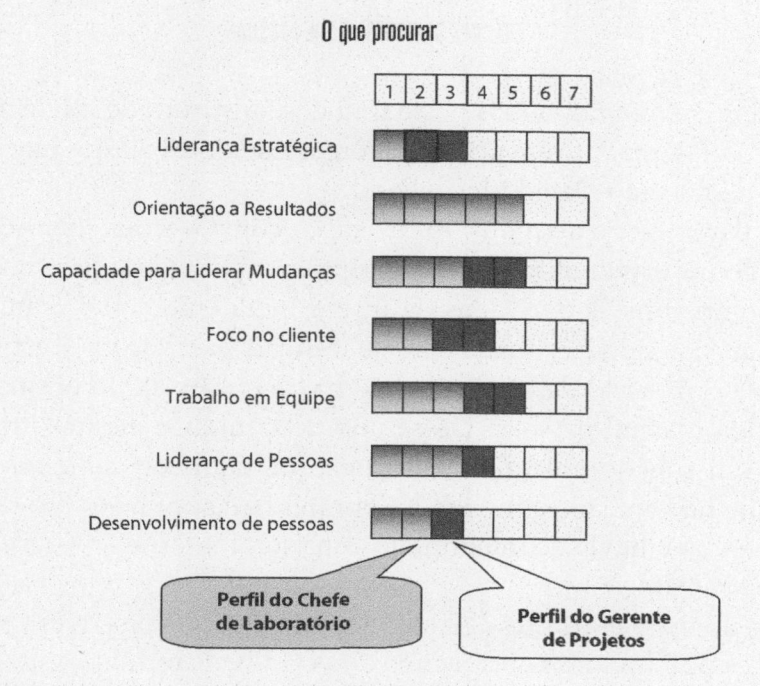

Figura 5.4 Compreender o que é necessário, Parte II — exemplo: do cientista ao gestor.

va do perfil do chefe de laboratório, em especial nas dimensões de trabalho em equipe, orientação ao cliente, capacidade para liderar mudanças e orientação estratégica. Em resumo, eram necessárias metas mais altas em cada uma dessas competências para que se tivesse êxito nesse cargo.

Aprendendo com meus próprios erros

Vamos retornar agora às minhas indagações sobre competência e inteligência emocional.

Em virtude das interações que estabeleci com Daniel Goleman no final da década de 1990, ele me convidou para participar da Sociedade de Pesquisa sobre Inteligência Emocional nas Organizações (Consortium for Research on Emotional Intelligence in Organizations — Creio), que ele co-preside. Por diversos anos, tive o prazer de trabalhar com um notável grupo de indivíduos nesse influente instituto de intelectuais. A maioria deles era PhD em psicologia organizacional e vários haviam sido alunos do falecido David McClelland.

Em decorrência do meu contato tanto com Goleman quanto com a Creio, comecei a analisar minhas próprias experiências para confirmar se as competências derivadas da inteligência emocional eram (como Goleman defendia) essenciais ao sucesso. A essa altura, eu tinha em torno de onze anos de experiência e havia entrevistado pessoalmente cerca de onze mil pessoas. Desse imenso conjunto de amostras, selecionei um subconjunto de indivíduos que conhecia suficientemente bem, que haviam sido contratados por mim ou por um colega bem próximo e que eu havia acompanhado consistentemente antes, durante e após a contratação.

Essa amostra continha 250 indivíduos, a maioria da América Latina, dos quais 227 (ou um pouco acima de 90%) haviam tido pleno sucesso. Continha também 23 indivíduos que, em minha opinião, haviam fracassado em suas funções. Esse "fracasso" não necessariamente provocou a demissão desses indivíduos; em linhas gerais, significava que não haviam atendido às expectativas com respeito aos resultados concretos ou de relacionamento, ou ambos.

Para aqueles interessados em mais detalhes, sintetizo essa análise em um capítulo de um livro organizado por Daniel Goleman e Cary Cherniss (*The Emotionally Intelligent Workplace*).[10] Em resumo, tentei identificar qual seria "a" ou "as" característica(s) que havia(m) se sobressaído mais nos candidatos contratados e determinar se havia alguma correlação entre essas características e seu sucesso (ou fracasso) no novo cargo. Na verdade, examinei três categorias gerais: QI, experiência e inteligência emocional. Essas avaliações foram relativas, pois estava comparando cada um dos candidatos contratados com outros candidatos ao cargo em cada caso.

Os resultados dessa análise mudaram completamente minha perspectiva. Primeiro, como ilustrado na Figura 5.5, percebi que a combinação mais freqüente que normalmente procurava era *experiência relevante junto com alta inteligência emocional (IE)*, o que se revelou em 40% dos casos. Esses candidatos obtiveram muito sucesso com um índice de fracasso de 3% apenas. Dito de uma maneira ligeiramente diferente, quando comecei a procurar candidatos com notável inteligência emocional e grande experiência relevante ao cargo, 97% dos casos foram bem-sucedidos, a despeito dos desafios inerentes à nomeação de um novo gestor.

Como também está ilustrado na Figura 5.5, cada uma das duas outras combinações típicas (experiência mais QI ou IE mais QI) estava presente em uma dentre quatro das seleções que empreendi. Entretanto, vale a pena observar que quando os candidatos sobressaíam-se em QI e experiência relevante, mas não tinham alto nível de inteligência emocional, fracassavam 25% das vezes!

Na verdade, isso era surpreendente e ao mesmo tempo esclarecedor. Como resultado, conduzi análises adicionais sobre esses dados, como a ilustrada na Figura 5.6, que mostra o perfil dos gestores malsucedidos comparativamente ao dos bem-sucedidos, indicando a freqüência com que apresentam cada uma dessas três categorias como uma de suas duas características mais salientes.

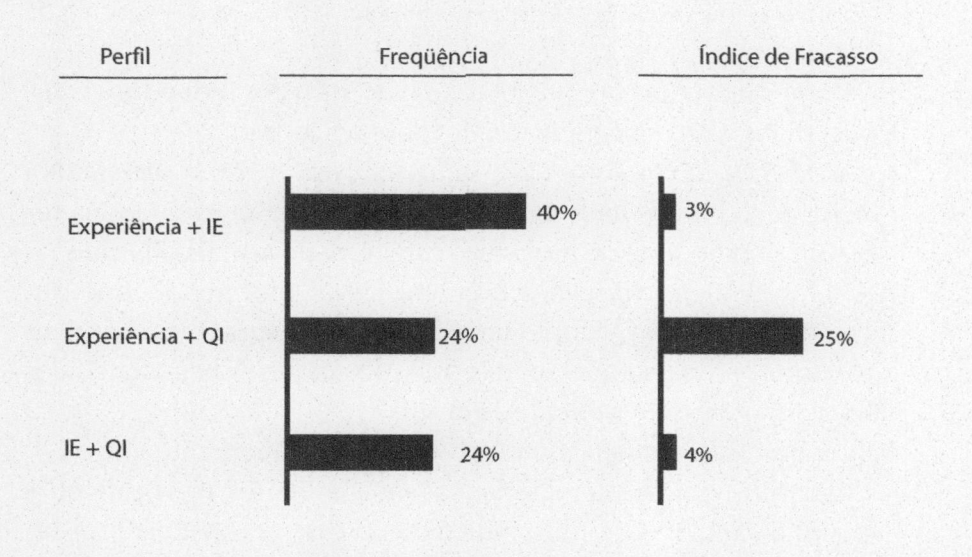

Perfil	Freqüência	Índice de Fracasso
Experiência + IE	40%	3%
Experiência + QI	24%	25%
IE + QI	24%	4%

Figura 5.5 Índices de fracasso para variados perfis.

MALSUCEDIDOS[1]　　　　　　　　　BEM-SUCEDIDOS[2]

	MALSUCEDIDOS[1]		BEM-SUCEDIDOS[2]	
Experiência	83%		70%	
EI	0%		63%	
QI	65%		50%	

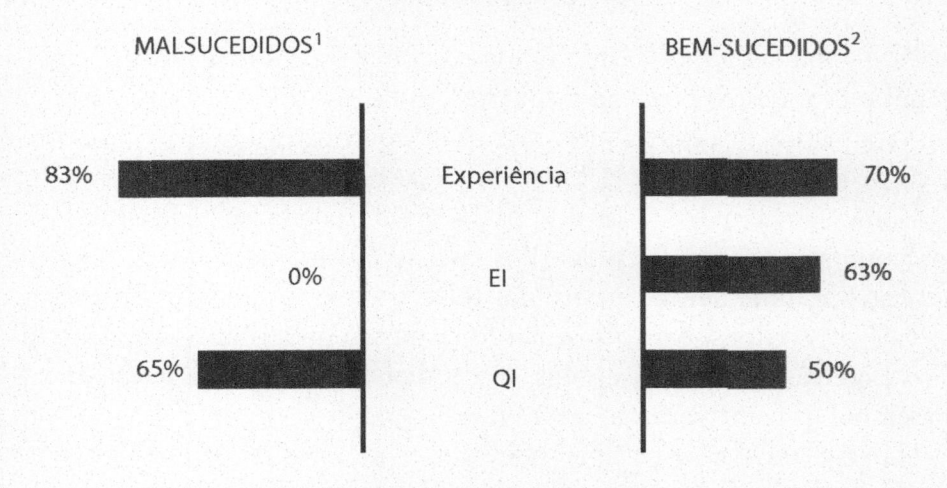

Figura 5.6 Uma dentre duas características mais salientes, Parte I — perfil de gestores malsucedidos versus bem-sucedidos.
1. Vinte e três casos da América Latina.
2. Duzentos e vinte e sete casos da América Latina.

Eis algumas conclusões óbvias que podem ser extraídas da Figura 5.6:

- A *experiência é importante*. Um total de 70% dos indivíduos bem-sucedidos tinha experiência relevante ao cargo.
- A *experiência por si só não é suficiente para prever o sucesso*. Na verdade, 83% dos malsucedidos também tinham experiência relevante como uma de suas duas características mais salientes!
- *O QI não é suficiente para prever o sucesso*. Dois terços dos malsucedidos tinham o QI como uma de suas duas características mais salientes, ao passo que apenas 50% dos gestores bem-sucedidos encontravam-se nessa categoria.
- Nos gestores bem-sucedidos, IE era mais freqüente do que o QI, enquanto uma das características mais salientes (cerca de 66% versus 50%). Ao que tudo indicava, no caso dos *gestores bem-sucedidos, IE era mais importante do que o QI*.
- Finalmente, embora IE fosse uma das duas características mais salientes dos gestores bem-sucedidos em dois terços dos casos, nenhum dos malsucedidos nessa amostra tinha IE como uma de

suas duas características mais salientes. Em outras palavras, a *falta de inteligência emocional está em grande medida correlacionada ao fracasso.*

Lidando com os prós e os contras

Fascinado com essa evidência, processei esses dados novamente, agora de outra maneira, examinando a combinação das *duas* características mais salientes dos gestores bem-sucedidos e malsucedidos. Apresento essa análise na Figura 5.7, que sintetiza a freqüência relativa com que os bem-sucedidos e malsucedidos apresentam respectivamente cada *par de combinação* possível de acordo com as três categorias citadas antes (experiência + IE; experiência + QI; IE + QI). Por exemplo, 36% dos gestores bem-sucedidos analisados tinham muita experiência relevante e inteligência emocional bastante consistente.

MALSUCEDIDOS[1]   BEM-SUCEDIDOS[2]

MALSUCEDIDOS		BEM-SUCEDIDOS
0%	Exp + EI	36%
57%	Exp + QI	24%
0%	IE + QI	23%

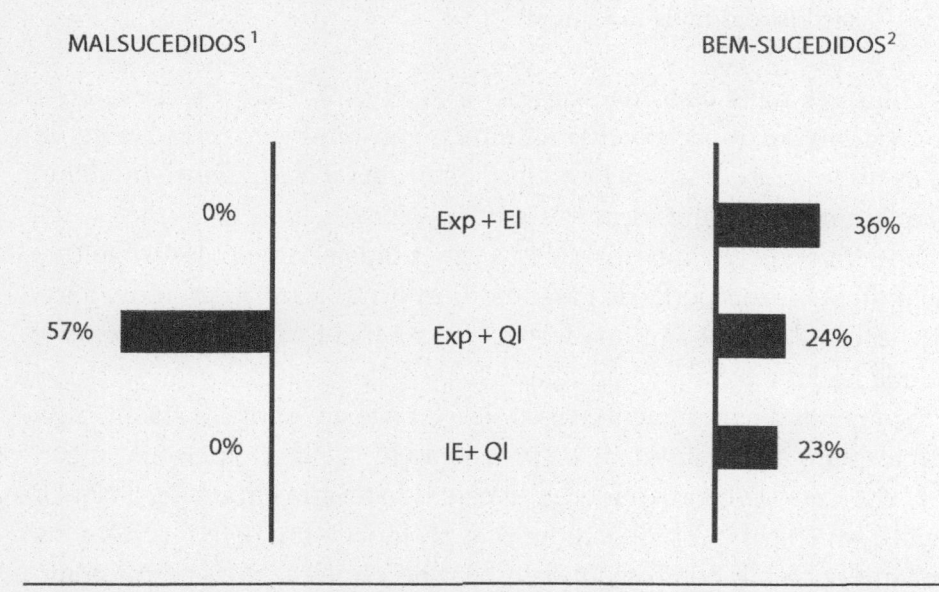

Figura 5.7 Combinação das duas características mais salientes — perfil dos gestores malsucedidos versus bem-sucedidos.
1. Vinte e três casos da América Latina.
2. Duzentos e vinte e sete casos da América Latina.

Dentre as conclusões que podem ser extraídas da análise da Figura 5.7 estão:

- Se apenas duas categorias podem ser obtidas em um processo de seleção, então *a combinação mais eficiente para se prever o sucesso deve ser experiência relevante e alta IE.*
- *O QI pode ser complementado por IE de uma forma favorável quando não é possível complementá-lo com a experiência.* Em outras palavras, as combinações IE + QI e experiência + QI estavam igualmente presentes nos gestores bem-sucedidos.
- Talvez a constatação mais importante dessa análise seja que, *quando falta inteligência emocional, a combinação tradicional de experiência relevante e alto QI parece ser mais um indicador de fracasso do que de sucesso* (essa combinação tradicional era bem marcante em 57% dos gestores malsucedidos, ao passo que menos de um quarto dos bem-sucedidos tinha essa combinação como uma de suas duas características mais salientes).

Uma vez mais essa investigação e as constatações descritas antes provocaram um impacto verdadeiramente profundo em mim. Na verdade, essas conclusões inesperadas a que cheguei daí em diante mudaram completamente minhas decisões sobre pessoas.

Voltemos agora a difícil escolha apresentada no início deste capítulo, que indicou os seis perfis de candidatos internos a serem promovidos ao novo cargo de CEO em uma instituição financeira. A situação é reformulada na Figura 5.8.

Se apenas a experiência tivesse sido levada em conta, a classificação com respeito à probabilidade de promoção teria sido primeiro A, segundo C e terceiro B. Se apenas o QI tivesse sido levado em conta, a classificação com respeito à probabilidade de promoção também teria A como primeira opção, B como segunda e E como terceira. Se combinássemos experiência e QI, A, ao que parece, seria a opção óbvia e B provavelmente seria a segunda melhor. Levando em conta as três categorias gerais, algumas das opções para decisão de promoção interna teriam sido:

Classificação

	Experiência	Habilidades de Liderança e Relacionais	QI
1	A	E	A
2	C	C	B
3	B	F	E
4	E	B	F
5	D	D	C
6	F	A	D

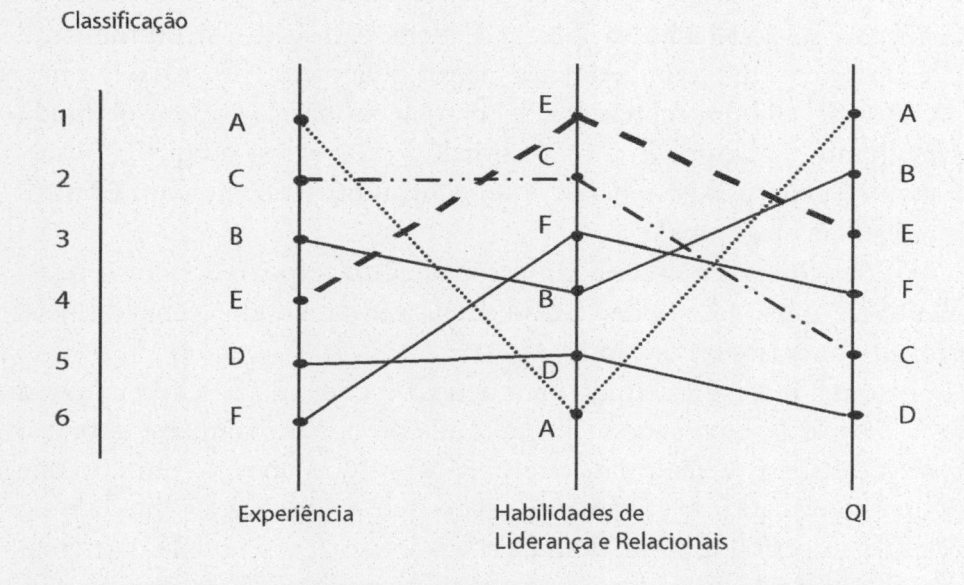

Figura 5.8 Escolhendo o sucessor do CEO, Parte II — perfil dos seis candidatos internos.

- *Gestor A*, alternativa "tradicional": maior nível de experiência e QI.
- *Gestor C*, opção com base na "experiência": experiência e IE bastante consistentes, mas não é o mais inteligente dentre os presentes (quinto com relação ao QI).
- *Gestor B*, opção "segura": muito inteligente, experiência satisfatória e inteligência emocional média.
- *Gestor E*, opção com base na "inteligência emocional": nível mais alto de habilidades de liderança e relacionais, inteligência acima da média e pouca experiência.

A decisão foi promover o Gestor E, opção com base na "inteligência emocional". Embora o Gestor A fosse mais experiente e inteligente, seu nível de inteligência emocional extremamente baixo com certeza teria provocado seu fracasso. Enquanto o Gestor C era mais experiente do que o E, pelo fato da experiência ser uma competência dinâmica, esperava-se que o Gestor E subiria a escala com o passar do tempo.

Contudo, na avaliação, o Gestor E demonstrou-se estruturalmente mais forte nas duas competências menos dinâmicas (IE e QI). Por fim, o Gestor B, embora representasse uma média nas categorias de modo semelhante ao Gestor E, e na realidade fosse melhor do que o Gestor E com respeito à experiência e inteligência, ficou abaixo da média em inteligência emocional.

É óbvio que eu não teria tanta convicção a respeito de minha recomendação nesse caso se não tivesse analisado e refletido acerca de meus próprios fracassos anteriores!

Na realidade, o escolhido para ocupar o cargo de CEO da empresa foi o Gestor E, cujo sucesso foi tal que conseguiu realmente dobrar o valor dessa instituição financeira em apenas dois anos — um fato que pôde ser avaliado objetivamente, visto que a empresa foi vendida no final desse período. Como benefício adicional, as habilidades extremamente sólidas de liderança e relacionais do novo CEO facilitaram que os cinco outros diretores (que estavam competindo para a posição de CEO) aceitassem mais facilmente sua promoção. Aliás, uma decisão emocionalmente inteligente!

Sucesso e fracasso em diferentes culturas

Surpreso com o que a análise de minha própria experiência estava me indicando, compartilhei minhas constatações com Daniel Goleman. Como em geral ocorria, sua reação foi expressar curiosidade acerca do que poderia ter vindo à tona de uma análise semelhante baseada em outras culturas altamente distintas, em especial a alemã e a japonesa. Com seu encorajamento, pedi a meus colegas Horst Broecker, na Alemanha, e Ken Whitney, em Tóquio, para conduzir análises similares, compartilhando com eles minha metodologia, mas não os resultados que havia obtido.

Os resultados dessas três culturas em grande medida distintas (latino-americana, alemã e japonesa) foram absolutamente fascinantes. A Figura 5.9 retrata o perfil dos gestores malsucedidos *versus* bem-sucedidos em relação às três diferentes culturas analisadas, indicando a freqüência relativa com que tantos os bem-sucedidos quanto os malsucedidos exibiam cada uma das três categorias gerais mencionadas como uma de suas características mais salientes. Por exemplo, 71% dos gestores bem-sucedidos recrutados na Alemanha tinham grande experiência relevante como uma de suas duas características mais salientes.

Malsucedidos　　　　　　　　　　**Bem-sucedidos**

Experiência
- 83% / 85% / 71%　　　70% / 71% / 71%

IE
- 0% / 27% / 46%　　　63% / 81% / 80%

QI
- 65% / 85% / 64%　　　50% / 51% / 43%

América Latina　　Alemanha　　Japão

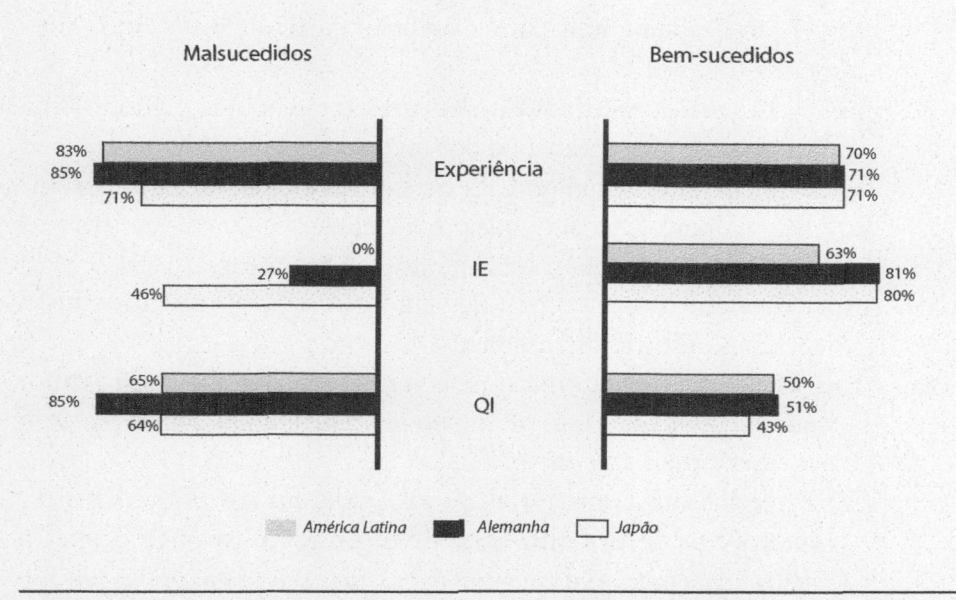

Figura 5.9 Uma das duas características mais salientes, Parte II — perfil dos gestores malsucedidos versus bem-sucedidos, em três culturas diferentes.
Amostra de 515 gestores de três culturas distintas.
Fonte: Egon Zehnder International.

Como você pode ver na Figura 5.9, os perfis bem-sucedidos eram quase idênticos entre essas três diferenres culturas, o que considerei uma validação significativa das conclusões independentes com respeito à América Latina. (As diferenças menos importantes no lado esquerdo da figura, que apresentam no geral a mesma forma básica, provavelmente se devem ao pequeno tamanho da amostra dos casos de fracasso.) Em outras palavras, cada uma das conclusões listadas acima mantém-se verdadeira. Finalmente, ao examinar a combinação das duas características mais salientes, mais uma vez todas as conclusões precedentes aplicaram-se a cada uma dessas três culturas altamente distintas.

Sintetizo minhas conclusões sobre o sucesso e fracasso em diferentes culturas e a importância da inteligência emocional da seguinte maneira:

- Existe uma vasta quantidade de pesquisas nos Estados Unidos que demonstram como as competências derivadas da inteligência emocional são fundamentais para o sucesso, particularmente nos altos cargos executivos.[11]
- Essas conclusões são bastante eficazes na América Latina. Uma análise semelhante conduzida por meus colegas na Alemanha e no Japão chegaram exatamente às mesmas conclusões. A importância das competências derivadas da inteligência emocional para os cargos de alta gerência é totalmente válida em nível global. Mais especificamente, três conclusões emergem com força indiscutível em todas as culturas analisadas:
  1. A *inteligência emocional é mais importante do que o QI para o sucesso e sua falta está altamente correlacionada com o fracasso nos altos cargos executivos.*
  2. Se apenas duas categorias gerais puderem ser obtidas no recrutamento de um alto executivo, então a *experiência mais a inteligência emocional em geral é a combinação mais eficaz para se alcançar o sucesso.*
  3. A *combinação tradicional de experiência pertinente mais QI (com pouca inteligência emocional) tem maior probabilidade de produzir um fracassado do que um vencedor.*

Deixe-me acrescentar uma última observação, cuja origem se encontra no primeiro livro de Goleman sobre inteligência emocional. Nessas amostras, todos os gestores tinham alto nível de QI. Nenhum deles era intelectualmente limitado; ao contrário, não teriam tido sucesso em sua trajetória como universitários (e, em muitos casos, como pós-graduados), muito menos prosperado nos níveis desafiadores da média gerência. Em outras palavras, todos eram brilhantes (diria até extremamente brilhantes), mas sem a vantagem de um alto nível de inteligência emocional, não teriam nenhuma garantia de sucesso.

Mais uma vez, essa constatação me fez parar para pensar mais a fundo.

Por que a inteligência emocional é importante?

Para algumas pessoas, inteligência emocional significa "remédio para todos os males". Outros descartam totalmente a idéia por considerá-la uma moda passageira. Na minha opinião, nenhum desses pontos de vista está correto. Por isso, gostaria de apresentar brevemente em que consiste, a meu ver, a inteligência emocional.

Uma questão importante é que a inteligência emocional, diferentemente do QI, não é um índice. Na verdade, é um *inventário* de competências. Qual é diferença? O índice de QI produz a média de uma série de habilidades altamente relacionadas, associadas com a forma analítica/verbal da inteligência tradicional. A inteligência emocional, em contraposição, é um conjunto que contém uma série de diferentes competências.

Quais as principais idéias que derivam do conceito de inventário de inteligência emocional?

- *Precisamos de um nível básico — de um nível mínimo ou inicial — em algumas competências.*
- *Precisamos também de algumas competências em cada um dos quatro grupos principais de competências* (autoconsciência, autogerenciamento, consciência social e gerenciamento de relacionamentos; mais sobre isso em seguida).
- *Existe uma quantidade mínima de competências necessárias ao alto desempenho*, embora não precisemos necessariamente nos destacar em todas elas.
- *Nosso perfil de competências deve corresponder às exigências do cargo*. Como mencionado antes, um dos principais problemas com a maioria dos "testes de personalidade" é que eles não são específicos à função. Cada cargo exige um nível distinto de diferentes competências.

A inteligência emocional foi definida de diversos modos. Portanto, existem vários grupos de competências e várias maneiras de mensurá-los. Um dos mais úteis é o modelo desenvolvido por Daniel Goleman e Richard Boyatzis, que abrange quatro grupos: (1) *autoconsciência* (no qual as respectivas competências são a autoconsciência emocional, a auto-avaliação exata e a autoconfiança); (2) *autogerenciamento* (autocontrole emocional, transparência, adaptabilidade, orientação a conquistas, iniciativa e otimismo); (3) *consciência social* (empatia, consciência organizacional e orientação a serviços); e (4) *gerenciamento de relacionamentos ou habilidades sociais* (apoio ao desenvolvimento de outras pessoas, liderança inspiradora, influência, capacidade de catalisar mudanças, gerenciamento de conflitos e trabalho e colaboração em equipe).

Como as competências derivadas da inteligência emocional são medidas? A ferramenta mais proveitosa — *Inventário de Competência Emocional* — foi desenvolvida por Goleman e Boyatzis. Embora corra o risco de simplificar demasiadamente sua explicação, a melhor maneira de avaliar essas competências não é pela auto-avaliação, mas sim através de observações e, particularmente, das avaliações 360º.

Por que tudo isso é essencial para as decisões sobre pessoas? Porque *as competências derivadas da inteligência emocional são fundamentais para qualquer função e são imprescindíveis para um desempenho excepcional*. Como foi examinado no Capítulo 2, desempenho em funções complexas apresenta uma enorme dispersão. Se pudermos avaliar as competências derivadas da inteligência emocional, podemos prever mais exatamente o desempenho excepcional e, portanto, gerar grande valor econômico.

O fator preponderante da inteligência emocional

Esse tipo de afirmação, contudo, não mais surpreenderá os líderes e gestores bem-informados. Hoje, muitas organizações (mesmo aquelas que não falam abertamente sobre "inteligência emocional") estão bem conscientes de que as competências pessoais e interpessoais são primordiais para o sucesso em altas posições. Por isso, atualmente várias organizações dispõem de um inventário de competências claramente articulado e buscam contratar e promover as pessoas com base em competências relevantes derivadas da inteligência emocional (ainda que e talvez não digam que é isso que estão fazendo). Dentro de limites que serão considerados posteriormente, elas utilizam também técnicas baseadas em inteligência emocional para o desenvolvimento de executivos.

Por esse motivo, melhores decisões sobre pessoas estão sendo tomadas. Daniel Goleman e seus colegas tiveram enorme influência nisso. Se considerarmos a próxima década, parece certo de que essa influência só aumentará. Nosso padrão de vida depende totalmente da *excelência no alto escalão*, o que em grande medida tem origem nessas competências. Desse modo, elas serão cada vez mais usadas nas decisões sobre pessoas, em todos os tipos de organizações.

Além disso, o conceito de inteligência emocional será convocado a restaurar e a defender a reputação do capitalismo e da livre iniciativa. Isso, à primeira vista, pode parecer uma interpretação forçada. Porém, se você se aprofundar nas Erons, WorldComs e Adelphias da vida, com o tempo constatará que a causa básica dos problemas que elas enfrentaram não foi déficit de QI ou experiência, mas falta de transparência e autocontrole. Que melhor maneira haveria de restaurar a fé na empresa e em seus líderes do que tornar a inteligência emocional um componente permanente em nossas organizações?

Em conclusão, um mundo cada vez mais globalizado é um mundo também mais *volátil*. Isso exigirá um nível bem mais alto de competências derivadas da inteligência emocional, com respeito à adaptabilidade, empatia, sensibilidade intercultural e liderança. Por todos esses motivos e por outros, o modelo de inteligência emocional será progressivamente relevante nos anos que estão por vir.

O dilema do desenvolvimento

Como consultor de busca de executivos, nas últimas duas décadas tenho passado a maior parte do tempo ajudando as organizações a melhorar seu desempenho por meio de decisões acertadas sobre pessoas, tanto em relação a candidatos internos quanto a externos. Em outras palavras, a maior parte do meu trabalho não tem sido *desenvolver* pessoas, mas contratar (ou promover hierarquicamente) as melhores pessoas disponíveis.

Ao mesmo tempo, entretanto, passei em torno de uma década à frente da atividade de desenvolvimento profissional, globalmente, em nossa própria firma, e por conseguinte ajudando meus colegas a se desenvolver e prosperar. Portanto, tenho um contato em primeira mão com o desafio do desenvolvimento profissional, assim como um comprometimento pessoal de fazê-lo corretamente ou "acertar".

Mas "acertar" em teoria é mais fácil do que "acertar" na prática. Atualmente, nos Estados Unidos, apenas as organizações gastam algo em torno de *sessenta bilhões de dólares por ano* em programas de treinamento. Desse montante, grande porcentagem é destinada ao desenvolvimento de gestores. Contudo, não está nada claro que esse dinheiro é bem gasto. As poucas tentativas empreendidas para examinar de modo sistemático o efeito do desenvolvimento dos gestores deram geraram resultados confusos. Na maioria dos casos, os poucos resultados quantificáveis e positivos das iniciativas de treinamento e desenvolvimento parecem desaparecer alguns meses após o término dos programas.

Para ser mais específico, não existem tantas evidências convincentes de que as habilidades mais avançadas (tão vitais para o sucesso nos altos cargos!) possam ser desenvolvidas de alguma maneira significativa. Talvez seja esse o motivo por que muitas organizações e gestores não enfatizam explicitamente o desenvolvimento. Em vez disso, eles enfatizam a *seleção*, supondo implicitamente que os gestores têm ou não as habilidades apropriadas. Nesse modelo, a experiência basicamente complementa os principais atributos dos gestores, características essas que já estão mais ou menos enraizadas — resultado de uma herança genética boa ou ruim.

Como discutido no primeiro capítulo deste livro, a genética é sem dúvida um fator de peso. Talvez 50% do que somos, e podemos vir a ser, seja determinado pela genética. (Observe que evitei empregar o termo *predeterminado*.) O QI, por exemplo, depende amplamente da capacidade mental com que nascemos (adicionando-se a isso, naturalmente, grandes dosagens de formação educacional e aculturação). Porém, a outra metade é determinada pelo desenvolvimento e ao menos no âmbito profissional da vida, são as organizações que controlam o grau desse desenvolvimento.

Mas há aí uma boa notícia. A inteligência emocional *pode* ser desenvolvida. Richard Boyatzis não apenas conduziu algumas das melhores pesquisas sobre aprendizagem autodirigida em adultos, mas também foi pioneiro na implementação de um programa de MBA orientado ao desenvolvimento dessas competências.[12] Em 1996, publicou um artigo sintetizando seu trabalho na criação de programas de desenvolvimento de competências derivadas da inteligência emocional.[13] Eis sua conclusão: as pessoas *são capazes* de intensificar suas competências, em especial aquelas diretamente relacionadas à eficácia de gestão. Contudo, acrescenta ele, isso *não* ocorrerá nos tradicionais programas de desenvolvimento.

Em *Primal Leadership (Liderança Primordial)*, livro escrito em co-autoria com Daniel Goleman e Annie McKee, Boyatzis apresenta sua teoria acerca da aprendizagem autodirigida, que abrange cinco passos indispensáveis dirigidos à mudança.[14] O primeiro é *desejar* mudar e, portanto, definir seu eu ideal — quem você deseja ser. O segundo é identificar seu "eu real". Tendo em vista as limitações de nossa autoconsciência, esse passo depende do *feedback* de outras pessoas. O terceiro passo é criar, novamente com a ajuda de outras pessoas, um programa de aprendizagem realista para construir sobre seus pontos fortes e, ao mesmo tempo, compensar seus pontos fracos.

O quarto passo é testar novos comportamentos, pensamentos e sentimentos e praticá-los até dominar novas competências. Esse ponto é fundamental e estabelece uma diferença primordial entre a aprendizagem tradicional e o desenvolvimento de competências derivadas da inteligência emocional. Sim, essas competências podem ser aprendidas, mas elas exigem árdua dedicação, durante períodos prolongados, para que assim possamos desenvolver novos hábitos.

A quinta e última condição, que se aplica a cada um dos passos anteriores, é desenvolver relacionamentos confiáveis que possam nos ajudar, respaldar e encorajar em cada um dos passos do processo.

Em resumo, o "dilema do desenvolvimento" mencionado antes não deve se basear em se o desenvolvimento é ou não possível. *Podemos* desenvolver as competências mais importantes para a liderança. O verdadeiro dilema é que o *desenvolvimento demanda tempo*. Ele exige significativo empenho pessoal e deve ser respaldado apropriadamente pela organização.

Como mapear o potencial

Essa questão, por sua vez, dá a entender que uma das características que deveríamos procurar ao tomar decisões sobre pessoas é o potencial. Queremos apostar no desenvolvimento daqueles com a maior probabilidade de sucesso.

Às vezes o potencial é definido, estreitamente, como o preparo de um indivíduo para uma determinada função — em outras palavras, como um fator que define se alguém está preparado para passar de um cargo atual para um que apresente um desafio diferente ou para um em que a dimensão e o escopo de sua responsabilidade sejam significativamente maiores.

Proponho aqui uma definição mais abrangente. Quando examino o *potencial* estou indagando se um indivíduo tem capacidade para se desenvolver significativamente no futuro e, portanto, assumir desafios de maior envergadura.

Na minha opinião, concorrem para o potencial três ingredientes principais. Primeiro, naturalmente, é necessário ter *ambição*. Você é ambicioso? Qual é sua aspiração a longo prazo? David McClelland chamou a atenção para três grandes motivadores: a necessidade da conquista, a necessidade de afiliação e a necessidade de poder.[15] Bem, até que ponto se sente motivado? Você está disposto a fazer grandes sacrifícios para satisfazer uma ou mais dessas necessidades?

Segundo, é necessário ter *capacidade para aprender com a experiência*. Morgan McCall e outros argumentam a favor disso fervorosamente.[16] Você procura oportunidades de aprendizagem? Por acaso assume riscos, busca e utiliza o *feedback* que recebe, aprende com os próprios erros, é favorável a críticas e assim por diante?

Por último, mas não menos importante, pesquisas provenientes dos bancos de dados de nossa própria firma, das quais constam avaliações de milhares de executivos ao longo de vários anos, sugerem que algumas *competências específicas* são um indicador preciso de alto potencial. Você tem competências orientadas ao futuro (como orientação estratégica, capacidade para liderar mudanças e orientação a resultados) que são fortemente correlacionadas com um alto potencial executivo?

E quanto aos valores?

Muitas vezes, quando acabo de relacionar esses três indicadores de potencial, alguém traz à tona o problema dos valores. Quando mapeamos o potencial de uma pessoa, não deveríamos em verdade examinar seus valores e verificar se estes podem ser desenvolvidos?

Minha resposta bilateral a essa pergunta bilateral é "sim e não". Os melhores executivos que já vi em ação dão o sangue para pôr à prova a honestidade e a integridade de seus candidatos. Eles nunca, *jamais*, fazem concessões com respeito aos valores em relação a um candidato. Em *Paixão por Vencer*, Jack Welch refere-se à integridade como o primeiro teste que deve ser conduzido antes mesmo de cogitarmos contratar uma pessoa.[17]

Recentemente, Jim Collins examinou a questão acerca do que caracteriza as pessoas que ajudam uma empresa a passar de boa a excelente. Cito aqui o primeiro dos diversos critérios que ele relacionou:

> *As pessoas adequadas compartilham dos valores essenciais de uma organização.* As pessoas em geral perguntam: "Como conseguimos fazer com que as pessoas compartilhem nossos valores essenciais?". A resposta é: não conseguimos. A solução é encontrarmos pessoas que já estejam predispostas aos nossos valores essenciais e criarmos uma cultura que reforce tão rigorosamente esses valores que o "vírus" por si só é expelido. É possível a uma empresa ensinar habilidades, mas não qualidades do caráter. A Nucor Steel, por exemplo, contratou pessoas de municípios agrícolas, e não de municípios siderúrgicos, com a seguinte intenção: "Podemos ensinar as pessoas a fabricar aço, mas não podemos ensiná-las a ter um conjunto de valores morais baseados na virtude do trabalho árduo e diligente próprio de um agricultor".[18]

Isso me remete à segunda metade de minha resposta — a parte do "não". Em outro momento já mencionei o comentário de meu amigo Lyle Spencer: "É possível ensinar um peru a escalar uma árvore, mas é mais fácil contratar um esquilo". É preferível encontrar alguém já alinhado com seus valores e que possa se concentrar em progredir e não em tirar o atraso.

O que dizer das equipes?

No momento em que você estiver tentando definir o que está procurando, é fundamental que se atente para a *equipe*, e não apenas para o indivíduo. As implicações disso são várias. Primeiro, é extremamente importante não supervalorizar o possível efeito da contratação de um indivíduo. Em maio de 2004, Groysberg, Nanda e Nohria publicaram os resultados de uma pesquisa cujo objetivo era acompanhar a trajetória profissional de mais de mil analistas financeiros considerados "estrela".[19] Em diversos casos, o desempenho desses astros na nova posição foi desalentador. Por quê? Porque quando esse indivíduo muda para uma segunda função, ele não consegue levar com ele muitos (para não dizer nenhum) dos recursos que contribuíram para suas realizações na primeira função. O desempenho em funções altamente interdependentes decorre não apenas das habilidades individuais, mas também de recursos e capacitações, sistemas e processos, liderança, redes internas e treinamento — todos os quais podem ser resumidos na palavra "equipe".

É também imprescindível não superestimar o valor de uma equipe formada só por estrelas. Vários anos atrás, Meredith Belbin divulgou os resultados de uma pesquisa conduzida em Henley, a faculdade de gestão mais antiga da Europa, cujo principal objetivo era realizar um exercício de gestão em que seria necessário observar oito equipes de executivos participando de um jogo. Em um desses experimentos, os pesquisadores montaram uma equipe (a "equipe Apollo"), da qual integravam apenas pessoas extremamente brilhantes, e depois a inseriram na competição mais importante. Visto que para ganhar o jogo obviamente era essencial ter mente aguçada e analítica, os pesquisadores supuseram que a equipe de pessoas extremamente brilhantes sairia vencedora.[20]

Porém, como relatou Belbin posteriormente, a primeira vez em que aplicaram esse experimento, a equipe-constelação "Apollo" na verdade acabou em último lugar! Esse resultado parecia ser conseqüência natural de um processo de trabalho em equipe deficiente. Os membros da equipe Apollo, uma vez reunidos, passaram grande parte do tempo tentando persuadir seus companheiros a adotar seu ponto de vista, mas ninguém conseguia convencer ninguém. Na realidade, nas 25 rodadas do experimento que incluíram uma equipe Apollo, apenas em três vezes ficou em primeiro lugar. Dentre oito equipes, sua classificação média foi sexta.

Outros pesquisadores confirmaram o aspecto "curvilíneo" de acrescentar estrelas a um time (isto é, de que mais não significa necessariamente melhor). Em um artigo recente, "Too Many Cooks Spoil the Broth" ["Cozinheiros demais entornam o caldo"], os autores demonstraram que, embora acrescentar indivíduos com alto desempenho a princípio aumente a eficácia do grupo, em muito pouco tempo torna-se um processo de retornos decrescentes.[21]

A conclusão é que o poder das equipes não pode ser superestimado. Equipes eficazes facilmente superam em desempenho as estrelas individuais. Contudo, para que as equipes sejam eficazes, precisam ser extremamente bem concebidas e terem processos inteligentes. Por exemplo, fomentar a diversidade é uma solução comprovada para elevar a eficácia da equipe. Jack Welch uma vez comentou comigo que nossa tendência natural é trazer pessoas única e exclusivamente para "ter mais mãos" em uma determinada tarefa — em outras palavras, para concretizá-la *à nossa maneira*. Porém, alavancar sobre um indivíduo não é o objetivo primordial de uma equipe. As pessoas precisam complementar suas próprias idéias e habilidades, o que significa que elas precisam ter habilidades de colaboração substancialmente desenvolvidas.

Em determinados casos, talvez seja mais conveniente contratar uma equipe (pequena), em vez de um indivíduo. Anteriormente, neste capítulo, mencionei o estudo publicado na *Harvard Business Review* sobre vinte graduados da GE que se tornaram em seguida CEOs de outras empresas.[22] De acordo com a conclusão desses autores, uma das fontes de valor mais importantes para as empresas é o que elas chamam de "capital humano do relacionamento". Em outras palavras, a eficácia do gestor provém em grande parte dos relacionamentos estabelecidos com outros membros da equipe ou colegas. Os gestores que *se mudaram com colegas selecionados do emprego* 1 para o 2 apresentaram um desempenho consistentemente melhor não emprego 2, porque levaram com eles sua rede de relacionamentos e de capital social.

O último motivo pelo qual é indispensável definir o que estamos procurando, tendo em mente uma perspectiva de equipe, é que, em diversos casos, simplesmente não conseguimos encontrar um Superman, um Batman e um Spiderman (ou seus equivalentes do sexo feminino!) em um mesmo indivíduo. Considerar uma equipe pode ajudar a solucionar desafios importantes de liderança e de gestão que não não são possíveis de se resolver apenas com um indivíduo a despeito do quanto ele possa ser excelente.

Colocando tudo junto

Cobrimos muitos tópicos neste capítulo e abordamos diversos fatores. A Figura 5.10 reúne em uma única estrutura razoavelmente simples a maior parte do que conversamos a respeito:

- Primeiro, ao tomar decisões sobre pessoas, *nunca abra mão dos valores*.
- Segundo, o QI é sem dúvida fundamental, na medida em que algumas das competências cognitivas básicas avaliadas pelos testes de QI (como memória e raciocínio dedutivo) são pré-requisitos para um nível de desempenho (minimamente) aceitável em grande parte das funções.
- Terceiro, as competências derivadas da inteligência emocional são absolutamente indispensáveis para o sucesso no mundo contemporâneo do trabalho e particularmente essenciais para o sucesso das pessoas que ocupam cargos de liderança de alta gerência.
- Por último, ao contratar pessoas em níveis hierárquicos mais baixos da pirâmide organizacional, sempre examine o *potencial*, além do preparo a curto prazo para a função. Se contratarmos indivíduos com alto potencial, provavelmente conseguiremos fortalecer a organização a longo prazo.

Para cargos de alto nível, a *experiência* adquire maior importância. Normalmente, os executivos não têm tempo suficiente para aprender quando ocupam cargos muito desafiadores e de alta visibilidade — e as organizações não podem aguardar até que esses indivíduos ganhem velocidade.

Nível Organizacional

- Altos executivos
- Gerentes seniores
- Gerentes juniores
- Profissionais

O Que Procurar

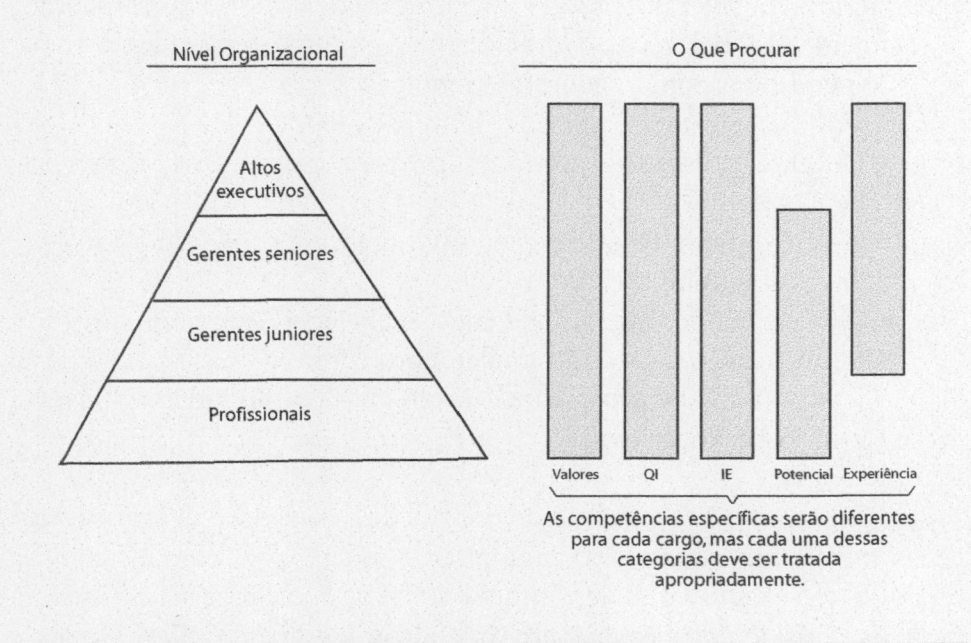

Valores | QI | IE | Potencial | Experiência

As competências específicas serão diferentes para cada cargo, mas cada uma dessas categorias deve ser tratada apropriadamente.

Figura 5.10 O que procurar em um candidato, Parte I.

Como chegar à resposta

Tenha paciência, mas precisamos examinar mais um conjunto de recomendações práticas.

Até agora, abordamos critérios relativamente gerais com respeito ao que procurar. Quando saímos para procurar emprego, é claro que precisamos descer a um nível de detalhe bem maior. Na medida em que cada situação é única, é essencial investir esforço significativo para compreendermos o que é necessário para o sucesso de cada função específica.

Se você trabalha em uma grande organização, é bem provável que já existam estudos sobre as competências consideradas primordiais e as metas para cada função específica, em especial nos níveis mais baixos. Se não puder contar com a vantagem desse tipo de análise, deverá procurar o conselho de especialistas ou realizar uma análise por conta própria. Acredito que procurar a ajuda de especialistas adequados possa ser significativamente valioso, mas deixe-me tentar resumir aqui algumas recomendações para desenvolver um processo seguro para descobrir o que procurar.

Primeiro, estabeleça as *prioridades* para o cargo respondendo uma série de perguntas, com a seguinte orientação:

- Daqui a dois anos, como contaremos que o novo gestor foi bem-sucedido?
- O que esperamos que o executivo realize e como ele irá fazê-lo em nossa organização?
- Quais objetivos iniciais podemos estabelecer em comum acordo?
- Se fosse nossa intenção implementar um sistema de incentivos a curto e médio prazo para o cargo em questão, quais variáveis-chaves pesariam mais?

Depois de elaborar essa lista de prioridades, você deve definir os *incidentes críticos* relacionados ao cargo, isto é, as situações comuns com as quais o novo executivo se defrontará e sobre as quais precisará dominar, para ser considerado um executivo de alto desempenho. Toma tempo desenvolver uma lista dessa magnitude, mas você verá que esse investimento vale a pena.

Por exemplo, uma empresa de bens de consumo que estava contratando um novo diretor de marketing elaborou uma lista com três incidentes críticos:

1. O novo diretor com certeza enfrentaria cortes de preço repentinos e imprevistos por parte dos concorrentes e teria de saber como reagir rapidamente.
2. Ele precisaria reposicionar um produto, apesar do fato de seu atual posicionamento ser bastante admirado internamente.
3. Ele teria de recrutar, desenvolver e reter gerentes de produtos com alto potencial, não obstante a concorrência crescente por esses recursos.

Ao identificar explicitamente esses incidentes críticos, a empresa foi capaz de estreitar o foco do processo de recrutamento e seleção.

A necessidade de se priorizar

À medida que avançamos na etapa de definição do problema, surgirá uma lista de competências para a função. A essa altura, evite criar listas tão exaustivas (e fatigantes!) que o impedem até de encontrar o candidato correto. Evite a armadilha de pensar que algum candidato terá todas as qualidades relacionadas em sua extensa lista. Ao contrário, tenha em mente as competências que são escassas na equipe da qual já dispõe e procure identificá-las com afinco entre seus candidatos.

Um dos processos de contratação de maior sucesso que já testemunhei exemplifica a importância dessa abordagem. Na década de 1990, um executivo francês foi contratado para recuperar um conglomerado europeu que estava sofrendo uma hemorragia de capital. Essa empresa tinha nove grandes unidades de negócios e nenhuma delas dispunha de estratégias competitivas. O novo CEO decidiu substituir *rapidamente* os diretores dessas unidades. Em cada um dos casos, identificou e apontou com precisão os requisitos da vaga e, em seguida, tentou encontrar essas competências dentro da organização. Quando conseguia essas competências em uma pessoa, ele a promovia ao cargo mais alto. Em outros casos, chegou a transferir os indivíduos que tinham algumas das competências necessárias para uma posição imediatamente abaixo e contratou para o cargo mais alto uma pessoa externa que dispunha do "restante das peças".

Para todas essas contratações, o CEO indicou indivíduos que não eram esperados. Nenhum era considerado uma estrela no setor (muitos eram relativamente desconhecidos), porém todos traziam as habilidades exatas que eram necessárias. A estratégia compensou; no decorrer da década subseqüente, o conglomerado gerou enorme valor para os acionistas.

A necessidade de ser claro

Ao montar sua lista de competências, você deve se esforçar especialmente para *defini-las da maneira mais clara que puder*.

As competências serão inúteis se não forem descritas do ponto de vista comportamental. Tome como exemplo o termo *espírito de equipe*, o qual normalmente é mencionado como competência nas descrições de cargo. Entretanto, pergunte a três pessoas qual o significado de "espírito de equipe" e terá três respostas distintas. Ou então tome como exemplo *visão estratégica*, outro traço freqüentemente proposto como competência. Para uma dada pessoa, o termo significa capacidade de conduzir análises profundas sobre as forças que influenciam um setor. Para outra, significa a capacidade de inspirar e de orientar as pessoas para uma nova direção.

A solução está em ser claro. Considere o exemplo de um grande fabricante industrial à procura de um gerente geral. A equipe de recrutamento chegou ao consenso de que o novo executivo deveria ser um *profissional de marketing*. Algumas equipes param por aí. Felizmente, essa equipe conseguiu ir mais longe, usando a descrição de cargo para traduzir "profissional de marketing" do seguinte modo:

> O candidato deve ser capaz de reconhecer oportunidades de negócios internacionais e criar um ambiente que faça com que todas as unidades de negócios que sejam necessárias comprometam-se com esse empreendimento. Ele deve ser capaz de fechar o negócio, se preciso, mas também de retroceder e reconhecer quando deve transferir essa responsabilidade para uma pessoa mais qualificada e que tenha maior intimidade com a negociação.

Repetindo, a definição de competências em termos comportamentais impõe que sejamos claros.

O ponto-chave é ter disciplina

Mais do que qualquer outra coisa, é indispensável ter *disciplina* nesse estágio. É imprescindível confirmar as competências-chave requeridas em cada circunstância e estabelecer o peso relativo de cada uma das competências contra as quais os candidatos internos e externos serão avaliados.

Deixe-me elucidar essa idéia com o caso de uma renomada empresa global de laticínios que alguns anos atrás procurava um novo CEO. Os requisitos do cargo eram em grande medida específicos com relação ao conhecimento de mercado, foco no cliente e competência funcional. O cargo exigia também as principais competências de liderança, como orientação a resultados, orientação estratégica e liderança de equipes.

Antes de partir para o processo de recrutamento, o Conselho de Administração reuniu-se diversas vezes para discutir criteriosamente a direção estratégica da empresa.[23] Com esse processo, o Conselho identificou uma estratégia com sete elementos.

Em seguida, o conselho discutiu esses elementos com uma empresa de recrutamento e seleção de executivos, a fim de determinar que competências gerais seriam indispensáveis para a implementação eficaz da estratégia acordada. Essas competências foram ponderadas de modo que refletissem sua importância relativa, sendo que a liderança organizacional ficou com 40% e outras quatro competências obtiveram 15% cada. O significativo é que o Conselho considerou o que de outro modo seria admitido como competências gerais ("liderança organizacional") e as refletiu em comportamentos específicos (o CEO tinha de conseguir se relacionar bem com mais de dez mil produtores de leite que em conjunto detinham a empresa).

Uma pequena força-tarefa, composta por membros tanto do cliente quanto da empresa de recrutamento, determinaram então as *capacidades de liderança específicas* mais importantes para fazer a empresa progredir a curto e médio prazo. Em decorrência disso, os recrutadores puderam dirigir aos candidatos perguntas bastante específicas. Por exemplo, teriam eles reformulado a cultura de uma organização de grande porte acerca de uma nova visão? Teriam eles dirigido uma organização no decorrer de um período de crescimento substancial, incluindo a integração de aquisições?

Saber o que procurar é fundamental porque
• Algumas características são melhores indicadores de sucesso.
• Precisamos focar nossos esforços
• Enfrentaremos momentos de escolhas difíceis entre candidatos reais.
Todas as características que se seguem são indispensáveis
• QI (embora, a maioria dos candidatos a altos cargos irão naturalmente apresentar um alto nível de QI)

- Experiência relevante, particularmente para altos cargos
- Competências derivadas da inteligência emocional, especialmente para altos cargos
- Potencial, particularmente entre os níveis de gerência júnior e média gerência
- Valores, em todos os casos

É fundamental seguir um processo disciplinado
- Confirmação das prioridades gerenciais
- Identificação das competências-chave requeridas
- Clara definição dessas competências em termos comportamentais
- Consenso acerca dos níveis necessários e do peso relativo de cada competência-chave

Figura 5.11 O que procurar em um candidato, Parte II.

Devo dizer que essa seleção se iniciou com expectativas relativamente baixas, em parte por causa de um conjunto de desafios de negócios e de obstáculos políticos que estavam assolando a empresa àquela época. Porém, um processo de recrutamento e seleção altamente disciplinado, possibilitado por uma percepção absolutamente clara sobre o que a organização estava procurando, transformou uma situação potencialmente desastrosa em uma experiência de aprendizagem altamente positiva para a empresa e seus líderes.

A Figura 5.11 sintetiza os principais pontos cobertos neste capítulo.

■ ■ ■

Depois de você definir apropriadamente o que procura, o passo seguinte é identificar onde se deve procurar candidatos, tanto interna quanto externamente. Esse é o tema do capítulo seguinte.

CAPÍTULO 6

Onde procurar: dentro e fora

Nunca me esquecerei do primeiro projeto em que trabalhei depois de me tornar consultor de busca de executivos.

Havia pouco tempo concluíra meu *grand tour* de entrevistas com pessoas de peso na Egon Zehnder International (EZI), os quais estavam para se tornar meus colegas. Uma das coisas que me ficou clara como a neve no decorrer dessas entrevistas foi que, se quisesse prosperar profissionalmente, teria de *ajudar sistematicamente nossos clientes a acertar em suas contratações*.

Talvez isso pudesse parecer um tanto quanto patente para uma firma de busca de executivos. Mas na verdade não era. O que eles estavam tentando deixar claro para mim, sem meias palavras, era que eu *não* seria prejulgado primordialmente em relação à minha produtividade ou à minha contribuição financeira para a empresa. Ao contrário, seria julgado principalmente com relação ao valor que agregasse aos nossos clientes. Se os ajudasse a contratar candidatos altamente promissores que continuassem a contribuir de uma maneira bastante significativa para as respectivas organizações, permanecessem com eles e no devido tempo assumissem responsabilidades de maior envergadura, meu sucesso estaria garantido.

Depois de passar por um treinamento inicial em nosso escritório de Madri, voltei para Buenos Aires, onde a atividade da EZI estava apenas começando a decolar. Tinha somente 30 anos de idade. Havia deixado meu país de origem havia cinco anos e, naquela época, não tinha praticamente nenhum contato profissional. Como o escritório era novo, não tínhamos departamento de pesquisa. Não tínhamos bancos de dados e, obviamente, naquela época não havia ainda nenhum banco de dados *on-line*, mecanismos de pesquisa ou outros recursos oferecidos pela Internet.

Portanto, esse foi o pano de fundo do meu primeiro projeto, que era encontrar um diretor de marketing e de vendas para a Quilmes. Essa era a principal marca de cerveja da Quinsa, a cervejaria de grande sucesso que descrevi no Capítulo 2.

Precisamente naquela época, a empresa ainda *não* era tão próspera. Para dizer a verdade, não ganhava nem perdia, e essa situação incitou um exame de consciência. Um dos resultados dessa auto-análise foi que os líderes da Quinsa haviam chegado à conclusão de que a divisão precisava aprimorar sensivelmente tanto o marketing quanto as vendas de seus produtos. Para isso, precisava segmentar e definir melhor seus principais mercados, desenvolver novos produtos, melhorar sua propaganda e melhorar significativamente a gestão de sua equipe de vendas. E tudo isso, por sua vez, significava que o novo diretor teria de formar uma equipe bem mais profissional.

Lembro-me de estar sentado à minha mesa, logo que esse projeto foi confirmado, lidando com dois problemas:

1. Avaliar onde deveria procurar os candidatos.
2. Avaliar quando deveria *parar* de procurar.

Como seria de esperar, estava totalmente motivado a fazer o melhor trabalho possível. Contudo, me sentia um tanto inseguro, porque estava mais do que consciente de que havia lá fora um infinito universo a respeito do qual eu não sabia absolutamente nada. Como eu poderia ter certeza de que os candidatos que viria a identificar seriam mesmo os melhores quanto à competência para o cargo e que não havia nenhum outro melhor? Como eu poderia ter certeza de que, caso fossem competentes, sua motivação e suas expectativas de remuneração eram adequadas ao nosso cliente? Qual seria a melhor forma de procurá-los: pesquisar empresas, usar anuários e catálogos telefônicos, obter informações com pessoas relevantes que talvez já os tivessem visto atuando? Quantos eu teria de examinar para ter convicção de que aqueles que apresentasse ao cliente eram indubitavelmente os melhores?

São perguntas como essas que desejo analisar neste capítulo. (Voltarei em um momento posterior ao resultado da seleção da Quinsa.) E por falar nisso: essas indagações aplicam-se à maioria das decisões importantes e significativas na vida, como bem ilustra o texto complementar "Um Olhar de Soslaio: Como Encontrar Seu Par".[1]

Um olhar de soslaio: onde encontrar seu par?

Às vezes a melhor forma de enfrentar um difícil desafio é examiná-lo obliquamente. Portanto, antes de analisar diretamente o desafio de saber onde procurar um escasso talento, vamos dar uma olhada em uma questão aparentemente dissociada: saber encontrar um par. Será que existe alguma lição que possamos extrair do âmbito pessoal e fazer valer no âmbito profissional?

Sempre gostei da história de Charles Darwin sobre sua busca por uma esposa. Numa determinada noite, sentado à sua mesa, insone, Darwin se pôs a perguntar se deveria se casar. Como era disciplinado, começou a anotar os prós e contras do casamento — os prós em uma coluna e os contras noutra. Ele se ocupou disso intermitentemente, no decorrer de vários dias. Aos poucos, a coluna de prós superou a de contras. E a diferença entre ambas continuou se ampliando. Diante disso, Darwin decidiu se casar. (Empregando a terminologia do Capítulo 4, ele reconheceu que era necessária uma mudança.)

Mas *com quem* ele poderia se casar? Ele até estivera apaixonado por Fanny Owen, mas sua longa viagem no navio HMS Beagle se encarregou de eliminar essa possibilidade. O que ele deveria fazer? Deveria pedir a seus colegas que lhe apresentassem alguém? Recorrer à ajuda de suas irmãs? Visitar parentes e coagi-los a lhe apresentar uma mulher adequada?

Por fim, voltou seus pensamentos para sua prima Emma, que sempre lhe servira como um excelente arrimo em todas as suas aventuras, e se deu conta de que — embora nunca a houvesse considerado como uma possível pretendente — ela era uma combinação perfeita. Assim, sem considerar nenhuma outra alternativa, Darwin casou-se com sua prima Emma. Pelo que se viu depois, tiveram uma união bastante feliz e uma família maravilhosa, e Emma se revelou uma inestimável fonte de apoio para as formidáveis contribuições científicas do marido.

Tome como exemplo agora o caso do renomado astrônomo Johannes Kepler, cuja primeira esposa faleceu de cólera em Praga, em 1611. O casamento de ambos havia sido arranjado e não se podia dizer que fosse especialmente feliz. Após o período convencional de luto, Kepler resolveu examinar sistematicamente a possibilidade de se casar pela segunda vez. Ele apurou onze candidatas ao longo de *dois anos*, ao final dos quais seus amigos o persuadiram a escolher a quarta candidata, uma mulher da alta classe cujo dote era tentador. Mas a quarta candidata tinha amor-próprio e rejeitou Kepler por tê-la feito esperar tanto tempo.

Mas essa má notícia era na verdade uma boa notícia, mas disfarçada: Kepler então se sentia livre para escolher sua alternativa preferida, que prontamente o aceitou. Juntos, o feliz casal criou sete filhos, enquanto Kepler assentava as bases para a Lei da Gravitação Universal de Newton.

Darwin e Kepler ilustram as *estratégias de seleção*, segundo as quais escolhemos uma alternativa dentre vários candidatos que aparecem de modo aleatório, extraídos de uma população que, antes, era em grande medida desconhecida. A questão sobre até que ponto devemos nos esforçar para ampliar o universo de opções possíveis, em vez de obter mais informações sobre os candidatos conhecidos, torna-se fundamental. Do mesmo modo o é a necessidade de distinguirmos os critérios reais de sucesso, em vez de nos valermos puramente das emoções ou sucumbirmos às pressões exercidas por conhecidos bem-intencionados. Do mesmo modo o é a necessidade de *agir rapidamente*. Do contrário, o quarto candidato pode rejeitar sua oferta, o que pode ou não ser uma boa coisa!

Nos últimos anos, pesquisadores buscaram soluções para refletir sobre problemas desse tipo. Estatísticos investigaram a quantidade de opções que precisamos examinar para maximizarmos a probabilidade de encontramos "o melhor". Economistas desenvolveram modelos inteligentes de pro-

> cura de oportunidades de emprego. E, obviamente, os biólogos tentaram descobrir de que modo os membros de diferentes espécies buscam um par para acasalamento.
>
> Como no casamento, nos negócios e na vida empresarial a pergunta adquire esta feição: Como encontramos nosso "par"? Como identificamos os melhores candidatos em potencial, de forma eficaz e eficiente?

A importância de gerarmos candidatos é decisiva, visto que estabelece os limites externos para nossas decisões sobre pessoas. Não nos é possível escolher uma alternativa da qual não tenhamos ciência e igualmente não nos é possível escolher uma alternativa melhor do que a melhor dentre aquelas que se encontram diante de nós.

Em um mundo ideal, uma organização escolheria um candidato dentre inúmeros indivíduos altamente qualificados. No mundo real, muitos comitês de seleção têm, quando muito, um candidato qualificado. (Alguns não têm nenhum!) Aliás, uma pesquisa do Centro de Liderança Criativa demonstrou que, em quase 25% das vezes (um dentre quatro casos!), o executivo selecionado para o cargo era o único que havia sido avaliado.[2]

Gerar candidatos é uma atividade que se tornará ainda mais decisiva no futuro, tendo em vista as realidades demográficas. A demanda vai continuar aumentando, mesmo que a quantidade de executivos na faixa etária adequada continue a diminuir acentuadamente. Por exemplo, a quantidade de pessoas entre 35 e 44 anos nos Estados Unidos chegou ao pico em 2000 e, por volta de 2015, terá diminuído em 15%. Contudo, tendo como pressuposto uma taxa de crescimento anual média de 3%, a economia americana terá crescido 56%. Em outras palavras, a oferta de executivos em 2015, em relação ao tamanho da economia, será 50% inferior à de 2000!

E essa é apenas a face quantitativa do desafio. Na face qualitativa, precisaremos de executivos bem mais esclarecidos — indivíduos com perspectiva global, conhecimento tecnológico, traços empreendedores e capacidade de trabalhar em organizações cada vez mais complexas.

Contudo, as grandes empresas concorrerão progressivamente com as pequenas e médias, o que em diversos casos acaba abrindo oportunidades para que elas influenciem e criem riquezas às quais poucas grandes empresas conseguem se equiparar.[3]

Mas não precisamos avançar uma década ou mais em busca de evidência desses problemas. Como mencionei no Capítulo 2, eles já se encontram entre nós. Há pouco tempo, bati os olhos por acaso em alguns números de um "índice" da revista *Harper's* que mostrava que, nos Estados Unidos, 40% das vagas para o cargo de CEO no momento estão sendo preenchidas por pessoas externas às empresas, a um custo médio de cerca de dois milhões de dólares, e em conseqüência disso existia 50% de probabilidade de o CEO se afastar ou ser demitido no prazo de dezoito meses!

Pessoas de dentro ou de fora?

Uma primeira pergunta óbvia é: devemos procurar dentro ou fora da organização? Para a maioria das organizações, é mais aconselhável procurar primeiro dentro e somente levar a cabo uma busca externa quando todas as possibilidades internas estiverem exauridas. Grande parte delas está errada.

Na EZI, sempre argumentamos em prol de uma busca mais abrangente.[4] Tendo por base nossa experiência de mais de quatro décadas, em vez de se realizarem promoções internas, 95% dos cargos são preenchidos por pessoas externas, quando o processo de seleção se estende a candidatos tanto internos quanto externos. Sim, é bem verdade que esse número está um tanto quanto distorcido, visto que, quando os clientes nos solicitam uma pesquisa e seleção de longo alcance, em geral já têm por certo que suas alternativas internas são parcas. Mas o fato de na vasta maioria dessas buscas amplas a escolha no final das contas pender para os candidatos externos é um argumento convincente de que gerar o maior conjunto de candidatos qualificados agrega valor.

Quando é melhor optar pelas pessoas externas, em detrimento das internas? Como mencionei, um estudo realizado por Rakesh Khurana e Nitin Nohria, toca exatamente nesse ponto, ao examinar a rotatividade de CEOs em duzentas organizações, em um período de quinze anos. Segundo esse estudo, o tipo de candidato contratado por uma empresa (interno ou externo) tem claras conseqüências sobre o desempenho organizacional subseqüente, independentemente de outras mudanças organizacionais. A promoção de uma pessoa interna, de acordo com Khurana e Nohria, não exerce significativa influência sobre o desempenho da empresa, seja essa promoção uma sucessão natural ou conseqüência de uma rotatividade forçada.

As pessoas externas, em contraposição, agregam um excelente valor nas situações em que o predecessor tenha sido demitido e haja necessidade de mudança. Entretanto, elas tendem a *destruir* significativo valor, nos casos de "sucessões naturais" (isto é, quando o predecessor simplesmente se aposenta e não há uma necessidade perceptível de mudanças importantes). A influência do desempenho dos novos CEOs externos é extremamente marcante em ambos os casos, e isso representa um aumento ou decréscimo médio de aproximadamente cinco pontos percentuais nos lucros operacionais anuais ajustados ao setor. Para muitas empresas, o resultado dessa mudança seria a duplicação de sua lucratividade (quando a influência do desempenho for positiva) ou então a total extinção de seus lucros. As conclusões desse estudo estão retratadas na Figura 6.1.[5]

Em outras palavras, para melhorar o desempenho de uma empresa, deve ser contratada uma pessoa externa tão logo ocorra uma saída forçada. Khurana e Nohria citam Lou Gerstner da IBM como principal exemplo. "As pessoas de fora têm as habilidades e capacidades para vencer e prosperar em um mandato de mudança" porque, segundo os autores, "elas não têm 'as idéias preconcebidas' que tendem a incapacitar as pessoas internas". Mas tome cuidado para não fazer cair do céu um candidato brilhante em um cenário de prosperidade, o que — concluíram os pesquisadores — desencadeia uma queda de desempenho de 6% em média.[6]

Promover um candidato interno

- 0.9%* (Rotatividade forçada: 0.1%*)

Contratar um candidato externo

- Sucessão natural: −5.8%
- Rotatividade forçada: 4.4%

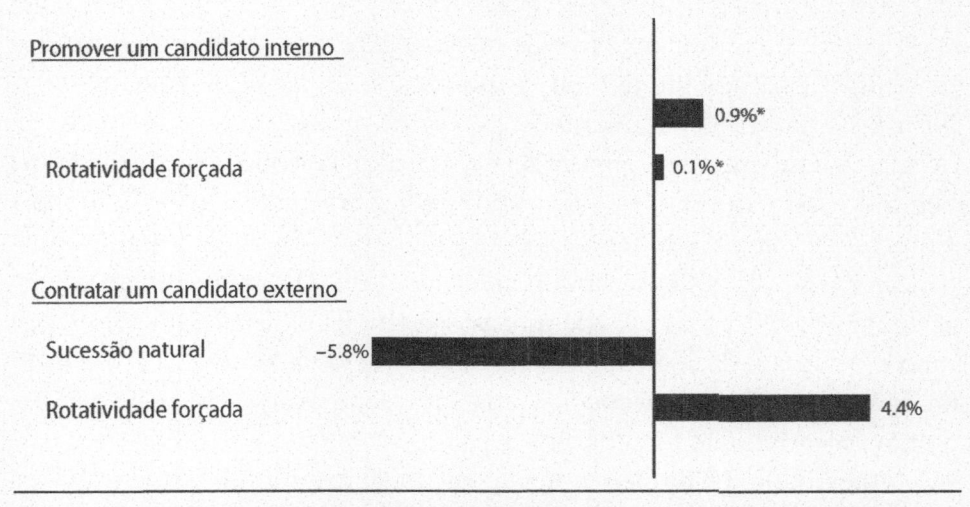

Figura 6.1 Influência da rotatividade de CEOs sobre o desempenho — mudança nos lucros operacionais ajustados ao setor, em pontos percentuais.
*As mudanças em relação aos candidatos internos não foram significativas do ponto de vista estatístico.
Source: "The Performance Impact of New CEOs", MIT Sloan Management Review, inverno de 2001.

O problema das médias

Então a resposta é simples, não é? Devemos promover um candidato interno, seguindo uma sucessão natural, e pesquisar externamente quando o encarregado anterior tiver sido demitido, não é isso?

Não exatamente. No estudo de Khurana e Nohria, os autores apresentam uma conclusão acerca da *média*. No entanto, aprendi na disciplina de estatística que, se azarados o bastante, somos capazes de nos afogar em uma piscina com apenas meio metro de profundidade, *em média*.

Quando Robert A. Iger foi promovido de presidente a CEO da Walt Disney Company em 13 de março de 2005, substituindo o irascível Michael Eisner, diversos espectadores questionaram a decisão de promover a pessoa número 2 quando a pessoa número 1 estava praticamente obrigada a renunciar ao cargo. A maioria dos especialistas concorda que, para ter êxito, Iger teria de estabelecer e comunicar sua própria visão — em outras palavras, agir como uma pessoa externa agiria.[7]

E foi precisamente isso que ele fez. A princípio, para não deixar dúvida, despediu um dos principais representantes de Eisner.[8] Em seguida, renomeou o principal estrategista da empresa e anunciou seus planos de extinguir a divisão de planejamento estratégico da empresa. Ao mesmo tempo, prometeu devolver a cada uma das unidades de negócios sua autoridade decisória, revertendo, desse modo, a tendência à centralização que havia se consolidado no reinado de Eisner.

Além disso, Iger começou a reconstruir todas as relações importantes com o Pixar Animation Studios, uma medida que ajudou a trazer de volta para o rebanho vários críticos influentes da empresa. (Com esse mesmo espírito, persuadiu Roy Disney a novamente se juntar ao conselho da empresa e atuar como consultor.) Demitiu os líderes da Muppets Holding Company que Eisner nomeara, uma vez mais sinalizando que uma nova era havia chegado.

A partir daí mudanças *reais* foram tendo lugar. Em janeiro de 2006, a empresa anunciou a aquisição da Pixar, por 7,4 bilhões de dólares, o que ocasionou a nomeação de John Lasseter, da Pixar, a diretor de criação tanto dos estúdios de animação Disney/Pixar quanto da Walt Disney Imagineering (a divisão que idealiza as atrações dos parques temáticos). Além disso, tornou o ex-proprietário da Pixar, Steve Jobs, o principal acionista da Disney e lhe reservou um lugar na diretoria dessa empresa. Por meio dessa única aquisição, em outras palavras, Iger lançou sua rede tanto sobre um talento criativo do mais alto gabarito quanto sobre um gênio tecnológico.

Iger e a nova Disney ainda estão sob a mira do corpo de jurados, obviamente. Mas acredito que, a despeito do status de Iger enquanto uma pessoa interna, sua atuação tem sido como de uma pessoa externa. Portanto, não obstante as conclusões que se baseiam na média, não há dúvida de que algumas pessoas internas conseguem agregar um excelente valor, mesmo nos casos em que o predecessor tenha sido afastado e mudanças importantes tenham se mostrado necessárias. Do mesmo modo, às vezes o candidato externo adequado consegue agregar um excelente valor à empresa, mesmo nos casos em que o predecessor tenha saído de cabeça erguida e nenhuma mudança tenha se mostrado essencial. O truque é encontrar o melhor candidato em potencial para cada situação, *levando em conta tanto as pessoas de dentro quanto as de fora*.

Examinando mais ao largo das conclusões de Khurana e Nohria sobre a média, mas ainda assim nos valendo dos dados excepcionais desse estudo, podemos examinar a amplitude das conseqüências da rotatividade de

CEOs sobre o desempenho, retratadas na Figura 6.2, na qual a amplitude probabilística foi elaborada considerando dois desvios-padrão de baixo valor, abaixo da média, e dois desvios-padrão de alto valor, acima da média.

Promover um candidato interno

Sucessão natural −39,1%   40,9%

Rotatividade forçada −17,9%   18,1%

Contratar um candidato externo

Sucessão natural −19,8%   8,2%

Rotatividade forçada −9,6%   18,4%

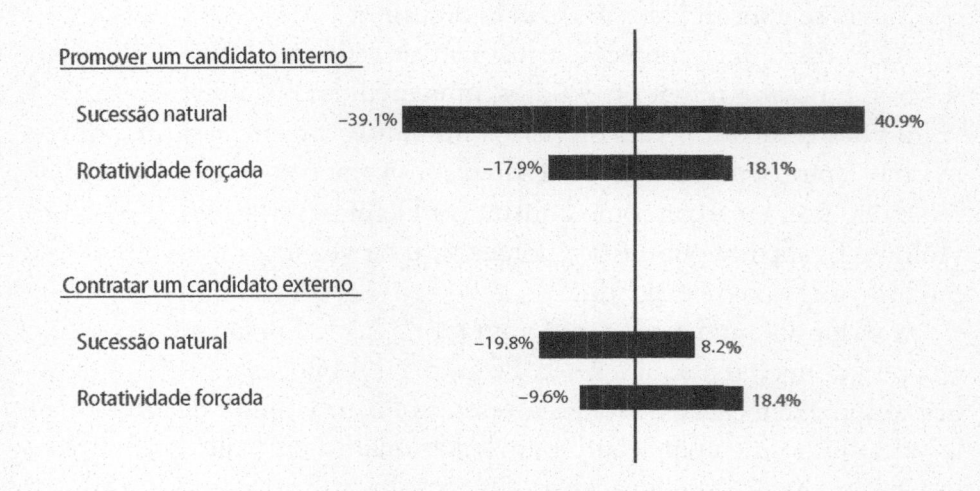

Figura 6.2 Amplitude da influência da rotatividade de CEOs sobre o desempenho — mudança nos lucros operacionais ajustados ao setor, em pontos percentuais.
Fonte: Rakesh Khurana e Nitin Nohria, "The Performance Consequences of CEO Turnover" (15 de março de 2000). http://ssm.com/abstract-219129. Análise do autor.

Da Figura 6.2 podemos extrair várias conclusões importantes:

- Quando as coisas estavam indo de vento em popa, a promoção de candidatos internos provocou uma enorme dispersão no que tange à influência sobre o desempenho: houve alguns sucessos excepcionais e alguns insucessos impiedosos. Desse modo, devemos ser especialmente cuidadosos em situações estáveis, ficar de olho no *futuro* e ter certeza de que a pessoa que está sendo promovida tem as capacitações necessárias.
- Conquanto a amplitude da influência sobre o desempenho também tenha sido bastante grande no caso da contratação de candidatos externos, com a possibilidade tanto de agregar quanto de destruir um significativo valor, a dispersão dessas amplitudes foi

menor. Isso dá a entender que esses candidatos externos foram inspecionados mais cuidadosamente.
- Ao examinarmos essas dispersões, fica claro que não existe nenhuma regra rígida e definitiva sobre candidatos internos *versus* candidatos externos. Em algumas empresas e situações, o melhor candidato interno é melhor do que qualquer outro candidato externo; em outras, o candidato externo adequado é a melhor opção.

Todavia, duas generalizações são possíveis. Em primeiro lugar, as empresas de grande porte com enorme competência para desenvolver pessoas internas, como a GE, muito provavelmente terão seus melhores candidatos dentro da própria empresa, alcançando, em decorrência disso, os mais altos valores possíveis na Figure 6.2. Mas mesmo essas empresas, quando se investem em negócios e atividades completamente novos, devem aventar a possibilidade de pesquisar fora, por todos os motivos já discutidos no Capítulo 5. E ser grande não significa necessariamente ter o talento adequado. Quando Larry Bossidy deixou a GE para assumir o controle da Allied Signal, constatou que — pelo menos na primeira parte de seu mandato — promover candidatos internos era extremamente difícil. Só depois de construir um banco de talentos é que lhe foi possível começar a examinar primeiro dentro da própria empresa.

A segunda generalização tem sua raiz em parte na pesquisa sobre seleção de executivos conduzida pelo Centro de Liderança Criativa. De acordo com a conclusão desse estudo, *sempre é melhor examinar candidatos internos e externos em um processo de recrutamento*. Eles constataram, especificamente, que os bancos de candidatos das empresas cuja seleção interna provou-se favorável continham mais candidatos externos do que os bancos de candidatos internos das empresas cuja seleção interna foi malsucedida. As constatações foram semelhantes para empresas que selecionaram candidatos externos promissores: os bancos dessas empresas continham mais candidatos internos do que os das empresas que selecionaram um candidato externo malsucedido.

Em suma, particularmente nas decisões cruciais sobre pessoas, precisamos de um banco de candidatos bem equilibrado para que o melhor seja identificado e selecionado, seja ele interno ou externo.[9]

Uma analogia com a inovação

Já passei muito tempo tentando imaginar por que as empresas deixam de investir de modo tão significativo na criação de candidatos em potencial, quando as conseqüências de tomar uma decisão errada podem ser tão devastadoras e as recompensas por tomar uma decisão certa tão expressivas.

Acredito que a primeira parte da resposta seja que, quando tudo prospera, nós, seres humanos, somos naturalmente avessos ao risco. Tendo em vista a dificuldade de avaliar candidatos, preferimos nos manter com o "mal que conhecemos". Entretanto, quando as coisas vão mal, em geral nos falta força emocional (ou tempo!) para continuar procurando alternativas. Tentamos *terminar depressa*, aceitando qualquer candidato que apareça na nossa frente. No entanto, ao proceder dessa maneira, aumentamos nosso índice de insucesso e abrimos mão de um imenso potencial de lucros e vantagens.

O âmbito da inovação oferece uma analogia tremendamente pertinente. As mil principais empresas do mundo que mais gastam em pesquisa e desenvolvimento (P&D) investiram algo em torno de quatrocentos bilhões de dólares em P&D em 2004. O gasto com inovação tem crescido 6,5% ao ano desde 1999 (ou, se avaliado desde 2002, 11% ao ano, uma porcentagem considerada descomunal).[10]

Esses números podem até parecer grandes ou mesmo "grandes o suficiente". Contudo, na opinião de inúmeros analistas, essas empresas ainda estão gastando significativamente menos em inovação. Por exemplo, Charles I. Jones, da Universidade de Stanford, e John C. Williams, do Federal Reserve Bank de San Francisco, defenderam que o nível *adequado* de gastos em P&D por empresas americanas para assegurar níveis consistentes de crescimento é *quatro* vezes maior do que o atual.[11]

Novamente, como no caso da necessidade de gerar candidatos para cargos de peso, podemos compreender intelectualmente que deveríamos fazer mais e que ainda não fizemos nada com respeito ao déficit. As empresas que estão prosperando, por terem investido anteriormente em inovação, em geral decidem colher parte desse investimento prévio. As empresas que estão famintas por novos produtos normalmente cometem o erro de não providenciar recursos financeiros para investir no futuro.

Outra coincidência curiosa entre a inovação e a escolha de pessoas é a escolha entre o interno/externo. Não importa o quanto gastamos em inovação, se não alocarmos esse dinheiro aos lugares corretos. Além disso, às vezes os lugares corretos estão fora da empresa. Em *seu best-seller Open Innovation (Inovação Aberta)*, meu colega de classe de Stanford Henry Chesbrough defende a tese de que o direcionamento para o âmbito externo é a solução para fomentar o retorno sobre o investimento em inovação.[12]

Embora nos últimos tempos tenha sido pequena a quantidade de pesquisas sobre a influência da busca de oportunidades de inovação no âmbito externo sobre a lucratividade, têm surgido algumas evidências que propõem com veemência que métodos mais abertos de inovação viabilizam o melhor desempenho. Um estudo recente sobre o desempenho em inovação em empresas manufatureiras no Reino Unido, por exemplo, enfatizou o potencial de lucratividade em buscar alternativas no âmbito externo para investimento em inovação.[13]

A busca de candidatos externos para cargos de liderança tem o mesmo potencial. O desafio reside em gerar candidatos, fazer *benchmark* dos candidatos internos e externos e saber quando parar de procurar.

A necessidade de *benchmark*

Como vimos no Capítulo 2, a "dispersão de desempenho" entre um profissional bom e outro ruim aumenta exponencialmente em relação à complexidade da função. Por isso, a diferença entre um gestor médio e um de desempenho excepcional, em especial em cargos de alto nível, nunca deve ser subestimada. Por dedução lógica, os esforços de uma empresa em preencher altos cargos deveriam também aumentar exponencialmente em relação à senioridade e à complexidade da função.

Um aspecto desses esforços é a *avaliação comparativa (benchmarking)*. Quem é considerado melhor lá fora e como nossos candidatos se comparam com esse indivíduo excepcional?

Vejamos um exemplo da vida real. Quando uma empresa americana de hardware para computadores deu início ao processo de contratação de um *country manager* na Ásia, ela a princípio identificou todos os

CEOs, diretores operacionais e outros cargos corporativos em importantes empresas-alvo na região, incluindo fornecedores de hardware semelhantes, importantes provedores de software e serviços, fornecedores e até empresas de setores remotamente relacionados, como o de telecomunicações. Uma confirmação preliminar de referências com relação a todos os nomes (conduzida por uma firma de busca de executivos) ajudou a reduzir 90% dessa extensa lista inicial. Além disso, uma segunda lista de asiáticos com formação e experiência pertinentes, que trabalhavam em outras regiões, em especial no continente americano e na Europa, foi sistematicamente investigada. Uma terceira lista de ex-executivos de todas as empresas-alvo também foi gerada. Por último, uma quarta lista incluía executivos de outros setores — como o de bens de consumo duráveis —, os quais tinham referências notáveis nas principais competências necessárias ao cargo e aparentemente demonstravam uma boa adequação cultural tanto em relação à empresa quanto ao país.

A equipe de contratação, que compreendia o vice-presidente regional da Ásia e o diretor corporativo de RH, reduziu as listas agregadas de mais de cem candidatos em potencial a uma dúzia de nomes. Esses doze indivíduos foram em seguida entrevistados e comparados com os melhores diretores da mostra identificados pelo *benchmarking*.

Para citar um segundo exemplo, a empresa de laticínios internacional descrita no Capítulo 5 também realizou um eficiente trabalho de *benchmarking* dos candidatos. Nesse caso, ficou claro — na medida em que as competências e níveis-alvo desejados foram confirmados — que era necessário empreender um significativo processo de busca externa para identificar candidatos em potencial em nível internacional. A equipe de contratação foi assessorada por uma firma de busca de executivos, que identificou e avaliou candidatos no mundo inteiro. Com essa colaboração externa, foi possível obter acesso e *insights* sobre dezenas de candidatos em potencial de diversos países, preservando totalmente a confidencialidade do processo.

A equipe empregou um processo de *benchmarking* simples, mas eficaz, para classificar as cinco competências identificadas e consideradas pertinentes e, em seguida, avaliou cada um dos candidatos com relação a cada competência, empregando uma escala de 1 a 10. (Visto que a firma de busca de executivos em questão em geral aferia candidatos internacionalmente, a probabilidade de obter "classificações desiguais" de um país a outro foi minimizada.) A pontuação total ponderada foi então calculada e complementada por descrições qualitativas dos principais pontos positivos e problemas de cada candidato, externo e interno.

Para que esse *benchmarking* dos candidatos seja eficaz, é essencial obter um perfil claro dos melhores candidatos externos em potencial, mas também avaliar objetiva e criteriosamente as alternativas internas. Tome como exemplo uma empresa de software internacional, que, tendo ainda à frente de seus principais cargos os próprios fundadores, usou os serviços de uma consultoria de busca de executivos para encontrar um CEO externo — um alto executivo de uma grande empresa de tecnologia —, o qual recrutou imediatamente vários outros executivos dessa mesma empresa. Porém, essa nova equipe não conseguiu se adaptar à cultura existente e, com o tempo, todos foram demitidos.

Um processo de recrutamento subseqüente identificou um dos altos diretores internos (que antes havia sido desconsiderado) como um candidato de peso. Uma avaliação comparativa desse indivíduo com os dois melhores vindos de fora revelou claramente que ele era o mais competente para o cargo, em parte porque não havia dúvida de que manter a cultura (e estabilidade) da empresa era um fator preponderante.

O momento de parar de procurar

Permita-me voltar aqui ao meu primeiro projeto em Buenos Aires, em que tive de procurar um novo diretor de marketing e de vendas para a Quilmes, a principal marca de cerveja da Quinsa.

Quantos candidatos tive de gerar para que pudesse ter certeza de que estava apresentando ao cliente os melhores indivíduos possíveis? Resolvi identificar e investigar em torno de cem candidatos, do mesmo modo que o fiz para a maioria dos projetos nos quais trabalhei em meus primeiros anos de experiência como consultor de busca de executivos.

(Não me pergunte de onde eu tirei esse número. Acho que imaginei que dez era muito pouco e que mil era impossível.)

Como bem aconselham os especialistas em tomada de decisão, não devemos nos ater a poucas alternativas.[14] Os acadêmicos que estudam o processo de recrutamento e seleção de CEOs concluíram que, em regra, os Conselhos de Administração devem definir um banco de candidatos bem mais amplo.[15] Portanto, mais significa melhor. Contudo, voltando à pergunta, como identificamos o momento em que devemos parar de procurar?

Uma das respostas a essa pergunta é dada originalmente por estatísticos encarregados do "problema de dote", segundo o qual um sultão deseja testar a sabedoria de seu conselheiro-chefe, que por acaso procurava uma esposa. O sultão providencia para que cem mulheres do reino se apresentem sucessivamente ao conselheiro, que tem de escolher aquela com o maior dote. Naturalmente, ele pode perguntar a cada uma qual é seu dote. A cada mulher que se apresenta, ele precisa decidir entre casar com ela ou passar para a seguinte, mas *não pode rever nenhuma das mulheres que já tenha visto*. Se escolher a mulher cujo dote é maior, poderá se casar com ela e manter-se no cargo de conselheiro-chefe do sultão. Se não, será condenado à morte.

Os estatísticos demonstraram que, numa tal situação, a melhor estratégia é a "regra dos 37%". O conselheiro deve examinar as primeiras 37 mulheres, sem escolher nenhuma, mas deve se lembrar do dote mais alto desse conjunto, que podemos chamar de "A". Em seguida, começando da 38ª mulher, ele deve selecionar a primeira cujo dote seja superior ao do grupo A. A regra dos 37% é a melhor que o conselheiro pode seguir para maximizar a probabilidade de manter sua cabeça sobre o pescoço.

As limitações da regra dos 37%, entretanto, são evidentes. Primeiro, para tomarmos a decisão final, precisaríamos entrevistar pelo menos 38 mulheres (37 + 1) em uma amostra de 100 ou, o que parece bastante provável, em uma amostra bem maior. E se nosso universo fosse de 1.000 candidatos, e não de 100? Será que teríamos tempo para examinar (no mínimo) 371 candidatos?

Alguns pesquisadores examinaram a fundo esse problema, por eles chamado de "tomada de decisão rápida e fácil", tentando conceber soluções para obter resultados melhores com uma amostra bem menor. Um grupo, que seguia o princípio de "menos é melhor", descobriu que regras mais simples — como "testar uma dúzia", o que significa analisar apenas doze candidatos antes de começar a comparar os candidatos seguintes com o melhor anterior — não apenas são bem mais econômicas (com relação à quantidade de candidatos analisados), mas também mais eficazes.[16] Não, essa regra não maximizaria a probabilidade de encontrarmos o candidato incomparavelmente melhor, mas seria eficaz e nos possibilitaria escolher o *candidato com o valor esperado mais elevado*, reduzindo, ao mesmo tempo, a probabilidade de acabarmos escolhendo um candidato ruim. Observa-se que a regra "testar uma dúzia" funciona não somente para uma população de cem candidatos, mas também e até para populações de vários milhares.

Conquanto essa constatação pareça interessante, não é tão surpreendente quando examinamos estatísticas com valores extremamente altos. Se escolhermos uma amostra aleatória de uma distribuição normal, o máximo valor esperado aumentará de modo proporcional ao tamanho da amostra. Entretanto, se o tamanho de nossa amostra for suficientemente grande, o máximo valor esperado não aumentará de maneira significativa com amostras maiores. Se considerarmos uma distribuição normal padronizada (cuja média é 0 e o desvio-padrão é 1) e pegarmos uma amostra de tamanho 1, por definição o valor esperado será 0. Com amostras maiores, pode-se calcular o *máximo* valor esperado da amostra. Se fôssemos utilizar uma amostra extremamente grande, é bem provável que o máximo seria 2 ou um número ligeiramente superior (2, por definição, seria 2 desvios-padrão acima da média, o que teria pouca probabilidade de ocorrer em uma distribuição normal).

A Figura 6.3 apresenta o máximo valor esperado dessa distribuição, de acordo com o tamanho da amostra. Como podemos ver nessa figura, uma amostra de tamanho 10 seria suficiente para gerar um valor esperado próximo de 1,6, não tão distante de 2, um valor máximo possível. Isso nos dá uma dica sobre o motivo por que "testar uma dúzia" pode funcionar mesmo quando estamos tomando uma amostra de candidatos de uma população significativamente grande.

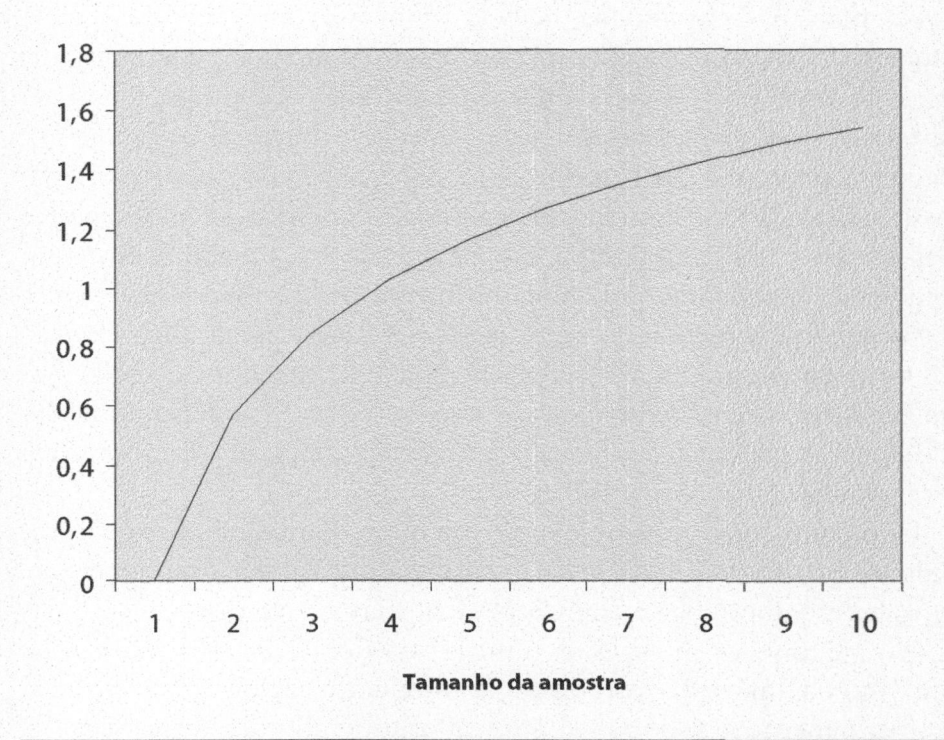

Figura 6.3 Máximo valor esperado de uma distribuição normal padronizada.

Mas e as escolhas *dos candidatos*?

Talvez já esteja concluindo que é suficiente examinar doze candidatos antes de determinar nosso nível de aspiração. Lamentavelmente, as coisas não são tão simples assim, pois estamos lidando com escolhas mútuas. Em outras palavras, *a pessoa que escolhemos também precisa nos escolher*.

Se apenas um dentre cinco candidatos estiver propenso a se interessar pelo cargo que estamos oferecendo, a regra de "testar uma dúzia" exige que examinemos sessenta candidatos, e não doze, para que, desse modo, possamos estabelecer nosso nível de aspiração. Em relaçao à busca de um par para acasalamento, o desafio da escolha mútua tem sido analisado pelo ABC Research Group.[17] Ao que se constatou, a estratégia ideal na verdade exige que examinemos em torno de vinte indivíduos antes de estabelecermos nosso nível de aspiração.

Entretanto, existe uma condição. Na questão da busca de um parceiro, precisamos avaliar nosso nível de atratividade empregando dois tipos de *feedback* dos membros do sexo oposto: propostas e recusas. Em outras palavras, quando alguém que achamos extremamente atraente nos pede em casamento, podemos aumentar nosso nível de aspiração. Ao mesmo tempo, quando alguém que consideramos abaixo do ideal não aceita nossa proposta, devemos diminuir nosso nível de aspiração. Após um período de "adolescência" de vinte interações, que utilizamos para ganhar *feedback* sobre a atratividade de nossa proposta, provavelmente estaremos em posição de escolher e atrair o melhor parceiro ou parceira possível sem nos exaurirmos nesse processo!

Se transpusermos essa idéia para a contratação, isso significa que não precisamos procurar cem candidatos, mas, na verdade, algo em torno de vinte, *se* empregarmos um processo de recrutamento inteligente *e* tirarmos lições do *feedback* do mercado.

Identificando candidatos internos

Lembre-se de nossos cientistas que estavam prestes a se casar: Kepler e Darwin. O segundo e bem-sucedido casamento de Kepler foi um produto de investigação sistemática de onze alternativas externas — um empreendimento de dois anos, com inúmeros solavancos ao longo do caminho. Enquanto isso, Darwin simplesmente escolheu uma "candidata interna" (sua prima Emma) e também foi muito feliz com sua escolha, que, ainda por cima, tinha a excelente vantagem de ser bastante eficaz. Com base nesse pequeno conjunto de amostras, talvez você concluísse que o melhor candidato possa ser encontrado internamente. E, em muitos casos, você estaria correto. Mesmo quando estiver conduzindo um *benchmarking* para ajudá-lo a comparar suas alternativas, é bem provável que invista considerável tempo e esforço para identificar os candidatos internos em potencial.

Infelizmente, a maioria das empresas não dispõe de planos de sucessão apropriados nem os utilizam quando surge uma crise. Como mencionei, de acordo com o Centro de Liderança Criativa, os planos de sucessão são a fonte de informações *menos* freqüente no processo de seleção de executivos. Ela é usada em apenas em 18% dos casos.[18]

O que é feito em 82% do tempo restante? Uma das respostas é a avaliação por pares, usada em 52% das vezes. Na realidade, as referências de profissionais de mesmo nível podem ser extremamente favoráveis. Quando o ex-CEO da GE Reginald Jones perguntou a importantes executivos quem na opinião deles deveria substituí-lo se ele morresse em um acidente de avião, a resposta vencedora foi Jack Welch — que não era uma má escolha!

O psicólogo Allen Kraut tem estudado os planos de carreira de executivos da gerência de nível médio de uma empresa citada pela *Fortune 100*. Com base em indicações de diretores de mesmo nível profissional em um programa de treinamento para executivos, dentre aqueles identificados entre os 30% melhores de seu grupo como tendo alto potencial executivo, 14% chegaram ao posto de diretor corporativo, em comparação aos 2% dentre os 70% inferiores. Em outras palavras, diz Kraut, "as pessoas classificadas por seus pares dentre os 30% melhores eram sete vezes mais propensas a serem promovidas a altos cargos corporativos".[19]

O que mais você pode fazer quando não houver nenhum plano de sucessão apropriado em vigor? A longo prazo, pode (e provavelmente *deve*) conduzir uma avaliação formal dos candidatos internos, focalizando os candidatos em potencial para um cargo específico ou alargando esse foco se estiver crescendo de maneira significativa. Por último, se sua organização for grande o suficiente, deve considerar seriamente a possibilidade de construir um inventário de competências de seus funcionários mundiais.

Nos últimos anos, ajudamos um de nossos clientes (um importante fornecedor internacional de maquinário pesado) a criar um inventário de competências, apoiado por uma ferramenta *on-line* de RH desenvolvida pela empresa para monitorar e rastrear competências dentre todos os seus funcionários no mundo. Um dos objetivos, disseram-nos com toda a franqueza, era diminuir a quantidade de processos de recrutamento externos que precisavam realizar para identificar candidatos internos de peso que estavam isolados em feudos organizacionais. (Por sinal, incentivamos veementemente essa iniciativa!)

O software da empresa é executado no mundo inteiro em um único servidor. Todos os seus profissionais de RH em cerca de cinqüenta países têm acesso a esse software e usam-no assiduamente. Além de servir como um registro central de seus atuais talentos, é também empregado para acompanhar as mudanças realizadas ao longo do tempo. Todas as avaliações, tanto as de direção executiva específicas quanto as de gerência anuais, dentre as quais se incluem avaliações de competências, são inseridas nesse software. Desse modo, se um profissional de RH estiver procurando uma pessoa para um determinado cargo, pode realizar uma pesquisa com base em vários critérios: grau de instrução, experiência na empresa, treinamento especial e características e competências pessoais. Para essa empresa, a triagem de candidatos por meio de escalas de competência altamente sofisticadas diminuiu de modo significativo a necessidade de realizar pesquisas externas em decorrência de ignorância interna ou egoísmo departamental, e ao mesmo tempo melhorou expressivamente o índice de sucesso das promoções internas.

Como as pessoas encontram emprego

Como certa vez bem observou Alfred Marshall, analisar um mercado tomando como referência apenas uma face dele é como tentar cortar algo com apenas uma lâmina da tesoura. Ao mesmo tempo em que os empregadores procuram pessoas, as pessoas procuram emprego. Seus comportamentos com certeza devem ser examinados no momento em que tentamos associar pessoas a empregos.

O clássico estudo de Mark Granovetter, realizado no início da década de 1970 com o objetivo de investigar como 282 homens em Newton, Massachusetts, haviam encontrado emprego, foi um dos primeiros a documentar esses comportamentos na prática.[20] Granovetter analisou uma amostra de especialistas, técnicos e gerentes que procuravam emprego, concentrando-se especialmente nas estratégias que eles haviam empregado. O primeiro grupo englobava o que ele chamou de "meios formais", como anúncios, agências de emprego públicas e privadas (incluindo serviços de recrutamento de executivos), entrevistas e colocações patrocinadas por universidades ou associações profissionais e comitês de colocação em determinadas profissões. (Embora ainda não existissem naquela época, os anúncios e serviços oferecidos via Web também entrariam nessa categoria.) A característica determinante do que Granovetter chamava de meios formais era que a pessoa que estava procurando emprego utiliza os serviços oferecidos por algum intermediário impessoal entre ela e os empregadores em perspectiva.

A segunda estratégia básica de procura de emprego envolvia "contato pessoal". Em outras palavras, a pessoa que estava procurando emprego conhecia alguém pessoalmente — um indivíduo do qual se tornou conhecida em algum contexto não relacionado com o fato de procurar emprego —, que lhe falou sobre o emprego ou a recomendou a alguém dentro da organização que entrou em contato com ele.

O terceiro método básico utilizado pelas pessoas para procurar emprego é a "solicitação direta", ou seja, elas escrevem diretamente para uma organização, sem usar um intermediário formal ou pessoal e sem ter ouvido um contato pessoal falar sobre uma vaga *específica*. (A solicitação direta por meio de um *site* Web também entraria nessa última categoria.)

Granovetter constatou que os *contatos pessoais*, empregados por quase 56% dos entrevistados, *eram o método predominante de encontrar emprego*. As pessoas preferiam esse método porque acreditavam obter e fornecer informações mais precisas por meio dessa estratégia. Com base em observações extraídas de minha experiência profissional, a maioria dos empregadores também prefere utilizar contatos pessoais.

Além de ser o método preferido, divulgou Granovetter, os *contatos pessoais eram o modo mais eficaz de encontrar um novo emprego*. As pessoas que usavam contatos pessoais eram mais propensas a dizer que estavam "bastante satisfeitas" com seu emprego e os trabalhos obtidos por meio de contatos pessoais tendiam a ser os mais bem pagos. Além disso, o trabalho encontrado por meio de contatos pessoais estava associado com maior freqüência a cargos recém-criados, os quais em geral são mais atraentes, visto que tendem a se adequar às necessidades, preferências e aptidões do primeiro ocupante do cargo. Do mesmo modo, as pessoas "estáveis" no trabalho eram mais propensas do que as "instáveis" a terem sido recrutadas por meio de contatos pessoais.

Em suma, Granovetter (e as gerações de pesquisadores que se seguiram) colheu evidências irrefutáveis de que as colocações resultantes da utilização de contatos pessoais foram melhores, comparativamente a qualquer outra estratégia empregada pelas pessoas que procuravam emprego.

A força dos laços fracos

O que estimulou Granovetter a conduzir esse estudo? Em parte, sua observação informal de que, mesmo quando dispunha de inúmeras informações sobre o histórico de uma pessoa (família, QI, grau de escolaridade e profissão), ainda assim não conseguia prever com precisão sua renda. As enormes variações por ele observadas na renda o conduziram a uma hipótese brilhante: de que ter o contato certo no lugar certo e no momento certo pode ter relação com níveis de renda subseqüentes. Por fim, suas pesquisas acabaram comprovando essa hipótese.

Uma segunda e surpreendente constatação de Granovetter foi a de que a probabilidade de realizarmos uma mudança profissional importante é, mais ou menos, proporcional à porcentagem de nossos contatos pessoais que se encontram em ocupações significativamente diferentes da nossa. Os contatos infreqüentes, por mais incrível que possam parecer, revelaram-se uma vantagem — um conceito capturado por uma expressão maravilhosa: "a força dos laços fracos". Pessoas conhecidas em grêmios, atividades esportivas, grupos recreativos ou para a prática de algum hobby, vizinhança, faculdade ou férias de verão podem ser contatos valiosos quando desejamos realizar mudanças importantes em nossa carreira.

Os melhores "laços fracos" apresentaram dois principais atributos:

1. Eram contatos ocupacionais, e não sociais.
2. Esses contatos se encontravam em "cadeias de informação" muito curtas (isso quer dizer que conheciam pessoalmente a pessoa em busca de emprego ou conheciam alguém que a conhecia).

Os caçadores de emprego bem-sucedidos, por sua vez, tendiam a compartilhar três características. Aqueles que não estavam procurando ativamente um emprego conseguiam melhores colocações do que aqueles que estavam. Mais surpreendente ainda: quase metade conseguia emprego em cargos que ainda não haviam sido ocupados por ninguém. E, por fim, a maioria se valia em grande medida de contatos anteriores e de modelos ou padrões de carreira.

Ao examinar por que os empregadores preferem usar contatos pessoais, Granovetter observou que os laços pessoais produziam informações mais *intensivas* (expressivas), em contraposição a informações mais *extensivas* (amplas). Investir em informações extensivas é apropriado quando estamos procurando mercadorias padronizadas, como um novo carro. Mas obter informações intensas de melhor qualidade é fundamental quando estamos avaliando um candidato a emprego.

Encontrando candidatos externos

Se avançarmos para os anos que seguiram a 1974, quando então a pesquisa de Granovetter foi publicada pela primeira vez, e mudarmos nossa perspectiva do funcionário para o empregador, constataremos que, conquanto algumas coisas tenham mudado sensivelmente, outras mudaram apenas ligeiramente.[21]

O poder da Internet

Uma grande mudança que tem ocorrido nas últimas duas décadas é a explosão do recrutamento eletrônico, com a proliferação dos currículos eletrônicos e dos *sites* de emprego e carreira para recrutamento *on-line*. Além disso, podemos divulgar oportunidades de emprego em diversos quadros de empregos ou vagas na Internet, como quadros gerais, quadros específicos ao setor, *sites* governamentais, *sites* de variedades e quadros de empregos escolares.

Muita coisa tem sido escrita sobre encontrar talentos na Internet e aproveitar ao máximo as vantagens dos *sites* da empresa, em particular com relação a suas *funcionalidades* (as ferramentas que são oferecidas ao usuário) e *envolvimento* (maneiras de atrair os usuários ao *site*, em vista da proliferação geral de informações). Não apresentarei uma síntese desse conteúdo aqui. Contudo, uma regra básica é procurar associar funcionalidade e envolvimento. Por exemplo, os *sites* de algumas empresas oferecem ferramentas para ajudar os visitantes a reelaborar seus currículos, os quais, certamente, podem ser associados às vagas de emprego na empresa ou baixados e submetidos a outras empresas. No frio mundo do comércio eletrônico, *ser útil* às pessoas pode ser um verdadeiro diferenciador.

Construir um *site* envolvente é sabidamente mais arte do que ciência, mas pode ser uma precondição para o sucesso no que diz respeito a encontrar requerentes em um futuro bastante próximo (se já não o for).[22] Mesmo assim, a Web tem claras limitações. Em fevereiro de 2000, participei de um programa para executivos em Harvard, destinado a líderes de empresas de serviço de assistência profissional. Esse programa contou também com a presença do presidente para as Américas de outra grande firma de busca de executivos. Essa pessoa fez barulho ao alardear o considerável investimento que sua firma estava fazendo em busca de executivos pela Internet, a que chamou de onda do futuro. Diante de nossos colegas ouvintes, ele disse que os dias de minha firma estavam contados — que éramos dinossauros.

Confesso que, quando tomei pé nos investimentos descomunais que essa outra firma estava fazendo na Internet, fiquei atordoado. Portanto, depois disso, realizamos uma abrangente análise estratégica para verificar se deveríamos desenvolver um negócio na Internet. Chegamos a duas conclusões. Primeiro, continuaríamos investindo de modo expressivo em tecnologia e usaríamos a Internet para expandir nossa atividade. Segundo, trabalharíamos duramente para evitar as armadilhas específicas apresentadas pela Internet.

Por exemplo, enquanto a tecnologia nos possibilita divulgar toda sorte de informações a respeito dos candidatos, em geral por meio de mecanismos de pesquisa, a qualidade dessas informações é sempre delimitada, antes de mais nada, pelo conhecimento e pela honestidade da pessoa que as insere na Web. Em inúmeros casos, o próprio requerente é quem divulga as informações. Bem, até que ponto essa pessoa se conhece bem? E até que ponto é honesta?

Em junho de 2002, participei de um programa de acompanhamento complementar em Harvard e novamente encontrei o mesmo representante de nosso concorrente. Ele nos confiou o segredo de que sua firma havia perdido mais de cem milhões de dólares em investimentos na Internet — um valor descomunal. Pouco tempo depois, ele saiu dessa firma.

O poder e as limitações da propaganda

Tome como exemplo o seguinte anúncio:

> Precisa-se de homens para uma perigosa jornada. Salários baixos, um frio terrível, longos meses de completa escuridão, riscos constantes, sem garantia de retorno seguro. Honra e reconhecimento em caso de sucesso.

O texto do anúncio foi redigido pelo famoso explorador polar Sir Ernest Shackleton. Quando estampou nos jornais londrinos em 1900, provocou uma enorme reação. Como uma vez ressaltou o falecido Ted Levitt, o anúncio acertou em cheio as pessoas para as quais honra e reconhecimento eram os principais motivadores:

> Seu poder reside não somente na idéia inovadora de tentar recorrer ao desejo humano de honra e reconhecimento, embora os riscos fossem sérios e o trabalho terrível, mas também em sua franqueza e em seu estilo notadamente simples.[23]

Posso dizer que praticamente desde que nasci estou imerso no mundo da propaganda e que ele exerce certo fascínio sobre mim. Meu avô fundou uma das primeiras agências de propaganda na Argentina e meu pai assumiu o controle e deu seqüência ao negócio. Quando ainda no primeiro grau, costumava ir com ele ao escritório e — como uma mosquinha na parede — espiava com atenção todas aquelas pessoas criativas executando sua arte.

Portanto, por tudo isso, o poder da propaganda sempre me impressionou. Contudo, quando o que está em jogo é encontrar pessoas para uma função, a propaganda guarda sérias limitações.

Primeiro, existe o problema do alcance e da atenção. Shackleton conseguiu superá-lo de uma maneira relativamente fácil em 1900. Não se pode dizer o mesmo hoje — todos os dias, o dia inteiro, somos bombardeados de informações por meio de uma variedade interminável de mídias. A menos que, como anunciantes, façamos um investimento astronômico, será extremamente difícil atrair a atenção dos melhores candidatos.

Segundo, na propaganda, o contato é impessoal, e isso exige reação do receptor. Mesmo se as pessoas prestarem atenção ao anúncio, ainda assim precisarão ter a iniciativa de entrar em contato com o anunciante. Se o chamado não for tão persuasivo quanto o de Shackleton (e poucos o são!), as pessoas não reagirão. Elas adiarão. Elas se distrairão.

Em terceiro vem o problema da qualidade. A maioria das pessoas satisfeitas com seu emprego não está procurando um novo trabalho e, portanto, não está examinando anúncios de oferta de empregos. Por isso, esses anúncios tendem a ser vistos por pessoas desempregadas ou que estejam insatisfeitas com seu trabalho atual. Em conseqüência disso, o grupo de respondentes normalmente é bem amplo, mas de baixa qualidade. Tenho certeza de que já enfrentou esse problema!

Em quarto, e mais crítico de todos, temos o viés do senioridade. Embora a propaganda possa ser útil para cargos juniores, ela se torna limitada quando aplicada a cargos hierárquicos mais altos. As empresas não querem que outras pessoas fiquem sabendo quais são suas ofertas de emprego (leia-se "pontos fracos"). Os veteranos que ocupam altos cargos e estão atualmente empregados não querem correr o risco de se expor respondendo a um anúncio anônimo.

Há alguns anos, participei da contratação de um grupo de oito altos diretores que responderiam diretamente ao presidente do Banco Central da Argentina. Não estou exagerando quando digo que enfrentamos uma situação horrenda. A hiperinflação corria desenfreada. A economia global do país teve de ser reestruturada. Para deter o colapso dos mercados financeiros, o Banco Central viu-se obrigado a expandir expressivamente sua capacidade de controlar os principais bancos do país.

Esses novos cargos bancários, em outras palavras, compreenderiam uma enorme responsabilidade e evidência. Ao menos em teoria, eles deveriam ter recorrido a inúmeros profissionais competentes, mas o setor público à época tinha uma péssima reputação enquanto empregador e ninguém (especialmente os banqueiros experientes) queria trabalhar para o governo. O que podíamos fazer?

Por todos os motivos supracitados e por outros, nossa firma *nunca* anuncia cargos em aberto. Contudo, como o Banco Central era obrigado, de acordo com as regulamentações, a anunciar suas vagas, concordamos que ele deveria anunciar amplamente — não apenas nos principais jornais locais, mas também nas melhores publicações internacionais, como o *Wall Street Journal, Financial Times e The Economist.* O resultado disso foi que, embora centenas de candidatos aspirantes tenham respondido aos anúncios, conseguimos encontrar apenas *um* candidato totalmente qualificado nessa quantidade colossal. De qualquer modo, já conhecíamos esse indivíduo e com certeza teríamos entrado em contato com ele diretamente.

Em suma, anuncie se não tiver saída, mas não coloque todos os seus ovos nessa única cesta — principalmente com relação a altos cargos.

Partindo do zero

Lembra de meu primeiro projeto — encontrar um diretor de marketing e vendas para a marca de cerveja Quilmes — em Buenos Aires, há mais de vinte anos? Aquela que comecei sem ter na manga o privilégio dos contatos, dos bancos de dados ou da Internet? O que acabei fazendo?

Primeiro fiz uma lista de todas as cervejarias (altamente importantes), empresas alimentícias (muito importantes), empresas de bens de consumo (menos importantes). Em cada uma dessas empresas, identifiquei os prováveis candidatos. Mesmo em um mercado pequeno como o da Argentina, consegui elaborar uma lista de cerca de sessenta prováveis candidatos.

Cogitei também que poderia haver bons candidatos em outros lugares, incluindo pessoas de agências de propaganda ou ex-empregados de alguma dessas empresas de bens de consumo. Diante disso, comecei a fazer *sourcing* (jargão que empregamos em nossa firma para pedir informações a algumas pessoas a respeito de outras pessoas). Tendo em vista minha inexperiência nesse mercado, precisei primeiro procurar as fontes para obter essas informações. Conversei comconsultores em gestão especializados em estratégia e marketing, pessoas da área de publicidade que já haviam trabalhado em algumas das campanhas de marketing mais importantes e bem-sucedidas, e executivos de empresas de bens de consumo.

Aconteceram duas coisas curiosas. Primeiro, encontrei alguns fortes candidatos que não estavam em *nenhum* desses lugares aparentes. Segundo, com base nessas fontes, gerei grande quantidade de informações *qualitativas* acerca de cada um dos candidatos visados, o que me permitiu ter uma idéia de suas qualificações e até de suas possíveis motivações, antes mesmo de conhecê-los. Por esse motivo, consegui gerar uma lista de mais de cem candidatos investigados, com inúmeros comentários qualitativos a respeito, os quais estavam começando a convergir e a validar um ao outro.

Pelo fato de estar começando e querer ter certeza de que estava sendo sistemático e exaustivo, entrevistei dezenas deles. Constatei, para minha satisfação, que minhas conclusões nas entrevistas face a face eram em grande medida semelhantes àquelas tiradas por minhas melhores fontes. Outra vez constatava uma *convergência*.

No final das contas, consegui apresentar ao nosso cliente três candidatos realmente extraordinários, dando-lhe de presente um agradável dilema! O candidato contratado no final foi um indivíduo chamado Richard Oxenford, que, aliás, nunca teria respondido a um anúncio porque não estava procurando emprego. Tampouco teríamos trazido à tona seu nome se tivéssemos empregado um método de seleção do tipo que tenta "capturar os habituais suspeitos", porque não fazia muito tempo ele havia se aposentado de outra cervejaria para trabalhar por conta própria.

Para encurtar a história, o sucesso obtido por Oxenford em seu novo cargo foi inacreditável. Foi promovido de seu cargo inicial na Quilmes a membro do Conselho de Administração e a diretor de todas as operações internacionais da empresa controladora (a Quinsa). Na realidade, seu sucesso foi tal que acabou contribuindo de maneira notável não apenas para a Quinsa, mas também para uma gigante internacional, a Pepsi, que mantinha uma relação próxima com a Quinsa.

Com essa história em mente, examinemos um pouco mais detalhadamente o *sourcing*.

O poder do *sourcing* em um mundo pequeno

O *sourcing* produz grandes efeitos porque vivemos em um mundo pequeno. Embora com certeza não me conheça pessoalmente, talvez conheça alguém que me conheça. E se estiver lendo este livro e tiver interesse por esses temas, existe *grande* probabilidade de conhecer alguém que conheça alguém que me conheça.

Isso é absolutamente verdade. Em 1967, o psicólogo social Stanley Milgram pediu a diversas pessoas de Nebraska que tentassem entrar em contato com um indivíduo que não conhecessem: um corretor de valores de Sharon, Massachusetts. Foram então instruídas a enviar uma carta a alguém a quem conhecessem suficientemente bem e que provavelmente conhecesse o corretor de valores. Se os destinatários conhecessem o corretor, poderiam lhe enviar a carta diretamente. Se não, eram solicitados a encaminhá-la a alguém que *soubessem* que teria maior probabilidade de conhecer o alvo. Quantos passos seriam necessários para que a carta enviada pelos habitantes de Nebraska chegasse ao corretor?

Você deve estar pensando que a resposta seria "dezenas". Foram necessários, em média, seis passos. Isso deu origem à teoria dos "seis graus de separação", muito bem explicada no livro *Six Degrees (Seis Graus)*, de Duncan J. Watts.[24]

Estamos ligados uns aos outros por elos bastante próximos. Suponhamos que tivéssemos cem amigos e que cada um tivesse também cem amigos. No primeiro grau de separação, estaríamos ligados a cem pessoas. No segundo grau, alcançaríamos cem vezes cem, isto é, dez mil pessoas. No terceiro grau, alcançaríamos um milhão; no quarto, cem milhões; no quinto, dez bilhões de pessoas; e, no sexto, estaríamos ligados à população do planeta inteiro.

Você até pode defender que esse cálculo está distorcido em virtude do "agrupamento"; em outras palavras, alguns de seus amigos são também amigos de seus amigos. Portanto, há certa redundância. Porém, pesquisas sistemáticas demonstraram que, de fato, praticamente qualquer pessoa pode estar ligada a praticamente qualquer outra pessoa por seis elos apenas ou menos.

Outro estudo concentrou-se nos atores, uma população que abrangia aproximadamente meio milhão de pessoas nos Estados Unidos e atuara, ao todo, em mais de duzentas mil longas-metragens. Nessa população, ao que se revelou, unir duas pessoas quaisquer por meio de atores que tivessem contracenado pelo menos uma vez exigia menos de quatro elos.[25]

Do mesmo modo, estudos semelhantes têm sido realizados com respeito aos oito mil diretores, aproximadamente, que congregam o Conselho de Administração das empresas americanas listadas na *Fortune 1.000*. Conquanto 80% desses diretores fizessem parte de um único Conselho, *todo indivíduo* da rede de diretores como um todo estava de fato ligado aos outros por meio de uma pequena cadeia de co-diretores — não a maioria deles, mas *todos* eles.

O fato é que os elos de proximidade transformam o *sourcing* em um método extremamente poderoso para alcançarmos de modo efetivo os candidatos potenciais mais qualificados e, ao mesmo tempo, possibilitam o acúmulo de informações qualitativas. E, se isso não bastasse, ajudam a melhorar a *eficácia* dos processos de seleção.

Suponhamos que, em sua opinião, um candidato "real" fosse alguém que (1) estivesse entre os 10% melhores de um grupo, com relação a qualificações, e (2) pudesse ser persuadido a mudar de emprego. Como demonstrado na Figura 6.4, se acessasse os candidatos aleatoriamente, por definição teria 10% de probabilidade de encontrar um candidato qualificado. Se considerasse, generosamente, que um em cada cinco (20%) estaria interessado em sondar um novo emprego, a probabilidade de encontrar um candidato real por meio de um contato aleatório advindo de uma pesquisa "fria" (isto é, sem nenhuma informação privilegiada) é de 2%, apenas. Em outras palavras, se você tivesse se valido de uma pesquisa fria, seria necessário fazer mais de 110 contatos para que tivesse 90% de probabilidade de encontrar pelo menos um candidato real.

Entretanto, de acordo com minha experiência, uma boa fonte produziria candidatos bem melhores com relação à qualificação e seria capaz de indicar aqueles que talvez estivessem sondando um novo emprego, ainda que não estivessem efetivamente procurando mudar. Se associarmos estimativas cautelosas sobre a qualificação esperada com informações sobre motivação provenientes de uma boa fonte, veremos (como mostra a Figura 6.4) que serão necessários menos de quinze contatos para que tenhamos uma alta probabilidade de encontrar pelo menos um candidato, com relação tanto à qualificação quanto à motivação.

	P (qualificado)	P (interessado)	P (candidato real)	Contatos Necessários*
Pesquisa fria	10%	20%	2%	>110
Sourcing	30%	50%	15%	14

Figura 6.4 A eficácia do *sourcing*.
*Contatos necessários para ter 90% de probabilidade de encontrar pelo menos um candidato real.

O *sourcing* é, sem dúvida, eficaz. Nesse exemplo, poderia nos tornar 800% mais produtivos.

Sourcing: tornando-se perito

Quem pode ajudá-lo a encontrar fontes? Dentre os contatos externos mais óbvios estão os fornecedores, clientes, agências, diretores de associações de classe, jornalistas de negócios e outros. Na verdade, contudo, o *sourcing* é uma arte, daquelas sobre a qual adquirimos domínio somente com a prática, que exige criatividade e sólidas habilidades relacionais e de comunicação para aproveitarmos ao máximo nossas fontes.

Ao longo do processo de recrutamento do Banco Central da Argentina, no qual pude comprovar de perto como é grande a dificuldade de atrair pessoas altamente qualificadas, concluí que os diretores das melhores empresas de auditoria para o setor financeiro talvez tivessem as qualificações adequadas. Mas como eu poderia encontrar pessoas possivelmente interessadas em assumir um cargo no Banco Central?

Sabia que na maioria dessas empresas praticava-se a política *"up-or-out"*: todos os anos, uma porcentagem dos profissionais qualificados não seria promovida, às vezes por motivos (como não ser bom em vender seus serviços aos clientes) que não eram significativos para o cargo que eu estava tentando preencher. Diante disso, decidi me aproximar diretamente e abertamente dos sócios-diretores dessas empresas. Perguntei a eles se poderíamos examinar a possibilidade de contratar um grupo de colegas que, de qualquer maneira, em pouco tempo já estariam fora da empresa.

Esse plano funcionou brilhantemente! As empresas de auditoria não viam a hora de ajudar o Banco Central, pois se preocupavam com a estabilidade do sistema financeiro do país. Várias delas acolheram de bom grado o processo de seleção e não demorou muito para que um grupo de diretores fosse contratado de uma das melhores empresas de auditoria do país. Recrutar todo o grupo de diretores *ao mesmo tempo* para o Banco Central facilitou mais as coisas, pois os profissionais sabiam que trabalhariam com colegas nos quais confiavam.

O Banco Central, por sua vez, beneficiou-se sobremaneira dos relacionamentos que os auditores já tinham entre si. No prazo de poucos dias o grupo já estava a todo vapor, conseguindo conduzir com sucesso total o processo de mudanças do Banco Central. O sistema financeiro argentino solidificou-se de tal modo que, logo depois disso, a nação foi capaz de atravessar com segurança a "Crise da Tequila" (o pânico da desvalorização mexicana que provocou a debandada de investidores em diversos países) sem deixar cicatrizes.

Bastam dois telefonemas

Outra atribuição que recebi logo no início foi procurar um reitor-fundador para uma nova universidade. O comitê de seleção fez uma pergunta para um dos candidatos: "Como você abordará o processo de recrutamento e seleção de professores?".

Lembro-me ainda da resposta do candidato: "Bastam-me dois telefonemas: o primeiro para perguntar às pessoas que conheço a quem elas acham que devo telefonar e o segundo à pessoa que elas me recomendarem".

Essa pessoa foi contratada e teve tanto sucesso que, em apenas cinco anos, a universidade alcançou a reputação de melhor do país em suas principais áreas de conhecimento, concorrendo contra outras com mais de um século de existência. Um dos motivos fundamentais desse sucesso foi a habilidade do reitor de formar, a toque de caixa, uma equipe extremamente boa por meio de um *sourcing* eficaz.

A estratégia geral do *sourcing não é pensar a respeito dos candidatos, mas pensar a respeito das pessoas que talvez conheçam os melhores.* As pessoas desperdiçam muito tempo telefonando para diversos candidatos que nada têm a ver com o cargo. Faz bem mais sentido angariar pessoas com probabilidade de conhecer de cara vários candidatos de alta qualidade.

Veja o exemplo do CEO de uma próspera empresa de alta tecnologia de Nova York, no final da década de 1990, que estava tentando contratar um novo diretor de vendas. Ele me confidenciou sua frustração depois de ter veiculado um anúncio no *Wall Street Journal* e, em seguida, ter feito a triagem de centenas de currículos durante quase três meses e conduzido em torno de vinte entrevistas no processo. Ele não conseguiu encontrar sequer *uma* pessoa adequada para o cargo.

Por fim ele acabou desembocando no lugar no qual deveria ter começado: entrar em contato com pessoas bem-informadas no setor que pudessem lhe dizer rapidamente o nome de cinco ou seis candidatos de uma só vez. Ele conversou com um antigo CEO de um de seus fornecedores, por exemplo, que naquele momento estava trabalhando em uma empresa de consultoria que prestava serviços nesse setor. Essa fonte lhe apresentou o nome de quatro candidatos viáveis. Almoçou com um professor de uma escola de negócios que dava consultoria a inúmeras grandes empresas como a dele sobre problemas de distribuição; essa fonte lhe ofereceu mais cinco candidatos. Todas as fontes, além de conhecerem bem a atividade da empresa daquele CEO e o cargo que ele estava tentando preencher, traziam nos ombros anos de contatos. Esse CEO acabou contratando uma pessoa que aparecia na lista de ambas as fontes, a qual se saiu extremamente bem.

Quando optar por atuar por conta própria

Ao conduzir um processo de recrutamento e seleção de executivos, você deve procurar candidatos por conta própria? Ou deve recorrer à ajuda de profissionais do ramo?

Há várias decisões sobre pessoas para as quais *não* é necessário recorrer à ajuda de ninguém — por exemplo, quando o grupo de candidatos para um cargo é pequeno e notório e a necessidade específica é extremamente óbvia. Nesse aspecto, normalmente cito a instituição de pesquisa e consultoria interdisciplinar de Washington que estava procurando um analista de tendências econômicas globais. Nesse caso, a organização tinha dois candidatos internos bastante qualificados para o cargo e os membros da diretoria conheciam pessoalmente em torno de doze ou mais candidatos externos, todos os quais acadêmicos e intelectuais ou membros de outros centros de pesquisa. Além disso, o presidente tinha uma idéia clara do que se fazia necessário. Não foi surpresa para quase ninguém que um dos candidatos internos tivesse sido promovido rápida e promissoramente.

A assessoria externa também faz menos sentido quando uma empresa conduz regularmente o mesmo tipo de busca e conhece com exatidão quais são as exigências do cargo e as competências da pessoa mais adequada. Esse em geral é caso com relação a cargos altamente técnicos, para os quais são críticos o *know-how* especializado e a *expertise*. Essas competências técnicas normalmente são mais fáceis de avaliar do que as habilidades gerenciais e de liderança pessoais e interpessoais. Essa circunstância nem sempre apresenta motivos convincentes para que se recorra à assessoria de especialistas externos.

Nos níveis hierárquicos inferiores da organização, as conseqüências de um erro são menos graves e os equívocos podem ser corrigidos mais facilmente. E tendo em vista que a freqüência de contratações nesses níveis é alta, talvez seja bem mais econômico formar recursos internos especializados e exclusivos, em vez de sempre recorrer a uma assessoria externa.

O momento de obter assessoria profissional

Determinadas situações apresentam motivos convincentes para que se recorra a consultores externos, incluindo as firmas de busca de profissionais. A primeira situação é quando uma empresa está contratando pessoas para cargos de alto nível cujo impacto nos resultados financeiros será sensível. Como expliquei antes, quando o que está em pauta são cargos complexos, um profissional de desempenho alto é *diversas vezes melhor* do que um profissional de desempenho médio. Os altos cargos envolvem maior poder e englobam um conjunto de recursos e decisões bem mais amplo. Portanto, em termos absolutos, o impacto desse executivo será bem maior. Nessas situações, se uma empresa de recrutamento de executivos encontrar um candidato que tenha potencial para gerar lucros apenas 1% mais altos, comparativamente aos que o candidato alternativo conseguiria, o processo de seleção valerá muitas vezes mais o que custou.

A assessoria externa também faz sentido quando se criam novos cargos, por exemplo, para diversificações, novos mercados, *joint ventures* ou avanços tecnológicos. Nessas situações, as organizações provavelmente não conhecem a fundo as competências primordiais para o cargo em aberto e certamente têm pouco conhecimento sobre os potenciais candidatos e sobre como avaliá-los.

Além disso, as empresas profissionais podem agregar valor quando a empresa contratante deseja lançar sua rede mais longe para recrutar um novo executivo, levando em conta o máximo de variáveis possível. Esse em geral é o caso quando se conduzem processos de recrutamento internacionais ou quando, em economias menores, uma empresa se sente forçada a olhar mais à frente de um setor específico para ter idéia da dimensão e capacidade correta dos candidatos.

Saber onde procurar é fundamental porque
- Gerar candidatos estabelece o limite superior para decisões sobre pessoas.
- As pesquisas demonstram que se deve considerar uma quantidade maior de candidatos.
- Tendências demográficas e econômicas estão reduzindo a oferta relativa de candidatos qualificados.

Alguns dos desafios
- Saber onde procurar: dentro e fora.
- Saber quantos candidatos considerar e o momento de parar.
- Lidar com o problema das escolhas mútuas.

Saber onde procurar: dentro e fora
- Normalmente, recomendam-se pessoas externas quando a empresa está entrando em novas áreas ou lidando com problemas inéditos ou mudanças importantes.
- Entretanto, a melhor prática sempre é considerar um amplo grupo que inclua tanto pessoas internas quanto externas.

Saber o momento de parar
- A solução é obter uma avaliação comparativa dos melhores candidatos em potencial.
- Visar à população certa, tendo em mente que mais ou menos vinte candidatos provavelmente serão suficientes para obter pelo menos uma alternativa de alta qualificação.

Como procurar candidatos
- As grandes empresas devem investir continuamente nos planos de sucessão e nos bancos de talentos e competências-chave.
- Além disso, devem ser realizados esforços internos e externos especiais para necessidades específicas, particularmente no alto escalão.
- A despeito da proliferação de opções de propaganda e do potencial da Internet, os contatos diretos continuam sendo extremamente eficientes e eficazes.
- O *sourcing* inteligente é um método significativamente eficiente e eficaz para identificar candidatos reais qualificados.
- Em diversos casos, você pode gerar a maioria dos candidatos por conta própria.
- A assessoria profissional pode ser favorável para cargos de alto nível e novos cargos, quando você precisa ampliar seu escopo ou quando é necessário preservar a confidencialidade.

Figura 6.5 Onde procurar: dentro e fora.

Em conclusão, e para reforçar todos os benefícios supracitados, as buscas externas conduzidas por firmas de busca de executivos podem ser altamente confidenciais. Ter garantia de confidencialidade significa que é possível iniciar conversas que de outra forma não seriam iniciadas e prosseguir em direções produtivas. Como Rakesh Khurana defendeu, nos altos cargos, as firmas de busca de executivos podem servir como escudo aos participantes de alto prestígio que em outros contextos não se envolveriam em uma busca externa. Visto que ambas as partes têm grande interesse em preservar a confidencialidade, um intermediário pode valorizar sobremaneira esse processo, minimizando riscos para ambas as partes e aumentando a probabilidade de um final feliz.[26]

A Figura 6.5 resume os principais pontos cobertos neste capítulo.

■ ■ ■

Tão logo tenha gerado uma quantidade suficiente de candidatos em potencial, em seguida terá de avaliá-los a fundo para ter certeza de que, para suas necessidades específicas, eles são tão bons quanto aparentam ser. Esse é o tema de nosso próximo capítulo.

CAPÍTULO 7

Como avaliar pessoas

Estávamos em junho de 1994 e apesar de o calendário indicar verão, nevava nos Alpes Suíços.

Oitos anos após minha entrada na Egon Zehnder International (EZI), me encontrava com Dan Meiland, na época CEO da firma. (Tempos depois se tornou nosso segundo presidente, sucedendo nosso fundador.) Estávamos bem lá no alto, no Vale de Engadine, Pontresina, à véspera de uma das conferências da firma, que contaria com a participação de nossos colegas do mundo inteiro.

Dan me surpreendeu ao me pedir para liderar as atividades de desenvolvimento profissional da EZI, em nível global. Minha reação foi ao mesmo tempo de entusiasmo e ansiedade. Perguntei em voz alta se provavelmente não seria muito jovem para o cargo. Dan educadamente me respondeu que eu não era mais tão jovem assim e que dispunha da credibilidade indispensável para assumir aquele cargo.

De certo modo, a oferta de Dan era uma etapa de uma progressão natural. Nos meses que antecederam esse nosso encontro em Pontresina, havia passado algum tempo trabalhando diligentemente com um colega, Damien O'Brien, em uma atividade diagnóstica inédita para a EZI. Estávamos tentando compreender de que modo poderíamos cumprir nossa missão, agregando valor para os nossos clientes, e procurando igualmente identificar maiores oportunidades de melhoria. Analisamos a qualidade de nosso trabalho de busca de executivos em todos os nossos escritórios espalhados pelo mundo, conduzindo entrevistas com vários clientes. Além disso, contratamos a assessoria de um capacitado consultor de gestão que havia se especializado em empresas de serviços profissionais.

Damien e eu chegamos a inúmeras conclusões. Primeiro, como era de costume, nossos clientes prezavam nosso comprometimento e franqueza, a qualidade dos candidatos que lhes estávamos apresentando e nossa capacidade de compreender suas necessidades específicas. Entretanto, muito embora estivéssemos nos saindo bem *coletivamente*, alguns escritórios e alguns consultores sem dúvida estavam agregando maior valor aos nossos clientes do que outros, quando avaliados por medidas inflexíveis como índice de fechamento (porcentagem de projetos de busca de executivos concluídos com contratações efetivas), velocidade de fechamento e sucesso final do candidato contratado para o novo cargo.

Portanto, logo depois de nossa conferência em Pontresina, já vestindo a camisa de minhas novas obrigações, demos partida em um empreendimento gigantesco para trabalharmos mais arduamente em nossas melhores práticas em todos os cantos do mundo. Complementamos esse empreendimento interno com uma análise externa sistemática de cada uma das pesquisas publicadas sobre tópicos relacionados ao nosso trabalho profissional. Pessoalmente, lembro-me de ter comprado mais de cem livros no espaço de poucos meses (e de ter lido a maioria!), enquanto nossos departamentos de pesquisa em diferentes cantos do mundo descobriram dissertações acadêmicas sobre temas importantes. Investigamos também inúmeros programas de treinamento para avaliar candidatos, visto que já havíamos identificado essa como uma área na qual gostaríamos de melhorar, em nível global.

Os resultados de todas essas pesquisas e escavações foram ambíguos. Constatamos que muito havia sido publicado sobre como melhorar as decisões sobre pessoas por meio de avaliações mais competentes. Ao mesmo tempo, pude ter certeza de que a maioria dos acadêmicos e profissionais, na maior parte das vezes, não estava percebendo bem o sentido das coisas nesse terreno não arenoso. Neste capítulo, apresentarei em síntese tanto as melhores práticas já divulgadas quanto minhas convicções pessoais sobre como avaliar pessoas de maneira mais eficaz.

A maior das oportunidades

Antes de abordarmos o *que* e o *como*, vejamos novamente *por que* investir tempo, esforço e dinheiro em avaliações mais precisas é a sua maior oportunidade no que diz respeito a tomar grandes decisões sobre pessoas.

No Capítulo 2, mostrei de que modo podemos quantificar o retorno de nossas decisões sobre pessoas, remetendo-me a modelos que podem ser usados para calcular o valor esperado em relação aos investimentos feitos no processo de identificação, avaliação e recrutamento dos melhores candidatos em potencial. Se estiver interessado em detalhes, no Apêndice A encontrará instruções para calcular esse valor, com base no exemplo de uma empresa de médio porte. Nesse exemplo, empregando suposições bastante cautelosas, uma empresa com lucro esperado após os impostos de cinqüenta milhões de dólares pode aumentar em 34% (dezessete milhões de dólares) o valor esperado dos lucros anuais.

O ponto que nos interessa neste capítulo é salientar que, sem dúvida, *a maior oportunidade de capturarmos esse valor reside em realizarmos avaliações mais precisas*. Ainda nesse mesmo exemplo, uma análise de suscetibilidade mostra que uma melhoria na qualidade das avaliações é mais de três vezes mais valiosa do que aumentar a quantidade de candidatos gerados e mais de seis vezes mais valiosa do que reduzir o custo do candidato contratado. (Consulte a Figura 7.1.)

Rapidamente, fica claro que o custo normal de uma pesquisa torna-se desprezível quando comparado com o retorno esperado. Em termos específicos, uma melhoria de 10% na qualidade das avaliações dos candidatos geraria um retorno esperado de quase dois milhões de dólares de lucros adicionais *por ano*. Se mantivermos esse nível de avaliação de qualidade superior ao longo dos anos, isso representará, conseqüentemente, um aumento de cerca de quarenta milhões de dólares no valor da empresa.

Qualidade da Avaliação	▇▇▇▇▇▇▇▇▇▇ 1.9
Quantidade de Candidatos	▇▇▇ 0.6
Custo dos Candidatos Contratados	▇▇ 0.3
Custo da Pesquisa	▏ 0.014

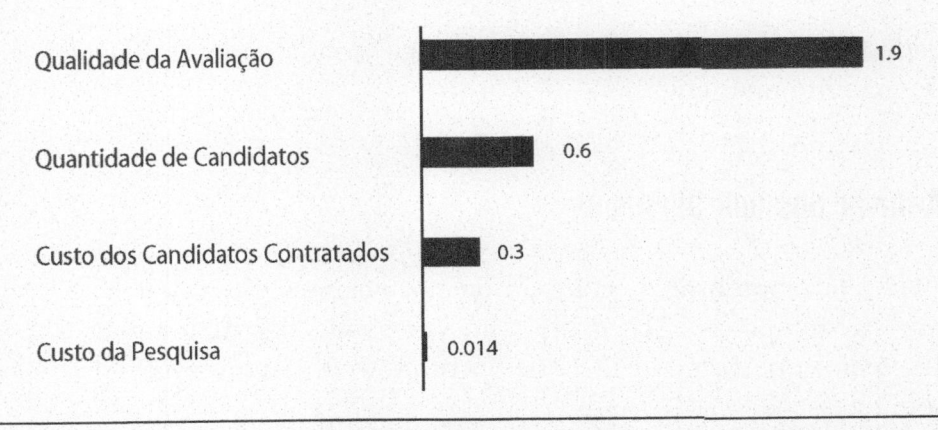

Figura 7.1 Análise de suscetibilidade do esforço de busca — mudança nos lucros anuais, pressupondo uma melhoria de 10% em cada parâmetro (em milhões de dólares).

Suposições e modelo: Consulte o Apêndice A.

As avaliações na prática

Como mencionado no Capítulo 4, dentre as ferramentas de seleção mais freqüentemente empregadas por profissionais e diretores encontram-se entrevistas, currículos e referências.[1] Embora se recorra a diversas outras técnicas, elas são por natureza duvidosas (por exemplo, astrologia e grafologia), não são práticas para cargos complexos (por exemplo, centros de avaliação) ou não são suficientemente específicas ao cargo e, por isso mesmo, limitadas para serem usadas no caso de cargos complexos (por exemplo, testes de personalidade).

Então, o que de fato funciona? Quais desses métodos de fato prevêem o desempenho em um novo cargo?

Já nos idos da década de 1920, pesquisas notáveis foram realizadas sobre os métodos de avaliação. Além disso, nas últimas três décadas, inúmeros estudos demonstraram que informações sobre validade, provenientes de diferentes estudos, poderiam ser reunidas para ampliar o tamanho das amostras e obter conclusões mais plausíveis. Chama-se a isso de "generalização da validade" (ou às vezes de "meta-análise"). A generalização da validade foi um fator preponderante para que se chegasse a conclusões importantes sobre o valor relativo dos diversos métodos de avaliação, dentre os quais as verificações de referências, inúmeros tipos de entrevista e assim por diante.

No Apêndice B, podemos encontrar uma lista de mais ou menos cinquenta referências, na qual se incluem algumas leituras introdutórias favoráveis, uma grande quantidade de livros introdutórios tanto sobre entrevistas e confirmação de referências e um resumo de referências mais avançadas. Nas páginas subseqüentes, contudo, falarei brevemente sobre o que considero a essência de todas essas pesquisas.

Primeiro, um método de avaliação precisa atender a duas condições básicas: deve ser aceitável para o candidato e deve prever o desempenho na função. O melhor equilíbrio entre a aceitabilidade para o candidato e a validade da avaliação (capacidade de prever o desempenho na função) em geral é conseguido associando-se entrevistas eficazes e confirmações de referências.

Além disso, sempre é realizado algum tipo de análise do currículo. Algumas empresas complementam as informações do currículo com dados biográficos mais pormenorizados ("biodados", de acordo com o jargão na área de avaliação), incluindo mais informações sobre o histórico pessoal do candidato e experiências de vida.

Os biodados começaram a se desenvolver após suas bem-sucedidas aplicações na identificação de oficiais militares talentosos durante a Segunda Guerra Mundial, mas tem estado em baixa nas últimas décadas. Embora tenha sido considerado um indicador eficaz de desempenho no trabalho, em funções iniciantes, comparativamente à maioria das outras técnicas de avaliação, é um indicador muito ineficaz para o desempenho *gerencial*. Quanto mais alta uma pessoa na hierarquia de uma organização, menor poder de previsão os biodados parecem ter.

Na prática, a confirmação de referências em geral é usada para *eliminar* candidatos, o que ajuda a identificar um subconjunto relativamente pequeno de candidatos que não devem ser mais levados em conta para uma função. Há um consenso entre a maioria dos especialistas de que, embora a confirmação de referências seja particularmente útil para prever o potencial de sucesso do candidato no cargo, talvez seja a única forma de revelar informações que indiquem a possibilidade de um desempenho insatisfatório na função.

Em conclusão, as entrevistas foram estudadas durante mais de oitenta anos e, aos poucos, ganharam adeptos. Inúmeros estudos procuram examinar principalmente como a entrevista pode ser aprimorada, especificamente por meio da entrevista *situacional* e da entrevista *comportamental*. Discutiremos os detalhes disso mais adiante; o que importa agora é que ambos os métodos já demonstraram de maneira consistente alta validade em programas de avaliação que abrangiam uma variedade de funções. Além disso, estudos meta-analíticos demonstraram que, no caso de cargos mais complexos, *as entrevistas são mais poderosas do que qualquer outra técnica de avaliação*.[2]

Antes de examinar em detalhes o modo pelo qual as entrevistas e a confirmação de referências deve ser conduzida, permita-me aprofundar um pouquinho mais em alguns dos maiores desafios que enfrentamos quando começamos a avaliar pessoas. Aí se incluem as mentiras, a fraude e os julgamentos precipitados.

Sobre mentiras, fraudes e escândalos

Um colega de Buenos Aires há pouco tempo me contou sobre o caso de um CEO que havia mentido que tinha feito um MBA. Uma rápida examinada em seu currículo mostrava que havia acentuado a importância de seus dois cargos anteriores. Isso estava ocorrendo mesmo no espaço relativamente pequeno de Buenos Aires, onde mentiras como essa em geral têm perna curta!

Como mencionei no Capítulo 3, vivemos em uma época em que praticamente todos os universitários admitem que são propensos a mentir para conseguir emprego. Não é de surpreender, portanto, que os currículos, em sua vasta maioria, sejam enganosos. Certa vez conheci um candidato que disse ter se formado em engenharia na universidade em que estudei e ter obtido o MBA por Stanford, mas nem uma coisa nem outra era verdade. Entrei em contato com a pessoa que havia me indicado esse impostor e lhe contei o que havia descoberto. Ele ficou tão perplexo quanto eu, dizendo-me que havia conhecido esse indivíduo na igreja e que ele lhe parecera um homem digno de admiração.

As pessoas podem ir longe com relação a falsas credenciais. Por exemplo, o *Mail on Sunday*, um jornal do Reino Unido, contou a história de uma executiva que havia trabalhado na BBC, Philips, Datamonitor, Andersen Consulting e Arthur D. Little, dentre outras empresas. De acordo com o jornal, ela havia alegado diplomas que nunca obtivera e mencionado cargos que nunca exercera, em uma carreira de farsa que conseguiu transpor três décadas e inúmeras passagens pela prisão. Havia se tornado sócia de uma firma de busca de executivos e chegou até a integrar o Conselho de algumas empresas. "Espantosamente", divulgou o *Mail on Sunday*, "a mulher que cumprira duas penas de prisão por fraude encontrava-se no comitê de auditoria da empresa, com a responsabilidade de verificar se não havia nada incorreto na contabilidade da empresa".[3]

Um recente artigo de James Mintz, presidente de uma empresa de investigação com sede em Nova York, passa em revista outros casos famosos de currículos fraudulentos em cargos do alto escalão. As técnicas por ele mencionadas incluem falsos antecedentes educacionais, experiência exacerbada, alterações de nome, nome de empresa-fantasma para preencher intervalos de desemprego e referências cuja origem é a própria pessoa que redigiu o currículo.[4]

Minha conclusão é, pura e simplesmente, que mesmo em comunidades extremamente coesas, e mesmo na era do Google, as fraudes e farsas abundam e o currículo é o terreno em que a maior parte dessas farsas se enraíza.

Julgamentos precipitados, num piscar de olhos

Assim, o candidato chega a nós, em muitos casos, com referências questionáveis. Daí, na entrevista, compomos o problema ao fazermos julgamentos precipitados e depois procuramos evidências que os apóiem.[5]

Em seu livro *Blink*, Malcolm Gladwell mostra tanto os benefícios quanto os riscos de nossas escolhas apressadas, intuitivas e até mesmo inconscientes. Um dos exemplos que ele utiliza para mostrar esse fato é Warren G. Harding, o qual, por suas referências um tanto quanto incompletas, saltou de editor de um jornal interiorano a presidente dos Estados Unidos.

De acordo com Gladwell, Harding não era lá muito inteligente, tinha alguns hábitos em grande medida questionáveis, era vago e ambíguo no que se refere à sua postura política e não tinha em sua trajetória profissional nenhuma realização significativa.[6] Ele se tornou presidente dos Estados Unidos porque tinha *cara* de presidente dos Estados Unidos. Não surpreendentemente, o Harding "real" foi uma desilusão. Esteve à frente de uma administração infestada de escândalos, morreu de derrame cerebral quando completava dois anos em seu primeiro mandato e geralmente é considerado um dos piores presidentes da história americana.

Um segundo exemplo dos riscos embutidos nas decisões precipitadas e impensadas são os encontros rápidos (*speed dating*), os quais se tornaram muito populares nos últimos anos. Num encontro desse tipo, vários homens e mulheres conversam por alguns minutos (em geral cerca de seis minutos) para decidir se desejam voltar a se encontrar. Em seguida, mudam para o próximo "pretendente" e assim por diante, "conhecendo" em torno de dez novas pessoas por hora. Em outras palavras, eles conhecem várias pessoas em um curto espaço, sem desperdiçar tempo com as opções indesejadas.

Agora, transponha esse exemplo para a análise sobre esse tipo de encontro realizada por dois professores da Universidade de Colúmbia, que organizaram noites de encontros rápidos, dando a eles um verniz científico.[7] Os participantes respondiam a um rápido questionário, no qual eram solicitados a indicar que tipo de parceiro(a) estavam procurando. Eram também solicitados a indicar seus critérios de procura em quatro diferentes circunstâncias: antes, imediatamente depois, um mês depois e seis meses após o encontro.

Os pesquisadores constataram que os participantes ficavam tão influenciados pelas pessoas pelas quais sentiam atração que *mudavam imediatamente seus critérios de procura*. Antes do encontro, sempre tinham interesse por fatores específicos. Depois, no calor do momento, passavam a se interessar por coisas diferentes. Seis meses depois do encontro, retomavam seus critérios originais.

Essas constatações estão totalmente em sintonia com minha experiência com indivíduos que, depois de entrevistar um candidato do qual tenham gostado muito, adaptam seus critérios de contratação para acomodar essa pessoa. Contudo, não é possível que esses dois conjuntos de critérios de contratação estejam corretos!

Nós, seres humanos, vira e mexe fazemos julgamentos precipitados, e num piscar de olhos. Descobertas recentes da neurociência indicam que os julgamentos sociais, especialmente, sopram como o vento, a olhos vistos. Isso faz sentido por dois motivos. Primeiro, uma classe de neurônios recém-descoberta, denominada *célula fusiforme*, é a célula cerebral mais ágil e predomina na parte do cérebro que direciona nossas decisões sociais (precipitadas). Segundo, os circuitos neurais que tomam essas decisões estão sempre na posição de "prontidão". Como descreve Daniel Goleman em seu último livro:

> Mesmo quando o resto do cérebro está inativo, quatro áreas neurais mantêm-se ativas, como motores neurais em marcha lenta, prontos para uma rápida resposta. O que mais impressiona é que três dessas quatro áreas de prontidão tomam parte dos julgamentos que fazemos acerca das pessoas.[8]

Ao que se constata, nossos julgamentos a respeito das *pessoas* são mais rápidos do que a respeito das *coisas*. O espantoso é que, em um primeiro encontro com uma pessoa, em apenas *um vigésimo de segundo* as áreas pertinentes do cérebro se ocupam de fazer nossos julgamentos iniciais (a favor ou contra essa pessoa).

Portanto, uma coisa pelo menos salta aos olhos: precisamos enfrentar nossas avaliações a respeito das pessoas com "consciência plena", esforçando-nos para evitar julgamentos precipitados.

Entrevistas ineficazes

A entrevista é a técnica mais freqüentemente usada para avaliar pessoas. No entanto, a maioria delas é ineficaz, na melhor das hipóteses. Pesquisas indicam que em uma entrevista comum — cujo objetivo, na verdade, é obter informações sobre o candidato —, o entrevistador tende a dominar a maior parte da conversa.[9]

Isso tende a ocorrer quando o entrevistador tenta vender a organização e o cargo ao candidato. Porém, obviamente, isso é o mesmo que colocar o carro à frente dos bois. Nessa etapa, a meta é reunir informações suficientes sobre o candidato para calcular se ele é capaz de desempenhar seu novo cargo promissoramente. Mais tarde, quando tiver certeza de que tem à sua frente o candidato correto, você pode começar a tentar vender o cargo.

Normalmente, as entrevistas comuns são bem desestruturadas. Não costuma haver uma pesquisa com respeito às competências a serem avaliadas e as perguntas a serem levantadas. Por esse motivo, sua validade é diminuta — em torno de 0,3 —, o que significa que menos de 10% da variação no desempenho no novo cargo pode ser explicada por essa avaliação. Entretanto, como explicarei a seguir, adotar a estrutura adequada pode mais do que *duplicar* a validade da entrevista correta, tornando-a a melhor técnica de avaliação, especialmente para cargos complexos de alto nível hierárquico.

Da experiência às competências

Como observei nos capítulos precedentes, em geral é impossível fazer avaliações corretas única e exclusivamente avaliando a *experiência*, pois é muito difícil encontrar cargos semelhantes com relação a metas, desafios, recursos e circunstâncias. No caso de funções especiais, em que os traços intangíveis normalmente distinguem o desempenho médio do desempenho excepcional, precisamos praticar o que foi descrito no Capítulo 5: identificar as *competências* pertinentes e descrevê-las do ponto de vista comportamental. Esse processo é mostrado na Figura 7.2.

Os comportamentos passados são o melhor princípio para prever o comportamento futuro. Portanto, se conseguíssemos encontrar um indivíduo que tivesse obtido o nível de desempenho por nós desejado em um cargo idêntico àquele que estamos avaliando, nosso problema seria um tanto quanto simples. Porém, isso não é tão fácil assim. Além disso, existe a pressuposição de que esse candidato perfeito estaria motivado a se desenraizar tão somente para se ocupar das mesmas coisas e começar tudo novamente em algum outro lugar qualquer. E se *todos* seguissem esse mesmo caminho, ninguém seria promovido a cargos mais altos ou distintos.

Desse modo, no mundo de carne-e-osso, nossa primeira providência é confirmar o que estamos procurando (como descrito no Capítulo 5) e elaborar uma lista de competências-chave essenciais ao novo cargo. Em seguida, precisamos avaliar o desempenho apresentado pelos candidatos em diferentes funções. Precisamos examinar as competências demonstradas nessas diferentes circunstâncias, confirmar a adequação dessas competências àquelas necessárias ao novo cargo e prever o desempenho com base nessa adequação de competências.

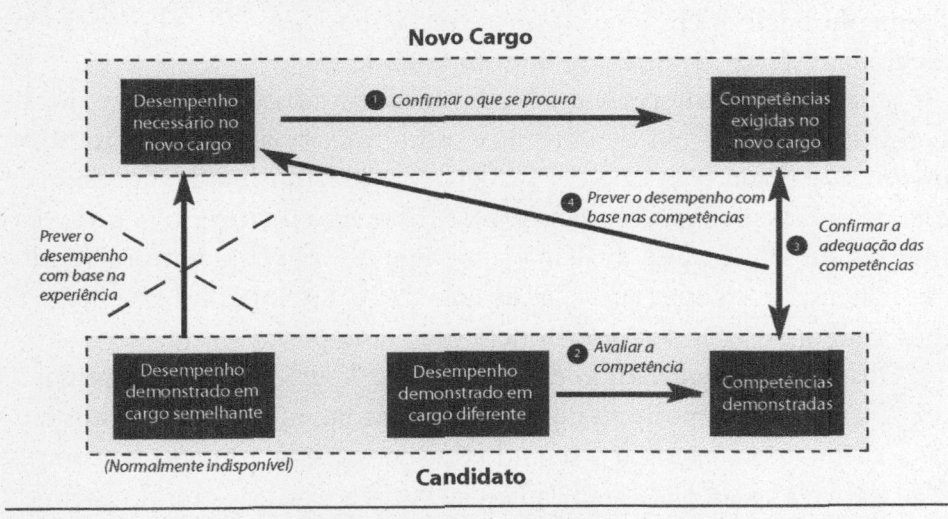

Figura 7.2 Previsão de desempenho por competência.

A avaliação de desempenho com base nas competências normalmente é tratada com negligência. Algumas vezes, o problema surge quando o avaliador utiliza uma abordagem simplista e sem imaginação, valendo-se de competências genéricas que não foram avaliadas ou não seriam pertinentes ao cargo específico. Outras vezes, o avaliador trabalha às pressas as competências do candidato. Contudo, quando o avaliador correto realiza um trabalho correto, a previsão do desempenho futuro pode alcançar o mais alto nível de validade de toda e qualquer técnica de seleção.

Em 1998, David McClelland publicou um artigo (concluído por seu colega após sua morte) demonstrando o valor de uma abordagem por competências para a previsão de desempenho e retenção. Adotando a postura de determinar as competências que diferenciam o desempenho excepcional do desempenho típico em cargos específicos, identificou as competências responsáveis pelo desempenho excepcional em um tipo específico de cargo, dentre as quais se incluíam (nesse caso): orientação para conquistas, pensamento analítico, pensamento conceitual, apoio ao desenvolvimento de outras pessoas, flexibilidade, impacto e influência, interesse por buscar informações, iniciativa, compreensão interpessoal, consciência/percepção organizacional, autoconfiança e liderança de equipes.

Essa abordagem não apenas diferenciou os funcionários típicos e excepcionais, mas também previu quem teria subseqüentemente um desempenho melhor em uma empresa, tendo por base (1) as bonificações recebidas e (2) a inexistência de rotatividade.[10]

Outro estudo interessante (de Richard Boyatzis) centrou-se nos líderes de uma empresa de consultoria multinacional. Boyatzis mostrou que a freqüência com que esses líderes demonstram uma variedade de competências prevê com precisão o desempenho financeiro nos sete trimestres subseqüentes à avaliação de competências. Ele tentou identificar não apenas as competências essenciais ao desempenho excepcional, mas também o *grau* de competência suficiente para obtê-lo.

Observe que esse estudo centrou-se nos líderes de uma empresa de consultoria, onde, por pressuposto, o conhecimento técnico e a inteligência tradicional seriam o segredo do sucesso. Na verdade, as competências cognitivas não foram adequadas para explicar grande parte da diferença, embora, novamente, o impacto das competências derivadas da inteligência emocional tenha sido colossal. Por exemplo, Boyatzis indicou um conjunto de competências a que ele chamou de "grupo de auto-regulação", como a predisposição do líder para assumir uma postura arriscada e seu autocontrole, adaptabilidade, consciência e valores.

Valendo-se da teoria da complexidade, Boyatzis incluiu também uma análise do "ponto de virada". O nível de receita por cliente dos líderes que estavam abaixo do ponto de virada com relação à auto-regulação era de novecentos mil dólares, ao passo que a receita média por cliente daqueles que estavam acima do ponto de virada era de aproximadamente três milhões de dólares.

Mas isso não era tudo. Os líderes acima do ponto de virada com relação à auto-regulação também apresentavam uma margem bruta por cliente de 62%, comparativamente a 42%, apenas, daqueles que se encontravam abaixo do ponto de virada.[11] Se juntarmos as receitas e as margens, os líderes com as competências corretas eram 400% mais lucrativos do que aqueles que ficaram abaixo do ponto de virada.

Esse é um extraordinário exemplo de que "menos é mais". Se identificarmos as competências que prevêem o desempenho excepcional em um cargo e nos concentrarmos apenas nelas, nossas avaliações serão melhores e nossas decisões sobre pessoas serão mais eficazes. E nosso trabalho nesse processo será menor.

Em suma, pesquisas confirmam que identificar competências pertinentes ao cargo e avaliá-las por meio de entrevistas competentes é uma forma extremamente válida e eficaz de prever o desempenho excepcional.

Entrevistas eficazes

Existem dois tipos básicos de entrevista: a desestruturada e a estruturada. Na entrevista desestruturada, segue-se um processo em que diferentes perguntas, normalmente não programadas, podem ser levantadas para diferentes candidatos. Em contraposição, a entrevista estruturada decorre de uma análise complexa das competências pertinentes a serem avaliadas, bem como de uma reflexão cuidadosa sobre as perguntas a serem levantadas. Visto que as pesquisas demonstram que as entrevistas adequadamente estruturadas podem ser a melhor ferramenta de avaliação, em especial para cargos complexos e de alto nível, vou me ocupar delas.[12]

Duas são as abordagens à entrevista estruturada. A primeira compreende perguntas "comportamentais", isto é, perguntas cujo objetivo é compreender como o candidato agiu em uma situação real, o que pode mostrar se ele tem as competências certas exigidas pelo novo cargo. A segunda compreende perguntas "situacionais". Ou seja, aos candidatos são colocadas perguntas sobre as medidas que tomariam em várias situações hipotéticas relacionadas à função. Embora ambas tenham méritos próprios, prefiro a abordagem comportamental.

Ambas exigem uma significativa preparação, e isso compreende um plano detalhado para cada encontro com os candidatos, especificando cada competência a ser investigada e também as perguntas com as quais se pretende avaliar cada competência. Um exemplo desse tipo de plano é apresentado na Figura 7.3.[13] Como está representado nessa figura, as perguntas devem focalizar os comportamentos e devem ser acompanhadas de um exame profundo para que possamos compreender qual era exatamente a função do candidato e quais foram as conseqüências de suas ações.

Compartilhando habilidades de entrevista

O presente tema — habilidades de entrevista — me faz lembrar de uma situação fatigante pela qual passei há algum tempo. Em nome de nossa firma, estava naquele momento desenvolvendo um programa de treinamento para entrevistas no qual fui o primeiro a servir de cobaia. Enquanto entrevistava um "candidato" (na verdade, um estudante de pós-graduação disposto a nos dar uma mão), três instrutores sentados atrás não tiravam os olhos de mim, dando-me dicas visuais sobre como agir. Simultaneamente, eu tinha de seguir suas instruções, ouvir atentamente o candidato, estabelecer um elo, fazer perguntas pertinentes e adequadas, inquirir incisivamente e, ainda, tomar nota de tudo, direitinho. E tudo isso estava sendo filmado!

Embora a sessão tenha durado apenas meia hora, para mim pareceu uma eternidade. Como foi difícil! Ainda que até então tivesse nove anos de experiência de busca de executivos, me senti desajeitado e ineficaz.

As entrevistas estruturadas resultam de um cuidadoso planejamento e de uma metódica implementação. Na verdade, de acordo com nossas constatações, para que uma entrevista de duas horas gere informações relevantes, precisamos investir pelo menos esse mesmo tempo em sua preparação. A parte mais importante da preparação é criar uma lista de perguntas que identifiquem se o candidato tem as competências necessárias para o cargo. Isso quer dizer que devemos lhe fazer perguntas sobre suas experiências e comportamentos. Contudo, a maioria dos entrevistadores normalmente deixa o candidato narrar sua história. No processo de busca de um diretor de marketing para uma empresa de bens de consumo de grande saída, identificamos cinco competências pertinentes ao cargo, bem como uma série de qualificações técnicas. A seguir encontram-se exemplos de algumas das perguntas — orientadas a fatos e comportamentos, não a opiniões ou generalidades —, as quais usamos para avaliar cada competência:

COMPETÊNCIA	ALGUMAS DAS PERGUNTAS LEVANTADAS
Orientação a resultados	Você já teve participação na criação de algum negócio ou empresa ou do lançamento de algum produto? Que medidas específicas você tomou para contribuir para o sucesso desse lançamento? Descreva o projeto de comunicação de marketing mais bem-sucedido que já tenha conduzido. Como você avaliou os resultados?
Liderança centrada na equipe	Descreva uma ocasião em que tenha dirigido uma equipe para torná-la mais eficaz. O que você fez? Como a equipe e a organização se beneficiaram de suas ações? Descreva uma circunstância em que tenha sido solicitado a liderar um projeto de equipe particularmente desafiador. De que modo superou os obstáculos que enfrentou?
Pensamento estratégico	Quais são os três principais problemas estratégicos enfrentados pela empresa em que trabalha atualmente? Descreva uma situação em que tenha se envolvido pessoalmente na resolução de um desses problemas. Que medidas você tomou?
Orientação a mudanças	Descreva uma circunstância em que tenha percebido resistência na organização a uma idéia ou projeto cuja implementação estava sob sua responsabilidade. Como você lidou com isso? Que resultados obteve? Você lidaria com isso de uma forma diferente no momento? Considerando nossa cultura organizacional e as mudanças necessárias, seria possível nos dar exemplos específicos, com base em sua experiência, que demonstrassem que é capaz de ter um desempenho eficaz e de apreciar o presente cargo?
Capacidade para reagir a pressões de prazo	Descreva uma circunstância em que tenha se esforçado extraordinariamente para cumprir um prazo. Quais foram os resultados?

Figura 7.3 Mais do que uma conversa: o trabalho árduo das entrevistas estruturadas.

Depois disso, nós quatro passamos um tempo enorme discutindo a entrevista, para verificar se minhas conclusões estavam de acordo com a experiência deles. A boa notícia foi que, com a ajuda de meus três orientadores, fui capaz de obter ótimas informações naquela meia hora.

Para mim, essa dura experiência confirmou as constatações de uma pesquisa sobre esse tema: a experiência, por si só, não é suficiente para melhorar as habilidades do entrevistador. Afinal, antes dessa, eu já havia conduzido milhares de entrevistas, mas essa, especificamente, me colocou em outro status. De modo geral, o treinamento e a experiência, juntos, podem ser uma fórmula poderosa e a técnica mais infalível de treinamento para entrevistas é a interpretação de papéis.

Pesquisas demonstram que os programas de treinamento que duram mais do que alguns dias — com interpretação de papéis, *feedback* e videoteipe — podem melhorar de modo significativo as técnicas de inquirição, a estrutura das entrevistas e as habilidades para ouvir atentamente. Os melhores programas de treinamento passam aos participantes exemplos sobre como se comportar corretamente durante a entrevista, lhes permitem entrevistar candidatos reais e lhes oferecem *feedback* imediato e específico. A meta-análise de 120 estudos sobre entrevistas, com uma amostra total de 20 mil, aproximadamente, mostrou que o treinamento ajuda a desenvolver habilidades de entrevista não apenas para as estruturadas, mas até para as desestruturadas.[14]

Essa experiência na EZI sem dúvida confirmou a importância do treinamento. Dois anos depois de nosso programa de treinamento, constatei que nossas "estrelas" (colegas que haviam incorporado vigorosamente em seus hábitos de trabalho o que haviam aprendido no programa) estavam apresentando um índice de fechamento 20% superior e que havia, no todo, um ganho de 40% na velocidade de fechamento.

Decodificando as microexpressões faciais

O objetivo de todos esses programas de treinamento tradicionais é melhorar o processo e concentrar-se no desenvolvimento de habilidades de entrevista conscientes. Além disso, esses programas abrangem algumas estratégias para nos darmos conta e corrigirmos nossos erros, tendenciosidades e distorções *inconscientes*.

Avanços recentes parecem mostrar que, além disso, podemos nos treinar para detectar em um candidato "expressões faciais fugazes" (ou microexpressões faciais) — indícios emocionais pequenos e sutis que perpassam pelo rosto em menos de um terço de segundo e são tão rápidos que a maioria ultrapassa nossa percepção consciente.

Em seu livro *Social Intelligence*, Daniel Goleman narra a história de um homem que fora a um consulado para obter um visto. Enquanto o entrevistador lhe perguntava por que queria um visto, uma sombra pareceu sobrepor seu rosto, por um instante apenas. O entrevistador interrompeu a sessão, consultou o banco de dados da Interpol e descobriu que ele estava sendo procurado pela polícia em diversos países. De acordo com Goleman, a detecção do entrevistador dessa expressão sutil e fugaz demonstra um dom altamente desenvolvido de empatia primitiva.

Mas a história não acaba aí: esse dom do entrevistador não era simplesmente "inato". Ele havia sido treinado em empatia primitiva com métodos de Paul Ekman, uma autoridade na leitura de emoções em expressões faciais que inventou uma maneira de ensinar as pessoas a aprimorar a empatia primitiva, a despeito de sua natureza inconsciente e praticamente instantânea.

Goleman nos conta de que maneira Paul Ekman, o qual havia conhecido na década de 1980, passara um ano contemplando-se fixamente em um espelho para aprender a controlar voluntariamente cada uma dos quase duzentos músculos faciais, às vezes até aplicando um leve choque elétrico para isolar alguns músculos difíceis de perceber. Por isso, Ekman foi capaz de mapear precisamente de que modo diferentes conjuntos de músculos faciais se movimentam para exibir, em microexpressões, cada uma das principais emoções e suas variações.

Pelo fato de serem espontâneas e inconscientes, essas microexpressões oferecem indícios, por exemplo, de como uma pessoa de fato se sente em um dado momento, mesmo se estiver tentando ocultar esse sentimento. Ekman criou um CD, denominado *Micro Expression Training Tool* [Ferramenta de Treinamento de Microexpressões], no qual sustenta ser capaz de aprimorar enormemente nossa capacidade para detectar esses indícios antes inconscientes.[15]

A menos que esteja fazendo a triagem de candidatos para cargos relacionados à segurança ou ao antiterrorismo, provavelmente não precisará do método de treinamento específico de Ekman. Contudo, o exemplo das microexpressões me faz lembrar de que há muita coisa além do que nossos olhos podem alcançar de imediato e que estar mais sensível e atento aos "sinais fracos" pode ser em grande medida providencial.

Qual o futuro da avaliação?

Avanços nas neurociências provavelmente transformarão nossa forma de avaliar pessoas, capacitando-nos a avaliá-las com métodos que parecem ao mesmo tempo eficazes e assustadores. Lawrence A. Farwell inventou a técnica de "escaneamento cerebral *(brain fingerprinting)*", tecnologia computacional empregada para identificar o perpetrador de um crime medindo suas reações cerebrais a palavras ou imagens relacionadas com crime exibidas em uma tela de computador. Farwell ajusta na cabeça do suspeito uma faixa de sensores e, em seguida, exibe intermitentemente uma série de imagens em uma tela, monitorando as reações involuntárias do indivíduo. Quando há algo familiar em uma imagem, uma reação elétrica é desencadeada entre trezentos e oitocentos milissegundos após o estímulo.

Essa técnica, que parece algo extraído da ficção científica, de fato atende aos padrões de confiabilidade e validade do Supremo Tribunal Federal dos Estados Unidos e já deu origem a surpreendentes histórias de sucesso. Por exemplo, o Supremo Tribunal de Iowa anulou uma condenação por homicídio depois de 24 anos, quando um teste por meio de escaneamento cerebral comprovou a já antiga alegação de inocência do homem condenado. Pouco tempo depois, a principal testemunha de acusação refez seu depoimento, admitindo que havia acusado falsamente o condenado para não ser acusado daquele homicídio.

Em outro caso notório, essa técnica possibilitou que a polícia capturasse um assassino serial. O indivíduo em questão foi tido como suspeito em um caso de homicídio que permaneceu insolúvel por quinze anos. Um teste por meio de escaneamento cerebral mostrou que o registro armazenado em seu cérebro correspondia com detalhes decisivos da cena do crime que só o perpetrador poderia conhecer. Diante de sua condenação praticamente certa e de uma provável sentença de morte, ele se declarou culpado em troca da prisão perpétua e confessou também o homicídio de três outras mulheres que até então não havia sido solucionado.

De acordo com Farwell, em mais de 170 estudos científicos de escaneamento cerebral, os quais compreenderam testes em criminosos comprovados, agentes do FBI e especialistas em medicina de guerra, a técnica demonstrou-se 100% precisa para determinar se os sujeitos da experiência reconheciam ou não os estímulos sob investigação.

Poderíamos projetar um cenário em que, valendo-nos desse tipo de tecnologia, fosse possível provocar uma revolução nessas avaliações. Francamente, entretanto, duvido que num futuro próximo tenhamos possibilidade de ver algo semelhante ao teste por meio de escaneamento cerebral aplicado na avaliação de candidatos. Além das questões éticas e de privacidade, há o nítido problema de aceitação por parte do candidato. (Se não houver cooperação, a técnica não funciona.) Mas estou dizendo isso para salientar, novamente, as sutilezas que estão em jogo no processo de avaliação.

Um método mais eficaz: HOT SHOT

Em resumo, tendo por base as pesquisas mencionadas até aqui, se já tivermos determinado as competências pertinentes, poderemos melhorar a qualidade das avaliações por meio de entrevistas bem estruturadas, centradas em perguntas comportamentais. Com relação a cargos complexos e de alto nível, essas tendem a ser as melhores técnicas de avaliação e podemos nos aperfeiçoar sobremaneira se as praticarmos intensamente e, ao mesmo tempo, recebermos treinamento adequado.

Essa é a boa notícia. A má notícia é que, em torno de dez anos atrás, depois de conduzir minha primeira análise crítica abrangente de todas as pesquisas importantes que havia lá fora, cheguei à triste conclusão de que a maioria dos acadêmicos, na maior parte das vezes, não estava percebendo bem o sentido das coisas. Eles estavam caindo na armadilha de trazer à tona constatações significativas sob o ponto de vista estatístico, mas irrelevantes da perspectiva gerencial. Conseguiam ver bem as árvores, mas não conseguiam enxergar a floresta.

Sim, as entrevistas bem estruturadas podem nos ajudar a obter uma validade superior, comparativamente a qualquer outra técnica comum. Entretanto, o melhor que podemos esperar é algo em torno de 0,7. A validade de 0,7 significa que um pouco menos de 50% da variação no desempenho poderia ser explicada pela avaliação. E a outra metade inexplicada? Será que deveríamos indicar alguém a um cargo importante nos valendo de ferramentas com esse poder de previsão relativamente insatisfatório?

Além disso, a maioria das pesquisas de amplo escopo realizadas até o momento se centrou nos cargos de nível baixo. Se a dispersão do desempenho gerencial for maior para cargos de alto nível, e se esses cargos forem mais complexos (como pudemos ver nos capítulos precedentes), então provavelmente a validade dessas técnicas será ainda menor nesses níveis superiores.

Outros fatores importantes também não são cobertos por grande parte dos trabalhos acadêmicos sobre avaliação. Por exemplo, a maioria presta pouca atenção ao *indivíduo* que está realizando a avaliação (em contraposição à técnica que está sendo empregada); grande parte negligencia ou minimiza a importância da confirmação de referências; e a maioria ignora a questão básica da quantidade de avaliações a realizar.

Para me valer de minhas próprias conclusões sobre as condições e as vantagens esperadas de uma avaliação consistente, criei o que chamo de modelo *HOT SHOT*,* apresentado na Figura 7.4. O lado esquerdo da equação apresenta as *condições* para uma avaliação consistente, o que compreende selecionadores de alto (*high*) calibre, solidez **organizacional** e (entrando apenas como um terceiro fator) as técnicas corretas empregadas na avaliação. Os fatores do lado esquerdo da equação são multiplicativos, o que significa que as condições devem ser vigorosas para que se possa obter uma avaliação consistente.

---

* Observe que, entre outras acepções, o termo inglês *hot shot* significa tiro certeiro, além de se referir a uma pessoa com habilidades impressionantes, ousada, altamente bem-sucedida e segura de si. (N. da T.)

O lado direito da equação apresenta as *vantagens* esperadas de uma boa avaliação. Se tivermos pessoas de alto calibre trabalhando com as técnicas corretas, de uma maneira coordenada com a organização, nossa avaliação será superior, o que nos permitirá contratar candidatos com desempenho superior (*higher*) na função, os quais permanecerão por mais tempo na organização. Ao mesmo tempo, projetaremos uma imagem extremamente sólida da organização no mercado. Por último, nossa eficiência será bem maior e evitaremos avaliações irrelevantes, inválidas ou redundantes e, portanto, protegeremos o tempo de nossa equipe gestora.

Condições   **Vantagens**

$$H \times O \times T = S + H + O + T$$

- Eficácia em relação ao tempo
- Projeção organizacional
- Alto desempenho e retenção no cargo
- Avaliação superior
- Técnicas empregadas para avaliar
- Solidez organizacional
- Selecionadores de alto calibre

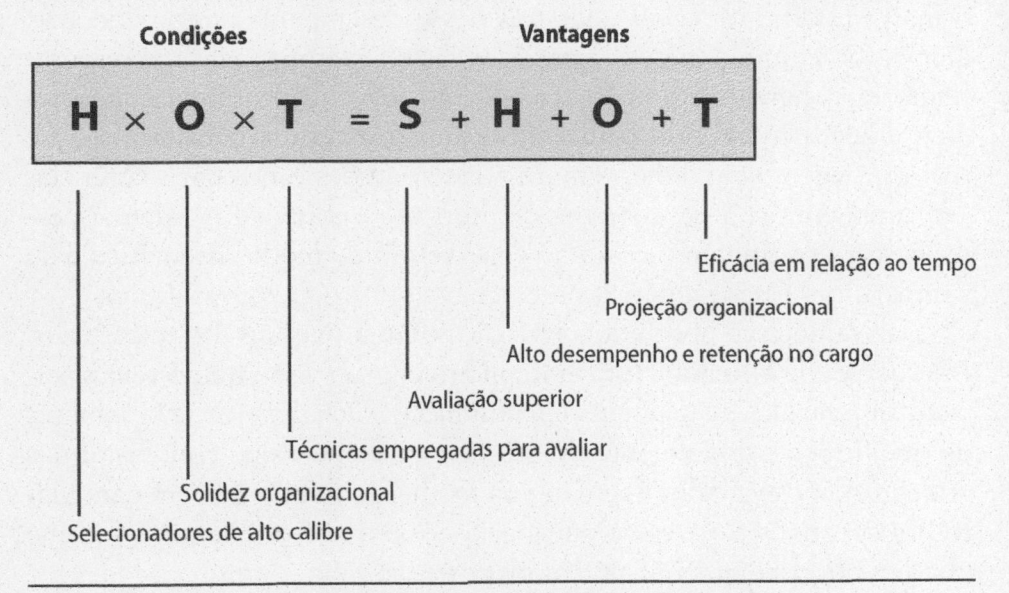

Figura 7.4 Modelo HOT SHOT para uma avaliação consistente.

Tente imaginar o modelo HOT SHOT como uma lista de conferência da avaliação. Será que todos esses fatores estão sendo aplicados e estão tendo efeito em sua organização? Será que sua organização está obtendo todas as vantagens mencionadas? Se não, o que é necessário mudar?

Referências valiosas

Poucos meses depois da conferência de nossa firma em Pontresina, já quase no final de 1994, realizamos a reunião de nossa Equipe de Desenvolvimento Profissional global, em Amsterdã. Dentre os participantes, além de mim, estavam diversos colegas de todas as partes do mundo e nosso CEO, Dan Meiland. A essa época havíamos realizado uma quantidade significativa de pesquisas externas e internas e estávamos analisando em detalhe os motivos do excepcional desempenho de vários de nossos escritórios. Aliás, um pequeno grupo de escritórios havia acumulado um histórico de desempenhos e realizações digno de nota e construído uma excelente reputação para si mesmos.

Dan tinha opiniões convincentes com respeito ao que ele via como o mais importante motivo por trás desse desempenho surpreendente. De acordo com ele, nesses escritórios, os consultores *nunca* apresentariam um candidato que não tivesse sido investigado minuciosamente com *diversos* indivíduos bem conhecidos por nossos consultores, que tivessem visto o candidato em atividade e pudesse nos dar referências extremamente valiosas, objetivas, criteriosas e confiáveis. Ademais, esses escritórios tinham o costume de se reunir de modo sistemático e de compartilhar essas referências inestimáveis entre seus consultores.

Dan falou com absoluta convicção sobre a questão das referências. Pelo que pude entender, estava implícito em sua visão que *devemos permanecer humildes em quaisquer circunstâncias*. Que devemos nos lembrar de que, independentemente do grau de excelência que conquistarmos enquanto entrevistadores, em algum momento sempre haverá candidatos prospectivos capazes de enganar a nós e a nossos clientes — e que esse era um risco que não podíamos correr.

Concordei com a visão de Dan, mas lhe perguntei até que ponto era uma postura realista esperar obter essas referências imparciais e valiosas de fontes conhecidas em mercados muito grandes. (Alguns de nossos escritórios que apresentavam excepcional desempenho estavam em mercados de porte médio.) Ele respondeu que, se nossos consultores se especializassem, por *setor* ou por *função*, no final até mesmo os mercados maiores se tornariam um universo pequeno, situação em que um de nós ou mais sempre teria possibilidade de conhecer pessoas que já tivessem trabalhado intimamente com qualquer candidato em potencial em cargos de alto nível.

A certa altura de nossa discussão, Dan foi até o quadro de exposição, no qual havia uma lista sintética dos diversos fatores que contribuíam para a importância desses excelentes escritórios. Usando um pincel preto, desenhou uma, duas ou então três estrelas ao lado de cada fator. "Confirmação apropriada das referências" foi o único fator em que Dan colocou três estrelas.

Atualmente, mais de uma década após esse encontro, ainda acredito que essa foi a lição mais proveitosa que já tive sobre como conseguir uma avaliação válida e confiável. Desde essa época, nossa firma investiu grandes quantias para desenvolver nosso capital intelectual, para identificar as competências essenciais ao sucesso em cargos de alto nível, para desenvolver um conjunto exclusivo de competências escalonadas que tenham potencializado nossas avaliações e para treinar nossos consultores. Não obstante esses grandes investimentos, temos ainda a clara convicção de que *confirmar apropriadamente as referências é uma precondição para o sucesso de qualquer avaliação.*

É claro que os grandes líderes de outros setores seguem esse mesmo princípio. Quando perguntei a Jack Welch como *de fato* obtivera informações sobre uma pessoa nos raros casos em que havia procurado no âmbito externo, me respondeu que pessoas da GE, a seu pedido, entravam em contato com indivíduos do mesmo setor (mas não da mesma empresa do candidato) para ter uma imagem mista do pretendente. Disse ainda que *nunca* confiava nas referências dadas pelo candidato, mas que as opiniões de profissionais do mesmo nível no setor eram inestimáveis.

A confirmação correta de referências

A confirmação correta das referências cumpre três papéis. Primeiro, as referências podem ser usadas em estágios iniciais para confirmar as credenciais básicas do candidato. A confirmação da formação educacional com as universidades relacionadas, confirmação das datas e títulos dos empregos com as empresas citadas e talvez até mesmo a contratação de empresas especializadas na verificação de antecedentes, tudo isso pode ser vantajoso para eliminar as fraudes e os impostores. Talvez aparentemente isso dispense explicação, mas uma quantidade alarmante de empresas deixa de cumprir até mesmo essa exigência básica.

A eliminação de impostores confessos é o primeiro passo da confirmação de referências. O segundo é encontrar pessoas que possam confirmar que as realizações relatadas de próprio punho por nosso candidato são concretas e que o candidato é tão competente quanto afirma ser. Por meio desse segundo tipo de referência, é essencial confirmar as competências básicas derivadas da inteligência emocional, as quais, conquanto sejam mais subjetivas e pessoais e, portanto, mas difíceis de avaliar, são cruciais para o sucesso.

Por último, um terceiro tipo de referência nos ajuda a focalizar a competência e o potencial, com o objetivo de confirmar a decisão de contratação, garantir o sucesso no cargo e reunir informações que apóiem o processo de integração do candidato contratado.

Mas na verdade de que modo abordamos essas referências? Duas são as melhores práticas. Primeiro, é necessário *resolver a quem devemos telefonar*, e isso depende do tipo de competência que estamos tentando avaliar. Um ex-chefe tende a ser excelente fonte para avaliarmos fatores como direcionamento aos resultados, direcionamento estratégico ou direcionamento comercial. Um colega poderia estar bem posicionado para avaliar habilidades de colaboração e influência. Antigos subordinados diretos poderiam tecer comentários sobre a competência do candidato nas áreas de liderança de equipes, bem como sua habilidade para ajudar outras pessoas a se desenvolverem. Em qualquer dos casos, *não devemos nos limitar às referências oferecidas inicialmente pelo candidato*. Em vez disso, devemos combinar com o candidato referências adicionais que atendam aos *nossos* propósitos. À medida que elaborarmos essa lista, precisamos tentar entender a relação entre a referência e o candidato, incluindo possíveis conflitos (por exemplo, fornecedores que recomendam seus melhores clientes).

A segunda melhor prática para lidarmos com referências é abordá-las de modo bastante semelhante ao modo como realizaríamos uma entrevista estruturada com abordagem comportamental. Em outras palavras, primeiro precisamos programar nossas perguntas sobre as competências pertinentes que desejamos confirmar. Ao telefonarmos para as referências, devemos primeiro confirmar sua relação com o candidato, depois explicar o tipo de situação para a qual estamos considerando o candidato e então confirmar se a referência teve oportunidade de observá-lo em situação similar. Nesse caso, é necessário confirmar o que o candidato fez, de que forma os resultados foram obtidos e quaisquer evidências com relação à competência dele. Devemos aproveitar a oportunidade para coletar qualquer outro fato importante que possa nos ajudar a obter uma avaliação mais confiável, confirmar ou rejeitar a decisão de contratação e preparar o candidato para uma integração mais eficaz.

Em alguns casos, solicitar a assessoria de profissionais pode ser valioso nesse estágio. Contudo, confirme se o nível de estabilidade e especialização de seus consultores em mercados, funções e setores importantes é significativo. Quando possível, confirme se costumam coletar e compartilhar informações sobre fontes, referências e candidatos. Para que isso lhe seja útil, o conhecimento que eles detêm deve fluir livremente entre os profissionais da empresa.

Selecionando selecionadores

Você preferiria ouvir um pianista medíocre tocando em um soberbo piano ou um pianista soberbo tocando em um piano medíocre? Tenho certeza de que, como eu, preferiria invariavelmente a segunda opção.

O mesmo se aplica às avaliações: é o profissional, e não tanto a técnica. Avaliar pessoas é sumamente difícil. Se assim não fosse, não haveria divórcios, a profissão de advogado minguaria e eu estaria desempregado.

Embora existam poucas pesquisas sobre esse tema, como mencionei no Capítulo 1, um capítulo do prático livro *The Employment Interview Handbook* examina se alguns entrevistadores são melhores do que outros.[16] Cinco dos seis estudos concluíram que a resposta é "sim". Em alguns desses estudos, a validade preditiva dos melhores entrevistadores era *dez vezes melhor* do que a dos piores entrevistadores. Em um amplo estudo conduzido em 1966, em que cada um dos 62 diferentes entrevistadores examinados avaliou uma média de 25 funcionários, o intervalo de validades individuais ficou entre $-0,10$, *um valor deficiente*, a $+0,65$, *um valor excelente*.[17]

Esse intervalo merece ser examinado mais de perto. A validade de – 0,10 implica que o entrevistador em questão não estava apresentando uma validade meramente baixa, mas uma validade *negativa*. Uma das coisas que podemos concluir disso é que provavelmente devemos fazer o oposto do que esse entrevistador específico recomenda!

Uma das principais autoridades em seleção de entrevistadores é Robert Dipboye, da Universidade Rice, que conduziu o melhor estudo a respeito das diferenças de validade entre entrevistadores, valendo-se de uma enorme amostra. Ele conclui que alguns entrevistadores alcançam níveis de validade bem mais altos do que outros e que esses que atingem níveis mais altos tendem a ser menos preconceituosos com relação a mulheres e minorias étnicas em suas avaliações.[18]

A conclusão é que, em um mundo de rápidas mudanças nos modelos organizacionais e nas aptidões gerenciais, em que constantemente se exigem novas competências e em que algumas das competências mais importantes são muito difíceis de avaliar, *precisamos escolher os selecionadores corretos*.

Que cara têm esses avaliadores de alto calibre? Primeiro, tendo em vista a complexidade do ofício, faz sentido selecionar entrevistadores inteligentes e também familiarizados com a variedade de experiências e competências pertinentes ao cargo. Isso em geral implica usar avaliadores experientes para candidatos experientes. Outros atributos também estão correlacionados com um alto nível de validade da avaliação em nível individual, como a capacidade de decodificar comportamentos não-verbais, automonitoração, habilidade de ouvir e capacidade de planejar e agir concomitantemente.

Um dos atributos mais importantes dos melhores entrevistadores, algo um tanto surpreendente, é sua *motivação* para conduzir uma avaliação sólida e minuciosa. Isso foi constatado por pesquisadores há mais de meio século. De acordo com esse estudo, os indivíduos que sabem julgar bem as pessoas possuem normas apreciativas adequadas e também inteligência geral e social; entretanto, "é provável que a área mais importante de todas seja a motivação: se o avaliador estiver motivado a fazer julgamentos cuidadosos sobre a pessoa sob avaliação e se se sentir à vontade para ser objetivo, então ele tem boa probabilidade de alcançar seu intento".[19]

Quantas avaliações?

Quando me lembro da primeira pesquisa que realizei, mais ou menos há vinte anos, isso me soa verdadeiro. Não tinha quase nada a meu favor, *exceto* motivação — e, naturalmente, um bom cliente. Com certeza fiz minha parte, investigando e entrevistando vasta quantidade de candidatos e confirmando referências minuciosamente. Contudo, o que de fato fez diferença foi o fato de três indivíduos altamente qualificados, por parte do cliente, terem conduzido avaliações meticulosas seqüenciais e independentes.

O primeiro entrevistador do cliente era Frank Benson, CEO da Quilmes que estava para se afastar do cargo e um veterano tarimbado que já havia enfrentado incontáveis conflitos corporativos. Ele conhecia de trás para a frente a realidade da Quilmes e os desafios que enfrentava naquele momento. O segundo entrevistador foi David Ganly, o CEO que estava assumindo o cargo na Quilmes em caráter interino enquanto conduzíamos a seleção. Embora fosse novo para a empresa, era extremamente bem-informado a respeito dos principais problemas de marketing e vendas em uma empresa de bens de consumo de grande saída e conhecia bem os consumidores locais. O filtro final foi Norberto Morita, CEO da *holding* Quinsa, um excepcional avaliador de pessoas.

O que ocorreu nesse caso mostra outra prática extremamente eficaz, que se encontra entre as melhores, para aprimorar a precisão das avaliações: poder contar com alguns avaliadores altamente qualificados para entrevistar *seqüencialmente e independentemente* os candidatos finalistas. Chamo essa estratégia de "modelo de filtros seqüenciais", retratada na Figura 7.5.

O fundamento lógico dessa estratégia assenta-se em uma idéia introduzida no Capítulo 3, quando analisei o impacto dos erros de avaliação. Como provavelmente você deve se lembrar, se desejarmos contratar apenas os "candidatos entre os 10% melhores", conquanto nossas avaliações tenham um nível de precisão bastante alto (da ordem de 90%), teremos uma taxa de erro de 50% em nossas decisões de contratação (como mostra a Figura 7.5) por usarmos apenas um filtro. Porém, se adicionarmos um segundo filtro independente a esses candidatos inicialmente avaliados como "os melhores", poderemos reduzir a taxa de erro de 50% para apenas 10%.

Como tudo isso funciona? Imagine que você tenha 100 candidatos antes desse segundo filtro, dos quais 50% são de fato excelentes ("10"). Seu nível de precisão de 90% o levaria a avaliar como "excelentes" 45 dos candidatos corretos, ao passo que a taxa de erro de 10% o levaria a avaliar como "excelentes" outros 5 da categoria errada. Dentre os 50 candidatos que passariam no segundo filtro, 45 (ou 90%) já seriam excelentes. Seguindo esse mesmo raciocínio, se fizer os cálculos, descobrirá que acrescentar um terceiro filtro seqüencial diminui seu erro de avaliação final a apenas 1%.

Candidatos (10% Top) → Primeiro filtro → Avaliados como "excelentes" (50% Top) → Segundo filtro → Avaliados como "excelentes" (90% Top) → Terceiro filtro → Avaliados como "excelentes" (99% Top)

Figura 7.5 Modelo de filtros seqüenciais.

Cozinheiros demais entornam o caldo

Talvez esteja se sentindo persuadido a levar esse raciocínio ao extremo, acrescentando um número ainda maior de avaliações ao processo para impelir o erro de avaliação até próximo de zero. Não faça isso! Isso provocaria *conseqüências* negativas, por dois motivos. Primeiro, você eliminaria uma quantidade substancial de candidatos qualificados. Segundo, precisaria gerar uma quantidade imensa de candidatos iniciais para, desse modo, conseguir fazer com que pelo menos um passasse por todos os filtros sucessivos! Isso é mostrado na Figura 7.6, que apresenta as conseqüências de três filtros seqüenciais independentes com diferentes níveis de precisão dos avaliadores.

No exemplo que acabamos de examinar, com três filtros e nível de precisão de 90%, a probabilidade de avaliar um candidato inferior como "excelente" seria de 1% apenas, o que certamente é uma ótima notícia. Entretanto, você estaria eliminando erroneamente 27% dos candidatos excelentes! Na verdade, para conseguir encontrar um candidato excelente, você precisaria gerar catorze e conduzir um total de dezessete avaliações — um trabalho pesado! Adicionar mais filtros não ajudaria muito com relação à precisão, tendo em vista o já baixo erro de falsos positivos, mas isso geraria uma enorme porcentagem de falsos negativos e um volume de trabalho extra tão grande quanto.

Precisão dos Avaliadores	Falso Positivo[1]	Falso Negativo[2]	Número de Candidatos Necessários	Número de Avaliações Necessárias
90%	1%	27%	14	17
70%	42%	66%	17	25

Figura 7.6 Exemplo de três filtros seqüenciais independentes com níveis de precisão diferentes dos avaliadores.
1. Probabilidade de avaliar como "excelente" um candidato inferior.
2. Probabilidade de avaliar como "inferior" um candidato excelente.

Tenha em mente que muitos entrevistadores buscam apenas um motivo para rejeitar um candidato.[20] Lembre-se ainda de que rejeitar de modo sistemático candidatos altamente qualificados não é somente demorado e desnecessário. Pode também ser um ônus para a sua credibilidade no mercado, cujos prejuízos só se fazem sentir a longo prazo.

A Figura 7.6 mostra ainda a importância não somente de ter uma pequena quantidade de avaliadores, mas também de que *todos eles sejam altamente qualificados* (o fator **H** na equação HOT SHOT). Na segunda linha dessa figura, sintetizo as conclusões de três filtros seqüenciais independentes com um nível de precisão menor — da ordem de 70% para cada avaliador. Nesse caso, mesmo com três filtros, ainda assim contrataria uma pessoa inepta em 42% das vezes e, ao mesmo tempo, estaria rejeitando *dois terços* dos candidatos verdadeiramente qualificados. E precisaria trabalhar arduamente para conseguir esse resultado desprezível, gerando dezessete candidatos para contratar um único candidato (com 42% de probabilidade de erro) e realizando um total de 25 avaliações!

Essa análise demonstra de modo expressivo a necessidade de ter somente avaliadores altamente qualificados e poucos, para aproveitar ao máximo o lado SHOT da equação: avaliações **s**uperiores, candidatos de alto (*high*) desempenho, uma sólida projeção da **o**rganização e a utilização eficaz do **t**empo.

Entrevistas em equipe

Uma última abordagem a levar em conta é a entrevista em equipe ou entrevista em painel, na qual diversas pessoas ao mesmo tempo entrevistam o candidato.

As entrevistas em equipe devem ser consideradas uma ferramenta útil nos estágios posteriores do modelo seqüencial que acabamos de mostrar, na medida em que não faz sentido envolver vários entrevistadores antes de o candidato ter sobrevivido a pelo menos algumas triagens iniciais. Pesquisas aventam a hipótese de que as entrevistas em equipe são ligeiramente melhores do que as entrevistas individuais, em parte por que os entrevistadores conseguem se desafiar com relação aos princípios das avaliações. As entrevistas em equipe também parecem ser mais eficazes para cargos de níveis mais altos, funções mais complexas e ainda funções que exijam interação com vários públicos ou grupos. Além disso, há outra vantagem: reduzir a duplicação e exaustão das entrevistas sucessivas e utilizar com sabedoria o tempo dos selecionadores de alto nível.

Entretanto, para melhorar sua eficácia, as entrevistas em equipe precisam ser metódicas. Os entrevistadores têm de ser altamente qualificados, versados nas competências que pretendem avaliar e metódicos quanto ao processo de inquirição e sondagem.

A equipe decisória

Embora talvez vários grupos estejam envolvidos na definição da *necessidade*, quando é chegado o momento de tomar a decisão final de contratação, o melhor resultado em geral provém de uma equipe pequena e competente e sem conflitos. Permitir que apenas uma pessoa tome a decisão talvez não dê margem suficiente para questionar suposições, combater tendenciosidades e preconceitos e discutir dilemas e impasses difíceis entre os candidatos. Quando muitas pessoas tomam parte da decisão, corre-se o risco de aumentar o efeito de falsos negativos (eliminando candidatos competentes), desmotivar os candidatos com processos mais demorados e diminuir a competência e importância da equipe decisória.

Quando é necessário designar um CEO, uma equipe pequena e altamente qualificada (por exemplo, três membros do Conselho) deve conduzir todo o processo, desde a definição da necessidade à integração do novo executivo. Em níveis hierárquicos mais baixos, uma equipe de tamanho semelhante pode compreender o chefe imediato, o chefe do chefe e o executivo de RH de nível mais elevado (supondo que ele seja o mais antigo no cargo). *Não faça nenhuma concessão se um executivo não qualificado se oferecer voluntariamente para participar da equipe de contratação*, mesmo se ocupar um cargo de alto nível e for membro do conselho. Os riscos são simplesmente muito altos.

O exemplo da empresa de laticínios apresentado em capítulos anteriores mostra algumas das melhores práticas para a tomada de decisões finais. O Comitê de Nomeação e Remuneração realizou suas próprias avaliações finais, confirmando tanto a competência quanto a adequação cultural. Esse comitê contava com a participação do presidente e incluía quatro pessoas altamente qualificadas de um Conselho de treze membros. O processo, rigoroso e abrangente, examinou evidências no histórico dos candidatos que comprovassem o nível necessário em relação a cada competência essencial para o sucesso.

Pelo fato de essa pequena equipe de participantes competentes e motivados saber claramente o que procurava, conseguiu chegar com facilidade à decisão e contratar o melhor candidato apresentado.

As melhores práticas na etapa decisória

Quando nos aproximamos da decisão final, uma disciplina rigorosa se torna absolutamente crucial. Em inúmeros casos, interpõe-se o oportunismo, a disciplina vai por água abaixo e as pessoas cometem enganos terríveis.

"Disciplina" significa examinar, outra vez, as expectativas de desempenho que foram definidas por escrito em estágios anteriores do processo. Significa ainda rever as evidências concernentes a cada competência-chave, bem como o potencial de crescimento do candidato. Isso exige, por sua vez, que se relacionem e repassem os principais atos, realizações e comportamentos do candidato associados com cada expectativa de vulto.

Em conclusão, disciplina significa fazer uma *previsão comportamental*, particularmente se houver alguma diferença sem importância em algumas competências ou se diversos candidatos atenderem às expectativas, mas de forma distinta. Em quem gostaria de apostar?

Quando houver pequenas disparidades em relação às competências, devemos, em nossa previsão comportamental, intercorrelacionar o potencial do candidato com respaldos organizacionais existentes ou programados para examinar se e quando o candidato provavelmente teria sucesso, não obstante as disparidades.

No caso das organizações muito grandes que contratam pessoas com muita freqüência para cargos semelhantes e no caso de algumas empresas especializadas de serviços profissionais, foram desenvolvidos alguns processos e modelos de tomada de decisão. Por exemplo, nossa firma emprega um modelo avançado de escalas de competências para altos executivos e definimos rigorosamente níveis-alvo validados de forma apropriada para cada cargo. Em determinados casos, foram desenvolvidos modelos de regressão múltipla, os quais apreciam cada competência-chave usando diferentes tipos de regras de decisão (seqüenciais ou não seqüenciais, compensatórias ou não compensatórias). Por fim, algumas pessoas avaliaram a técnica denominada "*bootstrapping*" (auto-suficiência), na qual se cria um modelo de tomada de decisão com base nas previsões intuitivas de um especialista. Quando esse modelo é usado, produz um efeito surpreendente: ele supera o desempenho do especialista. Ao que tudo indica, esse modelo extrai o melhor do especialista e, ao mesmo tempo, diminui a interferência fortuita da fadiga, do tédio, do estresse ou da ansiedade.

Lidando com a intuição

Uma meta final na decisão sobre o candidato a ser designado é *conseguir um equilíbrio apropriado entre racionalidade e intuição*. Esse equilíbrio mudará no decorrer do tempo.

No momento em que começamos a tomar nossas primeiras decisões sobre pessoas, é muito difícil distinguir entre fatos e estereótipos ou emoções. Quando temos pouca experiência, nos valer da intuição para avaliar alguém tende a produzir decisões estéreis.

Esses alertas referem-se até mesmo aos executivos de alta categoria. Em suas pesquisas sobre seleção de executivos, o Centro de Liderança Criativa observou que vários dos executivos de alto nível entrevistados não eram especialistas em seleção. Na verdade, 20% dos executivos entrevistados *nunca* haviam participado da seleção de executivos de alto nível.[21] Nesses casos, valer-se da intuição pode ser de fato bastante arriscado!

Entretanto, à medida que ganharmos mais experiência, *devemos* ouvir mais nossa intuição, pois terá incorporado as lições aprendidas de nossas decisões anteriores com relação a pessoas. Sim, devemos confirmar os fatos por trás dessa intuição — e também ouvi-la.

Meu maior constrangimento

Lembro-me de ter me perguntado: "*Como isso pode estar ocorrendo? Será que é um pesadelo?*". Meu desejo era acordar, mas lamentavelmente não consegui.

Estava para me encontrar com um cliente na época um tanto insatisfeito. Alguns meses atrás eu o havia ajudado a contratar um diretor de marketing. Foi um desastre. Teoricamente, a formação do candidato era impecável, havia tirado o MBA em uma das melhores escolas de negócios americanas e tinha uma brilhante carreira. Naquele momento, todavia, estava não apenas tendo um péssimo relacionamento com sua equipe, mas também se comportando de uma maneira absolutamente contrária à cultura organizacional e, ao que tudo indicava, de uma forma até mesmo antiética.

Não me lembro de ter ficado tão constrangido profissionalmente em toda a minha vida quanto nesse dia. Como isso pôde ocorrer comigo? Mas nessa época já tinha em torno de quinze anos de experiência em seleção de executivos. Tinha um histórico de peso: em mais de 90% das centenas de seleções que havia conduzido, os candidatos contratados haviam tido grande sucesso. Nunca registrara um fracasso como *esse*.

O que poderia ter saído errado? Como por fim constatei, o que me levou a isso foi a *complacência*, minha satisfação comigo mesmo. Só depois, quando já era tarde demais, me lembrei da advertência do fundador de nossa firma, Egon Zehnder, que costumava dizer que a complascência é um gêmeo que cresce lado a lado com os excelentes resultados de desempenho.

Eu havia negligenciado uma das diretrizes consagradas de nossa atividade profissional, que é *nunca* apresentar alguém sem antes procurar confirmar suas referências com indivíduos confiáveis e que já tenham trabalhado junto com ele. Esse candidato me havia sido recomendado por duas pessoas que conhecia muito bem e nas quais confiava. Além disso, as observações de um colega dele, da associação de ex-alunos, foram positivas. Uma série de fatores, como a vontade do cliente de avançar aos trancos e barrancos, sua saída iminente para uma longa viagem de negócios e, claro, minha autoconfiança, me persuadiu a ignorar esse passo fundamental.

A pior parte dessa história é que com certeza poderia ter investigado o candidato por meio de pessoas que conhecia bem e haviam trabalhado com ele na empresa X. Tarde demais, fiquei sabendo que o candidato escolhido havia sido convidado a se demitir dessa empresa por motivos semelhantes àqueles antes experimentados por nosso cliente, não obstante a declaração da empresa X (provavelmente com o objetivo de impedir um possível processo judicial) de que ele havia saído por conta própria. Nunca é demais enfatizar: *seja metódico ao confirmar referências*. Nunca tente cortar caminho. Confirme se o candidato escolhido tem mesmo o que é necessário para prosperar no novo cargo.

Solidificando a organização

Se seguir as recomendações que acabo de dar, provavelmente desfrutará de resultados extraordinários ao tomar grandes decisões sobre pessoas. Em nossa organização, como mencionado antes, contratamos pessoas sem nenhuma experiência anterior no recrutamento de executivos. Associando corretamente habilidades gerais, motivação e treinamento, nossos funcionários em pouco tempo se tornam extremamente proficientes. Prova disso é o fato de, cinco anos depois, 90% dos candidatos por nós apresentados ainda permanecerem com nossos clientes — não apenas com um bom desempenho, mas em muitos casos em um cargo bem acima de seu cargo original. Além disso, como observado antes, nossa capacidade de prever o potencial de crescimento de um gestor (por meio de nosso método de avaliação de gestão) foi, em três ocasiões, tão boa quanto à da própria empresa do gestor, que o conhecia há anos. Repito isso não para me vangloriar, mas para salientar que esse nível de precisão nas avaliações pode ser conseguido por pessoas cuja motivação é ideal e a quem tenha sido dada a oportunidade de praticar e receber *feedback* adequado.

Desenvolver suas habilidades de avaliação será crucial para o sucesso de sua carreira, como discutido no Capítulo 1. Do mesmo modo, as habilidades de avaliação contribuirão de forma signífica para o equilíbrio e a demonstração de resultados de sua empresa. Uma grande decisão sobre pessoas pode significar um ganho ou uma perda de bilhões de dólares, quando o cargo do CEO em uma grande empresa está sob decisão. E as grandes decisões sobre pessoas representam também um imenso valor em níveis hierárquicos mais baixos, em especial quando elas se somam de um lado a outro da organização e quando se projeta o valor futuro dos grandes potenciais que congregam a organização. É assim que é possível criar outra GE — outra empresa visionária desenvolvida para durar — e que uma empresa consegue passar de boa a excelente.

Para que suas decisões sobre pessoas se tornem uma fonte essencial de solidez organizacional (o fator O do modelo HOT SHOT), você e sua organização precisam pôr em prática inúmeras questões.

Primeiro, *faça de tudo para que as pessoas sejam avaliadas por indivíduos de alto calibre*. Não delegue essa tarefa crucial a novatos ou a indivíduos desqualificados ou àqueles que talvez não tenham a motivação ideal (como os subordinados diretos).

Segundo, *invista no treinamento dos indivíduos que desempenharão com freqüência o papel de avaliador*, seguindo as melhores práticas comprovadas de avaliação e treinamento.

Terceiro, *faça de tudo para avaliar a forma como as avaliações têm sido conduzidas, bem como as provas concretas de cada competência-chave, antes de tomar uma decisão final*. Pesquisas mostram que, quando os entrevistadores sabem que suas avaliações serão revistas, conseguem fazer avaliações de melhor qualidade pelo fato de se concentrarem em informações relacionadas ao cargo e evitarem as tendenciosidades mais freqüentes.[22]

Quarto, *faça de tudo para rever as avaliações não apenas quando estiver para tomar uma decisão, mas também um ou dois anos depois*. Aprender com as conseqüências das decisões anteriores é um *feedback* conveniente para os avaliadores, ajuda-os a apreciar as avaliações de sua organização e lhes orienta sobre como selecionar os melhores avaliadores no futuro.

Por último, *em algum momento, pare para avaliar objetivamente seus resultados e esteja pronto para voltar atrás em uma decisão inadequada*. Quando perguntaram a Jim Collins como os melhores líderes das grandes empresas que ele havia analisado começaram a decidir quais pessoas seriam adequadas para "embarcar no ônibus", ele deu esta resposta:

> Eles adotaram a seguinte postura: "Não tenhamos pressa em selecionar os melhores logo de cara. Se acertarmos, faremos o que estiver ao nosso alcance para tentar mantê-los a bordo por longo tempo. Se nos enganarmos, encararemos o fato para que, desse modo, possamos dar seqüência ao nosso trabalho e eles possam prosseguir com sua vida".[23]

Nem sempre acertará — e tampouco é *obrigado* a acertar sempre. Os mecanismos de avaliação precoce da carreira revelam-se tão importantes quanto os mecanismos de contratação, na medida em que a única forma de conhecer com certeza uma pessoa é trabalhar com ela. Ao mesmo tempo, entretanto, você pode fazer o possível para manter um celeiro de pessoas competentes melhorando ao máximo a qualidade de suas avaliações.

A Figura 7.7 sintetiza as principais idéias cobertas neste capítulo.

Melhorar as avaliações é fundamental
- A prática atual é muito ruim.
- Aprimorar as avaliações é bem mais vantajoso do que gerar mais candidatos ou diminuir a remuneração por eles esperada.
- Pesquisas convincentes comprovaram que a qualidade das avaliações pode ser significativamente melhorada.

As melhores técnicas de avaliação associam
- Entrevistas estruturadas

- Rigorosa confirmação de referências

Entretanto, outros fatores primordiais podem ser bem mais importantes do que as técnicas de avaliação. Por exemplo:

- Avaliadores de alto calibre, com o nível correto de competência e motivação.
- A formação correta da equipe de seleção.
- Um processo metódico: da confirmação inicial das competências-chave à decisão final.

É possível intensificar consideravelmente a capacidade organizacional nessa área crucial

- Selecionando os avaliadores corretos.
- Treinando-os a seguir métodos comprovados.
- Revendo as avaliações antes de confirmar a decisão de contratação ou promoção.
- Fazendo o acompanhamento, no decorrer do tempo, dessas decisões, com o objetivo de obter *feedback* tanto em nível individual quanto organizacional.

Figura 7.7 Como avaliar pessoas.

■ ■ ■

Se seguir o princípio examinado neste capítulo, conseguirá realizar avaliações embasadas e confiáveis e estará preparado para contratar ou promover as pessoas mais competentes do mundo. Contudo, visto que está lidando com escolhas mútuas, o problema seguinte é saber como atrair e motivar essas pessoas extraordinárias. Esse é o tema do Capítulo 8.

CAPÍTULO 8

Como atrair e motivar as melhores pessoas

Se tiver seguindo cada um dos passos apresentados nos capítulos precedentes, parabéns: isso significa que identificou o melhor candidato em potencial para o cargo pretendido. Mas tenha cuidado! Nesse momento crítico, podemos nos sair bem, se contratarmos essa pessoa, como também voltar à estaca zero, se deixarmos de contratá-la.

Até aqui, buscamos primordialmente encontrar e avaliar as pessoas mais adequadas às *nossas* necessidades. Agora, retomaremos a questão das escolhas mútuas e do grande desafio de fazer com que a outra pessoa aceite nossa proposta — em outras palavras, abordaremos neste momento as necessidades dos *candidatos*. Essa é uma etapa repleta de incertezas e riscos para ambos os lados, na qual entram em jogo questões motivacionais e monetárias e em que se deve exibir a melhor combinação de racionalidade e paixão.

Vamos começar este capítulo com duas situações do mundo real:

Primeira situação: Em março de 1988, comecei a trabalhar em um complexo processo de pesquisa de candidatos ao cargo de diretor de operações para iniciar as atividades de uma companhia de petróleo na Argentina. O cliente era um jovem executivo extremamente brilhante e bem-sucedido que sabia como ninguém o que estava procurando, no que diz respeito às expectativas de desempenho e ao perfil do candidato. De acordo com suas expectativas, nos anos subseqüentes inúmeras oportunidades se abririam no mercado em conseqüência da privatização de algumas áreas de produção da YPF, que, a essa época, ainda era uma companhia estatal. Ele estaria à frente da criação dessa nova empresa, mas queria complementar suas habilidades gerenciais, estratégicas, comerciais e financeiras com um diretor de operações extremamente competente. Esse novo diretor teria amplas responsabilidades: ajudá-lo a identificar e avaliar diversas oportunidades de investimento, fornecer informações técnicas e ao mesmo tempo participar de licitações em diferentes áreas, assumir o controle efetivo das áreas de produção sob concessão, formar as respectivas equipes em cada local e controlar apropriadamente os custos para conseguir alta eficiência de produção.

Nosso trabalho conjunto foi bastante eficaz. Realizamos um meticuloso processo de seleção de executivos que nos possibilitou identificar e investigar 49 candidatos em potencial para o cargo em questão. Depois de avaliar pormenorizadamente um grande subgrupo, utilizando processos adequados de entrevista e confirmação de referências, ambos estávamos convencidos de que havia um único candidato proeminente. A remuneração não parecia ser um problema, visto que o candidato já estava trabalhando para a YPF, cujos níveis salariais na época eram bastante baixos. Além disso, na YPF, muitas pessoas estavam preocupadas com seu futuro, em virtude da circulação de rumores sobre privatização. Por todos esses motivos, estávamos convictos de que conseguiríamos "conquistar" nosso candidato, em especial quando lhe apresentássemos uma proposta extremamente atraente.

Imagine qual foi nossa surpresa quando ele rejeitou de imediato a proposta e afastou-se completamente do processo. Ao que se revelou, não era um problema de dinheiro. Ele simplesmente não estava de todo convencido do projeto e não queria levar isso adiante.

Segunda situação: Mais ou menos oitos anos depois, participava de uma reunião decisiva com o presidente e CEO de uma renomada empresa de bens de consumo — na verdade, líder mundial em seu segmento. Ele estava fazendo uma proposta para o candidato finalista ao cargo de diretor financeiro, o qual, de acordo com o nosso ponto de vista, tinha um conjunto exclusivo de habilidades para os desafios que estavam por vir. Era uma reunião presencial, da qual participei. Quando ele fez a proposta, o candidato gentilmente nos agradeceu, dizendo que era muito baixa. Embora estivesse desempregado naquele momento, não poderia aceitar aquela oferta. Aturdido com aquele inesperado contratempo, o presidente e CEO (que seria o chefe do candidato, se ele fosse contratado) lhe perguntou se suas expectativas estavam muito além do que havia sido proposto. O candidato respondeu que sim, que suas expectativas eram definitivamente bem mais altas; na verdade, ele estava esperando o *dobro*. Ambos se levantaram para um aperto de mãos e para se despedir.

Mais adiante neste capítulo voltarei a ambas as histórias e a seu desenlace. Gostaria de defender agora que, embora todos os processos de procura de emprego uma hora ou outra cheguem ao fim, *nem sempre terminam do modo como se esperava*. Muitos dos melhores candidatos desaparecem quando o foco do processo de recrutamento passa da avaliação para a contratação — em alguns casos, porque o cargo é mal vendido (ou não é de modo algum vendido) e, em outros, porque simplesmente a combinação correta de racionalidade e paixão não existe.

Seria isso melhor para o candidato?

É em situações delicadas como as duas descritas anteriormente que nossas emoções podem nos acometer e tomar conta de nós — nos persuadindo a renunciar prematuramente ou passar por uma situação difícil e desagradável para convencer o candidato relutante com promessas ou condições ilusórias e infundadas, o que só faz criar outros problemas no percurso. Portanto, é em momentos como esse que devemos nos controlar, colocando-nos no lugar do candidato e nos perguntando se a mudança que estamos propondo é *de fato a melhor solução para ele*.

É óbvio que já testemunhei inúmeros casos de satisfação, sucesso e felicidade resultantes de mudanças acertadas de cargo ou emprego. (Esse é um dos motivos pelos quais gosto tanto do meu trabalho.) Ao mesmo tempo, vi também se desdobrarem algumas situações infelizes, que acabaram em decepção e demissão. Testemunhei poucos casos que acabaram provocando suicídio ou doenças relacionadas ao estresse. "Uma das melhores [práticas] de contratação", como me disse recentemente Howard Stevenson, professor da Harvard, "é refletir não apenas sobre quais contribuições a pessoa poderia oferecer ao cargo, mas também sobre o que poderia *destruí-la* naquele cargo".[1]

Já tive oportunidade de salientar que muitos candidatos — particularmente aqueles que estão desempregados ou frustrados em seu atual emprego — se sentem persuadidos a se apresentar da melhor perspectiva possível. Lamentavelmente, o mesmo se aplica a inúmeras empresas. Elas vendem um cargo *ideal*, em vez de um cargo real. Depois disso, inevitavelmente, acabam perdendo credibilidade, no estágio da proposta ou, pior ainda, quando o candidato contratado enfrenta a dura realidade.

Com demasiada freqüência, a empresa pouco se esforça ou então não se esforça nem um pouco para compreender as circunstâncias e motivações do candidato. Elas lançam prematuramente uma proposta e, às vezes, até uma segunda (na verdade, concorrem consigo mesmas), tentando recompensar com dinheiro a falta de motivação do lado do candidato ou incertezas significativas que não foram devidamente abordadas.

O primeiro lance decisivo para vender um cargo é compreender os principais motivos e as preocupações básicas do candidato, buscando alinhar essa realidade à realidade do cargo. Algumas pessoas são motivadas pelo dinheiro; outras, pelo desafio. Outras desejam trabalhar com um importante grupo de colegas. A necessidade de realização dos profissionais em geral é significativa e os diretores e líderes tendem a ser motivados por uma significativa necessidade de poder ou influência. Mas uma pessoa não é igual à outra. Por isso, precisamos conhecer as especificidades de cada pessoa.

Já faz algum tempo, entrevistei um indivíduo brilhante, na época CEO de uma organização não-governamental. Quase no fim da entrevista, ele me revelou quanto estava ganhando naquele momento. Perguntei a ele se tinha consciência de que numa empresa com fins lucrativos ele poderia ganhar pelo menos três vezes mais. Ele me olhou diretamente nos olhos e disse algo mais ou menos assim:

> Claudio, estou totalmente consciente de que em outras organizações eu poderia ganhar pelo menos três vezes mais do que ganho. Contudo, tento me convencer de que ganho três vezes mais e que, conscientemente, gasto dois terços desse total para que possa fazer de fato o que gosto, o que torna minha vida significativa e me faz verdadeiramente feliz. Para minha felicidade, com o terço restante desse total, eu posso viver uma vida razoável e sustentar apropriadamente minha família.

Esse homem sempre me comoveu. Vários anos depois dessa entrevista ele me voltou à memória, quando então me deparei com seu obituário no jornal — um longo artigo sobre suas notáveis contribuições à sociedade. Ele viveu uma vida de ímpeto e significado, realizando uma extraordinária contribuição social, e sem dúvida morreu como um homem extremamente feliz. Sim, ele precisava de dinheiro para sustentar sua família; porém, depois de um determinado ponto, o dinheiro não teve absolutamente nenhuma importância nas escolhas que fez em sua carreira e em suas decisões profissionais.

No caso de outras pessoas, obviamente, o dinheiro e outros tipos de recompensa são bem mais importantes. Portanto, precisamos saber quais são os interesses e as motivações do candidato e, ao mesmo tempo, fazer o que está ao nosso alcance para tentar compreender genuinamente quais são suas alternativas profissionais. *Apenas quando nos convencermos de que o que estamos oferecendo é o melhor para o candidato é que seremos capazes de atraí-lo.*

Compartilhando sua paixão

Nada é tão convincente quanto a convicção. Se tiver cumprido sua parte, souber qual é a motivação do candidato e estiver convencido de que o que está lhe oferecendo é o melhor para ele, (praticamente) nada o deterá. Na maioria dos casos, *estará* apto a contratar o melhor.

Voltemos à primeira situação, a seleção de um diretor de operações para a companhia de petróleo: depois que o candidato rejeitou a proposta, encontramo-nos com nosso cliente e realizamos uma análise extremamente detalhada dos candidatos alternativos e também sobre os motivos pelos quais a proposta havia sido recusada. Concluímos que o candidato era de tal modo superior a todos os outros que estaríamos dispostos a investir o tempo e esforço necessários para persuadi-lo, mesmo que isso exigisse vários meses. Concluímos ainda que a única forma de conseguir isso seria permitir que o candidato conhecesse de tal modo o projeto e o cliente que, se viesse à tona alguma inquietação, ela seria abordada e desapareceria.

Em seguida, entramos em um surpreendente processo de "namoro e sedução". Nos meses seguintes, viajei três vezes até sua casa no meio da remota região da Patagônia, no sul da Argentina. Para mim, isso significava pegar um avião e dirigir mais duzentos quilômetros. Cheguei a desenvolver um relacionamento com ele, sua mulher e até mesmo com seu *dobermann*. Eu e minha mulher, María, passamos uma agradável passagem de ano com ele e a mulher na linda cidade de San Martín de los Andes, no alto das montanhas, na Patagônia, a 1,6 mil quilômetros de distância de nossa casa. Pouco tempo depois, o próprio cliente foi visitá-los durante suas férias perto do litoral.

Em decorrência dessa tentativa de nos conhecermos bem, em março de 1999 esse candidato por fim decidiu juntar-se à empresa, exatamente *um ano* depois que o projeto de seleção foi iniciado. Seu desempenho subseqüente foi absolutamente espetacular. Conhecia como ninguém cada uma das áreas petrolíferas em todo o país, o que o tornou precioso quando a YPF começou a privatizar sua produção. Juntos, ele e nosso cliente formaram uma equipe maravilhosa: avaliavam tecnicamente cada área e tomavam decisões estratégicas, financeiras e em relação à concorrência sobre a oferta que deveriam fazer. E depois que algumas áreas foram concedidas a essa empresa, esse homem demonstrou-se um gênio para estruturar e instituir as unidades operacionais praticamente da noite para o dia, obtendo níveis de produtividade extremamente altos. Por último, mas com toda a certeza não menos importante, ele demonstrou uma habilidade fenomenal para formar rapidamente uma equipe extraordinária, em grande medida por seu grande conhecimento do mercado e por sua competência, credibilidade e reputação.

Sim, esse é um caso bastante *raro*! Porém, por mais que o tente, não consigo enfatizar suficientemente a importância de dar o sangue para compreender os candidatos e suas motivações, lidar com suas preocupações e *compartilhar sua paixão* por sua empresa, seus projetos e o cargo que está oferecendo.

Qualquer pessoa consegue contratar pessoas medianas. Qualquer pessoa consegue contratar pessoas que estão no mercado e estão ávidas por um emprego. Contudo, contratar as pessoas *mais competentes*, em especial aquelas que não estão procurando emprego, exige nosso melhor empenho racional e dedicação apaixonada.

O dinheiro fala mais alto

Enquanto a paixão murmura, o dinheiro fala mais alto. Quando perguntei a Jack Welch que estratégias empregava para atrair os indivíduos mais competentes que não estavam procurando mudar, ele respondeu: "Ofereça a eles muito dinheiro e uma perspectiva. Pinte-lhes um quadro com perspectiva. Se tiverem êxito, serão "importantes". Faça isso da forma mais íntegra possível. Trata-se de dinheiro e perspectiva".[2] Portanto, compartilhar nossa paixão é fundamental para "pintarmos esse quadro", mas o dinheiro também precisa caminhar junto.

Os atuais debates públicos acerca da remuneração dos altos executivos estão carregados de emoção e vozes apaixonadas podem ser ouvidas em ambos os lados do espectro. Os críticos ressaltam que, entre 1970 e 1999, a remuneração média real dos cem melhores CEOs americanos girava de 1,3 milhão de dólares a 37,5 milhões de dólares.[3] Em 1979, a remuneração média dos cem melhores CEOs era 39 vezes mais alta do que a do trabalhador médio; vinte anos depois, chegou a ser *mil vezes mais alta*.[4] Algumas cifras salariais são absolutamente inacreditáveis, como o plano de opções de *1,6 bilhão de dólares* oferecido ao CEO William McGuire, do Grupo UnitedHealth — isso, em uma época "em que mais de quarenta milhões de americanos não tinham seguro-saúde", como ressalta um relatório da Wharton School.[5]

Mas para os observadores do outro lado do espectro o salário normal de um CEO não é excessivo. Como propõe o professor Wayne Guay, de Wharton, "Os notórios planos de salários que atraem tanta atenção da imprensa — de, digamos, mais de vinte milhões de dólares — aplicam-se somente a um número reduzido de CEOs. Na verdade, diz Guay, o CEO mediano no índice S&P 1500 ganha em torno de 2,5 milhões de dólares por ano.[6]

Sejamos realistas: todos nós esperamos ser recompensados de modo ao menos proporcional aos nossos esforços e realizações. Essa particularidade não pode ser levada ao extremo. Avaliamos nossos riscos comparativamente às nossas recompensas. Isso não é apenas intrínseco à natureza humana; é até mesmo intrínseco à natureza *animal*. Um lince que esteja tentando caçar um coelho da neve o persegue em torno de 180 metros apenas. Depois, desiste, porque a comida que poderia ganhar se conseguisse apanhar a presa não compensaria a energia gasta.

Entretanto, o lince, ao calcular o que poderia ganhar em troca, persegue um cervo por uma distância bem maior.

Os primatologistas Sarah F. Brosnan e Frans B. M. de Waal demonstraram que os macacos se sentem ofendidos com sistemas de recompensa injustos. Em um fascinante experimento realizado com fêmeas de macacos-prego (caiararas), Brosnan criou um mercado em que as macacas eram treinadas a lhe dar uma pedra em troca de uma fatia de pepino. Esse experimento foi organizado de modo que as macacas trabalhassem em pares e, quando ambas ganhassem fatias de pepino, oferecessem pedras em troca de comida em 95% das vezes. Contudo, quando a pesquisadora mudou as regras — dando a uma macaca uma uva como recompensa (uma opção mais atraente, do ponto de vista de um macaco) e uma fatia de pepino à outra —, as macacas ficaram tão frustradas que em 40% das vezes simplesmente pararam de trocar, ainda que a troca de uma pedra por comida permanecesse um bom negócio. E quando uma macaca recebia uma uva por nada, a outra macaca ficava tão decepcionada que em geral atirava sua pedra para longe. Somente 20% das macacas continuaram a negociar naquele mundo para elas extremamente injusto![7]

Não, não somos linces e tampouco macacos, mas sabemos onde residem nossos interesses e desejamos recompensas justas e jogo limpo.

Avaliando as prioridades de retenção

Ainda abordaremos a questão sobre a criação de um plano de remuneração para atrair os melhores candidatos. Porém, primeiro gostaria de realçar como é importante fazer com que *o plano de remuneração esteja alinhado com as prioridades de retenção*. Não faz muito sentido desenvolver o melhor plano de remuneração para atrair um candidato externo e, ao mesmo tempo, perder recursos valiosos em virtude de práticas internas de remuneração não competitivas.

Isso ganha uma importância especial em momentos de mudança, como no caso da empresa de telecomunicações (descrita no Capítulo 4) que estava enfrentando um novo conjunto de desafios, como a desregulamentação de serviços e uma maior concorrência nos mercados locais. Além de avaliar sua equipe gestora com relação a competências e potencial, nós ajudamos a empresa a avaliar suas prioridades de retenção. E além de avaliar a crucialidade de cada *gestor* (como uma variável dependente de sua competência ou potencial), avaliamos também a crucialidade de cada *cargo* e comparamos essas avaliações com a demanda de mercado em potencial após a desregulamentação. Os resultados dessa análise encontram-se resumidos na Figura 8.1.

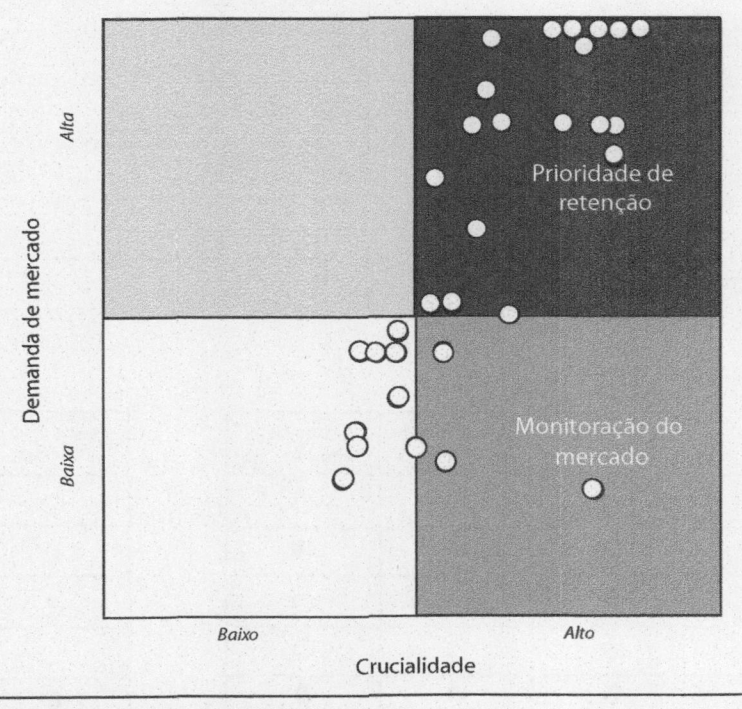

Figura 8.1 Prioridades de retenção.

Sempre que ocorrem mudanças significativas em um setor, os planos de remuneração correm o risco de ficar mal equiparados à crucialidade da maioria dos recursos humanos do alto escalão. Isso se provou verdadeiro no caso dessa empresa de telecomunicações. A Figura 8.2 compara a crucialidade de cada um dos principais gestores com a competitividade de mercado do plano de remuneração. Ainda que houvesse a necessidade de alinhar a competitividade dos planos de remuneração com a crucialidade de cada gestor, não houve quase nenhuma correlação, fazendo com que a empresa corresse o risco real de perder alguns de seus recursos mais cruciais nos anos subseqüentes.

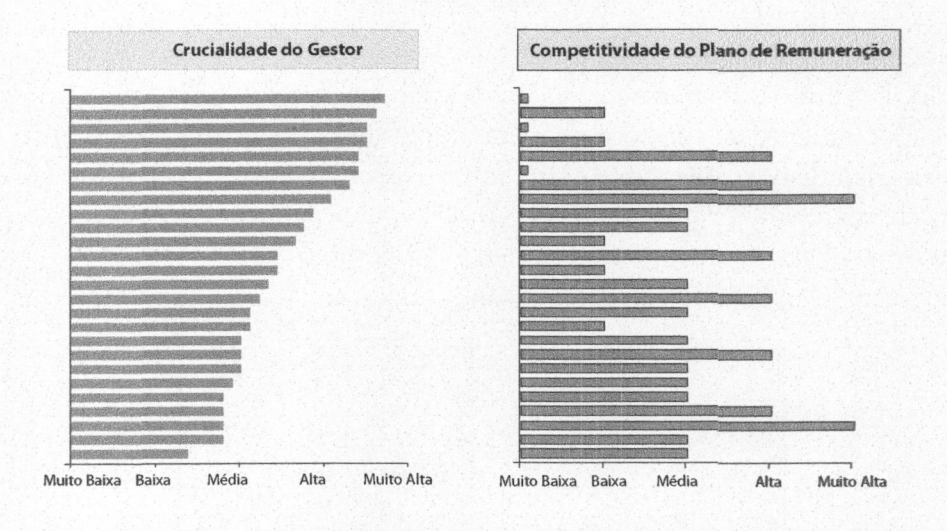

Figura 8.2 Crucialidade versus remuneração.

	Crucialidade do Cargo	Demanda de Mercado	Risco de Remuneração		Risco de Retenção
Gestor A	●	○	○		○
Gestor B	◐	●	●		●
Gestor C	○	○	○		○
Gestor D	●	○	○		○
Gestor E	●	●	●		●
Gestor F	◐	●	◐		◐
Gestor G	◐	◐	◐		◐
Gestor H	●	●	●		●
Gestor I	○	◐	◐		◐
Gestor J	◐	●	○		◐
Gestor K	◐	◐	○		◐

● Alto(a) ◐ Médio(a) ○ Baixo(a)

Figura 8.3 Riscos de retenção.

Em virtude dessa situação, analisamos o risco de retenção de cada um dos recursos estratégicos, levando em conta sua crucialidade, a demanda de mercado em potencial e o risco de remuneração (o que era, claro, inversamente proporcional à competitividade de seus respectivos planos). A análise básica sintetizada na Figura 8.3 mostrou-se extremamente útil para dar um pouco de objetividade a uma série de medidas de retenção, como, dentre outras coisas, o ajuste dos planos de remuneração, o qual, de outro modo, poderia ter sido em grande medida emocional e controverso.

Os problemas dos incentivos

Se digitar a palavra "remuneração" no mecanismo de pesquisa Google, encontrará em torno de 4 milhões de resultados. Digite a palavra "recompensa" e obterá mais de 5,5 milhões de resultados. Obviamente, existe uma montanha de material impresso sobre esses tópicos. Contudo, embora o dinheiro seja de fato importante, evidências sobre o poder inerente do "pagamento por desempenho" são surpreendentemente inconclusivas. De acordo com os professores da Stanford Jeffrey Pfeffer e Robert Sutton, "A utilização de incentivos financeiros é um tema recheado de ideologia e crença — e nesse sentido muitas dessas crenças têm poucas verdades (se é que têm alguma) que os justifiquem".[8] Conseqüentemente, concluem eles, deve-se realizar uma análise cuidadosa antes de estabelecer incentivos financeiros.

Antes de tudo, um nível razoavelmente alto de remuneração total é necessário para *atrair* o melhor candidato. Isso é verdade em especial para os altos cargos, nos quais, como ressaltei em capítulos precedentes, a dispersão de desempenho é tão grande que vale a pena atrair um indivíduo cujo desempenho seja extraordinário. Saber o que se considera "razoavelmente alto" depende, é claro, de cada mercado e do momento.

O segundo objetivo da remuneração é *motivar* o melhor. De acordo com esse ponto de vista, a maneira *como* se paga tem a mesma importância de o *quanto* se paga. *Motivar a objetividade* intercede a favor de alguma forma de incentivo de longo prazo, preferivelmente nos termos das ações restritas (ou algo equivalente), e não das opções de compra de ações, cuja tendência a subir é bastante grande, mas a tendência a abaixar é pequena. *Motivar o desempenho,* na maioria dos casos, intercede a favor de algum componente de remuneração variável e de curto prazo, como as bonificações anuais.

Entretanto, é necessário tomar especial cuidado ao estruturar apropriadamente sua proposta, para não criar incentivos *errados.* Primeiro, incentivos exagerados, em particular os de curto prazo, podem chamar demasiada atenção para os resultados de curto prazo. Além disso, sem dúvida podem levar uma pessoa a ultrapassar em muito o ponto de desequilíbrio do desempenho. Sim, precisamos de algum grau de estresse para uma atuação eficaz, e ter objetivos claros e incentivos adequados são decisivos quando atingimos um determinado nível. Isso tem suas raízes na química do cérebro: o nível certo de estresse aumenta a atividade dos glicorticóides, com um nível moderado de secreção de cortisol, o qual está associado a empenho, desempenho e aprendizagem. Porém, quando o nível de estresse eleva-se em demasia, um segundo sistema neural entra em operação, situação em que o cérebro secreta grandes quantidades de cortisol e noradrenalina ou norepinefrina. Essas secreções, associadas a um estado de medo absoluto, *limitam* expressivamente nossas capacidades racionais, nossa eficácia no trabalho e até nossa memória e capacidade de aprendizagem.[9]

Embora nosso cérebro tenha sido formado para concentrar nossa atenção em um alvo (provavelmente um mecanismo de sobrevivência para nossos ancestrais caçadores, que precisavam se concentrar totalmente na presa), a fixação exagerada em um alvo pode nos fazer perder a perspectiva, nos tornar insensíveis e até nos levar a cometer erros fatais. O acidente que ocorreu com toda a equipe acrobática Thunderbirds da Força Aérea Americana em 1982 é um exemplo trágico. Todos os pilotos morreram justamente porque se concentraram apenas em seguir exatamente o avião da frente, a poucos centímetros de distância. Quando o avião que lidera os demais sofreu uma avaria mecânica e mergulhou em direção à terra, todos os demais tiveram o mesmo fim.[10]

Segundo, é muito difícil criar sistemas apropriados de incentivos e qualquer fórmula puramente quantitativa pode estar sujeita a resultados recompensadores não imputáveis ao gestor ou, no outro extremo, não reconhecer apropriadamente o empenho e a contribuição em circunstâncias nas quais fatores externos possam produzir resultados insatisfatórios. Portanto, se deseja desenvolver componentes de incentivo significativos em seu plano de remuneração, tome o cuidado de analisá-los a fundo, possivelmente com a ajuda de especialistas.

Terceiro, os cargos mais complexos exigem colaboração e, desse modo, incentivos individuais podem ser muito negativos, motivando os indivíduos a concorrer entre si, e não a colaborar. Vários anos atrás, quando estava participando de um programa executivo para empresas de serviços de assistência profissional em Harvard, o professor perguntou quantas pessoas na sala recebiam incentivos financeiros individuais na empresa em que trabalhavam. Algo em torno de setenta dos oitenta participantes levantaram a mão. Dentre os dez que *não* recebiam incentivos financeiros individuais, nenhum trabalhava para empresas americanas, não obstante o fato de a grande maioria dos participantes ser americana. Os incentivos financeiros individuais são na verdade a norma nas empresas de serviços profissionais, em particular nos Estados Unidos — um tipo de incentivo que em geral é chamado de "*eat what you kill*" ("coma sua caça"). O tipo de sistema oposto normalmente é chamado de "*lockstep*" ("marcha contínua"), no qual a recompensa individual não depende do desempenho individual, mas, ao invés disso, dos lucros globais da empresa e de algum tempo de serviço, em geral estabilidade no emprego.

Embora a maioria das empresas ofereça uma versão do sistema "coma sua caça", em todos os domínios dos serviços profissionais normalmente algumas empresas empregam o sistema de "marcha contínua". Até certo ponto surpreendente é o fato de essas poucas empresas em geral serem as mais lucrativas e as com melhor reputação, como é o caso da Wachtell, Lipton, Rosen & Katz, dentre outros escritórios de advocacia, da McKinsey & Company em consultoria de gestão (tecnicamente, um sistema de "marcha contínua" modificado) ou de nossa própria firma de busca de executivos.[11] Na verdade, o professor Marshall W. Van Alstyne, que leciona economia da informação na Universidade de Boston e realiza pesquisas no MIT, publicou recentemente um artigo demonstrando que as empresas com incentivos coletivos compartilham muito mais conhecimentos — e são, certamente, bem mais lucrativas — do que aquelas que recompensam o desempenho individual.[12]

Lidando com riscos e incentivos

Vamos sintetizar o que abordamos até aqui: para atrair e motivar as melhores pessoas, você precisa se colocar no lugar do candidato, avaliar com imparcialidade se a oportunidade que está oferecendo é verdadeiramente a melhor para ele, compartilhar sua paixão e então preparar um plano de remuneração atraente (sem exageros e com base em suas políticas de retenção).

O que sem dúvida ajuda muito nessa etapa é seguir um processo metódico, particularmente para cargos muito altos como o de CEO, em que os componentes de remuneração devem ser conseqüência natural das principais avaliações de desempenho associadas aos objetivos primordiais do novo gestor.

Antes de estruturar sua proposta e aprovar os incentivos corretos, você precisa ainda *avaliar as principais fontes de risco* do modo mais objetivo possível. Os gestores externos com freqüência são contratados para situações de alto risco, como empresas recém-estabelecidas, fusões e aquisições e iniciativas de mudança de grande vulto como as mudanças radicais de posição.[13]

Meu primeiro conselho para lidar com riscos é *investir tempo suficiente para revelar, com total franqueza, as verdadeiras fontes de risco*. Quando discuto essa questão com clientes e candidatos, em geral utilizo a analogia da estatística, segundo a qual esbarramos com dois tipos de erro: ou rejeitamos uma hipótese verdadeira ou aceitamos uma hipótese falsa. Se reduzir o risco de um desses tipos de erro, aumentará inevitavelmente o outro. Do ponto de vista do candidato, ele pode cometer dois tipos de erro: aceitar o emprego errado ou não aproveitar uma oportunidade única. Para o candidato, a única estratégia para diminuir simultaneamente ambos os riscos é obter mais informações sobre você, sua empresa e o respectivo cargo — e nisso se incluem também os riscos.

Dois erros clássicos relacionados aos riscos em geral são cometidos nesse estágio. O primeiro, como já demonstrado, é ignorar os riscos tal como o candidato os percebe. (Ao proceder dessa maneira, você perde a oportunidade de defrontar e corrigir as percepções equivocadas do candidato.)

O segundo erro é oferecer uma grande quantia para recompensar esses riscos sem contar com uma análise adequada. Não obter as vantagens financeiras esperadas e (em vários casos) criar justamente o incentivo errado são algumas das conseqüências negativas dessa postura. O melhor exemplo é o do *golden parachute* ("pára-quedas dourado"), o qual cria um incentivo perverso para fomentar conflitos e provocar a demissão. Porém, o *sign-in bonus* ("bônus de admissão") é quase tão ruim quanto, pois paga os candidatos relutantes para se privar de sua capacidade de julgar — que é justamente a capacidade pela qual você os está contratando!

Em mais de trezentas consultorias de seleção de executivos, recomendei *golden parachutes* e o *sign-in bonus* em casos excepcionais. E *nunca* os recomendaria para contornar a falta de confiança por parte do candidato. Ninguém deve trabalhar para quem não confia. Embora situações específicas de fato exijam o emprego desses componentes, devem ser exceção e não a regra. Um gestor deve se juntar a uma nova empresa sentindo-se seguro de que ambos os lados cumprirão o comprometido e que se sentirão mutuamente à vontade um com o outro. Se essas duas condições forem atendidas, esses incentivos provavelmente não serão necessários.

Repetindo, analise objetivamente os principais riscos. E para lidar com eles, compartilhe abertamente as informações e, no devido tempo, verifique se seu acordo os contempla de forma apropriada.

A Figura 8.4 apresenta a análise conceitual do plano que foi preparado quando uma empresa de bens de consumo estava contratando um *country manager* para lançar pela primeira vez um novo empreendimento em um novo país. Em seu cargo inicial, o diretor contratado teria de reconfirmar se eles deveriam definitivamente dar prosseguimento ao lançamento proposto no país pretendido. Embora o risco de descontinuar totalmente fosse pequeno, combinamos com o cliente que gostaríamos que o candidato fosse objetivo e não recomendasse um grande investimento se ele se convencesse de que não valia a pena investir. A salvaguarda especial engendrada no contrato era (1) suficientemente justa para compensar o diretor se ele "se convencesse a sair do cargo" apenas alguns meses depois, mas (2) não tão persuasiva a ponto de criar um incentivo contra o investimento, se ele fosse realmente justificado.

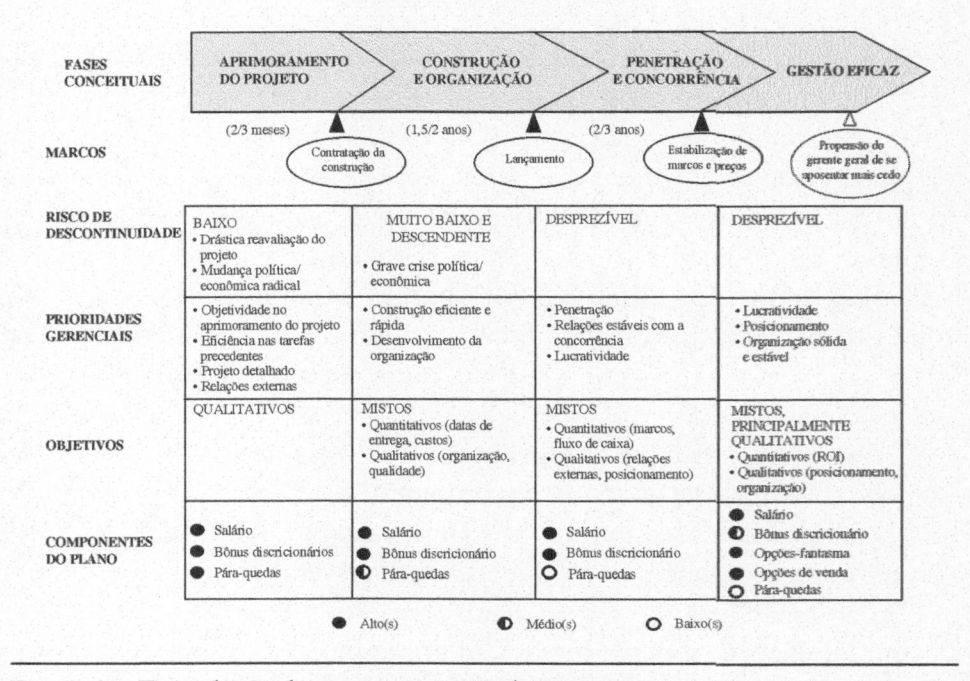

FASES CONCEITUAIS	APRIMORAMENTO DO PROJETO	CONSTRUÇÃO E ORGANIZAÇÃO	PENETRAÇÃO E CONCORRÊNCIA	GESTÃO EFICAZ
MARCOS	(2/3 meses) Contratação da construção	(1,5/2 anos) Lançamento	(2/3 anos) Estabilização de marcos e preços	Propensão do gerente geral de se aposentar mais cedo
RISCO DE DESCONTINUIDADE	BAIXO • Drástica reavaliação do projeto • Mudança política/econômica radical	MUITO BAIXO E DESCENDENTE • Grave crise política/econômica	DESPREZÍVEL	DESPREZÍVEL
PRIORIDADES GERENCIAIS	• Objetividade no aprimoramento do projeto • Eficiência nas tarefas precedentes • Projeto detalhado • Relações externas	• Construção eficiente e rápida • Desenvolvimento da organização	• Penetração • Relações estáveis com a concorrência • Lucratividade	• Lucratividade • Posicionamento • Organização sólida e estável
OBJETIVOS	QUALITATIVOS	MISTOS • Quantitativos (datas de entrega, custos) • Qualitativos (organização, qualidade)	MISTOS • Quantitativos (marcos, fluxo de caixa) • Qualitativos (relações externas, posicionamento)	MISTOS, PRINCIPALMENTE QUALITATIVOS • Quantitativos (ROI) • Qualitativos (posicionamento, organização)
COMPONENTES DO PLANO	● Salário ● Bônus discricionários ● Pára-quedas	● Salário ● Bônus discricionário ◐ Pára-quedas	● Salário ● Bônus discricionário ○ Pára-quedas	● Salário ◐ Bônus discricionário ● Opções-fantasma ● Opções de venda ● Pára-quedas

● Alto(s) ◐ Médio(s) ○ Baixo(s)

Figura 8.4 Engenharia de concepção e implementação.

Como pode ser visto na Figura 8.4, as diferentes fases do novo empreendimento compreenderam, seqüencialmente, o aprimoramento do projeto, a construção de instalações e o estabelecimento da organização, o lançamento de seu produto para combater o concorrente monopolizador precedente e, por último, a manutenção da eficácia da administração. Para cada uma dessas fases, foram aprovadas nítidas prioridades gerenciais, com uma série de objetivos qualitativos e quantitativos, o que ajudou a definir diferentes componentes do plano ao longo da vida do projeto.

Embora os detalhes desse complexo acordo ultrapassem o escopo deste livro, minha intenção no momento é ressaltar uma série de incentivos para cada fase — e mesmo um tipo diferente de pára-quedas para cada, amarrado aos riscos específicos de cada fase —, os quais diminuem com o decorrer do tempo. Para obter o apoio dos acionistas, havia um incentivo de longo prazo bastante expressivo, na forma de opções-fantasma com opções de venda, que poderia ser praticado depois que a empresa consolidasse sua penetração no mercado. Tendo em vista todas as incertezas nos períodos intermediários, havia um bônus significativo, embora discricionário, além de um salário competitivo.

Pelo que se constatou, o candidato contratado obteve enorme sucesso ao longo de vários anos. No momento certo (do ponto de vista dele e da empresa), ele resolveu exercer sua opção de venda e sair, momento em que foi recrutado um tipo diferente de gestor.

Tudo consiste em ter as pessoas certas

Em uma das seleções que realizei há vários anos, minha atribuição era encontrar um *controller* (executivo responsável pelos controles financeiros) para uma organização sem fins lucrativos. O finalista recebeu uma proposta cujo valor era em torno da *metade* da remuneração que ele estava ganhando. Para minha surpresa, ele aceitou e durante vários anos apresentou um desempenho extraordinariamente bom. Além disso, permaneceu nesse cargo não obstante o fato de ter sido obrigado a tomar a iniciativa de combater um alto grau de corrupção interna, em conseqüência do que ele e sua família foram diversas vezes ameaçados. Ele teve de mudar seu número de telefone duas vezes para conseguir passar a noite sem receber telefonemas ameaçadores.

Devo confessar que quando o cliente fez a proposta ao candidato, sem discutir isso comigo antecipadamente (eu estava presente na reunião), fiquei surpreso, preocupado e até desapontado. Mais tarde reconheci que aquela proposta representava um verdadeiro teste para avaliar o comprometimento do candidato com a nobre missão da organização, que era uma condição primordial para seu sucesso e continuidade.

Isso pode parecer ingênuo e idealista, mas é a pura verdade: em mais de vinte anos de experiência em seleção de executivos, constatei que aquilo que os candidatos procuram, acima de tudo, não é mais dinheiro, mas um trabalho em que possam oferecer o que têm de melhor, um desafio que corresponda perfeitamente ao seu grau de competência, um lugar em que crescerão e se desenvolverão, uma organização que apreciem, um bom chefe e um excelente grupo de colegas. Ao contrário, a maioria das pessoas não abandona o emprego por causa de problemas relacionados a dinheiro; elas abandonam chefes ruins e situações frustrantes. Se houver um bom desafio, uma boa adaptação e um bom chefe, o candidato certo ficará motivado.

Do ponto de vista do candidato, pesquisas sobre felicidade demonstram de modo regular que as duas circunstâncias propulsoras são trabalho significativo e relacionamentos que tenham valor, ao passo que o dinheiro (depois de um determinado nível mínimo) é mais um fator higiênico.* Do ponto de vista da organização, queremos o candidato certo, que de fato se interesse pelo trabalho e pela organização. Como constatou o professor de Stanford James Baron em seu curso de MBA em gestão de recursos humanos, até mesmo os mestres em administração de empresas (que defensavelmente são mais direcionados aos incentivos financeiros do que a maioria das pessoas) preferem bem mais um médico que tenha escolhido medicina por seu interesse pelo tema e por seu desejo de ajudar as pessoas, a um médico que tenha escolhido a profissão para ficar rico.[14]

Quando perguntaram a Jim Collins sobre o grau de importância das decisões sobre remuneração de executivos e incentivos, ele respondeu o seguinte:

> Para nossa surpresa, a remuneração de executivos, ao que parece, não desempenha nenhum papel significativo no que diz respeito a determinar que empresa atingirá ou não a excelência. Depois de realizar 112 análises, procurando um vínculo entre remuneração de executivos e resultados corporativos, nossa pesquisa não identificou nenhum padrão. Descobrimos que tornar uma empresa excelente tem muito pouco a ver com a maneira como os executivos são recompensados; antes de mais nada, tem tudo a ver com quais executivos devemos recompensar.
>
> Se tiver as pessoas certas, elas farão de tudo para tornar a empresa excelente. O propósito da remuneração não é "motivar" os comportamentos certos nas pessoas erradas, mas, acima de tudo, atrair e reter as pessoas certas. Isso não quer dizer que devemos ignorar por completo a questão da recompensa. Certamente, vários Conselhos de Administração deixaram de cumprir com sua responsa-

---

* São fatores que podem provocar insatisfação quando ausentes, mas não necessariamente motivar os funcionários se intensificados. Teoria de Frederick Herzberg (fatores higiênicos/ambientais ou extrínsecos *versus* fatores motivacionais ou intrínsecos). (N. da T.)

bilidade perante os acionistas ao conceder planos de remuneração com vantagens imensas e poucas desvantagens. Todavia, a decisão mais importante que um conselho toma não é com relação à maneira como paga, mas a quem paga.[15]

Por fim, se você deseja construir uma excelente empresa, tudo consiste em ter as pessoas mais competentes. Para elas, o dinheiro é importante, mas não de uma maneira desproporcional. Como Collins observa, a questão está mais relacionada *a quem*, e menos a *quanto e como* você paga.

Uma questão de coragem

Retomemos agora a segunda situação, minha reunião de dez anos atrás com o presidente e CEO de uma grande empresa de bens de consumo, na qual o finalista rejeitou a proposta, confessando que sua expectativa de remuneração era duas vezes superior. Ele e o CEO estavam para apertar as mãos e dizer adeus. Eu estava sentado à ponta da mesa, com meu cliente à direita e o candidato à esquerda.

Minha atitude subseqüente surpreendeu até a mim. Eu me levantei e disse: "Por favor, não se despeçam!". Olhando para o cliente, disse: "Para ser bastante franco, admiro o que conseguiu fazer de sua empresa e tenho total convicção de que simplesmente não pode deixar essa oportunidade escapar".

Em seguida, virei-me para o candidato e disse: "Do mesmo modo, eu o acompanhei nos últimos dez anos e tenho total convicção não apenas de que será capaz de valorizar imensamente essa empresa, mas também de que essa é a melhor oportunidade a seu dispor. Terá um enorme sucesso e um imenso prazer em seu trabalho. Não pode deixar essa oportunidade passar assim simplesmente".

Acompanhei o candidato até outra sala de reunião, pedi que esperasse um minuto e voltei ao meu cliente. Ambos nos sentamos. Após alguns segundos de silêncio, disse-lhe com total franqueza que sua proposta era muito baixa para a realidade do mercado e o calibre daquele candidato a diretor financeiro. Mesmo se o candidato tivesse aceitado a proposta, apresentaria um risco de retenção no momento em que se sentasse à sua mesa de trabalho. Ressaltei o quanto o plano de remuneração do diretor executivo poderia ser insignificante se comparado com o valor que o candidato prometia representar para a empresa. Se havia alguma dúvida acerca das competências ou da conveniência do candidato, adiantei-me com ímpeto, *obviamente* não deveríamos prosseguir. Mas se não havia nenhuma dúvida, não deveríamos aceitar um "não", sem ao menos arriscar uma nova tentativa.

Sem exagero, esse foi um ponto decisivo, um divisor de águas, na história da empresa. Esse CEO nunca havia pagado esse valor a nenhum subordinado e, além disso, estava bem consciente de que vários outros candidatos que havíamos examinado tinham um plano de remuneração bem semelhante e, em alguns casos, até superior ao que o finalista esperava.

Deixei-o refletindo sobre nosso diálogo e voltei para falar com o candidato, o qual ainda aguardava na outra sala. Observei em sua postura que estava muito ansioso e interessado — um indício de que também havia percebido um possível ponto de inflexão.

Conversamos. Sabia que já estava desempregado havia um ano. O que eu *não* sabia (e fiquei perplexo ao saber) foi que durante esse difícil período ele teve a coragem de recusar *sete* propostas. Ele me disse, sem meias palavras, que simplesmente não seria capaz de aceitar um emprego que não o convencesse. Disse, com toda a franqueza, que estava totalmente seguro com respeito à oportunidade, exceto em relação ao dinheiro. Sondei se poderia haver outros motivos, mas ele me convenceu de que não havia nenhum. Disse-lhe para se manter firme em sua posição.

Em seguida, voltei ao cliente, expressando minha absoluta convicção acerca das motivações do candidato, bem como sobre o quanto era razoável o plano de remuneração que ele desejava. Por fim, o CEO aquiesceu. Em vinte minutos eles apertaram as mãos novamente, mas desta vez com a intenção de dar início a uma admirável relação profissional. Os ajustes finais, após a negociação, ficaram mais próximos da expectativa do candidato (e do valor do mercado) do que da proposta original. O CEO e seu novo diretor financeiro trabalharam juntos durante quase uma década. O valor financeiro que esse novo diretor financeiro agregou à empresa foi enorme. Seu papel foi inestimável não apenas no gerenciamento do dia-a-dia, mas também em situações bastante especiais de reestruturação financeira, aquisições e de gerenciamento de crises. Ao longo daquela década, ele recebeu não somente uma generosa remuneração, mas também valiosas recompensas não monetárias.

A lição que extraí dessa reunião foi que o fator decisivo nessas ocasiões cruciais é *ter coragem o bastante*. Temos de ter coragem para nos apartarmos de tradições e costumes e restrições auto-impostas quando existe um motivo convincente para assim proceder. O que diz mesmo aquele velho ditado? *As pessoas estúpidas não têm regra alguma. As inteligentes têm regras e as seguem. Os gênios sabem quando abrir exceção.*

Se tiver se esforçado para encontrar e avaliar os melhores candidatos, se a ordem de magnitude do plano de remuneração for sensata, comparativamente ao mercado, se tiver verificado qual é a verdadeira motivação do candidato e tiver lidado apropriadamente com os possíveis riscos, então é chegado o momento de dar um *passo adiante*: da sinceridade, consideração e análise racional para a verdadeira coragem. Você precisa se esforçar um pouco mais para selar a negociação.

Obtendo a ajuda certa

Talvez tenha se surpreendido com minha audácia ao decidir diminuir as diferenças descritas anteriormente entre o CEO e o diretor financeiro. A bem da verdade, posso dizer que também fiquei. Mas me senti encorajado porque eu e meu cliente já havíamos trabalhado intimamente durante longos anos. Portanto, conhecíamos e compreendíamos um ao outro.

Isso me leva a trazer à tona a discussão sobre obter assessoria externa nos processos de recrutamento e seleção de recursos humanos. Certa vez perguntei a Jack Welch se, nos raros casos em que a GE procurou líderes externos, ele havia empregado empresas de seleção de executivos. Se sim, que recomendação daria a outras pessoas em seu lugar. Esta foi sua resposta:

> Sim, usei firmas de busca de executivos. Não posso falar em relação aos critérios da GE de escolha e utilização de firmas de busca. Mas, no meu caso, só tenho um critério. Escolho alguém em quem confio. E isso só ocorre com o tempo, com o passar dos anos. Al-

guém com quem tenha uma boa relação pessoal. Que esteja no jogo, que saiba jogar bem. Alguém que esteja sempre interessado em conseguir a pessoa certa, e não em coletar honorários.[16]

A "confiança" contém diversos ingredientes nesse contexto. Naturalmente, ela tem suas raízes e nasce da percepção que o cliente tem sobre a competência pessoal do consultor. Porém, ela nasce também da confiança que o cliente tem na firma do consultor e em como está estruturada.

Primeiro, *escolha um consultor*, em vez de simplesmente uma firma. Escolher uma firma de busca baseando-se unicamente em seus folhetos informativos é como contratar um executivo com base apenas em seu currículo. Assim como várias outras firmas de serviços profissionais, algumas firmas de busca usam sócios tarimbados para conquistar clientes e, depois, usam pessoas menos experientes (dentre os quais se incluem os mestres em administração recém-formados) para conduzir as pesquisas. *Portanto, tome o cuidado de se associar a consultores que de fato executarão cada uma das etapas de sua busca.* Você precisa avaliar a experiência e competência técnica desses indivíduos e analisar sua disponibilidade, afabilidade e franqueza. Integridade é fundamental. Por isso, referências sólidas e confiáveis são um pré-requisito.

Segundo, *investigue a estabilidade da equipe profissional da firma e os mecanismos que ela emprega para fomentar a colaboração.* Isso é indispensável, pois o valor das firmas de busca de executivos provém diretamente de sua capacidade de compartilhar conhecimento. Uma boa firma de busca de executivos lhe oferecerá, em primeiro lugar, uma clara visão sobre cargos e candidatos e, subseqüentemente, acesso a eles. Essas duas incumbências dependerão, é claro, da capacidade dos consultores de colaborar e compartilhar o que conhecem. Um recente artigo escrito por Marshall W. Van Alstyne, economista da Universidade de Boston, demonstrou como os incentivos (ou a *falta* de incentivos) à colaboração nas firmas de busca influem sensivelmente na comunicação interna entre consultores e, com isso, na qualidade do atendimento ao cliente.[17] As firmas que dispõem de equipes estáveis e que compartilham conhecimentos são bem mais propensas a acumular e disponibilizar a toda a equipe um repertório de informações exclusivas sobre:

- Candidatos em potencial, fontes e referências.
- Necessidade específicas dos diferentes cargos.
- Os meios mais eficazes de encontrar, avaliar, motivar e integrar apropriadamente os melhores candidatos.

Por ter como princípio a total transparência, a profissão de consultor em seleção de executivos já nasceu com profundos conflitos de interesse. Infelizmente, essa circunstância ainda persiste nos dias de hoje. Como ressaltam Pfeffer e Sutton em seu mais recente livro, diversas firmas de busca de executivos *ainda* empregam incentivos errados, visto que os honorários que cobram de seus clientes corporativos baseiam-se em uma porcentagem da remuneração do executivo (em geral um terço da remuneração recebida em dinheiro no primeiro ano). "Quanto mais um alto executivo ganha", salientam os autores, "mais as firmas de busca ganham".[18] Evidentemente, esse esquema de porcentagem–honorários cria um incentivo ímpio para que o consultor responsável pela seleção apresente os candidatos *mais caros*, os quais podem ser ou não os *melhores* candidatos.

Outra fonte estrutural de conflitos intimamente relacionada é formada quando as firmas de busca são pagas segundo uma abordagem contingencial, no todo ou em parte. O acordo de contingência é aquele em que a firma é paga somente se o candidato (e normalmente um candidato externo) for finalmente contratado. No caso de haver contingências, um dos seguintes problemas ou ambos podem surgir. Primeiro, o consultor recebe um incentivo para ser mais moderado na avaliação dos candidatos. (Do contrário, é provável que os honorários contingenciais não se apliquem!) Porém, nunca algum candidato será perfeito e os consultores devem se sentir motivados a revelar com franqueza a seus clientes seu verdadeiro ponto de vista a respeito de cada um. Além disso, os honorários contingenciais pressionam o consultor a recomendar um candidato externo, em lugar de uma avaliação objetiva de candidatos internos e externos.

Taxas fixas e um acordo de adiantamento ("*retainer*") podem evitar todos esses problemas estruturais relacionados aos honorários. Com isso, é possível reforçar a confiança *pessoal* por meio da integridade *estrutural*.

Selando a negociação

Em resumo, por fim, todo o trabalho de preparação, identificação e avaliação estará perdido se o melhor candidato não quiser se associar à empresa. É essencial que consiga fechar a negociação.

Tome como exemplo uma grande organização varejista estrangeira que conduziu uma pesquisa na América do Norte em uma conjuntura em que as dificuldades no setor empresarial e as ameaças da concorrência eram crescentes. Os melhores talentos americanos foram apresentados e um finalista foi identificado. Contudo, a empresa torceu o nariz para o plano de remuneração de dois milhões de dólares que o candidato desejava e por fim contratou um candidato interno não tão convincente. Essa postura — de meticulosidade com pequenas somas e extravagância com grandes somas — acabou comprovando que o barato sai caro, visto que, com o tempo, a empresa foi à falência.

Em contrapartida, tome o exemplo da iniciativa da empresa de laticínios internacional apresentado nos capítulos precedentes. Assim que aprovaram a decisão de contratar o extraordinário candidato que haviam identificado, resolveram *fechar o negócio*. Nesse caso, o galanteio não estava relacionado primordialmente à remuneração; na verdade, envolveu tanto gestos significativos — como uma extensa viagem de mudança de endereço para a esposa do candidato — quanto inúmeros outros pequenos agrados. Nessa última categoria incluíam coisas como não pressupor que a mulher do candidato tinha o mesmo sobrenome que ele (ela não tinha); disponibilizar *mountain bikes* e mapas com sugestões de passeios para quando chegassem; um jantar simples e informal com o presidente e sua esposa; vaga em uma escola especial, o que era essencial para uma família que teria de mudar para o outro lado do mundo; inúmeras visitas a imóveis; e muitos conselhos e informações. De acordo com minha experiência, pequenos agrados como esses normalmente mantêm vivas as negociações que de outro modo jamais seriam seladas.

Tenho dois comentários a fazer acerca desse momento decisivo e crucial, no qual todas as iniciativas anteriores podem tanto surtir efeito e compensar quanto se transformar em uma enorme perda de tempo e esforço.

Primeiro, do mesmo modo que os avaliadores de alto calibre são essenciais, pessoas de alto calibre são indispensáveis quanto a motivar o candidato certo.

Segundo, como já mencionado, ter um mentor como intermediário em geral é valioso para ajudar cada uma das partes a expressar seus interesses e preocupações e, ao mesmo tempo, conciliar e apresentar alternativas criativas para um acordo mútuo. Sem dúvida, quando o assunto em pauta é selar uma negociação, o papel das firmas de busca de executivos para atrair e motivar os melhores candidatos é fundamental.

A Figura 8.5 sintetiza os principais pontos cobertos neste capítulo.

Passar da avaliação para a contratação é um passo decisivo
- A oportunidade como um todo pode se concretizar ou desaparecer inesperadamente para ambas as partes.
- Expectativas, dúvidas, ansiedade e preocupações chegam ao ápice.
- É essencial demonstrar a melhor dosagem de razão e emoção.

Alguns dos erros mais comuns cometidos nesse estágio
- Não conseguir compreender a outra parte.
- Investir pouco em suas tentativas de vender a proposta.
- Desistir bem antes da hora quando o melhor candidato está em dúvida.
- Concentrar-se apenas em questões relacionadas a dinheiro.
- Pagar muito ou pagar muito pouco.
- Determinar os incentivos errados.

Algumas das melhores práticas para atrair e motivar o melhor candidato
- Primeiro, ter uma idéia clara da motivação, das preocupações e das alternativas do candidato.
- Compartilhar nossa paixão com relação à oportunidade.
- Oferecer remuneração competitiva, com base no mercado em questão, sem exagerar.
- Determinar os incentivos certos, tendo o máximo de cuidado ao planejá-los.
- Lidar apropriadamente com quaisquer riscos específicos.
- Ter coragem o bastante para agir de maneira excepcional em situações excepcionais.

Figura 8.5 Como atrair e motivar as pessoas mais competentes.

■ ■ ■

Se seguir os processos expostos neste capítulo, será capaz de fechar o negócio e contratar o melhor candidato.

Contudo, seu trabalho ainda não pára por aí! Se planejar e der o apoio necessário ao processo de integração, poderá aprimorar significativamente as probabilidades de sucesso do candidato recém-contratado, bem como o desempenho esperado. Esse é o tema do capítulo seguinte.

CAPÍTULO 9

Como integrar as pessoas mais competentes

Em junho de 1997, participei de uma das conferências internacionais promovidas pela EZI em Washington DC reunindo nossos consultores e respectivos cônjuges provenientes de todos os cantos do mundo. O tema dessa conferência foi *colaboração* e um de nossos principais oradores foi o capitão James Lovell, o comandante da célebre e malfadada missão Apollo 13.

Como provavelmente você deve se lembrar, dois dias depois de seu lançamento em abril de 1970, a Apollo 13 foi danificada por uma falha catastrófica no sistema de oxigênio criogênico. A aterrissagem lunar programada foi cancelada e o Centro de Controle da Missão, em Houston, decidiu usar a gravidade da Lua para arremessar a espaçonave avariada de volta à Terra. Lovell e sua tripulação, trabalhando com seus colegas em Houston, conseguiu transformar o módulo de excursão lunar em um "salva-vidas" improvisado. Isso exigiu uma enorme inventividade: o módulo lunar havia sido projetado para duas pessoas apenas, durante dois dias; naquele momento, teria de carregar três pessoas por quatro dias. Além do mais, pouca energia restava. Portanto, praticamente não havia margem de erro — fosse na terra, fosse no espaço. Se na trajetória de retorno a espaçonave se desviasse ainda que ligeiramente, ricochetearia e não entraria na atmosfera terrestre, como uma pedra que ao ser lançada bate na superfície da água e salta. O mundo parou de respirar, acompanhando a tragédia pela TV, enquanto os três astronautas lutavam contra a remota probabilidade de voltar para casa.[1]

Quando em outra ocasião parei para refletir sobre a apresentação de Lovell, que incluiu vários vídeos e clipes do épico hollywoodiano sobre a missão, fiquei perplexo com a analogia entre trazer a espaçonave de volta à Terra com segurança e integrar promissoramente um candidato em um novo cargo. Se o processo não for conduzido apropriadamente, o candidato pode muito bem "ricochetear contra a atmosfera" — nesse caso, a cultura da organização — e ser perdido para sempre.

A Apollo 13 conseguiu voltar graças a um cuidadoso planejamento e a uma atenciosa colaboração, tanto entre os astronautas quanto entre a espaçonave e Houston.

Integrar um novo diretor no ambiente de trabalho é desafiador e envolve riscos. Porém, se o candidato contratado for o certo, um processo bem planejado, fundamentado na colaboração eficaz entre o diretor e a organização, pode não apenas ajudar a minimizar esses riscos, mas também acelerar o processo de integração e posicionar o novo executivo para que acentue ainda mais seu desempenho.

Quais são os riscos da integração?

Os novos contratados precisam tomar conhecimento dos fatores envolvidos na nova função. Se vierem de fora, precisam entender a nova cultura corporativa em que estão ingressando (quase nunca uma missão fácil!). Precisam desenvolver ou rever relacionamentos com pessoas fundamentais.

Eles são observados de perto o tempo todo. A confiança (ou a falta dela) que têm em seu próprio taco ao fazerem seus primeiros movimentos cria percepções indeléveis sobre seu potencial de produzir os resultados esperados. *O júri está reunido e o veredicto será anunciado.*

A despeito dessa situação, a maioria das empresas oferece muito pouco apoio, se é que oferece, aos candidatos recém-contratados. Estudos conduzidos pelo Centro de Liderança Criativa demonstraram que *menos de um terço dos executivos recém-contratados conta com algum tipo de integração ou desenvolvimento em seu novo cargo*, ao passo que menos de um em quatro recebe apoio de seus superiores.[2]

Pelo fato de os riscos da integração aumentarem exponencialmente no caso dos altos cargos (em virtude de sua complexidade, evidência e importância), neste capítulo me concentrarei na integração de candidatos no alto escalão. Todavia, tanto a análise quanto as prescrições que apresento também se aplicam a cargos em níveis hierárquicos inferiores, o que me leva a encorajar os leitores a refletir a respeito das possíveis implicações da integração em um âmbito mais abrangente.

Integrar uma pessoa em um novo cargo é sempre um desafio. Entretanto, por uma série de motivos, é particularmente atemorizador para os candidatos contratados fora da organização. Primeiro, como discutimos antes, as pessoas externas em geral são contratadas para missões desafiadoras e arriscadas, como mudanças radicais, novos empreendimentos e importantes iniciativas de mudança. Os externos normalmente não sabem como as coisas são feitas na nova empresa e não têm nenhuma rede social para orientá-los rapidamente. Além disso, embora em vários casos os candidatos internos sejam promovidos tendo-se em mente o objetivo de que eles se desenvolvam, em geral se espera que os candidatos externos já comecem botando para quebrar. Os externos não são tão conhecidos e, portanto, a organização contratante normalmente está menos consciente dos pontos fracos específicos do novo candidato que devem ser compensados.

Além de todos esses desafios, os indivíduos contratados fora normalmente enfrentam um grau bem mais alto de resistência organizacional do que os internos. Em primeiro lugar, tem-se a frustração dos candidatos internos que aspiravam ao cargo e não conseguiram seu intento. Depois, conquanto a maioria das pessoas promovidas inicie sua nova função tendo na retaguarda o princípio da confiança mútua, desenvolvida ao longo de anos de trabalho com os colegas, pode-se dizer que as pessoas externas comecem sem praticamente nenhum alicerce — apenas algumas horas de entrevista e talvez algumas atividades de RP internas favoráveis. Para complicar ainda mais as coisas, os candidatos externos com freqüência são recrutados com planos de remuneração mais altos (cujos detalhes costumam se disseminar no ambiente de trabalho a uma velocidade espantosa), e isso, também, cria ciúme e ressentimento.

As três ondas da integração

Há mais ou menos dezoito anos, alguns anos depois de iniciar minha carreira como consultor em seleção de executivos, minha curiosidade era saber se haveria algo mais a fazer para ajudar nossos clientes, além de encontrar, avaliar e atrair os melhores candidatos em potencial. Isso teve lugar antes do advento das livrarias virtuais. Por isso, costumava passar horas nas melhores livrarias físicas sempre que visitava os Estados Unidos.

Em uma dessas estadas, descobri por acaso um livro intitulado *The Dynamics of Taking Charge (A Dinâmica de Assumir o Comando)*, de um professor de Harvard chamado John J. Gabarro. A cada página que folheava com rapidez, meu interesse aumentava. Esse livro apresentava um estudo comparativo entre dezessete transições gerenciais de presidentes de divisão, diretores gerais e diretores funcionais, descrevendo as etapas um tanto previsíveis que os novos executivos atravessam quando assumem suas novas responsabilidades e investigando a fundo trabalhos organizacionais e interpessoais de toda sorte que caracterizam as transições bem-sucedidas.

Li esse livro de cabo a rabo no vôo de volta para casa (um dos poucos benefícios dos vôos longos!) e tão logo pisei no escritório, na manhã seguinte, entrei em contato com meus colegas que estavam ajudando a organizar a iminente conferência de nossa firma em Viena. Falei sobre o livro de Gabarro e decidimos convidá-lo para participar da conferência em Viena como orador convidado e compartilhar conosco suas descobertas. Logo após, ele fez uma poderosa apresentação aos nossos consultores ali presentes e acredito que seja justo dizer que suas idéias exerceram uma poderosa influência em nossa firma desde essa época.

Regularmente recorro a esse livro. Já o ofereci como presente a dezenas de novos diretores e clientes. Esse livro continua sendo o melhor já escrito sobre integração de novos diretores, provavelmente porque Gabarro estudou a fundo esses dezessete casos ao longo de oito anos, conduzindo entrevistas pessoais valiosas e aprofundadas com cada um dos indagados. Nele podemos encontrar detalhes sobre sucessões bem-sucedidas e malsucedidas em empresas de diferentes portes e setores, em circunstâncias de mudança radical ("*turnaround*") ou não, e análises sobre a integração de pessoas tanto internas quanto externas.

Gabarro inicia o livro com comentários de um gerente geral de divisão, na época há dezoito meses em sua nova atribuição:

> Quanto mais tempo permanecemos em um cargo, mais desenvolvemos uma sensação pessoal de bem-estar. Passamos por um período em que a todo tempo ficamos sobressaltados e extremamente atentos — é como se não tivéssemos nenhum reservatório de conhecimento sobre absolutamente nada. Temos de ficar a par do produto, das pessoas, da situação e dos problemas. Levamos algum tempo para desenvolvermos um sentimento de bem-estar. Para ser sincero, demora um pouco. Passamos por um período inicial de primeiro tentar como um louco conhecer a organização. Enfrentamos uma série de problemas que nos são estranhos. Precisamos conhecer as pessoas e saber da noite para o dia quais são suas capacidades, e essa é a parte mais complicada. A princípio, ficamos apreensivos em relação a tudo, temendo desafiar o *status quo* e arruinar os planos de outras pessoas. O problema é que temos de manter a empresa *andando enquanto a conhecemos*.[3]

Esse extrato mostra o desafio, a incerteza e a agitação experimentadas pelos diretores quando se encarregam de uma nova atribuição. Mais importante ainda, esses comentários não foram observações de um jovem diretor que estava sendo testado pela primeira vez, mas de um veterano tarimbado que já havia passado mais de vinte anos em atribuições executivas nas áreas de vendas, marketing e manufatura, tanto de bens de consumo quanto de bens industriais. A integração é *difícil*, mesmo para os especialistas!

Gabarro defende que o processo de assunção do cargo compreende uma série de etapas altamente previsíveis de aprendizagem e ação, a que chama resumidamente de "Fenômeno das Três Ondas", que se refere à quantidade média de mudanças organizacionais significativas realizadas por um diretor nos primeiros três anos de seu exercício. A Figura 9.1 representa esse fenômeno.

A primeira etapa dos diretores recém-colocados é o de "estabelecimento" (imposição/aceitação), durante a qual, depois de alguns diagnósticos iniciais, eles implementam uma série de mudanças, normalmente no âmbito das ações corretivas fundamentais (Onda 1). Em seguida vem a etapa de "imersão", na qual os novos diretores adquirem um conhecimento mais aprofundado da organização e desencadeiam menos mudanças. Subseqüentemente, vem a etapa de "remodelação", que compreende mudanças mais profundas e estratégicas (Onda 2). Por último, uma terceira onda de mudança, agora menor, é acompanhada da etapa de "consolidação", no qual se fazem ajustes com base nos resultados do período de remodelação.

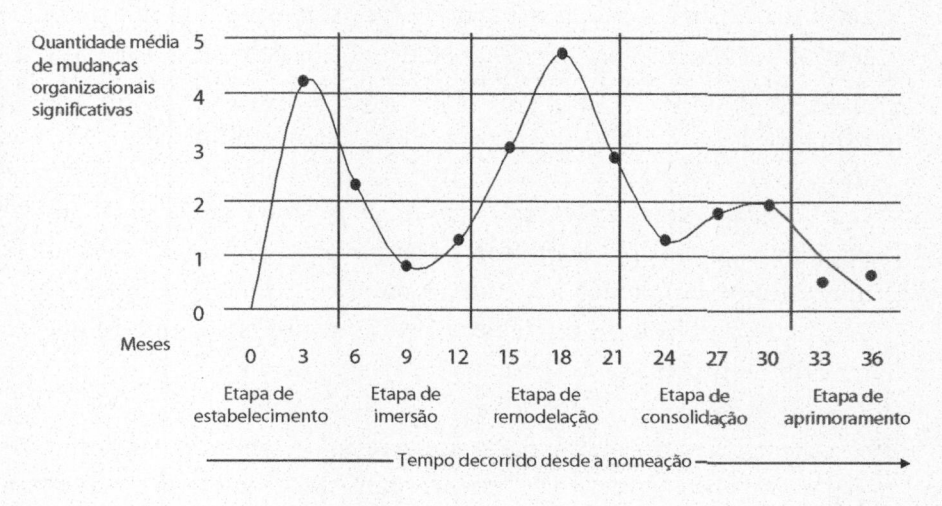

Figura 9.1 Fenômeno das Três Ondas.
Fonte: Reproduzido de *Dynamics of Taking Charge*, de John J. Gabarro, com permissão da HBSP.

Duas questões fundamentais derivam do modelo Três Ondas. Primeiro, *assumir o comando leva tempo*. Sim, tempo é dinheiro, e todos nós gostaríamos de acelerar esses processos. Porém, especialmente nos altos cargos, rapidez simplesmente não é factível. Realizar o diagnóstico certo, estabelecer confiança, elucidar as expectativas mútuas e tornar-se influente — tudo isso toma um tempo significativo. A maioria dos diretores no estudo de Gabarro esperava uma integração mais rápida, mas ficaram desapontados. O período de três anos de integração parece estar diretamente relacionado a setores bastante distintos e até mesmo a uma série de pessoas não-especialistas e a pessoas profundamente conhecedoras do setor. Da mesma maneira, a duração do processo era relativamente semelhante tanto em sucessões normais quanto em *turnarounds* (embora as mudanças de posição tenham envolvido mudanças maiores em cada onda, refletindo a maior pressão para a melhoria de desempenho).

Uma segunda conclusão que extraio das descobertas de Gabarro é que os novos diretores enfrentam um dilema: *com que rapidez devem agir*. Por um lado, se agirem muito rapidamente, podem correr o risco de fazê-lo com base em diagnósticos errados e fracassarem. Por outro lado, se demorarem muito para concluir seus diagnósticos, podem contrariar as expectativas da organização. Especialmente quando o celeiro pega fogo é que *as pessoas desejam que se tomem medidas*.

Isso nos leva de volta ao tema das competências, apresentado em capítulos anteriores. Uma das trajetórias mais seguras para uma integração bem-sucedida é contratar (ou promover) diretores emocionalmente e socialmente inteligentes e, portanto, capazes de *obter a ajuda de outras pessoas na fase de diagnóstico* para, desse modo, acelerá-la sem sacrificar sua qualidade. O diretor mais propenso a fracassar em um processo de integração é o "Cavaleiro Solitário" (rótulo cunhado por Gabarro), o qual não consegue envolver os demais nas etapas de aprendizagem e ação.

Transições rápidas

Tendo em vista o ritmo constantemente acelerado do mundo dos negócios, é provável que você esteja se perguntando se os prolongados períodos de integração descritos por Gabarro ainda são uma realidade. Com base em minha experiência, sim, e especialmente nos altos cargos das grandes organizações. As mudanças de peso nas organizações de grande porte ainda levam em torno de três anos e as Três Ondas continuam dando as caras.

Não obstante, existem outros contextos, particularmente em empresas pequenas e emergentes, nas quais os novos diretores simplesmente são obrigados a se integrar e a se notabilizar logo nos primeiros meses.

Nossa firma conduziu diversos estudos sobre a integração de CEOs em diferentes setores. Um setor interessante é o de biotecnologia, no qual novos diretores em geral são nomeados em decorrência de iniciativas de novos investidores (como os *venture capitalists*). Normalmente, essas empresas conseguiram atravessar com sucesso a fase de desenvolvimento de produtos valendo-se da orientação de um fundador com experiência técnica. Depois disso, visto que os novos investidores procuram crescimento significativo, também procuram uma liderança que tenha um novo conjunto de habilidades.

Nosso "Levantamento sobre CEOs do Setor de Biotecnologia", realizado em 2005, concentrou-se nos cem primeiros dias após a contratação dos CEOs por empresas de biotecnologia ou empresas de saúde emergentes. Constatamos que houve ações significativas nesses cem primeiros dias, como mostrado na Figura 9.2. Como é possível observar nessa figura, um quarto dos CEOs decidiu mais ou menos no decorrer dos primeiros três meses reestruturar a empresa, cortando custos e eliminando a "gordura". Um segundo passo inicial envolveu a reorganização da equipe. Nesse caso, praticamente um CEO em cinco tomou esse tipo de medida.[4]

Em 2006, conduzimos um estudo similar abrangendo setenta altos executivos do setor financeiro da Europa, da Austrália, da Ásia e dos Estados Unidos, para avaliar seus três primeiros meses de ocu-

Atividade	%
Reestruturação	25%
Reorganização da equipe	19%
Desenvolvimento de negócios	16%
Desenvolvimento de estratégias	13%
Contato com acionistas	9%
Financiamento	8%
Integração da equipe	7%
Outras	3%

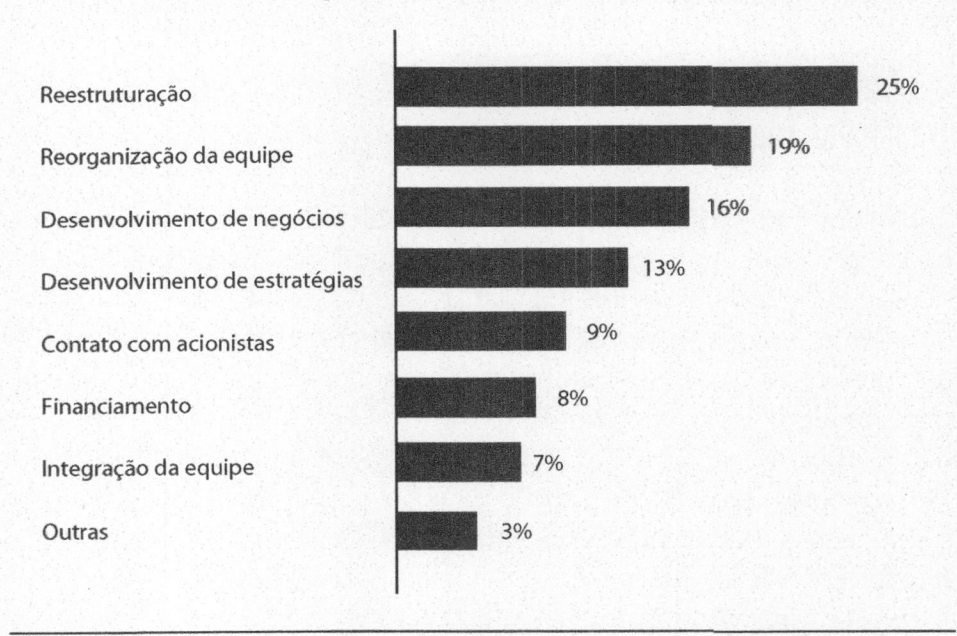

Figura 9.2 Atividades nos cem primeiros dias dos CEOs do setor de biotecnologia.
Fonte: Biotech CEO Survey 2005: The First 100 Days, Egon Zehnder International.
© Egon Zehnder International.

pação no referido cargo. Embora em alguns casos houvesse ações significativas nos três primeiros meses (o que está em consonância com as descobertas de Gabarro), eram necessários em média cinco meses para esses diretores se sentirem tranqüilos no cargo, e isso se mostrava verdadeiro tanto para candidatos internos quanto externos. Nesse setor, nos primeiros meses o foco era principalmente interno (decisões estruturais e sobre pessoas), ao passo que um foco externo nos primeiros meses (em relação a clientes, acionistas e outras partes interessadas, dentre os quais os credores) tendia a se originar somente em situações de crise.

Portanto, sim, existem setores e circunstâncias em que as integrações rápidas são a norma. Se você se encontra nessa situação, seja na posição de novo contratado seja como representante da organização que está recebendo um candidato, sou-lhe solidário e lhe desejo boa sorte. Depois de um certo ponto, acredito, a integração não pode ser condensada e a mudança não pode ser ludibriada e defraudada. Li recentemente um artigo sobre "os primeiros cem dias", no qual um especialista em "serviços de *onboarding*" (entrevista, contratação, orientação e integração de novos funcionários na cultura da organização) afirmou que um novo chefe deveria ter sua nova equipe selecionada e uma estratégia de comunicação em vigor em seu *primeiro dia* no cargo![5] Eu não acredito nisso. Ações precipitadas durante a fase de integração — ações que interrompem o diagnóstico e excluem pessoas importantes — muito provavelmente não produzem os resultados desejados.

As seis armadilhas fatais da integração

Com base em minha experiência, existem armadilhas fatais que tendem a surgir repentinamente na fase de integração, a menos que você se previna contra elas. Primeiro, as empresas têm a tendência natural de minimizar o desafio, em parte para facilitar a contratação. Isso é um erro. "Dirigir uma nova empresa é como montar um cavalo selvagem", contou-nos o CEO de uma das empresas de biotecnologia descritas antes, "mas felizmente minha mulher tem uma carreira e ganha bem". O erro é ampliado, em muitos casos, pela tendência do candidato a exagerar suas capacidades. O Super-Homem (ou a Supermulher) enfrenta um desafio elementar: o que poderia ser mais fácil?

Uma segunda armadilha é ser "seqüestrado" pelo estresse da situação. Como observado antes, existe um nível ideal de estresse no qual nós, seres humanos, alcançamos o mais alto desempenho possível. Abaixo desse nível, ficamos entediados; acima desse nível, ficamos angustiados. Quando o nível de estresse é alto, vários sistemas neurais entram em operação, interferindo na aprendizagem e na memória, e nós ficamos cada vez mais defensivos e agressivos.[6] Os novos gestores (e seus empregadores!) precisam se lembrar de que eles estão correndo uma maratona, e não uma corrida de velocidade. Eles precisam levar uma vida equilibrada, se quiserem que sua atuação alcance um nível máximo de eficiência e eficácia.

Um terceiro problema que pude perceber com muita freqüência é o descompasso entre o estilo do novo diretor e o da equipe de trabalho, particularmente na área de controle e delegação. Isso decorre de uma combinação de expectativas de ambos os lados sobre o que é certo e normal. Se o gestor é (ou é considerado) excessivamente controlador, a equipe sente-se decepcionada e rebela-se, situação em que ou resiste ou se afasta. Em ambos os casos, a conseqüência é o subdesempenho.

Uma quarta armadilha comum surge quando o novo gestor não investe no desenvolvimento de relações sólidas com pessoas importantes. Isso exige uma perspectiva de 360º e estende-se a chefes, colegas do mesmo nível hierárquico e subordinados. Todas as pesquisas pertinentes demonstram que a maioria dos gestores de fato passa a maior parte de seu tempo relacionando-se com outras pessoas; a pergunta que se impõe é: *quão bem eles fazem isso?*[7] Gabarro defende que a capacidade de desenvolver relacionamentos apropriados com pessoas importantes é o melhor indicador de sucesso ou insucesso:

> Talvez a diferença mais marcante entre as transições bem-sucedidas e as malsucedidas tenha sido a qualidade das relações de trabalho do novo diretor no final de seu primeiro ano. Três dentre quatro diretores nas sucessões malsucedidas apresentaram relações de trabalho insatisfatórias com dois ou mais de seus subordinados ao final de doze meses.[8]

De modo semelhante, pesquisas do Centro de Liderança Criativa indicam que os altos executivos definem "sucesso" de acordo com duas medidas:

1. Resultados financeiros da organização alcançados durante a gestão desses indivíduos.
2. As relações que mantiveram com outras pessoas e, em particular, com seus subordinados.[9]

Outra armadilha freqüente da integração é herdar as ações tomadas pelo predecessor. Isso é grave principalmente no caso de CEOs que estão para se aposentar, os quais podem sucumbir a diversos tipos de tentação nos últimos anos de sua gestão (em especial se tiverem permanecido no cargo por um tempo muito longo). Essas tentações vão desde a procrastinação diante de problemas urgentes à decisão de terminar sua carreira com "grande estardalhaço" (por exemplo, uma aquisição ou fusão importante), o que talvez não seja o melhor para a organização a longo prazo.[10]

Por fim, uma armadilha que se manifesta com muita freqüência na fase de integração é a falta de apoio organizacional. Pelo fato de essa sexta armadilha ser um problema grave e pelo fato de surgir com tanta assiduidade, na seção seguinte vou abordá-la mais extensamente.

Conduzindo o processo de integração

Para aumentar as probabilidades de sucesso de um novo gestor, acelerar o processo de integração e maximizar sua contribuição, as empresas devem lidar com a integração proativamente. Elas devem se preparar para a integração e fazer seu acompanhamento. Vejamos cada uma desses passos separadamente.

Primeiro, as *empresas devem ser proativas*. No caso da empresa de laticínios mencionada em capítulos precedentes, um processo de seleção bastante visível de um novo CEO para essa empresa (na verdade a maior em seu país de origem) ocasionou a contratação de um estrangeiro que estava literalmente do outro lado do mundo. Algumas horas depois que o contrato final foi assinado e o candidato escolhido demitiu-se de seu cargo de CEO anterior, o Conselho realizou uma série de declarações internas e públicas sobre a contratação. A primeira divulgação ocorreu às 6h00 com um telefonema ao primeiro-ministro do país. Na manhã seguinte, deram continuidade à divulgação com uma conexão de videoconferência na sala de reunião da diretoria da empresa, de modo que o novo CEO pudesse conhecer sua equipe, pelo menos virtualmente, e tivesse uma sessão inicial com os meios de comunicação locais. Em seguida, o novo CEO fez vários telefonemas a cada um de seus subordinados diretos.

Além de uma habilidosa comunicação, ser proativo significa maximizar a preparação antes de assumir a direção. Tome o exemplo de uma empresa que contratou um estrangeiro para ser seu CEO. O recém-chegado foi vítima de um imenso choque cultural em seu novo ambiente e permaneceu no cargo apenas seis semanas. O presidente do Conselho, compreensivelmente contrariado e concluindo que a firma de busca que haviam empregado até aquele momento não havia compreendido adequadamente a cultura da empresa, livrou-se dela e contratou uma nova.

Porém, a nova firma de busca, ao avaliar a situação, concluiu que não era simplesmente um problema de prestar maior atenção à cultura: a empresa e suas políticas internas eram bem mais complexas do que pareciam à primeira vista. Os consultores instruíram o presidente de que ele mesmo precisava se esforçar mais para preparar o CEO seguinte. Quando essa nova pessoa foi por fim contratada, ambos participaram de um "campo de treinamento", passando dois dias em um *campus* universitário com uma firma de busca de executivos e uma série de professores e conselheiros preparados. Esse processo ajudou esses dois indivíduos a verificar suas prioridades e incumbências, a discutir problemas culturais e relacionados a pessoas e a se conhecer mais pessoalmente.

A segunda medida que as empresas devem tomar é *preparar apropriadamente a integração*. Há alguns anos, um bom amigo e cliente — o presidente e CEO de uma próspera empresa de bens duráveis, à qual chamarei de "DuraGoods" — me fez uma visita. Ele representava a quarta geração de sua família na direção da empresa. Disse-me que estava para completar cinquenta anos de idade e que havia tomado a decisão de se aposentar dos cargos executivos. Pela primeira vez em um século, confidenciou-me, não havia nenhum membro da família qualificado para assumir o controle da DuraGoods, tampouco candidatos internos competentes para tanto. Em conseqüência disso, havia decidido conduzir uma seleção externa, da qual gostaria de nosso apoio.

Para mim e para meus colegas estava claro que seria um grande desafio para essa empresa familiar contratar um CEO externo pela primeira vez em sua longa história. Mas trabalhamos com o CEO que estava se afastando (e com outro membro do Conselho que integrava o comitê de seleção) para planejar e implementar uma série de atividades de integração, dentre as quais:

- Divulgar a todos os interessados internos considerados essenciais, de uma maneira consistente e regular, os motivos da seleção e, no final de tudo, da escolha do candidato.
- Conceber um mandato extremamente explícito para o novo CEO.
- Dedicar algum tempo em companhia do novo CEO para rever a fundo a história e a cultura da empresa.
- Apresentar o novo CEO a líderes e gerentes pertinentes.
- Rever com o CEO exemplos bem-sucedidos de integração, ressaltando o que de fato funcionou em outros contextos relacionados.
- Estabelecer um plano para oferecer *feedback* "preliminar e freqüente" durante o processo de integração.
- Chegar a um consenso sobre um calendário realista para o cumprimento dos objetivos, incluindo aprendizagem, desenvolvimento de relacionamentos e conquista de algumas "vitórias rápidas".

A seleção correta e o devido apoio à integração permitiram que esse processo fosse extremamente favorável, seguido de um desempenho recorde, não obstante o fato de tudo ser novidade para o diretor.

Particularmente nos cargos muito altos, deve haver uma preparação *mínima* para a integração, que inclui:

- Uma nítida compreensão da governança, da estrutura e dos principais processos da organização.
- Acordos essenciais sobre prioridades imediatas e medidas a serem tomadas.
- Compreensão mútua das aspirações a longo prazo.

- Um plano claro para passar tempo suficiente com os principais interessados e ajudar a criar relações de confiança.

No caso de promoções internas a cargos de CEO, o Conselho deve fazer prevalecer um processo de transição mais longo e adequadamente estruturado, no qual é dada ao sucessor potencial a oportunidade de aprender, preparar e desenvolver o tipo certo de rede e suporte organizacional. Ao mesmo tempo, o Conselho deve monitorar continuamente o empenho do CEO demissionário com o negócio, à medida que seu afastamento se aproximar, a fim de garantir que suas mãos ainda permanecem no leme e que não está se sentindo tentado a realizar um ato grandioso e contraprodutivo como seu "último suspiro".

A terceira medida que as empresas podem tomar para apoiar a integração é *acompanhá-la de perto*. De poucos em poucos meses, a organização deve analisar formalmente o quanto andou em relação às expectativas, tentando responder a quatro perguntas básicas:

1. *A organização está oferecendo o apoio devido ao candidato contratado?* Algumas possíveis questões que devem ser consideradas são a objetividade de seu mandato, instruções e informações essenciais apropriadas sobre a história e a cultura da empresa, o nível correto de *feedback* preliminar e igualmente a viabilidade de um indiscutível defensor interno, isto é, um padrinho.
2. *O novo diretor está desenvolvendo relacionamentos apropriadamente na organização?* Estabelecer uma rede de contatos, trabalhar intimamente com os colegas, compreender a cultura corporativa e garantir a segurança da própria equipe, do chefe e dos colegas, tudo isso deve contar como sinal de um bom progresso.
3. *O modelo empresarial está sendo devidamente trabalhado pelo novo diretor?* Isso significa, por exemplo, compreender os processos, produtos, serviços e exigências empresariais fundamentais e fazer uso dos ativos de modo apropriado no início do processo.
4. *Há evidências de progresso?* Não faz sentido fazer essa pergunta muito cedo. Entretanto, é razoável procurar declarações bem-definidas de prioridades e marcos e (em algum momento) evidências de progresso em direção a esses marcos.

Há ainda outra medida que as empresas devem preparar para tomar na fase de integração, se e quando ficar claro que a integração simplesmente não está funcionando: *tirar o plugue da tomada*, isto é, interromper o processo. Fazer isso nunca é fácil. Uma quantidade significativa de tempo e dinheiro foi gasta para encontrar, recrutar e integrar o recém-contratado. Porém, às vezes, as coisas simplesmente não andam e as partes envolvidas têm de ter coragem para enfrentar esse fato e *agir*, independentemente do quanto isso possa ser desagradável.

Lembro-me de ter ficado impressionado com um colega que havia conduzido a seleção de um *country manager* para uma empresa de bens de consumo em um importante mercado estratégico, longe do escritório central da empresa. O melhor candidato disponível foi contratado e tomou posse. Mas houve sinais de perigo quase que imediatamente. O cliente e meu colega decidiram avaliar a integração após três meses. Eles se encontraram separadamente com o novo diretor e também com cerca de vinte funcionários, para tentar perceber que rumo as coisas estavam tomando. Definitivamente, o farol indicava amarelo.

O novo diretor recebeu *feedback* e conselhos detalhados. Três meses depois, uma entrevista semelhante foi conduzida. Tanto o cliente quando meu colega concluíram, com relutância, que o novo *country manager* não conseguiria dar conta do recado e ter sucesso e que seria melhor para todos os interessados reconhecer esse fato. Uma nova seleção se iniciou, de um modo que não embaraçasse desnecessariamente o diretor malsucedido, e outro candidato antes indisponível foi contratado.

"Salvar as aparências" para evitar uma humilhação pode ser uma armadilha e um sinal de fraqueza. Ninguém faz favor a ninguém mantendo alguém em uma situação insustentável. Se a integração não vai para a frente, tenha a força de caráter de interrompê-la.

Da perspectiva do candidato escolhido

Quando estava ainda começando a escrever este livro, tive oportunidade de ter um encontro longo com Jack Welch. No decorrer de nossa conversa, perguntei-lhe sobre a melhor maneira de integrar um novo diretor em um alto cargo, particularmente se ele tivesse vindo de um segmento diferente. Sua resposta:

> Ele precisaria de um padrinho! Não aconselharia *ninguém* a dar um passo se não tivesse sido contratado por alguém com legítima autoridade e verdadeira influência, alguém que pudesse apoiá-lo, alguém que apostasse nele nos bons e maus momentos. Esse é o segredo. E isso é fundamental para se ter um bom resultado.

Concordo. Primeiro, se você for o candidato escolhido para um posto desafiador e não existir nenhum "defensor" à vista, *não aceite o emprego*.

A segunda questão que os candidatos devem lembrar-se é que o trabalho será, quase com toda a certeza, mais difícil do que se espera. Perguntamos aos CEOs das empresas de biotecnologia o que eles mudariam em seus primeiros cem dias, se tivessem de passar por eles novamente. As respostas estão resumidas na Figura 9.3. Na opinião da maioria, eles deveriam ter empreendido mais quanto a quase completamente tudo. *Agir e aprender* ao mesmo tempo é quase sempre um espinhoso desafio!

A terceira questão que os candidatos contratados devem se lembrar é de que eles podem e devem exigir os tipos de apoio descritos na seção anterior. Nos processos de integração, a maioria das empresas se restringe a oferecer um apoio mínimo, não porque sejam mesquinhas ou mal-intencionadas, mas simplesmente porque não sabem fazer melhor. Solicitar esse apoio e ajudar a empresa a prevê-lo pode ser um grande divisor de águas.

Em quarto lugar, a princípio os novos contratados devem se concentrar em apenas algumas áreas essenciais, em vez de se deixarem persuadir por todos os lados ao mesmo tempo. Um estudo recente realizado pela McKinsey & Co., uma espécie de manual para o CEO escolhido, ressaltou três questões essenciais:

1. Compreender mais plenamente a organização e seus demais líderes.
2. Diagnosticar e lidar com suas próprias fraquezas.
3. Identificar recursos que possam atenuar e facilitar a transição, incluindo os mentores adequados.[11]

"Nos cem primeiros dias, minha atenção em...

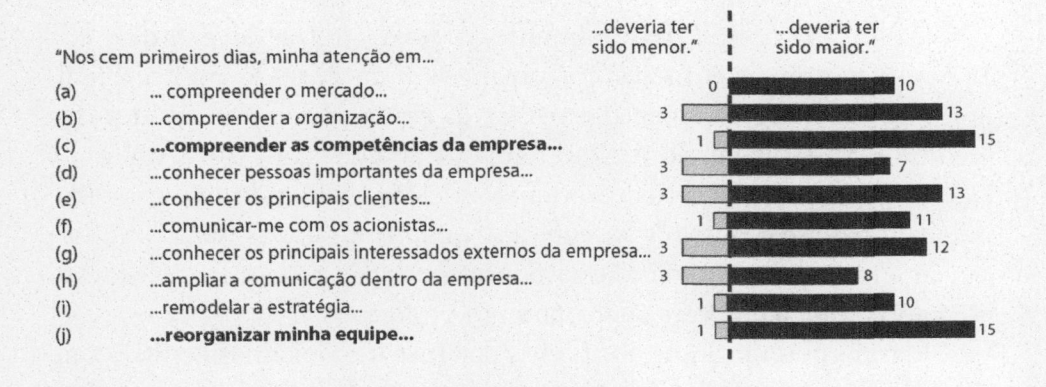

		...deveria ter sido menor."	...deveria ter sido maior."
(a)	...compreender o mercado...	0	10
(b)	...compreender a organização...	3	13
(c)	**...compreender as competências da empresa...**	1	15
(d)	...conhecer pessoas importantes da empresa...	3	7
(e)	...conhecer os principais clientes...	3	13
(f)	...comunicar-me com os acionistas...	1	11
(g)	...conhecer os principais interessados externos da empresa...	3	12
(h)	...ampliar a comunicação dentro da empresa...	3	8
(i)	...remodelar a estratégia...	1	10
(j)	**...reorganizar minha equipe...**	1	15

Figura 9.3 Interesse dos CEOs nos primeiros cem dias — reavaliação.
Fonte: Biotech CEO Survey 2005: The First 100 Days, Egon Zehnder International.
© Egon Zehnder International.

Sim, é verdade, a vida nos altos cargos pode ser solitária, mas é possível contrapor-se a essa tendência. Para ter sucesso, uma estratégia fundamental é encontrar o tipo certo de conselheiro pessoal, o que mais de 80% dos gestores por nós estudados no setor financeiro mencionaram como uma de suas principais estratégias. O conselheiro mais usado por esse conjunto de amostras foi um colega do comitê executivo, depois o presidente da empresa (principalmente entre os candidatos externos), bem como fontes externas, como uma variedade de consultores (para ter uma clara compreensão do setor ou do próprio processo de integração).[12]

No devido tempo, o novo diretor se verá também diante da necessidade de tomar a difícil decisão com respeito às expectativas que deve honrar ou abandonar.[13] A probabilidade de as expectativas definidas no princípio terem metas conflitantes ou mesmo impraticáveis é bastante grande. Esse problema pode ser agravado pelas promessas implícitas ou explícitas feitas por predecessores. Planos de expansão, estabilidade no emprego, perspectivas de promoção, trajetórias de carreira, expectativas de remuneração e condições de trabalho — todos esses fatores geram expectativas, as quais podem ser atendidas ou não (ou talvez sejam até inexeqüíveis). O novo líder precisa trazer à tona essas expectativas e lidar com elas, pois, do contrário, isso pode ser mal interpretado como "quebra de promessa".

Nesse meio-tempo, naturalmente, o novo gestor deve firmar sua equipe. Os primeiros meses costumam ser um período muito difícil, porque o novo gestor precisar avaliar as competências e atitudes dos membros da equipe e, ao mesmo tempo, trabalhar com eles. Ambos os lados — gestor e membros da equipe — estão avaliando um ao outro, indagando-se se o outro "conseguirá se qualificar para as finais". Simultaneamente, alguém tem de se responsabilizar por produzir e colocar no mercado o que a empresa supostamente produz.

Quando perguntamos aos CEOs das instituições financeiras o que eles deveriam ter feito de maneira diferente durante seus primeiros três meses no comando, a resposta mais comum foi que deveriam ter se voltado mais para a *análise* e *orientação* dos altos executivos da empresa. Os CEOs das empresas de biotecnologia disseram que deveriam ter se dedicado a compreender melhor as competências da empresa e investido mais tempo no diagnóstico e remanejamento dos membros de sua equipe.

Em conclusão, do primeiro dia ao terceiro ano e daí em diante, o novo gestor tem de fazer um esforço especial para arrumar tempo e dedicá-lo aos representantes de todas as partes interessadas atinentes. Tendo por base minha experiência, se eu precisasse fazer uma tal recomendação, seria essa. Não há nada que possa substituir sua presença e seu toque pessoal.

O elemento humano

O poder do "toque pessoal" não pode ser superenfatizado. Visto da perspectiva negativa, a falha em não desenvolver sólidas relações pessoais com contatos-chave é o sinal mais evidente de uma integração malsucedida. Visto da perspectiva positiva, se conseguir encontrar aliados que possam dar o sangue por você, poderá compensar praticamente qualquer outra deficiência.

Vários são os motivos por que é indispensável desenvolver relações com pessoas importantes. Primeiro, como observado antes, os aliados (admitidos como pessoas experientes da própria organização) podem ajudar o novo gestor a se sair bem. Podem ajudar a agilizar o processo de aprendizagem, encurtando o período de diagnóstico sem sacrificar sua qualidade. E os bons relacionamentos são o cerne da *confiança*, que, por seu turno, é a base de sustentação essencial da liderança e "seguidorança" (*followership*).

Na atual era do *BlackBerry*, nunca será o bastante enfatizar a importância fundamental de dedicar tempo suficiente ao contato direto, olho no olho, com o objetivo de desenvolver confiança. A confiança deriva do caráter (e nisso se incluem integridade, intenções, coerência comportamental e franqueza) e da competência. Contudo, pressupondo que tenha o devido caráter e competência, bem como um nível mínimo de autoridade formal, sua capacidade de cultivar a confiança dependerá decisivamente da quantidade de tempo de qualidade que dedica às relações olhos nos olhos que estabelece com seu chefe, os principais membros de sua equipe e outros colegas e interessados pertinentes.

Essa sensata observação foi corroborada recentemente por descobertas no campo da neurociência, com foco em células cerebrais denominadas "neurônios-espelho". Ao que tudo indica, essas células nos ajudam a perceber o movimento que outra pessoa está prestes a fazer e nos prepara (inconscientemente) para imitar esse movimento. Em poucas palavras, estamos preparados para sorrir no instante em que a outra pessoa sorrir. Além disso, um conceito que está surgindo na filosofia da mente defende que compreendemos as pessoas "traduzindo suas ações para a linguagem neural que nos prepara para realizar as mesmas ações e nos permite experimentá-las do mesmo modo",[14] e não as observando e pensando a seu respeito. Tomarei a liberdade de agrupar essas duas idéias na mesma sentença: quando passamos tempo com outras pessoas, nós as sentimos por meio do trabalho desempenhado por nossos neurônios-espelho e, ao senti-las, conseguimos compreendê-las e estabelecer elos afetivos com elas.

Interagir com as pessoas — olhos nos olhos — é fundamental. O desenvolvimento de relacionamentos de vínculo está intimamente relacionado aos olhos, os quais contêm terminações nervosas que se ligam diretamente a uma estrutura cerebral fundamental para a empatia e correspondência de emoções.[15] Quando estamos interagindo com uma pessoa, essa estrutura — repetindo, acessada pelos olhos — nos faz lembrar se a amamos ou a detestamos.[16]

Simplesmente nada pode substituir os encontros ou contatos diretos entre duas pessoas. Se só pudesse realizar uma única coisa em prol da integração, essa deveria ser sua ação.

Como superar as probabilidades adversas

Há alguns anos, recebi um resumo de pesquisa da *McKinsey Quartely* que examinava quem deveria e quem não deveria dirigir uma empresa controlada por uma família.[17]

Esse artigo mostrava que as empresas familiares dirigidas por pessoas externas parecem mais bem administradas do que outras empresas, ao passo que as empresas familiares dirigidas por filhos mais velhos tendem a ser relativamente mal administradas. Essa última correlação parece convincente. Segundo os autores, as empresas familiares dirigidas por filhos mais velhos respondiam por 43% da diferença na qualidade administrativa por eles identificada entre empresas na França (onde quase metade das empresas familiares é administrada pelo filho mais velho, na função de CEO) e empresas nos Estados Unidos.

Entretanto, quando li esse artigo, lembrei-me de um caso por mim testemunhado que sem dúvida contrariava essas probabilidades. Já há vários anos, recebi um telefonema de um cliente, presidente executivo de uma próspera empresa fundada no início do século XX, na qual ele representava a terceira geração da família a liderá-la.

Esse homem, na época na casa dos setenta, me convocou para uma reunião urgente para discutir um assunto importante. Respondi a ele que dentro de algumas horas tomaria um avião de Buenos Aires para Nova York, mas que ficaria extremamente feliz em encontrá-lo logo que retornasse, dali a dois dias.

Ele sempre me impressionara por sua extrema calma e paciência. Contudo, fiquei um tanto quanto surpreso quando ele me perguntou se eu poderia dar uma passada em sua casa no caminho do aeroporto. Ele de fato precisava que despendesse pelo menos meia hora do meu tempo com ele, *agora*, disse ele, porque o assunto era demasiadamente importante e urgente.

Perplexo, fui até sua casa em La Isla, um dos bairros mais bonitos da cidade. Fui acolhido primeiramente por sua mulher, que me serviu chá e logo desapareceu, nos deixando sozinhos. Percebi no ar que alguma coisa especial estava ocorrendo.

"Vou direto ao assunto", começou ele. "Contraí câncer e meus dias estão contados. Gostaria de saber sua opinião sobre se meu filho mais velho seria o melhor CEO para nossa empresa. Pedi que viesse aqui porque quero olhar dentro de seus olhos quando me responder essa pergunta. Não quero obter uma resposta por compaixão. Quero o melhor para a empresa e minha família depois que eu morrer. Por isso, peço que dê sua resposta mais profissional e honesta."

Não creio que meus olhos tenham se desviado dos olhos dele mais de uma ou duas vezes ao longo daquela uma hora que passamos juntos. Queria que ele soubesse que estava sendo o mais honesto que podia, naquela grave circunstância. Para a minha sorte, a situação ficou mais fácil para mim porque acreditava com toda a sinceridade que seu filho era provavelmente o melhor candidato em potencial para dirigir a empresa. Além de extremamente competente, trabalhador e responsável, sua formação educacional era impecável e toda a sua carreira havia sido preparada para esse desafio. Na época, ele estava com perto de quarenta anos. Tinha a vantagem de conhecer a empresa, o negócio e as pessoas apropriadas. Além disso, naturalmente, seria a quarta geração a dirigir a empresa.

Disse exatamente isso ao pai, sem meias palavras. Ainda assim, ele passou pelo menos meia hora me inquirindo, me questionando sobre possíveis candidatos externos que eu pudesse identificar de memória, tendo em vista minha experiência no mercado argentino, me perguntando sobre as deficiências do filho e me interrogando cerradamente sobre os prós e os contras de possíveis soluções externas.

Mesmo depois de finalmente se convencer da minha convicção, não me deixou sair. Passamos mais meia hora planejando várias questões de integração com um nível de detalhamento cada vez maior.

Por fim, ainda me pediu que opinasse sinceramente sobre o nível de remuneração e estrutura do filho no novo cargo de CEO. Ele queria ser justo tanto com o filho quanto com a empresa e não gostaria de criar nenhum problema com o resto dos acionistas e os membros da família, muitos dos quais irmãos e primos do aspirante a CEO.

O filho efetivamente se tornou o CEO da empresa e pouco tempo depois disso o pai faleceu. A empresa obteve um desempenho notável com relação a crescimento, lucratividade e diversificação de produtos, serviços e áreas geográficas.

Depois de quase uma década como CEO, o filho foi me visitar em meu escritório. Disse-me que sentia que já estava chegando o momento de se aposentar de suas responsabilidades executivas. Embora ainda um homem jovem (faltava pouco para completar cinqüenta), tinha convicção de que depois de mais ou menos uma década os líderes deveriam abdicar do cargo. As empresas precisam de sangue novo, afirmou ele.

Mas a história não termina aí. Lembra-se da "DuraGoods", a próspera empresa familiar de bens duráveis a que me referi antes, na qual o CEO que estava para se afastar havia concluído que era o momento de abdicar do cargo e que não havia nenhum sucessor qualificado na família? Esse CEO era na verdade o filho daquele bravo pai. Trabalhamos com ele para contratar uma pessoa externa, com a qual ele trabalhou lado a lado para planejar e implementar um processo de integração favorável.

Por que estou encerrando este capítulo com essa história? Porque, diferentemente da maioria das empresas no estudo da McKinsey, essa empresa familiar conseguiu conquistar o melhor de dois mundos distintos. Mantiveram sua perspectiva estratégica de longo prazo e, ao mesmo tempo, renunciaram às pressões por gerar resultados trimestrais aos investidores e atingir metas de lucratividade de curto prazo. Todavia, atuaram ativamente na identificação e orientação dos melhores líderes

A integração de um novo diretor é um passo decisivo
- O processo é longo e arriscado.
- A maioria das organizações não oferece o devido apoio.

Diversas armadilhas podem sabotar esse processo. Por exemplo:
- Subestimar os desafios de agir e aprender.
- Ser "seqüestrado" pelo estresse.
- Gerar descompasso entre estilos de administração.
- Subinvestir no desenvolvimento de relações sólidas com pessoas importantes.
- Herdar as ações tomadas pelo predecessor.
- Tomar decisões erradas de contratação.
- Não contar com o devido apoio organizacional.

As empresas podem tomar diversas medidas para apoiar a integração
- Ser proativas com relação à comunicação interna e preparação do candidato.
- Preparar devidamente o terreno dentro da organização.
- Acompanhar de perto o processo em intervalos regulares — monitorando o nível de apoio organizacional, o desenvolvimento de relacionamentos e o funcionamento do modelo empresarial — e preparar o terreno para marcar alguns gols rapidamente.

Os candidatos devem também se encarregar de sua integração para que ela seja favorável
- Tomar medidas para contar com o apoio do defensor adequado.
- Ter claro que o trabalho de integração é mais difícil do que se espera.
- Logo de saída, pedir abertamente à organização o apoio necessário.
- Concentrar-se em algumas áreas essenciais.
- Lidar devidamente com as expectativas.
- Firmar sua nova equipe.
- Passar tempo suficiente com todos os interessados pertinentes.

Figura 9.4 Como integrar eficazmente as pessoas mais competentes.

para a empresa, fosse um filho ou um candidato externo desconhecido. Penso que ambos, pai e filho, demonstraram um surpreendente nível de autoconsciência e prevenção: o primeiro, ao enfrentar a própria morte; o segundo, ao reconhecer a necessidade de passar o bastão, embora ainda estivesse em plena forma. Nenhum adiou. Ambos catalisaram as mudanças necessárias. Ambos foram perseverantes e se empenharam para que a integração fosse a mais sólida possível, embora os dois processos de integração tenham sido sensivelmente distintos.

Ambas as gerações demonstraram igualmente um grau notável de disciplina e objetividade na avaliação de candidatos — mesmo quando o pai avaliou o filho. Ambos mostraram coragem e compaixão.

Na minha avaliação, é assim que eles contrariaram e superaram as probabilidades mencionadas pelo estudo da McKinsey. E creio que essas lições podem ser transportadas para um âmbito bem mais abrangente. Se pretende ter como meta a excelência em desempenho e se deseja tomar excelentes decisões sobre pessoas, com convicção e coerência, faça o que essa família fez: tenha plena consciência de si mesmo, mire ao que está à sua frente, tenha disciplina e seja corajoso.

A Figura 9.4 apresenta um resumo dos principais pontos cobertos neste capítulo.

■ ■ ■

Se seguir os métodos descritos neste capítulo, será capaz de integrar com mestria o melhor candidato.

Em nosso capítulo de fechamento, explico por que é indispensável ter domínio das grandes decisões sobre pessoas, numa dimensão mais abrangente.

CAPÍTULO 10

Uma perspectiva mais abrangente

Enquanto escrevo este último capítulo, tenho à minha frente uma recente edição da revista *The Economist*, que estampa um artigo de capa de quinze páginas intitulado "The Search for Talent (Why It's Getting Harder to Find)" ["A busca por talentos (por que está cada vez mais difícil encontrá-los")].¹ Esse artigo sustenta principalmente que a economia moderna está atribuindo uma enorme importância ao talento e que não existe uma quantidade suficiente desse ativo para satisfazer a demanda. Isso vem salientar o valor dos ativos "intangíveis", os quais de repente ganharam grande proporção, saltando de algo em torno de 20% do valor de uma empresa típica no índice S&P 500 em 1980 para algo ao redor de 70% no presente momento. Ao final, esse artigo aponta para os diversos fatores estruturais subjacentes a esse desafio, como os fatores demográficos, a súbita queda de lealdade (tanto para com o empregador quanto do empregador) e várias outras formas de descompasso com respeito às habilidades.

Contudo, como conseguiu avançar a leitura até aqui, nada disso provavelmente o surpreende. Na verdade, o artigo da revista *The Economist* só vem confirmar que tomar grandes decisões sobre pessoas constitui um imenso desafio, mas também uma oportunidade única para aqueles que estão aptos a dominá-lo. E pelo fato de ter chegado até aqui em sua leitura, provavelmente está seguro de que dominar a fundo as grandes decisões sobre pessoas pode não apenas ajudar a impulsionar o desempenho organizacional, mas também melhorar suas probabilidades de sucesso em sua carreira pessoal.

Agora é chegado o momento de adotar uma perspectiva mais abrangente. Neste capítulo, explico por que é indispensável tomar grandes decisões sobre pessoas *numa dimensão bem mais abrangente*.

Todo dia, o tempo todo

Visto que a esta altura já internalizou as lições deste livro, tem as habilidades necessárias para contratar alguém para sua equipe, promover um membro da equipe e participar de outras importantes decisões sobre pessoas igualmente importantes em sua organização. Mas há ainda mais: *você possui também um conjunto de ferramentas, processos e conceitos que serão inestimáveis em seu papel de liderança todo dia e o tempo todo*. Por que deve acreditar nisso? Há diferentes respostas. A primeira é que as lições nos capítulos precedentes aplicam-se não apenas a grandes decisões sobre pessoas, mas também a toda e qualquer decisão sobre *delegação*.

Em todos os dias de sua vida como líder, quando estiver decidindo quem fará o quê, poderá seguir os princípios delineados neste livro. Acaso existe algo que esteja planejando fazer que possa delegar a outra pessoa? Se sim, o que deve procurar neste momento com relação a competências? Onde procurará a pessoa certa para realizar essa tarefa? Seja em sua equipe, na organização como um todo ou talvez até externamente, por acaso terceirizará esse processo? Como motivará o candidato a realizar esse trabalho? O que fará para facilitar as ações iniciais desse candidato? Como monitorará ou avaliará seu desempenho em um prazo mais longo?

Do mesmo modo que uma excelente contratação ou promoção, delegar com maior freqüência e maior eficácia melhora as realizações de sua organização e o ajuda a assegurar seu sucesso profissional. Além disso, delegando melhor, contribuirá para o crescimento da organização e ajudará outras pessoas a crescer. A melhor maneira dos profissionais da era do conhecimento se desenvolverem não é por meio do treinamento tradicional, mas por meio da experiência prática, em ambientes apropriados e cada vez mais desafiadores. As grandes decisões de *delegação* são, portanto, uma solução que beneficia ambas as partes: tanto você quanto seu pessoal.

E onde você fica nessa história?

Em grande parte das páginas precedentes, examinamos princípios e práticas do ponto de vista do empregador. Porém, outro aspecto notável com relação às grandes decisões sobre pessoas é que elas se aplicam igualmente a *você e às decisões que toma acerca de sua carreira*.

A esta altura, já está mais bem aparelhado para reconhecer quando uma mudança é necessária — se essa necessidade surgiu porque você não tem as devidas competências ou porque não tem a motivação adequada. Você está mais bem preparado para se esquivar das predisposições psicológicas paralisantes e prejudiciais, como a procrastinação e uma percepção exagerada de suas próprias capacidades. Você se encontra em uma circunstância adequada para ampliar sua consciência sobre si mesmo com relação às próprias competências e preferências e para aproveitar as oportunidades inerentes a diferentes cargos, tanto dentro quanto fora da organização em que trabalha atualmente.

Ao mesmo tempo, estou certo de que não cairá nas outras armadilhas comuns das decisões sobre mudança de emprego, como fazer julgamentos precipitados, ser vítima de ancoragem emocional ou apegar-se ao familiar, e evitará erros táticos, como abdicar de seu atual emprego sem antes preparar o terreno para uma próxima colocação.

Contudo, neste capítulo de encerramento, não gostaria de me prender a erros e armadilhas. Quero enfatizar o positivo. Às vezes as pessoas me provocam, em tom de brincadeira, dizendo que sou um incansável otimista e normalmente admito que sim. Porém, pense nas surpreendentes oportunidades que temos diante de nós nesta época milagrosa! No início do século XIX, quase todos os indivíduos ainda eram agricultores. No final do século, quase todos ou eram agricultores ou operários industriais. Atualmente, passado pouco mais de um século, há uma quantidade inacreditável de oportunidades de emprego mundo afora — incluindo os trabalhos que inventamos para nós mesmos. E hoje é possível incluir um número bem maior de pessoas: nas últimas duas décadas, literalmente bilhões de pessoas antes oprimidas por economias estatais centralizadas ingressaram no mercado *mundial*.

Hoje, vivemos mais tempo e permanecemos produtivos por um tempo bem mais longo. Não estamos restritos a uma única carreira; podemos seguir várias carreiras na vida, uma de cada vez ou concomitantemente. (Antes, era consultor em seleção de executivos; agora, sou consultor em seleção, conferencista e escritor!) Exceto em circunstâncias extremas, não precisamos fazer o que não *queremos* fazer. Como o antigo CEO da Herman Miller, Max DePree, gosta de dizer, *toda e qualquer pessoa no ambiente de trabalho é voluntária*.

Portanto, se não gosta do que está fazendo, *pare de se oferecer voluntariamente*. Tome as medidas cabíveis para mudar. Conheça-se. Cave suas fontes e estabeleça uma rede de contatos para criar oportunidades melhores para si mesmo. Aja, tendo em mente que vivemos em um mundo pequeno (os seis graus de separação descritos no Capítulo 6) e que sua persistência surtirá efeito se procurar de maneira inteligente e sistemática.

E, por fim, reflita sobre se não é o momento de sair de vez dessa trajetória empresarial. Por acaso já ofereceu as melhores contribuições que pode oferecer como líder de uma empresa tradicional? Talvez seu legado já esteja no devido lugar e a serviço da empresa. Talvez você possa mudar de atividade e procurar outras formas valiosas de contribuir para a sociedade e, talvez, desfrutar ainda mais sua vida e seus entes queridos nesse trajeto.

Fazendo outras pessoas felizes

Além de estimular o alto desempenho em sua empresa e promover sua carreira, as grandes decisões sobre pessoas também o ajudarão a contribuir significativamente para a felicidade de outras pessoas.

Tente se lembrar do seu pior chefe e do quanto ele fez você e seus colegas se sentirem infelizes. No devido tempo, os líderes temíveis acabam provocando seu próprio fracasso e caindo num abismo, mas eles podem criar muita tristeza e aflição para outras pessoas ao longo da vida. Podem roubar a felicidade e mesmo a saúde e o bem-estar de todos aqueles que estão ao seu redor.[2]

Mas voltemos nosso olhar novamente para o que ilumina e inspira. Ter domínio para tomar grandes decisões sobre pessoas pode ajudá-lo a escolher os chefes certos para todas as suas equipes, os quais, por sua vez, criarão as condições necessárias para um trabalho significativo e o desenvolvimento de relacionamentos valiosos que fomentem a felicidade. Com o chefe certo e o ambiente de trabalho adequado, atingiremos um estado de fluxo* em que nos sentimos totalmente envolvidos e imersos no que fazemos e nossa produtividade é maximizada. Isso gera uma reação em cadeia, na qual a felicidade estimula a produtividade e vice-versa. E do mesmo modo nossas emoções positivas, que tendem a ser altamente contagiantes, espalham-se para todos aqueles que se encontram ao nosso redor.

Tomar grandes decisões sobre pessoas também promove a saúde e a felicidade de todos os membros da equipe, dos altos executivos em suas mais luxuosas salas aos que se encontram na linha de frente.

Um grande escândalo à espreita

Estamos completamente familiarizados com os ultrajantes escândalos corporativos cujo impacto nos últimos anos foi substancial tanto sobre a sociedade quanto sobre a maneira como os negócios serão realizados no futuro próximo. Na verdade, fomos praticamente inundados pelas particularidades dessas sórdidas histórias: dezenas de milhares de empregos perdidos, prejuízo de bilhões de dólares para os investidores, economias de toda uma vida liquidadas e o indiscriminado desperdício em relação à confiança em nossas empresas e em seus líderes. Estamos cientes das conseqüências negativas de tudo isso sobre os investimentos, a criação de empregos, o crescimento econômico e, em última análise, o nosso padrão de vida.

Não é difícil encarrilhar as causas desses descarrilamentos. Um Conselho ineficaz que se deixa influenciar por um líder controlador. Esse líder — influenciado em grande medida por sua ganância e arrogância, mas também cercado pelas expectativas de Wall Street — concebe estratégias de curto prazo (ou, pode-se dizer, corruptas), as quais em geral dependem de aquisições e expansões exageradas e fadadas ao fracasso. A pressão por adulterar a contabilidade torna-se inevitável e controles internos ineficazes ajudam a selar o destino da empresa.

---

* O conceito de fluxo é proposto pelo psicólogo Mihaly Csikszentmihalyi. (N. da T.)

É provável que isso lhe soe bastante familiar. Porém, ao que se revela, as Enrons, WorldComs, Global Crossings, Adelphias e Tycos— empresas que mais ou menos se enquadram no perfil descrito no início desta seção — são casos extremamente raros. Segundo o *Wall Street Journal*, dos dez milhões de homens e mulheres de negócios nos Estados Unidos, cerca de mil apenas foram declarados culpados por crimes corporativos desde julho de 2002: uma diminuta fração.[3] Na maioria das vezes, constata-se, as empresas obedecem as leis do jogo. Quando os líderes de uma empresa reclamam das desnecessárias restrições da Lei Sarbanes-Oxley e de outras leis semelhantes, suas queixas são legítimas: a grande maioria das empresas está sendo punida pelas transgressões e perversidades de algumas outras.

Portanto, lá venho eu novamente, o incansável otimista. Será? Nesse caso, não. Acredito que a situação seja *bem pior do que supomos, com base no que sabemos*. Há lá fora um imenso escândalo à espreita, um escândalo dez vezes maior do que as transgressões coletivas das empresas citadas anteriormente e sobre as quais praticamente ninguém fala.

Esse escândalo encoberto compreende a multiplicidade de casos em que empresas jamais envolvidas em algum tipo de escândalos nomearam altos executivos que acabaram apresentando um desempenho individual e corporativo medíocre. Lembre-se da expressiva dispersão de desempenho na alta direção examinada em capítulos anteriores. Agora, some a mediocridade das inúmeras empresas que tomam decisões erradas sobre pessoas. Esse é o verdadeiro escândalo, o qual, embora bem diante de nossos olhos, continua encoberto.

E não estou me referindo somente aos "abacaxis" do mundo corporativo. Mesmo nas empresas com sólida reputação, já pude perceber custos de oportunidade absolutamente *imensos*. E certamente não estou me referindo apenas às organizações com fins lucrativos. Conversei recentemente com um médico pesquisador que me disse que, com respeito a alguns procedimentos fundamentais nos hospitais universitários dos Estados Unidos, *a diferença do índice de mortalidade chega a 1.000%* em procedimentos idênticos que empregam equipamentos idênticos! A diferença, evidentemente, são as *pessoas* em questão.

Vamos voltar novamente para o positivo. Será que as grandes decisões sobre pessoas poderiam até mesmo salvar sua vida? É claro que a resposta é sim!

Educando o espírito para as grandes decisões sobre pessoas

Uma maneira muito simples de aproveitar as lições deste livro é instruir-se e instruir as demais pessoas ao seu redor dentro da empresa. Na minha profissão, há um velho ditado: *aqueles que têm poder não têm conhecimento, ao passo que aqueles que têm conhecimento não têm poder*. A solução, portanto, é instruir aquele que tem poder.

Tente imaginar de que forma as empresas tomam hoje suas decisões financeiras: com rigor, profissionalismo e a utilização de conhecimentos avançados. Agora, tente imaginar como são tomadas as decisões sobre pessoas. Na maioria das vezes, elas se distinguem por uma falta de rigor em todas as fases: desde a avaliação da necessidade ou não de mudança à integração do candidato. E esse contraste se verifica de forma constante em todos os departamentos e áreas da empresa. Fabricação, projeto de produtos e até mesmo marketing — todos são encarados com um profissionalismo bem maior do que as decisões sobre pessoas.

Sim, *até* o marketing. Não faz muito tempo, a propaganda era considerada uma *arte* — uma atividade intuitiva que não se prestava à profissionalização. Como costumava dizer o fundador da Revlon, Charles Revson, "Sei que metade do que gasto em propaganda é dinheiro jogado fora, só que nunca sei qual das metades". Com quase o mesmo espírito, Frede Allen uma vez disse, em tom jocoso: "Uma agência de propaganda é 85% confusão e 15% comissão".

Sem dúvida, o marketing mudou para melhor. Hoje, Revson poderia ter uma segurança bem maior de que não estaria desperdiçando um em cada dois dólares.

Atualmente, as decisões sobre pessoas são tomadas do modo como as decisões sobre propaganda eram tomadas há meio século. Acredito que isso mudará, e *não vai demorar*. E, como sempre, aqueles que derem o primeiro passo colherão os melhores benefícios.

Recentemente, tive o prazer de passar um dia com o autor de negócios Jim Collins discutindo uma série de assuntos, como as idéias que eu estava cogitando inserir neste livro. Em um determinado momento, comentei-lhe que achava um tanto estranho o fato de estudarmos em profundidade finanças, contabilidade, marketing e outros assuntos importantes enquanto nos preparamos para nos tornarmos administrado-

res, tanto na faculdade quando nos programas de MBA, e no entanto a maioria de nós na verdade não dedicasse *tempo algum* para aprender a tomar grandes decisões sobre pessoas.
Collins concordou prontamente com o que eu queria dar a entender. "As escolas de negócios deveriam oferecer cursos sobre como tomar decisões sobre pessoas", disse ele. "Elas têm cursos sobre estratégia, mas as pessoas precedem à estratégia."
Em outras palavras, as pessoas certas é que acabam propondo a estratégia certa. Mas a estratégia certa sem as pessoas certas já nasce morta.

Aprendendo com a história

Uma das maneiras pelas quais podemos avaliar a importância das grandes decisões sobre pessoas é olhando para a história. Vemos grandes líderes à luz de seus próprios feitos e realizações e, algumas vezes, também, nos vácuos por eles deixado quando não treinam um sucessor apropriado.

Alexandre, o Grande, e Napoleão estão, simultaneamente, entre os melhores e piores exemplos. Sob seu comando, a Macedônia e a França, respectivamente, conseguiram feitos que teriam sido impossíveis sem a liderança de ambos. (Nesse contexto, não vou falar sobre os *métodos* algumas vezes censuráveis dessa liderança.) Todavia, a despeito das imensas marcas históricas por eles deixadas, grande parte do que eles concretizaram provou-se insustentável tão logo se tornaram incapazes de exercer a liderança.

Poderia outra pessoa levar a cabo a Guerra Civil com a determinação de Abraham Lincoln? Ele tinha planos para uma magnânima e generosa reconstrução dos estados do Sul. Porém, seu assassinato arruinou esses planos e os líderes inaptos e vingativos que o seguiam atrasaram em cem anos o processo de restabelecimento.

Winston Churchill é um exemplo interessante de competência e adequação. Como político em tempo de paz no período entre a Primeira Guerra Mundial e a Segunda, a carreira de Churchill esteve longe de ser notável. Entretanto, no momento em que se instaurou a Segunda Guerra Mundial, os britânicos se consideraram incrivelmente bem-aven-

turados por tê-lo como líder. Mas o verme continuou a se contorcer.*
Imediatamente após a guerra, os eleitores britânicos destituíram-no do poder em favor de um governo trabalhista, o qual, presumiam eles, estaria mais bem preparado para lidar com os complexos problemas sociais provocados por seis anos de guerra.

Talvez seja uma postura infundada esperar que os líderes de uma nação façam tudo o que eles devem fazer, especialmente em tempos de guerra, e ainda preparem o terreno para seus sucessores. Mas eu formularia essa questão de uma maneira distinta. Se os líderes empresariais tivessem à mão poder e instrumentos para conduzir devidamente sua sucessão, será que *algum dia* poderiam se desculpar por não terem tomado medidas no sentido de assegurar a adequada colocação de sucessores qualificados?

Processos coletivos de má qualidade = resultados coletivos de má qualidade

Há pouco tempo enviei um *e-mail* a meus colegas, no mundo inteiro, pedindo-lhes exemplos drásticos de decisões ruins sobre pessoas. Enquanto procurava exemplos *corporativos*, obtive também uma imensa quantidade de "nomeações" de presidentes ou primeiros-ministros supostamente inaptos que lideraram os países mais modernos do mundo.

Reflita um pouquinho: quantos presidentes ou primeiros-ministros hoje no poder, mesmo nos países mais desenvolvidos, são as pessoas mais adequadas para ocupar esse posto? Quantos são excepcionais e quantos são bons o bastante com relação à competência, credibilidade e mesmo integridade? É claro que também no setor público se tomam decisões ruins com relação a pessoas — precisamente onde elas mais têm importância! Sem

---

* Há uma frase célebre de Churchill: "We are all worms, but I do believe that I am a glow-worm" ("Somos todos vermes, mas tenho certeza de que sou um vaga-lume"). *Worm*, cujo sentido metafórico é insignificante, é também empregado na frase literária "The worm turns" (uma pessoa oprimida que se rebela, revertendo uma situação), que se origina do antigo provérbio "Tread on a worm and it will turn", isto é, um verme mesmo pisado ainda assim se contorce — mesmo a mais humilde criatura tenta reagir quando é maltratada. (N. da T.)

uma liderança política competente, não podemos começar a combater os desafios prementes que estão se abatendo sobre nossas sociedades: genocídios, terrorismo, disparidades econômicas, injustiças sociais e por aí afora.

Talvez você esteja pensando que a analogia entre a liderança corporativa e a liderança política seja uma interpretação forçada e absurda. Afinal de contas, os desafios não seriam diferentes? E mesmo se pudessem ser consideradas similares, a maneira como escolhemos nossos líderes não seria em grande medida diferente nos setores público e privado?

Com respeito à primeira pergunta, minha resposta é "sim". Liderar uma nação é fundamentalmente diferente de liderar uma empresa. Todavia, *existem* coincidências importantes, especialmente quanto a fatores como planejamento, alocação de recursos e conquista do coração e da mente dos eleitores.

Quanto à segunda pergunta — o modo como escolhemos os líderes nesses dois âmbitos —, é claro que as escolhas eleitorais são bem diferentes das escolhas de contratação realizadas no mundo corporativo. Mas, repetindo, acredito que as coincidências sejam convincentes. Tome como exemplo as predisposições psicológicas e as armadilhas emocionais descritas no Capítulo 3. Ao votarmos sempre nos candidatos de nosso partido não estaríamos talvez nos apegando ao familiar? Não estaríamos adotando a rotulação ou o gregarismo equivalente do setor público?

Será que ao menos cumprimos nosso dever mais básico com respeito a saber o que procurar — isto é, saber quais competências devem ter como base as prioridades e circunstâncias específicas enfrentadas pelo país? De que outra forma poderíamos identificar o que devemos procurar? Avaliamos os candidatos devidamente ou será que estamos apenas concedendo nossos votos com base no que assistimos nos debates televisivos — eventos estes controlados pelos consultores de imagem e que nos impelem a julgamentos precipitados que guardam grande semelhança com aqueles a que chegam os adeptos dos encontros rápidos ("speed-dating")?

Ao tomarmos decisões sobre como votar, estaríamos tentando ser objetivos e imparciais em nossas escolhas? Ou estaríamos simplesmente procurando evidências confirmatórias para justificar uma escolha impensada?

O que estamos fazendo para ampliar o banco de candidatos em potencial para esses cargos importantes? O que estamos fazendo para atrair e motivar as pessoas mais competentes para cumprir essas funções decisivas? Por que admitimos como ponto pacífico a idéia de que os funcionários públicos e os principais representantes do governo devem ganhar apenas uma fração do que seus congêneres ganham no setor privado? Se aceitarmos essas disparidades de salário como fato consumado, será que ao mesmo tempo podemos dizer honestamente que queremos "atrair o que há de melhor" para o setor público? Por que os grandes líderes e diretores do setor privado não superam esse abismo e se candidatam a cargos políticos?

O que estamos fazendo para integrar devidamente os talentos que temos capacidade de atrair? Faz sentido ter mandatos com prazos fixos? E se houver necessidade de mudança, em virtude de novos desafios ou do fato de termos cometido um erro ou ainda pelo fato de o candidato escolhido ter perdido sua competência? Estou me lembrando, por exemplo, do último ano da administração do presidente Woodrow Wilson nos Estados Unidos, quando então ficou incapacitado por um derrame e o governo ficou efetivamente paralisado até que a administração seguinte assumisse o poder.

Será que os acionistas tolerariam tal circunstância? (Espero que não!) E os cidadãos? Deveriam tolerar uma circunstância desse tipo?

Reconheço que essas perguntas são provocativas e estou igualmente consciente de que talvez não haja nenhuma resposta na ponta da língua. Os bons sistemas políticos são por natureza e intencionalmente conservadores. Além disso, o caráter da política partidária torna um tanto mais difícil a promoção de uma verdadeira mudança. E indubitavelmente a lei das conseqüências involuntárias tem de ser considerada a cada mudança. Mas será que não devemos ao menos nos fazer essas perguntas? Acaso não devemos perguntar o que seria necessário para que se tomem melhores decisões sobre pessoas no governo e, com isso, sejamos recompensados por líderes mais competentes?

Grandes decisões sobre pessoas no âmbito mundial

Repetindo, sou um otimista e, na mesma proporção e freqüência, um idealista. Mas que alternativa temos? Se um país tem líderes ineptos e outro tem líderes excepcionais, o primeiro estará em desvantagem competitiva. O risco de seus cidadãos enfrentarem distúrbios de ordem econômica, política e social será bem maior.

Não se trata de uma abstração. Tome o caso de Cingapura, que no último Relatório de Competitividade Global do Fórum Econômico Mundial ficou em quinto lugar, posicionando-se exatamente à frente dos Estados Unidos. Como Cingapura — uma diminuta nação, sem recursos naturais — aponta como o quinto país mais competitivo do mundo? Como foi que Cingapura conseguiu alcançar taxas de crescimento anual entre 7% e 10% nos últimos anos?

Evidentemente, a resposta é complexa. Já na década de 1960, o país abraçou como principal meta uma visão de crescimento econômico de longo prazo. Ao mesmo tempo, decidiu distribuir amplamente os benefícios desse crescimento previsto a toda a sua população. Isso não era para ter sido conseguido por meio de políticas de redistribuição de riquezas e de renda (as quais quase sempre impedem o crescimento econômico), mas aparelhando todos os homens e mulheres com todos os meios e oportunidades de ganhar a vida com o trabalho e adquirir bens.

Mas como foi que a nação chegou *lá* há mais ou menos quatro décadas? Afirmo, e tenho motivos claros para tanto, que o principal fator foi a decisão explícita da nação de atrair os *melhores talentos* ao setor público e pagar esses indivíduos extraordinários salários e benefícios inquestionavelmente competitivos.

Uma das declarações mais impressionantes que li nos últimos anos encontra-se em um discurso do Parlamento de Cingapura feito em 20 de junho de 2000 por seu então primeiro-ministro Goh Chok Tong. Nessa ocasião específica, ele apresentava suas sugestões de salário para o setor público. Discursou com eloqüência sobre o custo relativamente baixo de um bom governo e o custo inacreditavelmente alto de um mau governo. Disse categoricamente que o fator mais importante por trás do excepcional desempenho econômico do país e de seu alto (e ascendente) padrão de vida era a qualidade de seus líderes políticos.

Há poucos anos, recebi a visita dos conselheiros de um candidato presidencial que finalmente estava se saindo bem em seu objetivo de perseguir o mais alto posto do país. Quando mencionei o caso de Cingapura e de sua administração extremamente profissional, eles de cara me disseram que o exemplo era irrelevante, pois Cingapura não tinha um governo democrático "normal". Respondi que não estava me referindo aos prós e contras da versão de democracia específica de Cingapura — versão que nem todos abraçariam no mundo —, mas estava me referindo na verdade às *grandes decisões sobre pessoas* que Cingapura havia tomado ao galgar seu lugar entre as primeiras fileiras econômicas. Na realidade, continuei eu, o exemplo de Cingapura só vinha sublinhar, em âmbito nacional, o que também havia sido constatado, repetidas vezes, no âmbito dos Conselhos de Administração: não são as regras ou os regulamentos particulares ou um sistema de governo específico que tornam um Conselho excelente. Na verdade, é o calibre de seus diretores e a forma pela qual trabalham em conjunto. O exemplo de Cingapura, concluí, nos leva a fazer uma pergunta óbvia: por que não conseguimos ter o melhor de *ambos* os mundos com relação a um sistema governamental e a decisões sobre pessoas?

Sejamos ao mesmo tempo idealistas e *realistas*. Em um mundo ideal, disse Aristóteles, um governo ditatorial iluminado seria a melhor forma de governo, seguido pela oligarquia e então pela democracia. Mas no mundo *real*, disse Aristóteles, a ordem é inversa. Tendo em vista a natureza humana e o potencial corrosivo do poder, a democracia é a alternativa menos pior e a ditadura corrompida a pior. Por fim, Aristóteles optou pela democracia. Eu também — especialmente quando estão à frente da democracia os *melhores* servidores públicos *possíveis*, identificados e selecionados por pessoas que sabem tomar grandes decisões sobre pessoas.

E se conseguimos tomar grandes decisões sobre pessoas em nível nacional, não seria o caso de contemplarmos um nível acima e tomá-las em nível internacional? Espero que sim, visto que esse, naturalmente, é um pré-requisito para atingirmos um desenvolvimento sustentável, justiça, estabilidade e paz em âmbito global.

Como isso poderia ser concretizado? A esse respeito, com certeza me sinto um peixe fora d'água, mas gostaria de apontar pelo menos duas direções promissoras. Em primeiro lugar, não há dúvida de que, no *âmbito global*, precisamos instruir as pessoas a respeito dos impactos das grandes decisões sobre pessoas. Lembro-me de ter observado uma discussão entre um ex-presidente de um país e um renomado economista. O presidente disse que queria erradicar a pobreza do país. O economista disse-lhe, respeitosamente, que ele nunca seria capaz de alcançar e sustentar essa meta sublime, pois, no minuto em que conseguisse tal intento, começaria a importar a pobreza dos países vizinhos.

Nossa aldeia global fica menor a cada dia. Mesmo se o altruísmo não for um motivo suficiente para nos preocuparmos com o mundo além de nossas fronteiras nacionais, então certamente o auto-interesse iluminado o é. Precisamos nos instruir em nível global.

Em segundo lugar, e essa certamente é uma direção audaciosa, devemos considerar a possibilidade de avaliar e classificar pessoas que se candidatam formalmente ao serviço público — e deveríamos fazê-lo em nível global. Acaso isso lhe parece muito estranho e difícil de acreditar, muito político ou muito arriscado? É provável que seja tudo e ainda mais. Mas o Fórum Econômico Mundial, como observado, publica seu Relatório de Competitividade Global, que tenta valer-se das principais descobertas de modo objetivo. O Departamento de Estado dos Estados Unidos classifica a segurança relativa dos países para os viajantes dos Estados Unidos. O problema dessas avaliações úteis, porém relativamente despretensiosas, é que elas se referem aos *produtos (outputs)* — isto é, resultados de decisões passadas. O que estou propondo é que nos concentremos nos *insumos (inputs)*: as pessoas que tomam as decisões que moldarão nossa vida. As agências de avaliação de ações nos dão orientações sobre onde é prudente, e onde não é prudente, aplicar nosso dinheiro. Então, que tal agências de avaliação de políticos que possam nos dizer quem é bom em quê?

Praticamente consigo ouvir o bramido dos políticos neste momento. Não importa! Por meio de instrução e informações, podemos tomar grandes decisões sobre pessoas mesmo quando estivermos depositando nosso voto. Em conseqüência disso, o mundo só pode melhorar.

■ ■ ■

Escrever este livro foi uma das experiências mais importantes em minha vida. Espero que ele lhe seja útil. Desejo-lhe o melhor, nos momentos em que estiver tomando grandes decisões sobre pessoas e nos momentos em que estiver ajudando a si mesmo e sua organização a alcançar o sucesso.

Boa sorte em suas grandes decisões... *sobre pessoas!*

APÊNDICE A

A importância de investir nas decisões sobre pessoas

Há algumas décadas, inúmeras empresas de bens de consumo perceberam que investimentos maiores e melhores na criação e avaliação de apelos publicitários poderiam fomentar sua rentabilidade. À época, já havia modelos matemáticos para quantificar o valor esperado desses investimentos.

Esses mesmos modelos podem ser empregados para calcular o valor esperado do investimento na busca, avaliação e contratação dos melhores candidatos prováveis para o cargo de alto executivo. A fórmula apresentada aqui indica que, a fim de maximizar o valor desse investimento fundamental, um número suficiente de prováveis candidatos deve ser gerado e a avaliação deve ter níveis extremamente altos de validade e confiabilidade. Essa fórmula, além disso, mostra que, quanto mais complexo o cargo, mais alto o valor esperado no investimento em decisões sobre pessoas. Por fim, ela demonstra que devido a baixa frequência e a alta especialização requerida, a assessoria profissional é normalmente muito rentável para altas posições executivas, embora, para maximizar seu valor, alguns conflitos habituais devem ser evitados (como honorários por serviços de busca de executivos que representam uma porcentagem da remuneração do candidato recrutado).

$$\text{Valor Esperado} = e_n \cdot \sigma \cdot V \cdot \rho - C_n - X_c$$

Fator	Definição	Implicação
e_n	Valor esperado do máximo de uma amostra aleatória de tamanho n de uma população normal padronizada	Deve ser gerado grande número de possíveis candidatos.
σ	Desvio-padrão do desempenho dos candidatos	Quanto mais complexo o cargo, mais alto o valor esperado do investimento nas decisões sobre pessoas.
V	Validade dos critérios de avaliação	É indispensável conhecer as competências necessárias aos cargos exclusivos.
ρ	Confiabilidade da avaliação dos candidatos	Para os altos cargos, é necessário utilizar avaliadores altamente competentes, em um processo de alta integridade, incluindo a confirmação de referências confiáveis.
C_n	Custo para gerar, avaliar e contratar os melhores candidatos	Tendo em vista a baixa freqüência e a alta especialização necessárias, a assessoria profissional em geral é altamente eficaz em termos de custo para cargos de alto nível.
X_c	Custo extra do candidato contratado comparado com o candidato médio	A fim de maximizar o valor, deve-se evitar conflitos (tais como honorários percentuais para serviços de busca de executivos).

Exemplo

Faz-se um investimento C_n para gerar inúmeros candidatos n, avaliá-los e contratar o melhor.

    Valores e suposições da empresa
    Rentabilidade média no setor (ROA) = 5%
    Ativos da empresa = $ 1 bilhão
    Desvio-padrão do ROA = 10 pontos percentuais
    Efeito líder = 25% do desvio-padrão
    Avaliação da empresa = 20 × Lucros após impostos

Suposições sobre os custos anuais da busca e do custo adicional do candidato contratado
Custo médio do executivo = $ 3 milhões
Custo extra do candidato contratado = 50%
Custo da busca (1 vez, assumindo 7 anos de rotatividade) = $ 1 milhão a cada 7 anos
10 candidatos gerados, o que implica um e_n = 1,54

Suposições sobre a qualidade da avaliação
Validade da avaliação = 0,7
Confiabilidade da avaliação = 0,7

Valores da fórmula
e_n = 1,54
σ = 0,25 x $ 100 milhões = $ 25 milhões
V = 0,7
ρ = 0,7
C_n = ($ 1 milhão/7) = $ 0,14 milhão
X_c = 0,5 × $ 3 milhões = $ 1,5 milhão

Aumento do lucro anual esperado =
1,54 × 25 M × 0,7 × 0,7 – 0,14 M – 1,5 M

Aumento do lucro anual esperado = $ 17 milhões = 34%

Aumento do valor da empresa =
20 × $ 17 milhões = $ 340 milhões = 34%

■ ■ ■

Outras referências e fundamentos com relação a essa fórmula

Irwin Gross, "The Creative Aspects of Advertising", *Sloan Management Review* 14, n. 1 outono de 1972, pp. 83–109.

R. Y. Darmon, "Sales Force Management: Optimizing the Recruiting Process", *Sloan Management Review* 20, n. 1, outono de 1978, pp. 47–59.

APÊNDICE B

Bibliografia selecionada sobre métodos de avaliação

Existem centenas de livros já publicados sobre técnicas de avaliação, bem como excelentes e modernos artigos acadêmico-científicos. Os artigos de pesquisa mais relevantes para aqueles que desejam se aprofundar nas recomendações feitas no Capítulo 7 estão incluídos nas notas do respectivo capítulo ao final do livro.

Este apêndice inclui três fontes adicionais sobre o tópico de avaliação:

1. As notas introdutórias apresentam uma visão geral das principais etapas e do processo de avaliação em nível geral, sem incorporar as melhores práticas descritas no capítulo.
2. Os livros introdutórios são publicações acessíveis que podem ser úteis para aprimorar seu treinamento em entrevista e confirmação de referências. Embora não seja possível ganhar domínio apenas lendo "manuais" (isso só é possível por meio de exercício disciplinado, paralelamente a um treinamento e *feedback* apropriados), essas fontes podem ajudá-lo a identificar algumas outras recomendações sobre o que devemos e não devemos fazer.
3. As referências de livros mais avançados provavelmente serão interessantes em especial para especialistas.

1. Notas introdutórias

Hattersley, Michael. "Conducting a Great Job Interview". *Harvard Management Update*, 1997. Artigo reimpresso n. U9703C.
Jenks, James M. e Zevnik, Brian L. P. "ABCs of Job Interviewing". *Harvard Business Review*, 1989. Artigo reimpresso n. 89408.
Roberts, Michael J. "Note on the Hiring and Selection Process". *Harvard Business School*, 1993.

2. Livros introdutórios

Andler, Edward C. *The Complete Reference Checking Handbook: Smart, Fast, Legal Ways to Check Out Job Applicants*. AMACOM/Associação Americana de Administração, 1998.
Arthur, Diane. *Recruiting, Interviewing, Selecting & Orienting New Employees*. 4ª ed. AMACOM/Associação Americana de Administração, 2006.
Beatty, Richard H. *Interviewing and Selecting High Performers: Every Manager's Guide to Effective Interviewing Techniques*. Nova York: John Wiley & Sons, 1994.
Bell, Arthur H. *The Complete Manager's Guide to Interviewing: How to Hire the Best*. Dow Jones–Irwin, 1989.
Berman, Jeffrey A. *Competence-Based Employment Interviewing*. Quorum Books, 1997.
Camp, Richaurd, Vielhaber, Mary E. e Simonetti, Jack L. *Strategic Interviewing: How to Hire Good People*. Série Administração da Escola de Negócios da Universidade de Michigan. San Francisco: Jossey-Bass, 2001.
DeMey, Dennis L. e Flowers, Jr., James R. *Don't Hire a Crook! How to Avoid Common Hiring (and Firing) Mistakes*. Facts on Demands Press, 1999.
Fear, Richard A. e Chiron, Robert J. *The Evaluation Interview, Featuring Richard Fear's Time-Tested Interview Methods, Applied to: Strategic Visioning, Team Building, Appraisal Feedback*. 4ª ed. Nova York: McGraw-Hill, 1990.

Harvard Business Essentials. *Hiring and Keeping the Best People: Your Mentor and Guide to Doing Business Effectively.* Boston: Editora da Harvard Business School, 2002.

Janz, Tom, Hellervik, Lowell e Gilmore, David C. *Behavior Description Interviewing: New, Accurate, Cost Effective.* Prentice-Hall/Simon & Schuster, 1986.

Kanter, Arnold B. *The Essential Book of Interviewing: Everything You Need to Know from Both Sides of the Table.* Nova York: Times Books/Random House, 1995.

Sachs, Randi Toler. *How to Become a Skillful Interviewer.* AMACOM/ Associação Americana de Administração, 1994.

Rae, Leslie. *The Skills of Interviewing: A Guide for Managers and Trainers.* Gower Publishing, 1988.

Sessa, Valerie I. e Campbell, Richard J. *Selection at the Top: An Annotated Bibliography.* Centro de Liderança Criativa, 1997.

Uris, Auren. *88 Mistakes Interviewers Make and How to Avoid Them: Recruiting, Performance Evaluation, Problem Solving.* AMACOM/ Associação Americana de Administração, 1988.

Veruki, Peter. *The 250 Job Interview Questions You'll Most Likely Be Asked... and the Answers That Will Get You Hired!* Adams Media Corporation, 1999.

Wilson, Robert F. *Conducting Better Job Interviews.* 2ª ed. Série Educacional da Barron, 1997.

Wood, Robert e Payne, Tim. *Competency-Based Recruitment and Selection: A Practical Guide.* Nova York: John Wiley & Sons, 1998.

3. Referências de livros avançados

Anderson, Neil e Shackleton, Vivian. *Successful Selection Interviewing.* Blackwell Business, 1993.

Deal, Jennifer, Sessa, Valerie I. e Taylor, Jodi J. *Choosing Executives: A Research Report on the Peak Selection Simulation.* Centro de Liderança Criativa, 1999.

Dipboye, Robert. *Selection Interviews: Process Perspectives.* South-Western Publishing, 1992.

Eder, Robert W. e Ferris, Gerald R. *The Employment Interview: Theory, Research, and Practice*. Sage Publications, 1989.

Eder, Robert W. e Harris, Michael M. *The Employment Interview Handbook*. Sage Publications, 1999.

Ekman, Paul. *Telling Lies: Clues to Deceit in the Marketplace, Politics, and Marriage*. Nova York: W.W. Norton, 2001, 1992, 1985.

Gatewood, Robert D. e Field, Hubert S. *Human Resource Selection*. 4ª ed. Dryden Press/Harcourt Brace College Publishers, 1998, 1994, 1990, 1987.

Hollenbeck, George P. *CEO Selection: A Street-Smart Review*. Centro de Liderança Criativa, 1994.

Jeanneret, Richard e Silzer, Rob. *Individual Psychological Assessment: Predicting Behavior in Organizational Settings*. San Francisco: Jossey-Bass, 1998.

Kehoe, Jerard F. *Managing Selection in Changing Organizations*. San Francisco: Jossey-Bass, 2000.

London, Manuel e Sessa, Valerie I. *Selecting International Executives: A Suggested Framework and Annotated Bibliography*. Centro de Liderança Criativa, 1999.

Murphy, Kevin R. *Individual Differences and Behavior in Organizations*. San Francisco: Jossey-Bass, 1996.

Nunnally, Jum C. e Bernstein, Ira H. *Psychometric Theory*. Nova York: McGraw-Hill, 1994, 1978, 1967.

Schmitt, Neal, Borman, Walter C. e colaboradores. *Personnel Selection in Organizations*. San Francisco: Jossey-Bass, 1993.

Schneider, Benjamin e Schmitt, Neal. *Staffing Organizations*. Waveland Press, 1986, 1976.

Notas

Capítulo 1

1. Matt Ridley, *Nature Via Nurture: Genes, Experience, and What Makes Us Human* (HarperCollins, 2003).
2. Uma boa discussão sobre o efeito das inúmeras descobertas a respeito de diferentes intervenções de gerência de recursos humanos sobre o desempenho pode ser encontrada em *The Emotionally Intelligent Workplace,* organizado por Cary Cherniss e Daniel Goleman, especificamente no Capítulo 4, de Lyle M. Spencer, "The Economic Value of Emotional Intelligence Competencies and EIC Based HR Programs" (Jossey-Bass, 2001), p. 45.
3. Monica C. Higgins, *Career Imprints: Creating Leaders Across an Industry* (Jossey-Bass, 2005).
4. Devo esclarecer aqui que Zehnder hoje está aposentado e não mais exerce nenhuma influência sobre minha carreira — ainda que estivesse disposto a fazê-lo.
5. "The Awards for Alumni Achievement" (*Harvard Business School*, 2002).
6. James M. Kouzes e Barry Z. Posner, *The Leadership Challenge* (Jossey-Bass, 2002), pp. 62, 256–257, 397.
7. Egon Zehnder, "A Simpler Way to Pay", *Harvard Business Review*, abril de 2001, pp. 53–61.
8. Consulte "Strategic Review at Egon Zehnder International", Casos A, B e C (*Harvard Business School*, 2 de agosto de 2004). Zehnder finalizou sua carreira nomeando um extraordinário sucessor, Dan Meiland, o qual, por sua vez, nomeou John Grumbar como CEO. Meiland e Grumbar elevaram ainda mais o nível de atendimento profissional aos clientes e o nível de sucesso após a aposentadoria de Zehnder.
9. Valerie I. Sessa e Jodi J. Taylor, *Executive Selection, Strategies for Success* (Jossey-Bass, 2000), pp. 19–26.

10. Marcus Buckingham e Curt Coffman, *First Break All The Rules: What the World's Greatest Managers Do Differently* (Simon & Schuster, 1999), p. 57.
11. Marcus Buckingham, *The One Thing You Need to Know . . . About Great Managing, Great Leading, and Sustained Individual Success* (Free Press, 2005), pp. 73, 83.
12. Consulte, por exemplo, "Drivers Rate Themselves Above Average", em www.ambulancedriving.com/research/WP65-rateaboveav.html, acessado em 15 de setembro de 2005.
13. T. R. Zenger, "Why Do Employers Only Reward Extreme Performance? Examining the Relationships among Performance, Pay, and Turnover", *Administrative Science Quarterly* 37, 1992, pp. 198–219.
14. B. M. DePaulo, K. Charlton, H. Cooper, J.J. Lindsay e L. Muhlenbruck, "The Accuracy-Confidence Correlation in the Detection of Deception", *Personality and Social Psychology Review* 1, 1997, pp. 346–357.
15. Robert W. Eder e Michael M. Harris, *The Employment Interview Handbook* (Sage Publications, 1999), Capítulo 14, "Are Some Interviewers Better Than Others?", Laura M. Graves e Ronald J. Karren, pp. 243–258.
16. Malcolm Gladwell, *Blink: The Power of Thinking Without Thinking* (Little, Brown, janeiro de 2005), pp. 21–22.
17. Larry Bossidy e Ram Charan, *Execution, The Discipline of Getting Things Done* (Crown Business, 2002), Capítulo 5, p. 109.
18. Malcolm Gladwell, *Blink: The Power of Thinking Without Thinking* (Little, Brown, janeiro de 2005), pp. 134–136.
19. *Ibid.*, p. 182.
20. *Ibid.*, p. 47.
21. Jack Welch e Suzy Welch, *Winning* (HarperCollins, 2005), p. 95.
22. "Strategic Review at Egon Zehnder International", Cases A, B e C (*Harvard Business School*, 2 de agosto de 2004).
23. Daniel Goleman, *Working with Emotional Intelligence: A Discussion about Egon Zehnder International and Its Hiring Criteria* (Bloomsbury, 1998), pp. 303–311.
24. Linda A. Hill, *Becoming a Manager: Mastery of a New Identity* (Harvard Business School Press, 1992), p. 93.
25. P. A. Mabe, III e S.G. West, "Validity of Self-Evaluation of Ability: A Review and Meta-Analysis", *Journal of Applied Psychology* 67, 1982, pp. 280–286.
26. Professor Mihaly Csikszentmihalyi; consulte, por exemplo, o livro *Good Business: Leadership, Flow, and the Making of Meaning* (Coronet Books, Hodder & Stoughton, 2003) ou o *best-seller* clássico *Flow: The Psychology of Optimal Experience* (Harper & Row, 1990).

27. Dan Baker e Cameron Stauth, *What Happy People Know: How the New Science of Happiness Can Change Your Life for the Better* (St. Martin's Griffin, 2003).
28. Martin E.P. Seligman, *Authentic Happiness: Using the New Positive Psychology to Realize Your Potential for Lasting Fulfillment* (Free Press, 2002).

Capítulo 2

1. Julia Kirby, "Toward a Theory of High Performance", *Harvard Business Review*, julho–agosto de 2005, pp. 30–38.
2. James C. Collins e Jerry I. Porras, Built to Last: *Successful Habits of Visionary Companies* (HarperBusiness, 1994, 1997).
3. Jim Collins, *Good to Great* (HarperCollins, 2001).
4. THE FOCUS *on line* (http://www.ezifocus.com/content/thefocus/ issue/article.php/article/54300471), vol. X/1, 2006. Tema principal de Jim Collins: "Filling the Seats: How People Decisions Help Build a Great Company". Essa citação e várias outras no livro são trechos de algumas das respostas de Collins a uma série de perguntas que preparei para ele para esse artigo de Perguntas e Respostas na publicação institucional da EZI.
5. *Ibid.*
6. William Joyce, Nitin Nohria e Bruce Roberson, *What Really Works* (HarperCollins, 2003), p. 200.
7. Michaels, Helen Handfield-Jones e Beth Axelrod (eds.), *The War for Talent* (*Harvard Business School Press*, 2001).
8. Tsun-yan Hsieh e Sara Yik, "Leadership as the Starting Point of Strategy", *McKinsey Quarterly* 1, 2005, pp. 66–73.
9. Embora esteja no topo da lista da maioria dos estudos conduzidos enquanto estava na ativa, mesmo depois de ter se aposentado, Jack Welch continuou a ocupar o topo da lista. No Levantamento Global sobre CEOs (Global Survey of Chief Executives) do *Financial Times*, de novembro de 2005, Jack Welch ainda figurou como o líder empresarial mais respeitado e o escritor de negócios e guru da administração mais influente (ao lado da venerável companhia de Peter Drucker).
10. Ram Charan e Geoffrey Colvin, "Why CEOs Fail", *Fortune*, 21 de junho de 1999.
11. Sydney Finkelstein, *Why Smart Executives Fail, and What You Can Learn from Their Mistakes* (Penguin Group, Portfolio, 2003).
12. Peter Drucker, "How to Make People Decisions", *Harvard Business Review*, julho–agosto de 1985, p. 27.

13. Margarethe Wiersema, "Holes at the Top: Why CEO Firings Backfire", *Harvard Business Review*, dezembro de 2002, pp. 70–79.
14. Chuck Lucier, Rob Schuyt e Edward Tse, "The World's Most Prominent Temp Workers", *Booz Allen Hamilton, Strategy + Business*, 39ª ed., verão de 2005.
15. Claudio Fernández-Aráoz, "Managing CEO Succession", *Global Agenda 2005* (publicação oficial do Fórum Econômico Mundial em Davos).
16. Ram Charan, "Ending the CEO Succession Crisis", *Harvard Business Review*, fevereiro de 2005, pp. 72–81.
17. Claudio Fernández-Aráoz, "Getting the Right People at the Top", *MIT Sloan Management Review* 46(4), verão de 2005. Para uma discussão mais abrangente sobre esse tema, consulte Cary Cherniss e Daniel Goleman, *The Emotionally Intelligent Workplace*, (Jossey-Bass), Capítulo 4, de Lyle M. Spencer.
18. N. Wasserman, N. Nohria e B. Anand, "When Does Leadership Matter? The Contingent Opportunities View of CEO Leadership", dissertação de mestrado n. 01-063 (Boston: *Harvard Business School*, abril de 2001).
19. Irwin Gross, "The Creative Aspects of Advertising", *Sloan Management Review* 14(1), outono de 1972, pp. 83–109.
20. R. Y. Darmon, "Sales Force Management: Optimizing the Recruiting Process", *Sloan Management Review* 20(1), outono de 1978, pp. 47–59.
21. Para examinar mais afundo a importância das grandes decisões sobre pessoas, consulte meu artigo "Getting the Right People at the Top", MIT Sloan Management Review 46(4), verão de 2005, pp. 67–72.
22. William A. Sahlman, "How to Write a Great Business Plan", *Harvard Business Review*, julho–agosto de 1997, pp. 98–108.
23. "Private Equity Gets Personal", *Financial Times Europe*, 20 de junho de 2005.
24. Sir Adrian Cadbury foi presidente da Cadbury Schweppes entre 1974 e 1989 e diretor do Banco da Inglaterra de 1970 a 1994. Foi presidente do Comitê de Aspectos Financeiros da Governança Corporativa (Committee on the Financial Aspects of Corporate Governance) de 1991 a 1995 e é membro do Grupo de Trabalho da Organização para Cooperação e Desenvolvimento Econômico (OCDE) sobre Governança Corporativa e do Painel de Conciliadores do Centro Internacional para a Arbitragem de Disputas sobre Investimentos. O Relatório Cadbury foi considerado um dos primeiros e melhores códigos das boas práticas de governança corporativa. Pode ser encontrado em várias publicações, como em *Keeping Good Company*, um estudo sobre governança corporativa em cinco grandes países, de Jonathan Charkham, publicado pela Oxford, 1994.
25. Jeffrey A. Sonnenfeld, "What Makes Great Boards Great", *Harvard Business Review*, setembro de 2002, pp. 106–113.

26. Richard Leblanc e James Gillies, *Inside the Boardroom* (John Wiley & Sons, 2005).
27. Ram Charan, *Boards that Deliver: Advancing Corporate Governance from Compliance to Competitive Advantage* (Jossey-Bass, 2005), p. 184.
28. Colin B. Carter e Jay W. Lorsch, *Back to the Drawing Board* (Harvard Business School, 2004), p. 113.
29. Jeffrey Pfeffer, *The Human Equation: Building Profits by Putting People First* (Harvard Business School Press, 1998).
30. Jeffrey Pfeffer, *Competitive Advantage Through People* (Harvard Business School Press, 1994).
31. Steven C. Brandt, *Entrepreneuring* (Addison-Wesley, 1982), pp. 1, 52.
32. Alfred P. Sloan, *My Years with General Motors* (Doubleday, 1963).
33. Geoffrey Colvin, "What Makes GE Great", *Fortune* (Edição européia) 153(4), 13 de março de 2006.
34. James C. Collins e Jerry I. Porras, *Built to Last* (HarperBusiness, 1997), Capítulo 8, "Home-Grown Management".
35. Peter Drucker, "Managing Oneself", *Harvard Business Review*, edição especial, janeiro de 2005, pp. 100–109.
36. Jon R. Katzenbach e Douglas K. Smith, *The Wisdom of Teams: Creating the High-Performance Organization* (Harvard Business School Press, 1993).
37. Henry Chesbrough, *Open Innovation: The New Imperative for Creating and Profiting from Technology* (Editora da **Harvard Business School**, 2003), Capítulo 5, p. 93.

Capítulo 3

1. Claudio Fernández-Aráoz, "Hiring Without Firing", *Harvard Business Review*, julho–agosto de 1999, pp. 109–120. Este capítulo reproduz vários conceitos e exemplos desse artigo.
2. Claudio Fernández-Aráoz, "Getting the Right People at the Top", *MIT Sloan Management Review*, verão de 2005, pp. 67–72. Esse capítulo reproduz vários conceitos e exemplos desse artigo.
3. William Poundstone, *How Would You Move Mount Fuji?* (Boston: Little, Brown, 2003).
4. Nathan Bennett e Stephen A. Miles, "Second in Command: The Misunderstood Role of the Chief Operating Officer", *Harvard Business Review*, maio de 2006, pp. 70–78.
5. David Dunning, Chip Heath e Jerry M. Suls, "Flawed Self-Assessment: Implications for Health, Education, and the Workplace", *American Psychological Society* 5(3), 2004.

6. Nigel Nicholson, *Managing the Human Animal* (Texere Publishing, 2000).
7. Peter L. Bernstein, *Against the Gods* (Nova York: John Wiley & Sons, 1996); e Hersh Shefrin, *Beyond Greed and Fear* (Harvard Business School Press, 1996).
8. Timothy D. Wilson, *Strangers to Ourselves* (Editora Belknap da Editora da Universidade de Harvard, 2002), p. 17.
9. Chuck Lucier, Rob Schuyt e Eric Spiegel, "CEO Succession 2002: Deliver or Depart", *Strategy + Business* 31, 2003.
10. Claudio Fernández-Aráoz, "Managing CEO Succession", *Global Agenda* 2005, pp. 182–184.
11. David Dunning, Chip Heath e Jerry M. Suls, "Flawed Self-Assessment: Implications for Health, Education, and the Workplace", *American Psychological Society* 5(3), 2004.
12. Conversa particular com Jack Welch, Boston, fevereiro de 2006.
13. Boris Groysberg, Andrew N. McLean e Nitin Nohria, "Are Leaders Portable?", *Harvard Business Review*, maio de 2006, pp. 92–100.
14. Max H. Bazerman, *Judgment in Managerial Decision Making* (Hoboken, Nova Jersey: John Wiley & Sons, 2002).
15. Chris Argyris, *Teaching Smart People How to Learn* (Harvard Business School Press, 2004).
16. Paul Ekman, *Telling Lies* (W.W. Norton, 2001, 1992, 1985), pp. 329–330.
17. David Callahan, *The Cheating Culture* (Harcourt Books, A Harvest Book, 2004), p. 220.
18. Malcolm Gladwell, *The Tipping Point* (Little, Brown, 2002, 2000), p. 155.
19. Timothy D. Wilson, *Strangers to Ourselves* (Editora da Universidade de Harvard/Editora Belknap, 2002), p. 137.
20. Jack Welch, "How to Win: An Exclusive Excerpt from the New Book by the Legendary CEO", *Newsweek*, 4 de abril de 2005, p. 41.
21. THE FOCUS *on-line* (http://www.ezifocus.com/content/thefocus/ issue/article.php/article/54300471), vol. X/1, 2006. Tema principal de Jim Collins: "Filling the Seats: How People Decisions Help Build a Great Company".

Capítulo 4

1. Valerie I. Sessa e Jodi J. Taylor, *Executive Selection: Strategies for Success* (Jossey-Bass: Centro de Liderança Criativa, 2000), p. 47.
2. Os números chegam a mais de 100% porque diversas pessoas foram consultadas na maioria dos casos.
3. Valerie I. Sessa, Robert Kaiser, Jodi J. Taylor e Richard J. Campbell, "Executive Selection: A Research Report on What Works and What Doesn't" (Centro de Liderança Criativa, 1998), p. 42. Novamente, os números chegam a mais

de 100% porque diversos dados foram utilizados nas decisões que estavam sendo examinadas.
4. Annita Florou e Martin J. Conyon, *Top Executive Dismissal, Ownership and Corporate Performance* (The Wharton School, Universidade de Pensilvânia, e London Business School, fevereiro de 2002), revisto.
5. Rachel M. Hayes, Paul Oyer e Scott Schaefer, "Co-Worker Complementarity and the Stability of Top Management Teams", dissertação n. 1846 (R) (Escola de Pós-Graduação em Negócios de Stanford, janeiro de 2005).
6. McKinsey & Co., Levantamento sobre Gestão de Talentos, Egon Zehnder International, 2004.
7. Jack Welch e Suzy Welch, *Winning* (HarperCollins, 2005), p. 65.
8. Jeffrey Pfeffer e Robert I. Sutton, *Hard Facts, Dangerous Half-Truths and Total Nonsense* (Harvard Business School Press, 2006), p. 191.
9. Michael Y. Yoshino e Karin-Isabel Knoop, "Argentina's YPF Sociedad Anónima", Casos A a E (*Harvard Business School Press*, 1995, 1998, 1999).
10. "The Toughest Jobs in Business", *Fortune*, 20 de fevereiro de 2006, p. 54.
11. Noam Wasserman, Bharat Anand e Nitin Nohria, "When Does Leadership Matter? The Contingent Opportunities View of CEO Leadership", ensaio n. 01-063 (*Harvard Business School*, 2001).
12. Conversa particular com Jack Welch, Boston, fevereiro de 2006.
13. Boris Groysberg, Andrew N. McLean e Nitin Nohria, "Are Leaders Portable?", *Harvard Business Review*, maio de 2006, p. 92.
14. David A. Light, "Who Goes, Who Stays?", *Harvard Business Review*, janeiro de 2001, pp. 35–44.
15. Michael Beer e Nitin Nohria, *Breaking the Code of Change* (Harvard Business School Press, 2000).
16. Marc Gerstein e Heather Reisman, "Strategic Selection: Matching Executives to Business Conditions", em *The Art of Managing Human Resources*, organizado por Edgar H. Schein, *Sloan Management Review* 24(2), inverno de 1983.
17. Charles O'Reilly, David F. Caldwell e Jennifer A. Chatman, *How Leadership Matters: The Effects of Leadership Alignment on Strategic Execution* (Universidade de Stanford, Universidade de Santa Clara e Universidade da Califórnia, junho de 2005).
18. Neal Schmitt e Walter C. Borman e colaboradores, *Personnel Selection in Organizations* (Jossey-Bass, 1993), Capítulo 14.
19. Jim Collins, *Good to Great* (HarperCollins, 2001), p. 41.
20. Kathleen A. Farrell (Universidade de Nebraska) e David A. Whidbee (Universidade Estadual de Washington), "The Impact of Firm Performance Expectations on CEO Turnover and Replacement Decisions" (maio de

2003). JAE Boston Conference, outubro de 2002. Disponível em SSRN: http://ssrn.com/abstract=318968.
21. Rakesh Khurana e Nitin Nohria, "The Performance Consequences of CEO Turnover" (15 de março de 2000). Disponível em SSRN (http://ssrn.com/abstract=219129) ou DOI (10.2139/ssrn.219129).
22. Noam Wasserman, "Founder-CEO Succession and the Paradox of Entrepreneurial Success", *Organization Science* 14(2), março–abril de 2003, pp. 149–172 (vencedor do Prêmio Aage Sorensen Memorial de 2003, na área de pesquisa sociológica).
23. George S. Day e Paul J. H. Schoemaker, *Peripheral Vision: Detecting the Weak Signals that Will Make or Break Our Company* (Harvard Business School Press, 2006), pp. 22–23.
24. David Maister, "Strategy and the Fat Smoker" (esse artigo pode ser acessado no *site* de David Maister, em http://davidmaister.com).
25. Keith Epstein, "Crisis Mentality", *Stanford Social Innovation Review* 4(1), primavera de 2006.
26. Jack Welch e Suzy Welch, *Winning* (HarperCollins, 2005), pp. 72–73.
27. *Ibid.*, p. 35.
28. Frederick F. Reichheld, *Loyalty Rules: How Today's Leaders Build Lasting Relationships* (Bain & Company, 2001), p. 7.
29. Frederick F. Reichheld (ed.), *The Quest for Loyalty: Creating Value through Partnership* (Boston: Harvard Business School Press, 1990), Parte II, Capítulo 3, pp. 67–72.
30. James M. Kouzes e Barry Z. Posner, *The Leadership Challenge*, 3ª ed. (Jossey-Bass, 2002), p. 25.
31. John T. Horn, Dan P. Lovallo e S. Patrick Viguerie, "Learning to Let Go: Making Better Exit Decisions", *The McKinsey Quarterly* 2, 2006, pp. 64–75.
32. THE FOCUS *on-line* (http://www.ezifocus.com/content/thefocus/issue/article.php/article/54300471), vol. X/1, 2006. Tema principal de Jim Collins: "Filling the Seats: How People Decisions Help Build a Great Company".

Capítulo 5

1. Frank L. Schmidt e John E. Hunter, "The Validity and Utility of Selection Methods in Personnel Psychology: Practical and Theoretical Implications of 85 Years of Research Findings", *Psychological Bulletin* 124(2), 1998, pp. 262–274.
2. Boris Groysberg, Andrew N. McLean e Nitin Nohria, "Are Leaders Portable?", *Harvard Business Review*, maio de 2006, pp. 92–100.

3. Neil Anderson e Vivian Shackleton, Successful Selection Interviewing (Blackwell Publishers, 1993), p. 30.
4. A "conscienciosidade" apresenta um coeficiente de validade bastante baixo (cerca de 0,20). Para compreender as implicações desse grau de validade, é necessário elevar o coeficiente de validade ao quadrado para determinar a porcentagem de discrepância no desempenho explicada por essa medida. Se elevarmos 0,20 ao quadrado, teremos 0,04, o que significa que apenas 4% da discrepância de desempenho na função pode ser explicada por esse indicador. Em outras palavras, sua utilidade é extremamente pequena.
5. Esse caso é bem discutido por Annie Murphy Paul, em *The Cult of Personality* (Free Press/Simon & Schuster, 2004).
6. Daniel Goleman, *Emotional Intelligence: Why It Can Matter More Than IQ* (Bantam Books, outubro de 1995).
7. David C. McClelland, "Testing for Competence Rather than for 'Intelligence'", *American Psychologist*, janeiro de 1973.
8. Richard E. Boyatzis, *The Competent Manager: A Model for Effective Performance* (Nova York: John Wiley & Sons, 1982).
9. Lyle M. Spencer, Jr. e Signe M. Spencer, *Competence at Work* (Nova York: John Wiley & Sons, 1993).
10. Cary Cherniss e Daniel Goleman, *The Emotionally Intelligent Workplace: How to Select for, Measure, and Improve Emotional Intelligence in Individuals, Groups and Organizations* (Jossey-Bass, 2001), pp. 182–206.
11. O *site* da Creio (http://www.eiconsortium.org/) apresenta uma generosa lista de referências que apóiam esse caso, bem como seu "Emotional Competence Framework" e diversas dissertações e fragmentos de pesquisa relevantes, que podem ser acessados e baixados.
12. Richard E. Boyatzis, Elizabeth D. Stubbs e Scott N. Taylor, "Learning Cognitive and Emotional Intelligence Competencies through Graduate Management Education" (Case Western Reserve University, Academia da Aprendizagem da Gerência e da Instrução, 2002), vol. 1, n. 2, pp. 150–162.
13. Richard E. Boyatzis, "Competencies Can Be Developed, But Not in the Way We Thought", *HEC Journal*, volume 2(2), 1996.
14. Daniel Goleman, Richard Boyatzis e Annie McKee, Primal Leadership: Realizing the Power of Emotional Intelligence (*Harvard Business School Press*, 2002), pp. 111–112.
15. David C. McClelland e David H. Burnham, "Power Is the Great Motivator", *Harvard Business Review*, janeiro de 2003, pp. 117–126.
16. Consulte, por exemplo, Gretchen M. Spreizer, Morgan W. McCall, Jr. e Joan

D. Mahoney, "Early Identification of International Executive Potential", *Journal of Applied Psychology* 82(1), 1997, pp. 6–29.
17. Jack Welch e Suzy Welch, *Winning* (HarperCollins, 2005), p. 83.
18. THE FOCUS *on-line* (http://www.ezifocus.com/content/thefocus/issue/article.php/article/54300471), vol. X/1, 2006. Tema principal de Jim Collins: "Filling the Seats: How People Decisions Help Build a Great Company".
19. Boris Groysberg, Ashish Nanda e Nitin Nohria, "The Risky Business of Hiring Stars", *Harvard Business Review*, maio de 2004, pp. 92–100.
20. R. Meredith Belbin, *Management Teams* (Butterworth Heinemann, 1996), pp. 9–18.
21. Boris Groysberg, Jeffrey T. Polzer e Hillary Anger Elfenbein, "Too Many Cooks Spoil the Broth: How Too Many High Status Individuals Decrease Group Effectiveness", *Harvard Business School* Working Paper Series n. 06-002, 2005.
22. Boris Groysberg, Andrew N. McLean e Nitin Nohria, "Are Leaders Portable?", *Harvard Business Review*, maio de 2006, pp. 93–100.
23. Para uma discussão mais detalhada sobre o processo de confirmação das competências-chave relevantes no processo de seleção, consulte meu artigo "Hiring Without Firing", na Edição de julho–agosto de 1999 da *Harvard Business Review*, pp. 109–120.

Capítulo 6

1. A história de Kepler é contada em Gerd Gigerenzer e Peter M. Todd, *Simple Heuristics That Make Us Smart* (Editora da Universidade de Oxford, 2000). Consulte o capítulo intitulado "From Pride and Prejudice to Persuasion", p. 287.
2. Valerie I. Sessa e Jodi J. Taylor, *The Executive Selection: Strategies for Success* (Centro de Liderança Criativa, Jossey-Bass/Wiley, 2000), p. 65.
3. "The War for Talent", *The McKinsey Quarterly* 3, 1998, p. 47.
4. Essa postura não visa a nenhuma causa própria: nossos honorários independem do candidato finalmente escolhido para o cargo ser interno ou externo.
5. "The Performance Impact of New CEOs", MIT *Sloan Management Review*, inverno de 2001, p. 14.
6. *Ibid.*
7. "Leadership and Change", *Knowledge Wharton*, 23 de março–5 de abril de 2006.
8. Essa história é extraída do verbete de Robert Iger na Wikipedia, acessado em agosto de 2006.
9. Valerie I. Sessa e Jodi J. Taylor, *The Executive Selection: Strategies for Success* (Centro de Liderança Criativa, Jossey-Bass, 2000), pp. 73–74.

10. Barry Jaruzelski, Ken Dehoff e Rakesh Bordia, "Money Isn't Everything", Booz Allen Hamilton Inc., *Resilience Report*, 2005, p. 3.
11. Alexander Kandybin e Martin Kihn, "Raising Your Return on Innovation Investment", *Strategy + Business*, 11 de maio de 2004, p. 35.
12. Henry Chesbrough, *Open Innovation: The New Imperative for Creating and Profiting from Technology* (Editora da Harvard Business School, 2003).
13. Keld Laursen e Ammon Salter, "Open for Innovation: The Role of Openness in Explaining Innovation Performance among UK Manufacturing Firms", *Strategic Management Journal* 27(2), 2006, pp. 131–150.
14. John S. Hammond, Ralph L. Keeney e Howard Raiffa, *Smart Choices: A Practical Guide to Making Better Decisions* (Harvard Business School Press, 1999), p. 47.
15. Rakesh Khurana, "Finding the Right CEO: Why Boards Often Make Poor Choices", MIT *Sloan Management Review*, outono de 2001.
16. Gerd Gigerenzer e Peter M. Todd, *Simple Heuristics That Make Us Smart* (Editora da Universidade de Oxford, 2000). Consulte o capítulo intitulado "From Pride and Prejudice to Persuasion", pp. 287–308.
17. *Ibid.*
18. Valerie I. Sessa, Robert Kaiser, Jodi J. Taylor e Richard J. Campbell, "Executive Selection: A Research Report on What Works and What Doesn't" (Centro de Liderança Criativa, 1998), p. 42.
19. Allen I. Kraut, "A Powerful and Simple Way to Predict Executive Success: Results from a 25-Year Study of Peer Evaluations", apresentado na Leading Edge Consortium da Sociedade de Psicologia Industrial e Organizacional, St. Louis, Missouri, 28 de outubro de 2005 (http://www.siop.org/lec/kraut.htm).
20. Mark Granovetter, *Getting a Job: A Study of Contacts and Careers* (Editora da Universidade de Chicago, 1995, 1974), pp. 11–16.
21. Com relação às fontes de recrutamento tradicional, quem estiver interessado em conhecer suas vantagens e desvantagens pode dar uma olhada no Capítulo 2 do livro de Diane Arthur, *Recruiting, Interviewing, Selecting and Orienting New Employees* (Associação de Gestão Americana), para obter uma lista de vantagens e desvantagens qualitativas básicas de um grande número de fontes tradicionais, incluindo a propaganda.
22. Patricia Nakache, "Finding Talent on the Internet", *Harvard Business Review*, abril de 1997.
23. Theodore Levitt, *The Marketing Imagination* (Free Press, 1986, 1983), p. 129.
24. Duncan J. Watts, *Six Degrees: The Science of a Connected Age* (W.W. Norton, 2003), pp. 37–39.
25. *Ibid.*, p. 95.

26. Rakesh Khurana, "Market Triads: A Theoretical and Empirical Analysis of Market Intermediation", *Journal for the Theory of Social Behavior* 32(2), junho de 2002, p. 253.

Capítulo 7

1. Valerie I. Sessa, Robert Kaiser, Jodi J. Taylor e Richard J. Campbell, "Executive Selection: A Research Report on What Works and What Doesn't" (Centro de Liderança Criativa, 1998), p. 42.
2. Allen I. Huffcutt, Philip L. Roth e Michael A. McDaniel, "A Meta-Analytic Investigation of Cognitive Ability in Employment Interview Evaluations: Moderating Characteristics and Implications for Incremental Validity", *Journal of Applied Psychology* 81(5), 1996, pp. 459–473.
3. James Tapper, "Is This Britain's Most Brazen Conwoman?", *The Mail on Sunday*, 27 de novembro de 2005.
4. James B. Mintz, "Résumé Fraud Starts at the Top", *Across the Board*, julho–agosto de 2006, pp. 45–47.
5. T. W. Dougherty e D. B. Turban, "Behavioral Confirmation of Interviewer Expectations", em *The Employment Interview Handbook*, organizado por R. W. Eder e M.M. Harris (Thousand Oaks, Carlifórnia: Sage, 1999).
6. Malcolm Gladwell, *Blink: The Power of Thinking Without Thinking* (Little, Brown, janeiro de 2005), pp. 73–74.
7. *Ibid.*, p. 64.
8. Daniel Goleman, *Social Intelligence: The New Science of Human Relationships* (Bantam Books, 2006), p. 67.
9. T. W. Dougherty, D. B. Turban e J. C. Callender, "Confirming First Impressions in the Employment Interview: A Field Study of Interviewer Behavior", *Journal of Applied Psychology* 79, 1994, pp. 659–665.
10. David C. McClelland, "Identifying Competencies with Behavioral-Event Interviews", *Psychological Science* 9(5), setembro de 1998.
11. Richard E. Boyatzis, "Using Tipping Points of Emotional Intelligence and Cognitive Competencies to Predict Financial Performance of Leaders" (Case Western Reserve University, Psicothema 2006), vol. 18, suplemento, pp. 124–131.
12. Frank L. Schmidt e John E. Hunter, "The Validity and Utility of Selection Methods in Personnel Psychology: Practical and Theoretical Implications of 85 Years of Research Findings", *Psychological Bulletin* 124(2), 1998, pp. 262–274.
13. Claudio Fernández-Aráoz, "Hiring Without Firing", *Harvard Business Review*, julho–agosto de 1999, pp. 109–120.

14. Allen I. Huffcutt e David J. Woehr, "Further Analysis of Employment Interview Validity: A Quantitative Evaluation of Interviewer-Related Structuring Methods", *Journal of Organizational Behavior* 20(4), 1999, pp. 549–560.
15. Daniel Goleman, *Social Intelligence: The New Science of Human Relationships* (Bantam Books, 2006), p. 98.
16. Robert W. Eder e Michael M. Harris, *The Employment Interview Handbook* (Sage Publications, 1999). Consulte o Capítulo 14, "Are Some Interviewers Better than Others?", de Laura M. Graves e Ronald J. Karren, pp. 243–258.
17. E. D. Pulakos, N. Schmitt, D. Whitney e M. Smith, "Individual Differences in Interviewer Ratings: The Impact of Standardization, Consensus Discussion, and Sampling Error on the Validity of a Structured Interview", *Personnel Psychology* 49, 1996, pp. 85–102.
18. Robert L. Dipboye e Kenneth E. Podratz, "Estimating Validity at the Level of the Interviewer: The Case for Individual Differences", Universidade Rice, apresentação no PowerPoint acessada pelo Google, agosto de 2006.
19. R. Taft, "The Ability to Judge People", Psychological Bulletin 52, 1955.
20. P. M. Rowe, "Unfavorable Information and Interviewer Decisions", em *The Employment Interview: Theory, Research and Practice*, organizado por R.W. Eder e G.R. Ferris (Thousand Oaks, Califórnia: Sage, 1989).
21. Valerie I. Sessa e Jodi J. Taylor, *Executive Selection: Strategies for Success* (Centro de Liderança Criativa, Jossey-Bass/Wiley, 2000), p. 88.
22. R. W. Eder e M. R. Buckley, "The Employment Interview: An Interactionist Perspective", em *Research in Personnel and Human Resource Management*, 6ª ed., organizado por G. R. Ferris e K. M. Rowland (Greenwich, Connecticut: JAI Press, 1988).
23. THE FOCUS *on-line* (http://www.ezifocus.com/content/thefocus/issue/article.php/article/54300471), vol. X/1, 2006. Tema principal de Jim Collins: "Filling the Seats: How People Decisions Help Build a Great Company".

Capítulo 8

1. Conversa particular com Howard Stevenson, Buenos Aires, junho de 2006.
2. Conversa particular com Jack Welch, Boston, fevereiro de 2006.
3. Jerry Useem, "Have They No Shame?", *Fortune*, 14 de abril de 2003, p. 57.
4. Laura Nash e Howard Stevenson, *Just Enough* (Hoboken, Nova Jersey: John Wiley & Sons, 2004), p. 45.
5. "CEO Pay: A Window into Corporate Governance", Knowledge@Wharton, 8 de fevereiro de 2006 (http://knowledge.wharton.upenn.edu/article.cfm?articleid=1481).

6. "SEC's Spotlight on Executive Pay: Will It Make a Difference?", Knowledge@Wharton, 17 de maio de 2006. (http://knowledge.wharton.upenn.edu/article.cfm?articleid=1481).
7. James Surowiecki, *The Wisdom of Crowds* (Doubleday, junho de 2004), pp. 113-114.
8. Jeffrey Pfeffer e Robert I. Sutton, *Hard Facts, Dangerous Half-Truths, and Total Nonsense* (Harvard Business School Press, 2006), p. 133.
9. Daniel Goleman, *Social Intelligence: The New Science of Human Relationships* (Nova York: Bantam/Dell, setembro de 2006), p. 271.
10. Dan Baker, Cathy Greenberg e Collins Hemingway, *What Happy Companies Know* (Pearson Prentice Hall, 2006), p. 62.
11. A descrição dos possíveis benefícios de um sistema de remuneração de "marcha cerrada" pode ser encontrada em "A Simpler Way to Pay", *Harvard Business Review*, abril de 2001, pp. 53-61.
12. Marshall W. Van Alstyne, "Create Colleagues, Not Competitors", *Harvard Business Review*, setembro de 2005, p. 24.
13. Valerie I. Sessa e Jodi J. Taylor, *Executive Selection: Strategies for Success* (Centro de Liderança Criativa, Jossey-Bass/Wiley, 2000), p. 48.
14. Jeffrey Pfeffer e Robert I. Sutton, *Hard Facts, Dangerous Half-Truths, and Total Nonsense* (Harvard Business School Press, 2006), p. 123.
15. THE FOCUS *on-line* (http://www.ezifocus.com/content/thefocus/issue/article.php/article/54300471), vol. X/1, 2006. Tema principal de Jim Collins: "Filling the Seats: How People Decisions Help Build a Great Company".
16. Conversa particular com Jack Welch, Boston, fevereiro de 2006.
17. Marshall W. Van Alstyne, "Create Colleagues, Not Competitors", *Harvard Business Review*, setembro de 2005, pp. 28-30.
18. Jeffrey Pfeffer e Robert I. Sutton, *Hard Facts, Dangerous Half-Truths and Total Nonsense* (Harvard Business School Press, 2006), p. 196.

Capítulo 9

1. A missão da Apollo 13 foi posteriormente celebrada no filme homônimo de Howard em 1995.
2. Valerie I. Sessa e Jodi J. Taylor, *Executive Selection: Strategies for Success* (Centro de Liderança Criativa, Jossey-Bass/Wiley, 2000), p. 94.
3. John J. Gabarro, *The Dynamics of Taking Charge* (Harvard Business School Press, 1987), Capítulo 1, Introdução, p. 1.
4. "Bio-Tech CEO Survey 2005: The First 100 Days", Egon Zehnder International.

5. "That Tricky First 100 Days: Executive Onboarding", *The Economist*, 15 de julho de 2006.
6. Daniel Goleman, *Social Intelligence: The New Science of Human Relationships* (Bantam Books, setembro de 2006), p. 271.
7. H. Mintzberg, "Managerial Work: Analysis from Observation", *Management Science* 18(2), 1971, pp. B97–B110.
8. John J. Gabarro, *The Dynamics of Taking Charge* (Harvard Business School Press, 1987), p. 57.
9. Valerie I. Sessa e Jodi J. Taylor, *Executive Selection: Strategies for Success* (Centro de Liderança Criativa, Jossey-Bass/Wiley, 2000), Prefácio, p. xiv.
10. Jay A. Conger e David A. Nadler, "When CEOs Step Up to Fail", *MIT Sloan Management Review* 45(3), primavera de 2004.
11. Kevin P. Coyne e Bobby S.Y. Rao, "A Guide for the CEO-Elect", *The McKinsey Quarterly* 3, 2005, pp. 47–53.
12. "Financial Services 2005 Survey: The First Three Months of CEOs", Egon Zehnder International, trabalho não publicado.
13. Tsun-Yan Hsieh e Stephen Beat, "Managing CEO Transitions", *The McKinsey Quarterly* 2, 1994.
14. Daniel Goleman, *Social Intelligence: The New Science of Human Relationships* (Bantam Books, setembro de 2006), p. 43.
15. *Ibid.*, p. 63.
16. *Ibid.*, p. 64.
17. Stephen J. Dorgan, John J. Dowdy e Thomas M. Rippin, "Who Should and Shouldn't Run the Family Business", *The McKinsey Quarterly* 3, verão de 2006, pp. 13–15.

Capítulo 10

1. Bill Frymire, "The Search for Talent (Why It's Getting Harder to Find)", *The Economist*, 7 de outubro de 2006.
2. Talvez isso pareça um tanto exagerado, mas na verdade não é. Viver sob constante tensão estimula sobremaneira o córtex cerebral pré-frontal direito, o que (por meio de uma série de mecanismos complexos) instiga nosso sistema nervoso simpático a promover uma alta pressão arterial e a secreção excessiva de cortisol e adrenalina, enfraquecendo nosso sistema imunológico e aumentando o risco de doenças cardiovasculares, diabetes e até mesmo câncer.
3. Jack Welch e Suzy Welch, "Ideas: The Welch Way: The Real Verdict on Business", *BusinessWeek*, 12 de junho de 2006.

Índice

A

Acessibilidade, candidato   69
Adaptação situacional   130
Agentes setoriais   99
Alemanha   146, 148
Alinhamento   106
Alta tecnologia, área de   6
Ambição   154
América Latina   148
Análise de suscetibilidade   205
Análise do ponto de virada   214
Ancoramento emocional   81–82, 91–92
Apoio organizacional   277, 282
Apollo 13   267
Apple   6
Aprendizagem   5
Aprendizagem autodirigida   153
Aquisições   38, 47
Argyris, Chris   79–80
Armadilha da confirmação   78–79
Armadilhas   60, 69–84
  da integração   275–277
Árvores de decisão   117, 122
Atos de Deus   97–99
Atribuição de marca   76
Auto-avaliação   68, 73–75
Autoconsciência   149–150
Autocontrole   151
Autogerenciamento   150
Auto-regulação   214
Auto-suficiente   234
Avaliação   15–17, 60–69, 203–240, 243
  avaliações absolutas   77–78
  bibliografia sobre métodos   311–344
  condições básicas da   207
  da gerência   111–113, 122
  desempenho   212–213
  erros   62, 229
  futuro da   220–221
  melhorando a precisão da   229–230
Avaliação comparativa (benchmarking)   177–180
Avaliação de pessoas   203–240
Avaliação por pares   184
Avaliações absolutas   77–78

B

Baxter Labs   6
Bazerman, Max   78
Belbin, Meredith   156
Bennett, Nathan   64
Bernabè, Franco   65
Bernstein, Peter   70
Biotecnologia, setor de   6, 273–274
Blink: The Power of Thinking Without Thinking (Gladwell)   16, 209
Bônus de admissão   255
Borman, Walter C.   107
Bossidy, Larry   17
Boyatzis, Richard   135–136
  e avaliação de competências   214
  e inteligência emocional   149–150, 153–154
Brandt, Steven   49
Breaking the Code of Change (Beer e Nohria)   104–105
Broecker, Horst   146
Brutalidade   122
Buckingham, Marcus   11
Buffett, Warren   61

Busca de executivos *261-263*
   atraindo e motivando as melhores
      pessoas *241-266*
   começando do zero *192-193*
   custo versus retorno *205-206*
   métodos de avaliação *206*
   quando parar de procurar *179-182*
   quando realizá-lo por conta própria
      198-199
   usando firmas de busca de profissionais
      199-201
Busca eletrônica *188-189*

C

Callahan, David *85*
Candidados internos. *Consulte* **Pessoas internas**
Candidatos:
   acessibilidade e disponibilidade *68-69*
   gerando *169-170*
Capacidade *73-75*
Capacidade de visão *112*
Capacidade mental geral (GMA) *129*
Capacitação organizacional *137*
Capital de risco *54*
Capital humano do relacionamento *157*
Capital humano estratégico *130*
Career Imprints: Creating Leaders Across an Industry **(Higgins)** *5-6*
Carreira:
   decisões *291*
   escolhas *5*
   estágios da *7*
   segunda *53*
Carrère, Sybil *16*
Carter, Colin *48*
Centro de Liderança Criativa *10, 93*
CEOs:
   crescimento e o sucesso *110-111*
   desempenho dos *39, 40-41, 72, 108*
   e programas de sucessão *40*
   fracasso *37, 89*

   impacto sobre a lucratividade *32*
   impacto sobre o desempenho da empresa
      43-44
   integração *268-271*
   inteligência emocional *148*
   onde encontrar *165-201*
   o que procurar *125-164*
   pesquisas para seleção *93-95*
   quando e por que deve ocorrer *95-97*
   relação entre desempenho corporativo e
      demissão *95*
   rotatividade *39-40, 73, 108, 171, 174-175*
   saída involuntária dos *39*
Charan, Ram *17, 40, 48*
Cherniss, Cary *140*
Chesbrough, Henry *54, 177*
Ciência de serviços *54*
Cingapura *302-303*
Circunstâncias dos candidatos *84-87*
Citibank *21*
Classificação estratégica *114, 115*
Coffin, Charles *52*
Coffman, Curt *11*
Colaboração *137, 157, 262, 267*
Collins, Jim *29-32, 52, 89, 107, 122*
   compensação e incentivos *258*
   construindo a solidez organizacional
      237
   e decisões sobre pessoas *291-292*
   e valores *155*
Como Mover o Monte Fuji? **(Poundstone)** *64*
Compaixão *86*
Compensação (remuneração) *247-249. Consulte também* **Incentivos**
   criando o pacote adequado *248-251*
   propósito da *258*
Competence at Work **(Spencer)** *136*
Competência *285*
Competências *134-136*
   avaliando o desempenho de *212-213*
   cognitivas *214*

definindo   *161–162*
derivadas da inteligência   *214*
desenvolvendo um processo para encontrar   *161*
e integração   *273*
e líderes eficazes   *136*
e potencial   *154*
grupo de auto-regulação   *214*
identificar relevantes   *212–215*
inteligência emocional   *148, 226*
julgando com base nas entrevistas   *215*
níveis pretendidos de sucesso   *138–139*
principais, para os executivos   *136–137*
priorizando   *161*
Competências cognitivas   *214*
Competent Manager, The (Boyatzis)   *136*
Complacência   *235*
Complementaridade   *81*
Concorrência   *37–38*
Confiança   *255, 262, 285*
Confirmação de referências   *207, 223–227, 225, 225–226*
Conflito de interesses   *84–90*
Conger, Jay A.   *105*
Conhecimento de mercado   *137*
Consciência social   *150*
Consultor pessoal   *283*
Contatos, pessoais   *186–188*
Contexto   *107*
Contingência   *263*
Controle   *276*
Convicção   *245*
Cooley, Dick   *31*
Coragem   *259*
Crescimento   *110–111*
Criação de novas empresas   *100–101*
Crucialidade   *249–251*
Crueldade   *122*
Cultura(s)   *35, 146–148*
Currículos   *207, 208*

D

Darmon, R. Y.   *45*
Darwin, Charles   *167–168*
Day, George   *111*
Decisões, carreira   *293*
Decisões, pessoas   *6–7*
a importância de nas   *307–310*
descentralização das   *54*
e o futuro   *52–53*
importância das   *295–305*
por que elas são tão difíceis   *57–90*
Decisões sobre pessoas. *Consulte* Decisões, pessoas
Delegação   *11, 16–17, 276, 292*
Demissão, executivos   *95*
Demissões   *171*
Desafio aos Deuses (Bernstein)   *70*
Descentralização   *54*
Descontinuidade   *99–111*
Desempenho, CEO   *40–43, 108*
avaliando com base nas competências   *213–215*
indicadores desempenho   *125, 126, 213*
Desempenho, no trabalho   *129, 134, 206–207*
Desempenho, organizacional   *10, 30–31*
problemas   *108–109*
relação com a demissão de executivos   *95*
Desempenho, pessoal   *75, 77*
Desenvolvimento:
de novas empresas   *100–101*
profissional   *8–9, 152–154*
Desenvolvimento profissional   *5, 7–9, 151–153*
Dipboye, Robert   *228*
Diretor-executivo. *Consulte* CEOs
Diretoria   *48*
Disciplina   *162–164, 233–234*
Disponibilidade, candidatos   *68–69*
Diversidade   *81, 157*

Drucker, Peter 38, 50–51, 53
Dunning, David 75
Dynamics of Taking Charge, The
    (Gabarro) 270–272

E

Eden, Joanna 13
Efeito de seqüência 81
Efeito líder 43–44
Eficácia organizacional 58
Eisner, Michael 172
Ekman, Paul 80, 219
Em Busca da Excelência (Peters) 29
Emotional Competence Inventory
    (Goleman) 150
Emotionally Intelligent Workplace, The
    (Goleman) 140
Empatia, primitiva 219
Employment Interview Handbook, The
    (Eder) 16, 227
Empregos, encontrando 185–188
Empresa de alto desempenho 29
Empresa, portes de 49
Empresas de busca de profissionais
    199–201, 261–263
Empresas familiares 286–290
Empresas Feitas para Vencer (Collins e
    Porras) 30, 52
Encontros rápidos (*speed dating*) 210
ENI (empresa de geração de energia)
    65
Entrevista 285
Entrevista comportamental 208
Entrevista desestruturada 215
Entrevistas 208
    eficazes 215–216
    em equipe 232–233
    habilidades 216–218
    ineficazes 211–212
Entrevistas estruturadas 215, 216, 222
Equipes 156–158
    entrevistas em 232

Erro fundamental de atribuição 109
Erros 79–80
Escândalo 208, 295
Esposa 167–169
Estabilidade, em cargos superiores 65
Estados Unidos, e competências para o
    sucesso 148
Estenssoro, José 97, 102
Estratégias de seleção 168
    momento de obter assessoria profissional
        199–201
    o momento de parar de procurar 179
    partindo do zero 192–193
    quando optar por atuar por conta própria
        198–199
Estratégias, novas:
    desenvolvendo e implementando 104–
        108, 118–119
    e contexto 107
Estresse 276
Execução 35
Executivos, altos
    atraindo e motivando 241–266
    compensação 247–248
    indicadores de sucesso 144
    mudança organizacional 105
    onde encontrar 165–201
    procurando 170–171
    substituindo 93–94
Experiência 130, 141, 142, 143–146,
    147, 154, 158

F

Fairchild 6
Familiaridade 81
Farwell, Lawrence A. 220–221
Felicidade 24–25, 258, 294
Felicidade Autêntica (Seligman) 25
Fenômeno das Três Ondas 271–273
Finkelstein, Sydney 37
First Break All the Rules (Buckingham)
    11

Força dos laços fracos   187–188
Fórmula 4+2   35
Fracasso organizacional   38
Fraude   208
Funcionários, potencial   125–164
Fusões e aquisições   37–38, 101–104
Futuro:
    prevendo comportamentos   212
    prevendo desafios   111–113

G

Gabarro, John J.   270–271, 276
GE Medical Systems   100
General Electric (GE)   36, 51–52, 76, 130
Generalização da validade   206–207
General Motors (GM)   50
Genética   4, 7
Gerência de recursos humanos (GRH)   22
Gerenciamento de relacionamento   150
Gerstein, Marc   106
Gestão:
    avaliação de   113–114, 122
    baseada em evidências   97
    bem-sucedidos   144
    desenvolvimento da   152
    em diferentes culturas   146–148
Gestão baseada em evidências   97
Gestores:
    habilidades dos   102
"Getting the Right People at the Top"   41–60
Gillies, James   48
Gladwell, Malcolm   16, 18–19, 20, 85, 209–210
Globalização   98
Goleman, Daniel   132–134, 139, 146, 153
    e inteligência emocional   149–150
    e julgamentos sociais   211
    e microexpressões   218

Good to Great (Collins)   30–31, 107
Gottman, John   16, 17–18, 20
Governança corporativa   48
Granovetter, Mark   185–187
Gregarismo   82
Gross, Irwin   44–45
Guay, Wayne   247

H

Habilidades sociais   150
Harding, Warren G.   209
Harvard Business Review   57–58
Heath, Chip   75
Hewlett-Packard   6
Hierarquia, corporativa   48
Higgins, Monica   5–6
Hill, Linda   23
"Hiring Without Firing"   60, 65
Honestidade   85–86, 119–121, 122, 155. Consulte também Mentira
HOT SHOT   221–222, 231
Human Equation, The (Pfeffer)   49
Hunter, John   129

I

Iger, Robert   172–173
Imitação   82
Impacto sobre o cliente   137
Impressões digitais do cérebro   220–221
Incentivos. Consulte também Remuneração
    e riscos   254–257
    errados   84–90
    problemas   251–253
Incidentes críticos   160
Inconsciente adaptativo   70
Influência   137
Informações, confirmatórias   78–79
Iniciativas interfuncionais   53
Inovação   53–54, 176–177
Inside the Boardroom (Leblanc e Gillies)   48

Instinto *14*
Insucesso:
  corporativo *37*
  dos CEOs *37, 89, 140*
  em culturas diferentes *146–148*
  indicadores de *144*
  organizacional *38*
Integração *267–290*
  conduzindo o processo *277–281*
  malsucedida *284*
  perspectiva do candidato escolhido *281–284*
  riscos *268–269*
  seis armadilhas da *275–277*
  três ondas da *270–273*
Integridade *51, 120, 155, 262*
Inteligência emocional *8, 125, 132–134, 140, 141–146, 147–148, 149–150, 150–151, 226*
  desenvolvimento da *153*
  importância da *150–151*
Inteligência Emocional (Goleman) *132–133*
Internet *188–189*
Intuição *234–235*

J
Jentsch, Brigitte *12*
Joyce, William *29, 32*
Judgment in Managerial Decision Making (Bazerman) *78*
Julgamento interpessoal *23*
Julgamentos precipitados *76, 209–211*

K
Kahneman, Daniel *70*
Kepler, Johannes *168*
Khurana, Rakesh *109, 171*
Kirby, Julia *29*
Kouzes, Jim *8, 121*
Kraut, Allen *184*

L
Lealdade *120*
Leblanc, Richard *48*
Liderança:
  alinhamento da *106*
  de equipes *136*
  e implementação de estratégia bem-sucedida *35–36*
  valores admiráveis *121*
Liderança de equipes *136*
Lorsch, Jay *48–49*
Lovell, James *267–268*

M
Macroinfluências *98*
Maister, David *118*
Maril, Oscar *21*
McCall, Morgan *154*
McClelland, David *134–135, 140*
  motivação *154*
  prevendo o desempenho por meio de competência *213–214*
McKee, Annie *153*
McNerney, Jim *130*
Meiland, Dan *203, 224–225*
Mentira *80, 85, 208.* Consulte *também* Honestidade
Meta-análise *206–208*
Meus Anos com a General Motors (Sloan) *51*
Microexpressões *218–220*
Miles, Stephen A. *64*
Milgram, Stanley *194*
Mintz, James *209*
Modelo de competências *128*
Modelo de filtros seqüenciais *229*
Modelos matemáticos *307–310*
Montgomery, David *44*
Morita, Norberto *45–47, 229*
Motivação *75, 154, 228, 241–266*
Movimento da psicologia positiva *25*
Mudança, corporativa *37–38*

implementando   116–117
quando normalmente ocorre   93–95
reconhecendo quando é necessária   91–123
Mudança na liderança   137
Mudança, organizacional   105
Mudança, pessoal   153

N

Natureza *versus* criação   4
Nohria, Nitin   29, 32, 43, 109, 171
Novos empreendimentos   37
Novos Gerentes (Hill)   23

O

Objetividade   161
O' Brien, Damien   203–204
O Desafio da Liderança (Kouzes)   8
Olivetti Corporation   65
One Thing You Need to Know... About Great Managing, Great Leading, and Sustained Individual Success, The (Buckingham)   11–12
Open Innovation (Chesbrough)   177
Orientação:
  comercial   137
  estratégica   137
  resultados   136
Orientação para o futuro   154

P

Padrinho   282
Paixão por Vencer (Welch)   21, 36, 155
Pára-quedas dourado   255
Personalidade   131–132, 285
Pesquisa e Desenvolvimento (P&D)   176
Pessoas de fora   109, 188–193
  e empresas familiares   286
  importância das   171
Pessoas internas   109

identificando   183–185
promoção   171, 172
Peters, Tom   29
Pfeffer, Jeffrey   49, 97
Pixar Animation Studios   173
Planos de sucessão   40, 95, 172
Política   87–89, 103
Ponto de Desequilíbrio (Gladwell)   85
Por Que os Executivos Inteligentes Fracassam (Finkelstein)   37
Porras, Jerry   29, 30, 52
Posner, Barry   121
Potencial   154, 158
Poundstone, William   64
Predisposições:
  emocionais   70
  inconscientes   219
  psicológicas   69–72
Previsão, comportamental   234
Previsibilidade, poder da   120
Primal Leadership (Boyatis)   153
Primeiras impressões   76
"Primeiro quem... Depois, o que", princípio   32, 107
Prioridades   161
Procrastinação   72–73, 96
Programas de treinamento. *Consulte* Desenvolvimento profissional
Promoções internas   170–171
Propaganda   44–45, 190–192

Q

QI   129, 141, 142, 143–146, 147, 158
Quilmes   166, 179, 193, 229
Quinsa   46, 166, 167, 179, 193, 229

R

Recrutamento   243
Regra dos 37%   180
Reichheld, Frederick   120
Reilly, Brendan   19–20
Reisman, Heather   106

Relacionamentos 276, 285
Relatório de Competitividade Global
    302–303, 304
Repsol 98
Retenção 248–251
Ridley, Matt 4
Rigor 122
Risco 87
    avessos ao 96
    e desempenho dos CEOs 39
    e incentivos 254–257
    e retenção 250
Ritos de passagem 37
Roberson, Bruce 29, 32
Rotatividade 72, 108, 171, 173–175
    CEOs 39

S

Sahlman, William 47
Saídas, involuntárias 39–40, 171
Salvar as aparências 79–80
Schmidt, Frank L. 129
Schmitt, Neal 107
Schoemaker, Paul 111
Seletividade 62
Seligman, Martin E. P. 25
Sinceridade 119
Sites 188
Six Degrees (Watts) 194
Sloan, Alfred P. 50
Social Intelligence (Goleman) 219
Sociedade de Pesquisa sobre
        Inteligência Emocional nas
        Organizações (Creio) 139
Solidez organizacional 236–238
Sonnenfeld, Jeffrey 48
Sorte 2
Sourcing 192–193, 193–198
Spencer, Lyle e Signe 5, 136
Stevenson, Howard 119, 120
Strangers to Ourselves (Wilson) 86

"*Strategic Selection: Matching Executives
    to Business Conditions*" (Gerstein
    e Reisman) 106
Sucesso:
    altos executivos definem 277
    em diferentes culturas 146–148
    indicadores de 125, 126, 142, 144
    individual 10–11
    organizacional 28–33
    profissional 3–7, 110–111
Sucessões, involuntárias 110
Suls, Jerry M. 75
Suprimento interno 54
Sutton, Robert 97

T

Talento 35
    distribuição de 61
Tecnologia 99
Telecom Italia 65
Telling Lies (Ekman) 80
Terceirização 54
Testar uma dúzia, regra 181–182
Teste 134–135
    de inteligência 129
    de personalidade 131–132
The War for Talent (McKinsey) 32
Tomada de decisão rápida e econômica
    180
Toque pessoal 284–286
Tóquio 146
Traços, intangíveis 66–68
Traição 85
Transparência 151

V

Validade, avaliação 228
Validade, preditiva 129
Valores 155, 158
Van Alstyne, Marshall W. 262
Vantagem Competitiva através de Pessoas
    (Pfeffer) 49

Viés otimista   *14*
Visão periférica   *111*

W

Walt Disney Company   *172–173*
Wason, Peter C.   *78–79*
Wasserman, Noam   *44, 110*
Waterman, Bob   *29*
Watts, Duncan J.   *194*
Welch, Jack   *21, 36*
   e confirmar apropriadamente as referências   *225*
   e criação de novas empresas   *100*
   e empresas de seleção de executivos   *261*
   e equipe   *157–158*
   e experiência   *130*
   e fracasso de diretores executivos   *89*
   e honestidade   *119*
   e integrar um novo diretor   *281–282*
   e remuneração   *247*
   e rotulação   *76*
   e valores   *155*
   na General Electric   *51*
Wells Fargo Bank   *31*
What Really Works (Joyce)   *32, 35*
Whitney, Ken   *146*
Wiersema, Margarethe   *39*
Wilson, Timothy   *86*
Wisdom of Teams (Katzenbach e Smith)   *53*

Y

YPF (companhia argentina de petróleo e gás)   *97–98, 102*

Z

Zehnder, Egon   *1–2, 7–9*

SUGESTÕES DE LEITURA

A MARCA CHAMADA VOCÊ
Peter Montoya com Tim Vandehey

PENSE MELHOR
Tim Hurson

COMO
Dov Seidman

MÉTODO DE SUCESSO EM PROJETOS
Clinton M. Padgett

QI DE PERSUASÃO
Kurt W. Mortensen

SIMPLESMENTE EFICAZ
Ron Ashkenas

DVS EDITORA

www.dvseditora.com.br